中国新媒体研究报告2019

The Annual Report on China's New Media Studies

主　编　曾祥敏
副主编　赵淑萍　吴炜华

中国记协新媒体专业委员会　编

人民日报出版社

图书在版编目（ＣＩＰ）数据

中国新媒体研究报告 / 中国记协新媒体专业委员会编. -- 北京：人民日报出版社, 2019.11
ISBN 978-7-5115-5801-5

Ⅰ.①中… Ⅱ.①中… Ⅲ.①传播媒介—研究报告—中国 Ⅳ.①G219.2

中国版本图书馆CIP数据核字(2019)第221507号

书　　　名：	中国新媒体研究报告
作　　　者：	中国记协新媒体专业委员会 / 编
出 版 人：	董　伟
责任编辑：	刘　悦
封面设计：	邢海燕
出版发行：	人民日报出版社
社　　　址：	北京金台西路2号
邮政编码：	100733
发行热线：	（010）65369509　65369527　65369846　65363528
邮购热线：	（010）65369530　65363527
编辑热线：	（010）65363105
网　　　址：	www.peopledailypress.com
经　　　销：	新华书店
印　　　刷：	人民日报社印刷厂
开　　　本：	710mm×1000mm　1/16
字　　　数：	461千字
印　　　张：	27.5
印　　　次：	2019年11月第1版　2019年11月第1次印刷
书　　　号：	ISBN 978-7-5115-5801-5
定　　　价：	58.00元

编委会

主　　任：胡孝汉
副 主 任：曾祥敏　吴　兢　潘　岗　冯海青

编　　委：张　强　温　革　董年初　程志良　丁　伟
　　　　　陈凯星　周锡生　汪文斌　宋建武　张　燕
　　　　　罗　林　赵淑萍　吴炜华

主　　编：曾祥敏
副 主 编：赵淑萍　吴炜华

撰稿专家：宋建武　汪文斌　彭　兰　王晓红　胡　钰
　　　　　赵子忠　支庭荣　张洪忠　周葆华　曾祥敏
　　　　　赵淑萍　吴炜华　罗　昕　刘学义　崔　林
　　　　　曹晚红　顾　洁　李　彪　王佳航　叶明睿
　　　　　张　悦　丰　瑞　涂凌波　夏丽丽

编　　辑：殷陆君　王同英　沈毅兵　陶　韬　刘占芹
　　　　　王大璐　刘　瑞　曹　燕　桂清萍　张　君
　　　　　简文敏　乔立远　陈星月　李　尚　涂凌波
　　　　　姜宇佳　刘日亮　刘思琦　齐虹翕　唐　雯
　　　　　唐诗凝　王　孜　翁旭东　蔡旻俊　吴　昊
　　　　　孙书礼　张晓明

主　编

曾祥敏　中国传媒大学电视学院党委书记，教授、博士生导师，中国记协新媒体专业委员会副主任委员，北京市青年教学名师，北京市"师德先锋"称号，北京记协理事。分别荣获一次国家级教育教学成果一等奖、一次国家级教育教学成果二等奖。教育部"新世纪优秀人才支持计划"入选人员，国家级优秀教学团队"广播电视新闻学"核心成员。担任"中国新闻奖""长江韬奋奖"评委。

主要研究领域为广播电视新媒体、国际传播。主要著作有《电视采访》（入选国家级规划教材）《新媒体背景下的电视分众化传播》。

副主编

赵淑萍　中国传媒大学电视学院教授、学术委员会主任，北京市优秀教师。担任国家社科重点研究项目"中国社会主义新闻理论构建"首席专家。带领团队完成的北京文化援疆项目《走进和田》大型系列纪录片荣获第十三届精神文明建设"五个一工程奖"。

主要著作有《电视采访》《电视节目主持》《广播电视新闻写作》《现代电视采访教程》《新闻权威与个人魅力——美国电视新闻节目主持人成功之路》等。其中5本教材被列为国家教委普通高等教育"九五""十五""十一五"国家级规划教材重点建设项目和北京市精品教材。

吴炜华　中国传媒大学电视学院教授，中国网络视听研究中心博士生导师。香港城市大学博士，美国纽约大学博士后，麻省理工学院富布赖特研究学者，教育部"新世纪优秀人才支持计划"入选人员，全国广播电视"百优理论人才"。

研究领域包括视听新媒体、融合新闻、青年及网络文化、动漫及游戏研究等。主要著作有《视觉叙事的文化笔记》《Chinese Animation, Creative Industry and Digital Culture》，译作有《新媒体批判导论》《力、爱与恶》等。

序 言

学习理论深化研究助推媒体融合发展

中国记协新媒体专业委员会

2019年，是中国新媒体发展史上具有里程碑意义的一年。1月25日，中共中央政治局就全媒体时代和媒体融合发展举行第十二次集体学习，习近平总书记发表重要讲话，站在党和国家事业发展全局的高度，走在全媒体时代前沿，深刻分析了新形势下全媒体传播的重大理论和现实问题，系统阐述了媒体融合的方向、目标和任务，极大地振奋了广大新闻舆论工作者的精神士气，为深入推进媒体融合发展提供了根本遵循、注入了强大动力。

我们现场聆听了习近平总书记的这次重要讲话，深受教诲，备受鼓舞。1月31日、2月1日，中国记协党组理论学习中心组、新媒体专业委员会分别组织专题学习，提出要认真学习领会、坚决贯彻落实习近平总书记关于媒体融合发展的重要讲话精神，以时不我待的紧迫感和使命感，更好团结引领新媒体及其从业人员，更快推进媒体融合发展，精心打造新型主流媒体，不断做大做强主流舆论，让党的声音传得更广、更远、更深入人心。要通过党组中心组专题学，记协机关全员学，组织记协系统、新闻媒体深入学，把讲话精神贯彻落实到中国记协特别是新媒体专业委员会各项工作中，为媒体融合发展向纵深推进提供更多更好的服务。

中国记协作为党和政府密切联系新闻界的桥梁纽带，肩负着助推媒体融合发展的责任使命。中国记协新媒体专业委员会是新媒体新闻信息传播的行业性专业委员会，把新媒体新闻信息工作者纳入服务范围，以促进和推动新媒体新闻信息传播事业的健康发展为宗旨，强化政治引领，推动行业自律，加强联络服务，打造工作平台，成为团结引领新媒体及其从业人员的重要抓手。

中国记协新媒体专业委员会贯彻落实习近平总书记1月25日关于全媒体

时代和媒体融合发展的重要讲话精神，有九项具体举措：一是主任办公会及副主任委员带头开展专题学习，做到"带动一个学习实践小组、主讲一场专题讲座、组织一次主题采访、发表一篇调研文章"；二是邀请权威专家举办专题讲座，开展新媒体"践行'四力'要求 助推媒体融合"教育培训，提高新媒体内容建设关键岗位负责人政治意识和业务能力；三是委员立足岗位结合实际，把"导向为魂、移动为先、内容为王、创新为要"，"正能量是总要求、管得住是硬道理、用得好是真本领"落实到本职工作；四是贯彻到中国新闻奖媒体融合奖项评选中，使媒体融合奖项评选工作更顺应媒体融合发展、更贴近新媒体发展实际；五是贯彻到2019中国新媒体大会中，进一步充实内容、创新方式、提高效果，提高全媒体传播本领，讲好新时代中国故事，扩大社会影响力、行业凝聚力，打造新媒体专业委员会工作的新品牌；六是体现到2019年《中国新媒体研究报告》中，深入研究总结国内最新学术和实践成果，提出具有前瞻性、可操作性的新媒体发展对策建议；七是体现到2018年度《中国新媒体年鉴》中，客观记录新媒体发展进程，广泛收集汇集委员单位实践经验，展现媒体融合发展新成就；八是体现到新媒体传播力影响力评价体系建设中，推动建立导向正确、标准客观、评估专业的综合评价体系；九是落实到助推县级融媒体中心建设中，按照中宣部等关于加强县级融媒体中心建设的意见，发挥中国记协在联席会议制度中的作用，会同有关部门、记协组织分级分层对县级融媒体中心人员进行培训，培养善用现代传播手段的全媒型人才。

编撰2019年《中国新媒体研究报告》（以下简称《报告》），是中国记协及新媒体专业委员会落实中宣部领导同志明确要求，加强新媒体服务引导的重点项目。该报告是关于媒体融合和新媒体发展的趋势性、前瞻性、研究性智库报告，客观分析全媒体时代新闻舆论工作面临的挑战和机遇，聚焦全国主流媒体贯彻落实媒体融合发展战略部署的实践探索，梳理媒体融合和新媒体创新规律，为媒体多出融合精品、壮大主流声音提供切实入理的研究成果，为培养践行"四力"的全媒型人才队伍提供可学可用的专门教材，为各级新闻宣传部门建好用好管好新媒体提供有效有益的参考借鉴。《报告》分为总报告、行业报告、专研报告、融合精品分析等四个部分。其中，"总报告"全景式呈现全国新媒体行业发展和传统媒体融合转型的概况和新亮点，剖析媒体融合发展进程中的突出问题，研究趋势规律，并对新媒体行业可持续发展提供意见建议；"行业报告"邀约相关领域专家学者撰写，从新媒体和媒体融合发展的分支领域和关键环节出发，聚焦行业热点，对典型问题和创新案例进行深入剖析，为业界提供对策建议；"专研报告"选取融合创新实践中具有代表性和影响力的媒体案例，分析融合策略、转型路径、发展规律和创新方法，为各级各类媒体融合发展提供范式和参考；"融合精品分析"以中国新闻奖首届媒体融合奖项获奖作品为重点，总结短视频新闻、移动直播、新媒体创意互动、新媒体品牌栏目、新媒体报道界面和融合创新优秀作品的创作经验，为媒体融合精品创作提供指导和借鉴。

在中宣部新闻局的指导和支持下，中国记协新媒体专业委员会《报告》项目组广泛联系各媒体平台，深入调研各委员单位，积极动员各研究机构，精心组织各专家学者紧跟融合实践，博采众家之长，从2018年底就开始筹备这项重点工作，希望通过高起点高站位，从全国视野考察中国媒体融合创新和新媒体发展的实践创新；通过针对性研究，从体制、机制、内容、技术、人才、运营、用户等多方面探讨提升媒体融合的具体路径；通过实践性案例，形成理论联系实际，可学、可用、可借鉴的实用型研究报告，进一步引导新媒体及其从业人员把思想和行动统一到习近平总书记重要讲话精神上来，深刻领会党中央坚持不懈推进媒体融合发展的远见卓识和重要意义，深入贯彻党中央对推动媒体融合向纵深发展的重大决策和重要部署，为更好推动媒体融合发展贡献智慧和力量。

因时间和经验所限，《报告》还有许多不足和遗憾之处，希望各位专家和读者予以指正，以便我们不断改进提高。

感谢大家对中国记协、对中国记协新媒体专业委员会的关注和支持。

祝媒体融合之路越走越宽，新媒体事业发展越来越好！

目 录

第一章　总报告…………………………………………………………… 1

2019年中国媒体融合发展综述………………………………………… 2
2019年中国新媒体发展综述…………………………………………… 26

第二章　行业报告………………………………………………………… **45**

第一节　平台篇………………………………………………… 46
第二节　体制机制篇…………………………………………… 76
第三节　内容篇………………………………………………… 90
第四节　技术篇………………………………………………… 158
第五节　用户篇………………………………………………… 205
第六节　热点问题篇…………………………………………… 255

第三章　专研报告………………………………………………… **295**

专研报告一　省级融媒体：建设智慧云平台　构建融合新生态……296
专研报告二　区县级融媒体：发挥区域特色　创新融合模式………309
专研报告三　困知勉行　守正创新
　　　　　　——我国各级党报融合发展的年度观察………………326
专研报告四　资讯类短视频：视觉化报道建构媒介新生态…………341

—Ⅰ—

第四章 融合精品分析 ·· 355

作品一：《两会进行时》···356
作品二：《公仆之路》···364
作品三：《"点赞十九大，中国强起来"互动报道产品》·············372
作品四：《柳州融水突围记》···378
作品五：《"天舟一号"发射任务VR全景直播》·····················386
作品六：《"央广主播的朋友圈"系列H5报道》·····················394
作品七：《"军装照"H5》··403
作品八：《天渠：遵义老村支书黄大发36年引水修渠记》·········409
作品九："侠客岛"···417
作品十：《老外看中国：英国小哥细数"两会"关键词》············423

中国新媒体研究报告

第一章 总报告

2019年中国媒体融合发展综述[①]

曾祥敏　刘日亮[②]

摘　要：2019年是我国媒体融合作为国家战略推进的第六年，"全程媒体、全息媒体、全员媒体、全效媒体"的传播环境已经形成。媒体融合发展进入深水区，新型主流媒体打造进入攻坚期，资源集约、结构合理、差异发展、协同高效的全媒体传播体系建设迫在眉睫。过去一年的媒体融合继续全方位、多维度发力，为此，本文围绕改革新发展、发展新挑战、挑战新趋势三方面，从体制机制、队伍建设、平台打造、产品创新、智媒应用等方面梳理过去一年的媒体融合生态，发现问题，并试图预判媒体融合的阶段性发展趋势。

关键词：媒体融合；全媒体；县级融媒体中心；5G；新型主流媒体

The Review of the Development of Media Convergence in China in 2019

Abstract: This year is the sixth year for China's media convergence to become a national strategy. Whole-course media, holographic media, full-staff media and full-effect media have appeared, and the new mainstream media has reached a deep-water stage of development. During the past year, China's media convergence continues to work in all directions. Focusing on the three aspects of reform, new development, new challenges and new trends, this report reviews the media convergence ecology in the past from the aspects of system and mechanism, team building, platform building, product innovation and intelligence media application. The report attempts to find out the problems, and pre-construct the stage development trend of media convergence.

Keywords: Media convergence, Omnimedia, County-level converged media

---

① 本文系国家社科基金重点项目"移动互联网背景下主流媒体新闻视听传播变革研究"（项目编号：18AXW003）的阶段性研究成果。

② 曾祥敏，中国传媒大学电视学院党委书记，教授，博士生导师，中国记协新媒体专业委员会副主任委员；刘日亮，中国传媒大学电视学院博士研究生。

center, 5G, New mainstream media

  2019年是媒体融合作为国家战略推进的第六年，也是我国媒体融合全面铺开并向纵深推进的关键时期。1月25日，中共中央政治局在人民日报社就全媒体时代和媒体融合发展举行第十二次集体学习，中共中央总书记习近平围绕"加快推动媒体融合发展，构建全媒体传播格局"发表重要讲话。习总书记指出："党的十八大以来，我们坚持导向为魂、移动为先、内容为王、创新为要，在体制机制、政策措施、流程管理、人才技术等方面加快融合步伐，建立融合传播矩阵，打造融合产品，取得了积极成效。我们要立足形势发展，坚定不移推动媒体深度融合。"[①]媒体深度融合既是大势所趋、顺势而为，也是以问题为导向、实践为基础、效应为准绳的传媒变革。

  根据中国互联网络信息中心（CNNIC）发布的最新数据，截至2019年6月，我国网民规模为8.54亿，互联网普及率达61.2%；网民中使用手机上网的比例由2018年底的98.6%提升至99.1%，网络覆盖范围逐步扩大，入网门槛进一步降低。[②]这意味着越来越多的人将手机作为获取信息的主要渠道，移动互联网终端已然成为信息集散地和舆论广场。人在哪里，新闻舆论的阵地就在哪里，主流媒体的声音就应该传到哪里。新型主流媒体必须成为我国现代传播体系的中流砥柱，媒体深度融合让主流媒体的终端随人走，主流舆论的信息围人转，从而更好地引导用户、服务用户。

  我国媒体融合发展呈现自上而下、由中央到地方推进的特点，经历了央媒试水的萌芽期、省媒探索的发展期，以及从"相加"到"相融"的一体化实验，迈入第六年，开始进入加速融合创新的深水期，改革向体制机制的纵深下沉，用户市场向地市县下沉。2018年8月，习近平总书记在全国宣传思想工作会议上提出"要扎实抓好县级融媒体中心建设，更好引导群众、服务群众"[③]，

---

① 习近平：《加快推动媒体融合发展 构建全媒体传播格局》，《求是》，2019年3月16日第6期。
② 第44次《中国互联网络发展状况统计报告》，中国互联网络信息中心（CNNIC），http://www.cnnic.net.cn/hlwfzyj/hlwxzbg/hlwtjbg/201908/t20190830_70800.htm，2019年8月30日。
③ 《举旗帜聚民心育新人兴文化展形象 更好完成新形势下宣传思想工作使命任务》，《人民日报》，2018年08月23日01版。

揭开了县级融媒体中心建设序幕；随后出台的《关于加强县级融媒体中心建设的意见》为县级融媒体中心建设提供了根本遵循，《县级融媒体中心建设规范》《县级融媒体中心省级技术平台规范要求》《县级融媒体中心网络安全规范》《县级融媒体中心运行维护规范》《县级融媒体中心监测监管规范》等文件规范了县级融媒体中心建设的技术标准。县级融媒体中心建设打通媒体融合"最后一公里"的同时，也为全面构建现代化传播体系迈出重要一步。此外，体制机制上，新一轮国务院机构改革中，全新组建的国家广播电视总局新设媒体融合发展司，主管部门继续推动传统媒体的体制机制改革，为各级媒体的融合指引路径与方向；中央宣传部加挂国家新闻出版署、国家版权局、国家电影局牌子，整合组建中央广播电视总台以来，三台之间深度融合、优势互补、资源共享，产生了"1+1+1>3"的"化学反应"；产品内容上，第28届中国新闻奖评选首设"媒体融合"奖，以引领媒体内容创新，主流媒体通过建立传播矩阵扩大了主流价值影响力版图，经监测的报纸、广播、电视传播矩阵覆盖率均高于90%（表1-1）；平台打造上，全媒体融合由产品、渠道的样貌形态融合，发展为平台化、生态体系的基因融合，中央电视台（中国国际电视台）、中央人民广播电台、中国国际广播电台三台合一为中央广播电视总台，甘肃新媒体集团、湖北省鄂州市融媒体中心、浙江江山传媒集团等省市县级新一批全媒体平台成立，人民日报客户端成立"人民号"全国移动新媒体聚合平台，全国党媒信息公共平台入驻媒体超260家，"新闻+政务+服务"的全媒体大平台助力智慧城市打造；智媒技术上，5G、人工智能等新技术重塑新闻生产链条，基于大数据、算法的交互报道和推荐提升传播效率和用户黏性，智能化、移动化、社交化、场景化成为全媒体传播新生态，资源集约、结构合理、差异发展、协同高效的全媒体传播体系正在演进。

表1-1　报纸、广播、电视台传播矩阵覆盖率

数据样本	网站	微博	微信	聚合新闻客户端	聚合音频客户端	聚合视频客户端	自建客户端
报纸（N=284）	96.8%	93.3%	98.2%	95.4%	未监测	未监测	90.8%
广播（N=298）	97%	67.8%	80.5%	56.04%	98.99%	未监测	5.6%
电视台（N=34）	97.1%	97.1%	100%	100%	未监测	97.1%	97.1%

注：数据来自人民网研究院2019年3月27日发布的《2018中国媒体融合传播指数报告》，数据样本为我国284份报纸、298个广播频率、34家电视台。凡报纸所属报业集团/报社，广播频率、电视台所属广播电台/广播电视台拥有自建网站、客户端，则计为已覆盖该渠道。电视台旗下频道、栏目在第三方平台有入驻，则计为该电视台在该平台有入驻。

一、改革新发展

媒体融合改革深入体制机制、内容产品、传播链条、平台整合等各要素，从核心处和要害处做文章。

（一）体制机制改革纵深推进：整合集约，下沉织网

伴随着党和国家机构改革方案出炉，从中央到地方，各层级媒体掀起了新一轮体制机制改革，在平台整合优化、采编流程再造、考核激励机制、干部人事制度等方面进行个性化设计。

1. 顶层设计推动媒体深度融合

媒体融合不是目的，是行进中的方式与手段，融合改革的核心是真正打破媒介介质的樊篱，推动融合质变，突破边界，重组要素，形成新型主流媒体。2018年，中共中央印发了《深化党和国家机构改革方案》，方案不仅提到要"在国家新闻出版广电总局广播电视管理职责的基础上组建国家广播电视总局，作为国务院直属机构"，还要"整合中央电视台（中国国际电视台）、中央人民广播电台、中国国际广播电台，组建中央广播电视总台，作为国务院直属事业单位，由中央宣传部领导"。在国家广播电视总局职能配置、内设机构和人员编制规定中，新增媒体融合发展司。从其职能描述上看，广播电视体制机制改革、三网融合，以及新媒体新技术新业态创新融合发展，都将成为接下来媒体融合领域的重心。而组建中央广播电视总台的改

革方案指出，中央广播电视总台成立的目的是加强党对重要舆论阵地的集中建设和管理，增强广播电视媒体整体实力和竞争力，推动广播电视媒体、新兴媒体融合发展，加快国际传播能力建设；①其职能描述中也着重写明了"推动多媒体融合发展"。国家广播电视总局和中央广播电视总台的组建，拉开了广播电视媒体融合新篇章，不断释放加快媒体整合优化步伐、构建全媒体传播格局的信号。

2. 省市级媒体谋求"合与分"新思路

媒体平台的合与分一直是融合过程中的辩证命题。在这一年，许多省市级媒体结合自身资源特点，展开大融合，包括整合报业+广电的天津市和珠海市，以及报业、广电分别大面积整合的辽宁省。2018年11月，由天津日报社（天津日报报业集团）、今晚报社（今晚传媒集团）、天津广播电视台等6家单位整合组建的天津海河传媒中心正式成立，报纸、广电资源重构，打造"融媒矩阵"，是目前有代表性的省级媒体融合案例。珠海市在2019年4月正式挂牌珠海传媒集团、珠海市新闻中心，新组建的珠海传媒集团以原珠海报业集团和珠海广电集团为基础，整合市内其他国有传媒类资源，组建成全媒体国有文化传媒企业集团。另外，辽宁省整合辽宁报业传媒集团等17家单位，组建辽宁报刊传媒集团（辽宁日报社）；整合辽宁广播电视台等7家单位，组建辽宁广播电视集团（辽宁广播电视台），大面积的整合和企业化管理成为辽宁媒体机构改革的特色。

合与分是主流不是必然，是形式不是目的，因地制宜才能得出传播格局最优解。与天津、珠海等整合成大平台、大集团不同，黑龙江省大庆市将报纸和广电分开，于2019年4月设立大庆日报社、大庆广播电视台，两家单位互不隶属，独立运行，由市委宣传部领导。分开后的单位职责更加明确，融媒体发展建设、新媒体开发应用、全媒体经营等由大庆日报社负责，职责明确，方向清晰，未来的发展情况有待进一步观察。

3. 县级融媒体中心深耕下沉市场

随着我国移动互联网红利正在向三、四线及以下城市下沉，县级融媒体

---

① 中共中央印发《深化党和国家机构改革方案》，中国机构编制网，http://www.scopsr.gov.cn/zxdd/zdxw/201803/t20180321_305088_2.html，2019年5月28日。

中心建设自上而下展开，成为打通媒体融合的"最后一公里"，并与中央、省市级媒体共同织就全国融媒体云网络。截至目前，以各省为单位的县级融媒体中心挂牌行动都已启动，例如，浙江省挂牌成立56个县级融媒体中心，山西首批启动建设的39个县（区、市）融媒体中心在2018年底全部揭牌，甘肃省计划2020年底实现县级融媒体中心建设全覆盖等。

与此同时，各种融合模式也在积极探索之中，概括起来分为五类。第一类，自主模式，例如依托县级传媒集团自主开展综合业务的浙江省长兴县；第二类，垂直共建模式，包括省县共建共享云平台资源的湖南日报社与浏阳融媒体中心、江西日报社的"赣鄱云"省级融媒体智慧平台，以及市县共建的郑州报业集团与其市辖16县等，垂直共建成为县级融媒体中心建设普遍采用的模式；第三类，跨界合作模式，以北京16区为代表，各区级融媒体中心分别与高校、企业、其他媒体进行跨行业合作；第四类，区域合作模式，如四川合江与山东广电进行的跨区域合作；第五类，央县联动模式，2019年2月19日，中央广播电视总台与全国100家县级融媒体中心联合打造的"全国县级融媒体智慧平台"上线，开始了中央与地方合作共建的新尝试，由此也开辟了一种新的县级融媒体中心的合作模式。

县级融媒体中心具有地缘和文化上天然的贴近性，"媒体+"服务平台的定位能够集成优化资源，打开下沉市场，一方面用便民服务吸引用户，实现市场效益；另一方面用原创内容引导群众，用政务窗口方便用户，实现社会效益。县级融媒体中心是舆情反馈和引导中心，是智慧服务平台，也是基层社会治理的枢纽。

4. 媒体队伍建设"固本""升级"两手抓

媒体融合的保障在于人才队伍建设。2018年8月，习近平总书记在全国宣传思想工作会议中发表重要讲话，其中，对人才队伍建设的业务能力方面提出："宣传思想干部要不断掌握新知识、熟悉新领域、开拓新视野，增强本领能力，加强调查研究，不断增强脚力、眼力、脑力、笔力，努力打造一支政治过硬、本领高强、求实创新、能打胜仗的宣传思想工作队伍。"[①]当

---

① 《举旗帜聚民心育新人兴文化展形象　更好完成新形势下宣传思想工作使命任务》，《人民日报》，2018年08月23日01版。

前，主流媒体的人才队伍建设面临着留人用人的"固本"和业务转型的"升级"两大新课题，既要用制度保证留住优质人才，又要加速培养记者编辑们的融媒体生产能力，具体来说就是在岗位设置、考核绩效、能力培养三方面制定科学严格的标准。第一，岗位设置标准化，建立晋升竞争机制。浙江省长兴传媒在集团内部实行中层岗位两年一次竞聘上岗，专业技术岗位实行"首席"聘任制，贯彻公平原则，用竞争激发动力。第二，量化考核标准，完善动态绩效。上海广播在融合转型中针对量化绩效目标，提出各种福利待遇等要向能做事、肯做事的员工倾斜；宁波日报集团采用以岗定薪、以绩取酬的考核机制，将绩效考核动态化、目标化。第三，能力培养长效化，激发自主学习劲头。福建省尤溪县融媒体中心发挥团队互帮互助精神，成立全能型人才学习兴趣小组，部分媒体还结合外请行业专家讲座与外派记者学习两种培养模式，为融媒体记者提供成长学习机会。

从中央到县级媒体单位，人才队伍建设不仅着力于使媒体人在思想和业务上适应融媒新时代、竞争新格局，还注重从业者个人的热情激发和创新鼓励，形成积极的队伍氛围。

（二）新闻产品凸显价值：导向为先，专业引领

1. 中国新闻奖首次设立"媒体融合奖"

2018年是媒体融合新闻产品登上中国新闻界最高奖的开局之年，第28届中国新闻奖增设"媒体融合"奖项，根据媒体融合发展的新趋势、新特点，分为短视频新闻、移动直播、新媒体创意互动、新媒体品牌栏目、新媒体报道界面、融合创新6大类组织评选。评委们本着评出方向、形成导向、引领发展的原则，评出了50个重量级、现象级、代表性、标志性的媒体融合作品，其中特别奖1个、一等奖10个、二等奖15个、三等奖24个。[①]获奖作品的内容导向不仅与新闻舆论工作重点同频共振，覆盖了党的十九大召开、习近平总书记重要活动、庆祝建军90周年、全国两会等重大活动新闻宣传，以及全面从严治党、全面深化改革、"一带一路"倡议等重大报道任务；还同社

---

① 曾祥敏：《导向正确　融合创新　专业引领　规则探索——第二十八届中国新闻奖媒体融合奖评析》，《新闻战线》，2018年第21期：12-15。

会民生问题息息相关，短视频类一等奖作品《柳州融水突围记|广西日报记者"失联"数千小时，在穿越40处塌方后发回灾区最新画面！》报道灾区一线现场情况，移动直播类二等奖作品《浙江一小时·急救|记者跟拍直升机到山区接病人》关注浙江空中急救网络"一小时医疗圈"。获奖作品充分体现了我国媒体融合发展的方向和探索的进路，引领着融媒体新闻产品在价值坚守、主题聚焦、可视呈现、交互设计、多元分发上的专业方向，激发了新一批凸显价值和导向的融媒体产品创作。

2. 融媒体内容产品体现理念与技术创新

融媒体新闻报道想要实现传播影响力最大化的核心是内容，新闻产品的主题聚焦力、策划原创力是实现有效引导和传播到达的关键，也是媒体发挥社会价值、引领大众而非迎合的要则。

第一，在视角理念创新上，人民日报《中国一分钟》系列微视频聚焦中国改革开放40年主题，策划"今天的中国，每一分钟会发生什么"为切入点，运用快速剪辑、精美画面、直观数字，展示党的十八大以来中国取得的历史性成就和人民意气风发的精神风貌。《中国一分钟》上线第二天，全网观看量突破1.58亿，微博#中国一分钟#累计阅读量超过9.5亿。第二，在交互创新上，新华社将线下参与同线上互动结合，在北京、上海、深圳三地发起庆祝改革开放40年"与时代同框"线下拍照活动，同时在线上发布同框照合成H5链接，让参与者形成3D多维的时空交互感；人民日报在春节期间以推出暖心微视频《牵妈妈的手》为契机，通过电子邮箱、两微平台向网友发起图文和视频征集，并将部分用户素材展示在各大网站、新闻客户端的首页和开机屏上，为节日烘托氛围。第三，在融媒技术创新上，新华媒体创意工场采用了Milo运动控制系统、MR智能演播厅等先进的视频拍摄、制作技术，例如在为致敬改革开放40年策划推出的新华社首部创意微电影《我梦想 我奋斗 我奔向》中，8分钟的"一镜到底"全程运用Milo运动控制系统新设备拍摄，实现了14个场景间的无缝衔接，视频总播放量突破1.5亿；在《政府工作报告》发布当天，新华网推出的融合微视频《全息交互看报告》则运用了MR智能演播厅技术，在一个空间内实现流畅的时空转换，2分钟内真实还原10幕百姓生活场景，给网民带来情景化、沉浸式体验，播放量破1.15亿。此外，2019年两会报道中，新华社发力直播，顺利完成35场视频高清直播、38

场网络直播、41场客户端"现场新闻"直播、5场海外社交媒体平台直播，实现两会所有重要场次直播全覆盖，增强了时效性和传播力（图1-1）。

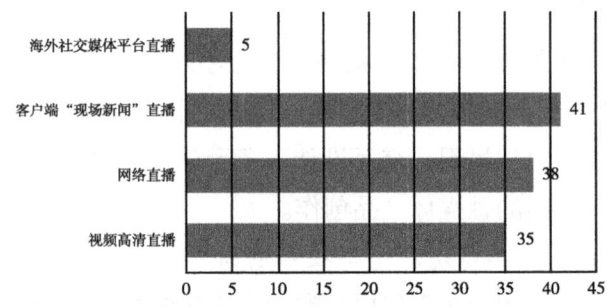

图1-1 新华社2019年两会直播报道（次）

数据来源：新华社总编室。

3. 主题报道产品越发网感化

要想在严肃主题报道中吸引用户，提升信息的到达率和舆论引导力，精确定位网民的兴趣点、采用贴近性的报道语态必不可少。2019年主流媒体最爆款的短视频报道形式当属Vlog（全称video weblog或video blog），即视频博客，一种记录个人日常生活或事件过程的日志视频。Vlog天然具有分享性、个性化、标签化和代入感的特点，已经成为全球95后，甚至00后热衷的个性表达方式。2019年两会期间，中国日报《小姐姐两会初体验》系列Vlog微视频以网感十足的台词、巧妙设计的剪辑包装、可爱活泼的出镜形象，一定程度颠覆了以往关于两会这类重大主题报道的严肃叙事。中国日报推出的5期微视频围绕"记者小彭的上会初体验"展现全国两会的不同侧面，活泼时尚的语态和记者采访的前后台全景式呈现引起年轻网友的大量转发和评论，相关微博话题#两会Vlog#阅读量达1.5亿，讨论2.6万，为主题报道的网感化风格创新提供了借鉴灵感。

（三）重塑生产传播链条：技术赋能，要素重组

技术的创新，尤其是人工智能对媒体业态的形塑和5G新媒体平台开建为融媒体传播释放了全新动能，生产传播链条趋向自动化，移动端实时视频传播时代即将到来。

1. AI智媒催化自动化生产链条

人工智能的发展实现了媒体自动化生产,从央媒到省媒,最新成果是视频媒体的外在展示窗口——虚拟主持人。目前,三家央媒的人工智能主播均已布局完成,人民日报社首款人工智能虚拟主播"果果"、新华社全国首个AI合成女主播"新小萌"和拟人态的站立式AI合成主播"新小浩",以及央视网以撒贝宁为原型的虚拟主持人"小小撒"分别在2019中国国际大数据产业博览会、两会等大型报道中上岗。省级媒体也积极发力AI主播,封面新闻推出第一位AI虚拟主持人"小封",全新的4.0版本"小封"每月在封面新闻客户端封面号《小封观天下》发稿量达到6000篇以上,涉及体育、财经等10多个领域,同时上岗的还有长城网"翼小蓝"等虚拟主播。

从写稿机器人、机器自动生成视频报道的媒体大脑,到可视可听可动的AI主播,从根据兴趣个性化推荐到大数据分析、智能场景分发,在这个信息找人的时代,一条高效、精准、灵动的媒体行业自动化生产链条,正在被智媒技术催化,这将为媒体产品打造和媒介运营管理释放更多生产力。

2. 5G革命带来新机遇

以高速度、低功耗、大连接为特性的5G对广电内容采编播审影响深远,涉及传媒业务和平台、管理等多方面的革命。业务上,首先,在采编环节中可实现现场编排数据5G上行,直接回传给总编室,节约时间提高效率;其次,在审核环节,5G传输速度是4G的20多倍,可支持在家里、办公地等多场景审核,同时还可探索AI审核,将大量视频传到AI审核平台;最后,在播出环节,用5G看4K、8K电视可达到最完美的效果[①],移动端视听体验质感大幅提升。除了业务革命,5G还能助力智慧媒体建设,人工智能可以提供更自动化的产品生产和媒资管理,为用户提供更快的响应速度、更丰富的内容、更智能的应用模式以及更沉浸的感官体验。

目前,主流媒体的5G建设经历了实验试水和正式建设两个阶段。2018年底开始实验试水阶段,中央广播电视总台2018年12月28日宣布与中国电信、中国移动、中国联通、华为联合建设"5G媒体应用实验室",合作建设

---

① 王羽:《未来已来,广电都做了哪些5G探索?》,国家广电智库,https://mp.weixin.qq.com/s/y8n6qvf_4vpIUWATtP-7zw,2019年6月6日。

国家级5G新媒体平台，开展5G环境下的视频应用和产品创新[①]；在2019年两会报道中，"5G+VR"让全息报道更加交互沉浸，人民日报记者首次启用5G客户终端设备（CPE）和VR全景相机，将大会现场的超高清视频等信息几乎同步传递给互联网用户；山东广播电视台"闪电新闻"客户端联合多家前沿技术企业，首次在北京搭建了5G信号全覆盖的融媒体"中央厨房"，《拜托了，两会》《两会大家谈》等直播节目均实现了"5G+VR"式呈现，也让演播室首次实现了720度沉浸式高清直播新体验。[②]2019年5月6日，工信部向中国广电等4家单位发放5G商用牌照，广电正式进入5G市场，开始正式建设阶段。2019年5月31日，新华社新媒体中心与中兴通讯签署战略合作协议暨签约发布会，双方开展"5G+新媒体"战略合作；2019年6月，中央广播电视总台在端午龙舟赛新媒体直播中实现"5G+4K"移动状态下的直播应用，在上海电影节新媒体直播中实现"5G+4K"多路信号集成制作，目前正在进行"5G+4K+AI"战略布局。被5G催化的智媒化全程记录、多角度全息呈现、沉浸式全效体验，将实现新闻传播的全方位覆盖、全天候延伸、多领域拓展、多渠道互动。

3. 要素跨界重组，丰富视觉交互

全媒体时代下的舆论生态、媒体格局、传播方式都发生了深刻变革，新闻报道既要创新融媒体表达又要贴近用户，要素跨界重组成为丰富用户视觉交互体验的常用方式，同时也考验着媒体人的产品思维和热点转化力。

截至2019年6月，手机即时通信用户占手机网民的96.5%，以即时通信为基础的互联网应用在产品功能探索、应用场景拓展和内容质量提升上继续发展。[③]人民日报新媒体中心捕捉住用户的生活习惯，将即时通信与互动页面结合，在2019年两会期间推出互动视频H5《点击！你将随机和一位陌生人通

---

① 《央视联手华为开建5G新媒体平台》，新华网，http：//www.xinhuanet.com//tech/2018-12/29/c_1123921753.htm，2019年5月28日。

② 《5G背景下，媒体融合转型之路怎么走？》，网络传播杂志，https：//mp.weixin.qq.com/s/pQRpCDLGOTuG19gZ7nIzQw，2019年6月3日。

③ 第44次《中国互联网络发展状况统计报告》，中国互联网络信息中心（CNNIC），http：//www.cnnic.net.cn/hlwfzyj/hlwxzbg/hlwtjbg/201908/t20190830_70800.htm，2019年8月30日。

话》，用模拟打电话的互动形式，让用户随机与一名中国人"视频通话"，了解其独特有趣的生活状态及个人愿望，该H5在24小时内点击互动量超过360万。在微信这一即时通信平台上，逼真的视频电话形式有效地抓住用户注意力，增强私人交互感和亲密感，通话场景围绕两会的民生议题，通过要素跨界重组将宏大议题浓缩到凡人小事中，体现两会"汇聚你的梦想，关注你的关注"这一人民至上的主题。此外，新华网为首届进博会拍摄制作的集3D动画和情景表演于一体的公益广告式微视频《幸好，花心的不是我》、将中国画与动静态实景结合的世园会主题微视频《园·圆》、央视新闻将漫画动图和人物抠像重组融合的长图作品《千里走河西》等融媒体新闻产品，都为突破边界的要素重组、视觉交互的动能释放提供了示范。

（四）平台优化焕发活力：合作竞争，生态运营

打造全媒体传播生态平台是坚持一体化发展方向、放大一体效能、构筑现代化传播体系的重要环节。目前，部分省、市、县级媒体在央媒的示范作用下，通过延伸功能构建服务型综合平台，设立内部工作室制度激发竞争活力，开展跨界合作优化平台生态等个性化尝试，焕发出了新的活力。

1."媒体+"综合平台助力智慧城市建设

智慧媒体平台不仅能在新闻信息、移动政务、电子服务等多元领域链接用户，还能成为提升城市治理能力的智慧大脑，为优化社会治理提供数据和技术支持。《"十三五"国家信息化规划》明确了新型智慧城市建设的行动目标：到2020年，新型智慧城市建设取得显著成效，形成无所不在的惠民服务、透明高效的在线政府、融合创新的信息经济、精准精细的城市治理、安全可靠的运行体系。[①]"媒体+"综合平台就是在融媒体平台信息传播功能基础上，增设云计算、政务、交通、医疗、教育、环保等垂直功能，既承担智慧融媒平台的职能，也发挥智慧综合服务平台的作用。比如，湖北广电长江云集团——采用新闻+政务+服务的移动平台设计模式，聚合省内优势资源，打开用户市场；宁波日报——以"新闻+服务+福利"为核心理念，打造惠

---

① 《国务院关于印发"十三五"国家信息化规划的通知》，中国政府网，http：//www.gov.cn/zhengce/content/2016-12/27/content_5153411.htm，2019年6月3日。

民移动客户端"甬派";苏州广播电视总台——着力打造新闻生活类城市应用,不断升级"无线苏州"客户端;嘉兴市广播电视集团——推出新闻资讯+社交娱乐+生活服务的"禾点点"手机客户端;贵州广电传媒集团——为助力智慧城市建设而开通"互联网+智慧交通云平台"等。这些"媒体+"综合平台都为省、市、县融媒体平台如何一手抓用户黏度,一手抓社会效益,以及如何助力智慧城市建设提供了思路。

2.平台间跨界合作减轻"木桶效应"

媒体融合进入下半场,主流媒体内化质变的力量继续向外扩散,以彼之长,补己之短,在平台技术、内容生产、分发反馈、数据集成处理、产业优化、人才培养等全媒体传播的各环节合作共赢。过去一年,平台间跨界合作在央媒和县级融媒体建设中体现得最显著。

一方面,央媒联手互联网公司,补齐技术短板。中央广播电视总台组建前后,台长、党组书记慎海雄就先后会见了"BAT"三大互联网公司的负责人,希望与其在平台技术、数据抓取、内容运营等方面进一步开展深度合作(图1-2);此外,2018年6月,人民日报联合百度、快手等推出了开放式媒体技术创新平台"人民日报创作大脑",运用人工智能等技术,为媒体机构和内容创作者提供通用型创作工具,提升内容生产和分发效率;9月,人民日报全国党媒信息公共平台与"哔哩哔哩"联合发起媒体融合公益基金,以持续激发优质内容的生产力和创造力,推出更多符合年轻人喜好的优质内容。

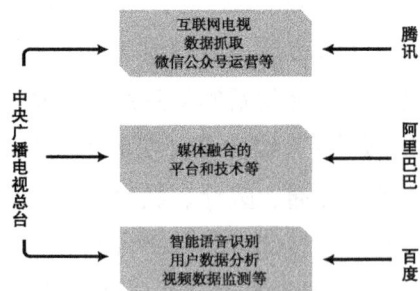

图1-2 中央广播电视总台与三大互联网公司深度合作计划

另一方面,县级融媒体向外借力,与区域外脑和上级媒体合作。例如,北京市海淀区融媒体中心与高校和企业合作,成立中关村媒体融合发展联盟;湖北省各县级融媒体中心通过与长江云省媒平台联动以获得流量入口;

部分县级融媒体中心还通过入驻人民日报客户端、开通"人民号",向全国传递区域信息,提升自身影响力。平台间的跨界合作,是处理好传统媒体和新兴媒体、中央媒体和地方媒体、主流媒体和商业平台、大众化媒体和专业性媒体这四对关系的方法之一,是补充自身短板、围绕用户圈层、更好地贯彻"人在哪儿,宣传思想工作的重点就在哪儿"的坚实一步。

移动化、视频化、社交化趋势下,聚合类社交平台成为年轻用户青睐的信息获取渠道,也是媒体需要重视的新兴舆论场。中国新闻史学会应用新闻传播学会发布的《媒体抖音元年:2018发展研究报告》显示,2018年,抖音上经过认证的媒体账号超过1340个,累计发布短视频超过15万条,累计播放次数超过775.6亿。[①]随着媒体融合向纵深发展,政务头条号、抖音、快手等拥有三、四线城市以下的下沉市场大量用户的聚合类平台,是引领舆论导向、放大主流声音的重要传声筒,成为最快补齐下沉传播渠道短板的优势合作平台。

二、发展新挑战

(一)传媒技术大爆发背景下如何保持内容价值初心

1. 技术逻辑和价值逻辑的关系更加突出

纵览传统媒体向数字媒体演进的历程,技术创新是推进媒体产业链创新的核心力量,传媒技术的迭代更新重塑着媒体传播的信源收集、生产方式、产品形态、渠道分发、互动反馈,改变着人们的媒介使用习惯。随着智能化技术在媒体报道中的应用,新闻内容的自动化生产已经从机器人写稿、机器自动生产视频(MGC:Machine Generated Content)发展到AI虚拟主播;新闻产品的样态呈现短视频、H5、移动直播各自突破边界,虚拟现实、智能识别、漫画、航拍、3D抠图、数据图表、音视频等要素多元重组的态势;信息实时扩散,在个体与群体中散点式交互,分发愈加场景化、精确化、垂直化。但是,需要注意的是传媒技术大爆炸的新闻报道呈现样态容易陷入机械化、表面化、批量化、生硬化的误区,新闻报道变成简单的新科技展示和

[①] 《首份媒体抖音年度报告发布 主流媒体内容年播放量近800亿次》,传媒大家说,https://mp.weixin.qq.com/s/OYrHQrvmstP2-_g-___PUQ,2019年6月1日。

叠加，甚至变成吸引眼球的炫技，既无关用户的信息需求，又无益于主流思想的舆论宣传，形式创新的背后是微弱的传播到达率和社会效益。技术愈发达，大众对回归新闻价值的需要愈强。

2. 引领永远大于迎合

在以用户为中心的时代，媒体不仅要积极满足用户需求，更要保持新闻报道内容价值的初心，就是要牢记主流媒体的引领永远大于迎合，内容永远大于形式，导向为魂，内容为王，不断挖掘新闻的深度和坚持报道连续性，及时回应社会关切，与用户的情感产生连接、共鸣和交互。比如2019年春节期间，央视新闻"新春走基层"的一则消息报道刷屏网络，《相约在零点37分》记录了陕西榆林两位铁路工作者的真实爱情故事，记录了一次仅有1分52秒的碰面，这则报道被网友评为"神仙爱情故事"。这则短视频没有华丽的技术加持，选题却精准反映了社会现实和年轻互联网用户的情感心理，拍摄和剪辑充满故事的悬念感和记录感，细节真实，人物朴实，在春节这一特定的时间节点，成功地用两个年轻人的平凡小事引发了大众的情感共鸣。图文版、不同时长版《相约在零点37分》在微信、微博、抖音等平台被接力转发，微博话题#1分52秒神仙爱情故事#登上热搜第一，两天内阅读量达2亿。真实情感、细节捕捉、现实观照，《相约在零点37分》体现了新闻的时、度、效，体现了央视作为优质内容生产者的影响力和专业优势，也为徘徊在技术风口踟躇难行的媒体人提供了优化新闻产品传播效果的价值回归思路。

（二）纵深发展如何打造媒体队伍建设的生态机制

1. 构建生态运行机制

媒体的生态运行机制是维系平台内部生命力的保障，生态运行机制包括采编流程再造、人才队伍培养和激励、多元营收模式开拓、良性内容和运营监督等。2019年5月29日，《2018年度媒体社会责任报告》对外发布，46家媒体分别从正确引导等八个方面详细报告了履责情况[1]，暴露了当前媒体融合发展的两大普遍问题。问题一，媒体单位内部机制改革仍须深化。报告中，28

---

[1] 《46家媒体2018年度社会责任报告发布》，中国记协网，http://www.zgjx.cn/zt/2018mtzrbg/index.htm，2019年6月1日。

家媒体单位在不同程度上发现了自身在顶层设计上的人员考核激励机制、劳资机制、人员培养等队伍建设上存在不足；在改进措施上，超过40家媒体单位提出要优化现有管理机制，尤其是在人才团队建设、部门构建和运营模式上。问题二，媒体融合发展参差不齐。发展较好的单位，比如人民日报等大型中央媒体和湖北广电等小部分起步早的省级媒体，已经完成了部门融合重组新建和配套设施搭建，下一步在运营机制上面临的问题是如何完善顶层设计以进一步创收和更好地激发人员活力；而大部分单位还在寻找适应改革的体制机制，或者刚刚开始搭建"中央厨房"和重组部门人员，自身现行机构设置和岗位设置已不适应发展需要，缺乏有效的考核分配机制，人力管理模式落后以及缺乏跨界创新人才等问题。媒体竞争关键是人才竞争，媒体优势核心是人才优势。人才队伍建设是媒体发挥生命力的基础，也是当前媒体普遍面临的难题，适应媒体融合纵深发展的体制机制改革也应量体裁衣、因地制宜，不能搞"一刀切""一个样"。

2. 创新激励机制

打造媒体队伍建设生态机制的核心是找准激发人员和平台活力的良性循环动力，了解员工需求并助力有发展潜力的职业规划。例如引导良性竞争的薪酬激励制度和灵活晋升通道，激发创造力的工作室制度，提升理论素养和业务能力的培训机会，高效集约的扁平化管理模式和鼓励拓展多元经营路径等。天津津云新媒体集团从人员流程深度融合，策采编播精准对接，打造个性化新闻工作室等方面做出了示范性尝试。[①]第一，在人员量化考核上，津云建立起针对日报各部门记者的约稿机制，首发稿件根据时效性和访问量、转载量等量化指标，结合稿件选题质量、内容深度、采访复杂程度等进行评级并发放稿费；第二，在激发媒体人创造力上，津云新媒体集团面向全市传统媒体公开征集津云融媒体工作室，提供启动资金，并对工作室按月考评排名，每月经费由考评分数决定。目前，已经涌现出的品牌工作室有以城市摄影见长的"津云·陈月峰工作室"，以城市历史文化传播见长的"津云·记忆天津工作室"，以短视频见长的"津云·纪念日工作室"等。

---

① 齐怀文：《津云：新型主流媒体的融合实践》，《新闻与写作》，2018年第10期：91-94。

（三）县级融媒体中心怎样边建设边调整

1. 因地制宜建设

县级融媒体中心能激活县域媒体生命力，让基层舆论声音更聚焦，基层社会治理更系统。2018年8月21日至22日，习近平总书记在全国宣传思想工作会议上提出："要扎实抓好县级融媒体中心建设，更好引导群众、服务群众。"[①]这是媒体融合发展以来，县级融媒体中心建设第一次被单独强调，第一次被社会各界聚焦。这展现了国家对媒体融合向纵深发展的顶层设计，对基层舆论阵地建设的上层规划。[②]一年来，财政拨款、机制改革、挂牌运行，县级融媒体中心在重组县域媒体资源、明确舆论引导主功能、搭建多元服务框架上进行了初步尝试。但是，县级融媒体中心不是一蹴而就的，作为基层舆论阵地和距离群众最近的主流媒体平台，在管理运营和内容传播上都还需要因地制宜调整策略，部分县级融媒体中心缺乏融媒体思维不知道怎么做，受资金限制没法做，"挂羊头卖狗肉"表面做，甚至观望等待缓缓做。即便是已经挂牌的县级融媒体中心，在建设过程中也会陷入翻版县新闻中心的误区，或者过度依赖原有的广播电视运作模式，将力气用在打造融媒体演播室、做不切实际的大平台上。

2. 深挖在地资源

县级融媒体中心的最强优势就是在地化，挖掘在地化的新闻信息，提供在地化的政务和生活服务，形成在地化的社群互动，通过在地化的资源增加收益。可以说，县级融媒体中心的集中挂牌是县域媒体边改革边调整的开始。

目前，县域媒体主要存在四个方面的问题：第一，体制机制的老化僵化，组建县级融媒体中心要避免其成为县新闻中心的翻版，在职责归属、队伍建设、运行模式、薪酬和奖励制度、人员晋升和培训上向移动优先、数字媒体业务倾斜，与省市级媒体联结成为地区性的传播网络；第二，县级融媒

---

① 《举旗帜聚民心育新人兴文化展形象　更好完成新形势下宣传思想工作使命任务》，《人民日报》，2018年08月23日01版。

② 曾祥敏、刘日亮：《当前县级融媒体建设的问题思考与策略探究》，《中国新闻传播研究》，2019年第1期：134-146。

体中心建设引导舆论的能力有待加强，新闻信息的权威性、及时性、贴近性、引领性没有发挥出来，增强在地化原创新闻的报道力和传播力，加强当地新闻与当地用户之间的交互，才能更好地发挥移动端在触达速度、场景融入、兴趣交互、垂直种类上的优势；第三，县域媒体存在新媒体账号过多、权威声音不聚焦、内容原创度低的问题，在账号数量上做减法，在内容质量上做加法，在平台功能上做减法，在当地用户最需要的服务类别上做加法，才能更好地引导群众、服务群众；第四，县级融媒体中心在地化创收能力不足，融媒体中心需要连接线上和线下，充分调动在地化资源和活力。浙江长兴传媒集团作为县级融媒体中心建设的样板单位，2018年总营收2.32亿元，其中，网络收入1.12亿元，广告收入5674万元，智慧类项目收入5000万元。① 除了占优势的网络收入，长兴传媒集团将广告经营与内容运行团队的绩效挂钩，把营销创收任务落实到集团各媒体平台，尤其重视各媒体平台的主体作用；除了线上营销，还结合客户需求开展了形式多样的线下活动。此外，长兴传媒集团还通过为县内部门、企事业单位提供信息化项目咨询服务，根据地域特色策划节庆和会展活动，以及拍摄宣传片、托管运营乡镇部门微信等线上线下结合的多元手段创收。

（四）如何提升主流媒体舆论引导力和国际传播力

1.提升舆论引导力

后真相时代总是情绪在前，事实在后，信息过载和碎片化容易让新闻失焦，用户注意力容易被更刺激感性的呈现形式吸引。信息流动打破了时空维度限制，社交圈层却让大众传播难以破壁而入，人与人、人与信息、信息之间的连接复杂演变，主流媒体的舆论引导压力之大前所未有。面对互联网信息点状连接、网状扩散的复杂舆论环境，面对主流媒体自身有产品无流量、有平台无用户黏性的问题，主流媒体必须重新思考自身肩负的时代责任和破局方向。创新还得守正，提升舆论引导力的要诀在于：一要提升直达现场的反应力，二要提升第一时间发声的公信力，三要提升主流媒体信息和观点的

---

① 《年收入过2亿，这家县域传媒集团是如何赢利的？》，传媒大家说，https://new.qq.com/omn/20190523/20190523A06HXK.html? pgv_ref=aio2015&ptlang=2052，2019年6月1日。

权威力,四要提升深度挖掘的报道力。在突发新闻和社会公共事件报道中,要特别注意这四点。

2.提升国际传播力

而在媒体融合这一世界趋势下,中国虽然在速度和成果上效果显著,但在国际传播力上仍处劣势,提高国际传播力既要武装自身,又要找准时机。一方面,中央电视台(中国国际电视台)、中央人民广播电台、中国国际广播电台三台合一发出更强"中国之声",这体现了我国对于国际传播的重视和决心,"以丰富的信息资讯、鲜明的中国视角、广阔的世界眼光,讲好中国故事、传播好中国声音,让世界认识一个立体多彩的中国,展示中国作为世界和平的建设者、全球发展的贡献者、国际秩序的维护者良好形象,为推动建设人类命运共同体做出贡献",这一目标表明了我国的立场和媒体责任,为国际传播建设提出了目标和任务。另一方面,提升主流媒体的国际传播力不仅基于高质量的新闻产品,还需要契机、平台和对话。2019年5月31日,美国福克斯商业频道(Fox Business Network)主播翠西·里根(Trish Regan)和中国国际电视台(CGTN)主播刘欣关于公平贸易、知识产权、关税等多个话题的对话引发国际广泛关注。刘欣的冷静阐述和平等对话态度赢得了翠西和国际观众的好评,翠西发推文特别阐明:"不是电视上的一切都必须是场'唇枪舌剑'……当涉及国际问题时,对话和讨论是寻求前进的一个非常重要的途径。刘欣是一个有思想的嘉宾。"美国佐治亚州立大学助理教授玛利亚在接受《纽约时报》采访时评价这场辩论说,"(我)看到一个人说一口流利的英语,并以一种开放和雄辩的方式回答问题,这与大多数美国人所习惯看到的中国不大相同",并表示"这展现出了中国的开放"。[①]国际上客观正面的评价越来越多,这肯定了我国在国际传播中坚守的态度和原则。2019年4月29日,红星新闻(成都传媒集团旗下的新媒体平台)宣布正式上线"一带一路"国际频道,并开设即时播报、权威发布、中欧班列、高端访谈、丝路故事、丝路视讯六个栏目。新频道上线后即启动"丝路星光"全球报道计划——十余组记者将奔赴"一带一路"沿线国家,展示"一带一

---

① 《翠西再次"约战"刘欣!》,《中国日报》,https://mp.weixin.qq.com/s/k4IOxtT21BVyafhtZdijtQ,2019年7月7日。

路"倡议近六年来所取得的新成果和新变化。红星新闻的"一带一路"国际频道为增强市级媒体国际传播力提供了试验田。

无论是舆论引导力还是国际传播力,新型主流媒体都需要明确自身立场与原则,挖掘和分析用户数据,深入了解传播环境,打通社会协作脉络,这不仅是新闻传播学的命题,也是一个涉及社会学、心理学、国际关系学的大题目,需要业界反复探索、学界不断抽析、相关部门指导与协调。

三、挑战新趋势

(一)一体化传播体系自上而下搭建完成,新型主流媒体融合质变

未来,随着媒体融合的顶层设计和一体化发展向纵深推进,由中央到区县的一体化传播体系搭建完成,自上而下的新型主流媒体打造由播种期迈向耕耘期,实现全方位的融合质变,以新型主流媒体为中流砥柱的现代化传播体系建成,融为一体、合而为一的全媒体传播格局构建完成。

1. 生产流程重塑

智能化技术重塑生产链条,自动化、全息化、跨媒介、跨平台成为产品生产的常态,人员突破部门、地域的限制进行线上协作,素材、工作室、产品流水线、媒介之间原来存在的壁垒被彻底打通,实现人、技术、传播介质更快速、更深入的融合。

2. 产品传播优化

主流价值导向驾驭人工智能算法,信息的过滤和分发体现价值逻辑和技术逻辑的融合,优质新闻产品不仅服务用户需要,更体现新型主流媒体引领社会价值和传承文明的责任。

3. 用户交互发力

新型主流媒体发挥快速反应、权威对话的优势,回应社会关切,履行媒体职责,同时在场景交互上进一步贴近用户的媒介使用习惯,进而强化权威存在感和用户信任度。

4. 平台管理升级

在平台管理上,用大数据全时空监测平台信息,实现平台运行、人员流动、融资管理、协作互联的信息化。

5. 舆情引导有效

在舆情引导上，占据移动优先的优势舆论场，将权威一手信息和理性分析解读通过一体化传播体系进行横向跨领域、纵向垂直化扩散，发挥新型主流媒体的传播力、影响力、引导力、公信力。

（二）媒体人才队伍个性化建设，管理机制改革因人制宜

媒体内部的人才队伍建设继续向"融为一体"深化发展。目前，主流媒体内部已经认识到需要不断优化现有管理机制，尤其是优化人才团队建设、部门构建和运营模式，下一步就是进行自身人才队伍的个性化建设。根据媒体本身发展特点、地方传媒发展环境、媒体人的职业规划等，因地、因人制宜改革管理机制，努力打造一支政治过硬、本领高强、求实创新、能打胜仗的宣传思想工作队伍。

队伍建设和机制改革虽然要因地制宜，但根据媒介管理的规律和经验可以总结为五个发展趋势：第一，选人用人机制趋向灵活，跨界创新人才和一专多能的"专家型"人才成为中流砥柱；第二，内部激励方式逐渐量化，不仅在薪酬收入上实行社会效益和经济效益的双效考核，还在福利待遇、提升机会、嘉奖表彰方面量化评比；第三，前沿业务培训越发多元以满足媒体人成长需要，引进高校教授和业界精英讲课，走出去到基层和先进单位实践学习，增强一线媒体人的获得感和成就感；第四，工作室模式和跨部门合作走入正轨，团建活动更加多样化，增强媒体人事业感、归属感、凝聚力；第五，骨干培养逐步规模化、人才晋升流动化，媒体内部通过完善管培生模式和配套鼓励章程，将有政治素养、发展潜力的媒体人纳入骨干培养计划，并定期实行岗位流动和竞聘上岗，为融媒体人才提供发挥空间。

（三）内容生产仍以视频为优，长视频、场景化直播蓄势待发

4G的普及带来了短视频的爆发，5G时代，视频的强势传播效果将进一步发挥优势。

1. 短视频继续领跑

截至2018年12月底，中国网络视频用户规模达7.25亿，其中短视频用户规模6.48亿，网民使用率为78.2%，短视频用户使用时长占总上网时长的

11.4%，成为仅次于即时通信的第二大应用类型。[①]2019年是5G商用元年，移动碎片化、低门槛和社交性优势突出的短视频，在未来一段时间内将继续领跑视频传播，无论是竖视频的深入尝试、虚拟现实和人工智能与短视频的结合、Vlog的大规模生产，还是短视频在小镇青年和银发一族的用户占领和生产力释放，抑或是主流媒体大规模入驻抖音布局短视频平台、青少年防沉迷系统上线、《网络短视频平台管理规范》和《网络短视频内容审核标准细则》出台以及平台对版权保护采取的管理措施，都表明了短视频从采集到传播都会借力5G继续领跑，趋向正规化、裂变式、重量级、产业化。

2. 长视频发力

随着网速和流量不再受限，移动场景下的1—5分钟的长视频或将拓展市场。相比于短视频的碎片化信息传播和审美疲劳，讲一个故事或者展示完整场景的长视频将发挥优势。长视频相对丰富的内容和精良制作在很大程度上能激发用户产生更多元的交互，用户第一次观看视频是为了获取信息，之后的多次观看是为了社交互动和内容再生产，所谓常看常新，长视频能够带来更多用户黏性和陪伴感。

3. 场景化应用

更注重用户在地化体验感的沉浸式场景直播蓄势待发，VR、AR、MR等沉浸技术将突破用户视觉和交互体验差的桎梏，此外，场景直播与移动购物相结合可能还将成为连接线上与线下、激发产业活力的新推手。

（四）媒体打造公共服务传播平台，深度连接形塑智慧城市

有人预测未来社会的连接是物与物的万物互联，5G、智慧媒体、物联网、车联网带来的是全移动和全连接的社会，传统媒体也将迎来新一轮机遇期。比如5G+4K/8K+AI或许会革新移动互联网冲击下式微的广电行业，催化用户从看电视向用电视转变；移动端在场景适配、物与物深度连接的进化中，延伸出更多交互功能服务用户生活。

对于媒体而言，寻求和搭建连接一直是媒体平台建设的目标，在媒体融合的发展中，聚合、服务、垂直、协作的理念早已渗透进媒体平台的建设过

[①] 《2019中国网络视听发展研究报告》，中国网络视听节目服务协会，2019年5月27日。

程。第一，媒体融合发展不只是新闻单位自己的事，媒体平台通过集约整合社会资源，能够助力媒体、政府、社会的良性互动，提升公共治理能力；第二，以人为本是未来平台发展的总逻辑，移动优先、用户优先的共识下，公共服务传播平台将成为媒体平台的发展方向；第三，公共服务传播平台的形成也将助力万物互联，在新闻、政务、医疗、教育、服务、金融、娱乐、旅游等社会生活领域助力智慧城市建设。

（五）营造媒体生态管理环境，主流媒体价值优势凸显

随着主流媒体与商业平台、技术公司和媒体智库不断开展合作，其自身的平台运营、数据管理和分析、全媒体内容生产和传播等环节都迅速向信息化、数字化发展。但是，技术发展使舆论场众声喧哗，主流媒体的价值和社会责任优势越发凸显，具体表现在：第一，敢于引导、善于引导，立场坚定、旗帜鲜明，是主流媒体义不容辞的责任和担当；第二，数字化传播时代，内容和版权是主流媒体的优势；第三，优质内容吸引优质用户，用户的社交传播助推优质内容和平台吸引力的螺旋式上升；第四，流量变现路径和多元经营模式将得以延伸，从而实现社会效益和经济效益的双赢。未来，主流媒体对社会生活的价值逻辑与技术逻辑的整合，以及在文明传承和社会逻辑洞察方面的优势，会成为数字化时代文明构建的重要推动力量。

虽然主流媒体承担较多的社会责任，但立体传播模式和新媒介形态让互联网内容的审核、监管面临着新困难，全媒体传播格局和现代化传播体系的构建离不开生态化的媒体管理环境，这其中涉及版权保护、内容审核、市场监管、价值伦理评判等。2019年4月，"视觉中国"因为人类历史上首张黑洞照片的版权问题引发了行业内关于商业图片版权的讨论；在短视频领域，目前使用的版权保护技术手段除了传统的指纹技术、水印模型之外，还有将文件与其他上传到平台的视频进行对比的"灵识系统"等。未来，惩罚机制的建立和完善将会更好地营造清朗的媒介生态环境，而通过区块链技术、互联网法院等促进版权保护案的公正性、合法性，将可能有效打击媒体行业的不正之风，维护内容生产者的创作激情和切身利益。

四、结语

我国媒体融合已经迈入深水区,从报业到广播电视、网络媒体,从央媒到省市级媒体、县级融媒体中心,在经历了产品融合、平台打造后,一体化全媒体传播格局正在建立。综观世界,全球媒体都在进行数字化转型,媒体融合浪潮下没有一家的模式能够放之四海皆准,国际媒体的融合发展过程中甚至还出现了"反融合(de-convergence)"的现象。因此,必须因地制宜,具体问题具体分析。

目前,体制机制的纵深发展,正在为形成资源集约、结构合理、差异发展、协同高效的全媒体传播体系做好顶层设计,平台间的横纵向协作,也让合作共赢的互联网开放逻辑得到广泛应用。曾经,4G带来了短视频和全民直播的风口,5G赋能的新元年才刚刚起步,小荷才露尖尖角,新的媒介样态、媒介习惯会逐渐显露,新的管理法则将逐步建立;但是内容价值不会随着市场的下沉而降低标准,不会随着技术逻辑的走红而过时,记者的"脚力、眼力、脑力、笔力"是产出优质融媒体新闻产品的基础,主流媒体的传播力、影响力、引导力、公信力始终是第一把标尺,新闻产品的价值逻辑在任何时代都是媒体的安身立命之本。

2019年中国新媒体发展综述

胡 钰 王嘉婧[①]

摘 要：中国的新媒体行业迎来了生产力释放，行业技术与内容发展深度勾连，内容生产方式变革，传播模式不断创新，形式不断丰富。新闻类新媒体持续多样化发展。与此同时，新媒体发展面临着挑战，在内容产业快速发展的同时，劣质内容也开始泛滥。用户对于新媒体健康信息生态的需求增长，对网络治理提出了更高的要求，这也是媒体品牌提升信任力的关键节点。此外，技术依旧为新媒体带来新机遇，行业正在加快探索与5G、人工智能等创新技术深度融合的模式。

关键词：新媒体；新闻；传播；网络治理

The Review of the Development of New Media in China in 2019

Abstract: The productive force of China's new media has been largely released. The deep link of technology and content have reshaped the content production and communication modes. New media continues to diversify. At the same time, new media is facing challenges. While the content industry is developing rapidly, inferior content is also beginning to spread. Users' demand for good news also has increased. It has placed higher demands on the new media governance. It is also a key node for media brands to enhance their trust. In addition, technology continues to bring new opportunities to new media, and the industry is accelerating the exploration of deep integration with innovative technologies such as 5G and artificial intelligence.

Keywords: New Media, News, Communication, Internet governance

2018年至今，中国新媒体发展迎来了技术与内容的双维爆发式发展，保持着生机勃勃的行业活力。内容生产活力被全面激发，技术为内容生产提供了全新可能，并重塑着传播模式。同时，技术的发展为内容生产带来了前所未

---

① 胡钰，清华大学新闻与传播学院党委书记，教授，博士生导师；王嘉婧，清华大学文化创意发展研究院特约研究员。

有的挑战，行业生态格局的快速变革也为行业治理和可持续发展带来了考验。

一、新媒体发展整体特点

（一）新媒体行业迎来生产力释放

1. 内容产业提速

新媒体产品类型增多、新媒体形式丰富、人工智能等新技术参与内容生产，这些都给新媒体带来了内容供给力的大爆发。内容数量爆发式增长的同时，内容广度也在不断扩大，主流和圈层内容兴趣均得到了满足。

传播方式的变革带动了内容生产的活力。算法机制大规模进入内容分发当中，实现了内容的个性化定制，重塑了传播方式，客观上增强了定制内容的生产力、内容的曝光力和到达率。社交对于内容的传播影响力增加，成为内容生成和内容传播的关键一环。许多具有社交属性的平台正显现出泛资讯平台功能，为内容带来了更广阔的出口。同时，新媒体正逐步形成清晰的赢利模式，刺激了内容产业的快速发展。

2. 劣质内容泛滥

内容生产门槛降低，导致了内容质量的参差不齐。以吸引流量为目的、混淆视听的信息大肆横行。未经审查便发布的信息、凭空捏造的假消息、过度加工渲染的情绪性新闻、大量同质化内容为新媒体带来了巨大的负面影响。

（二）新闻类新媒体发展迅速

1. 新闻消费市场持续增长

在新媒体的推动下，新闻消费市场保持着持续增长的态势。用户规模不断扩大，用户使用时长持续增长，并且有着稳定的重度消费用户。极光大数据显示，截至2018年11月，综合新闻资讯行业用户规模达5.31亿。截至2019年3月新闻资讯APP行业渗透率为54.3%。

QuestMobile（北京贵士信息科技有限公司）数据显示（图1-3），在近一年中，短视频、综合资讯成为带动移动互联网用户月总使用时长增量的引擎，两者带来了近一半的增量。其中短视频带动了36.6%的增长，综合资讯带动了12.5%的增长。根据企鹅智库·企鹅调研截至2018年6月的数据，中国互联网资讯消费者中,平均每天用于资讯的消费时间达到了76.8分钟。其中73.7%的用户,每天浏览资讯的时间超过30分钟;47.1%的用户消费资讯超过1小时;16.3%的用户是消费超过2小时的重度用户。重度资讯消费用户大多具有位于一二线城市、30岁以上的标签。其中今日头条、腾讯新闻处于日活跃数的第一阵营;今日头条极速版、趣头条位于第二阵营;搜狐新闻、一点资讯、网易新闻、新浪新闻、凤凰新闻等位于第三阵营。

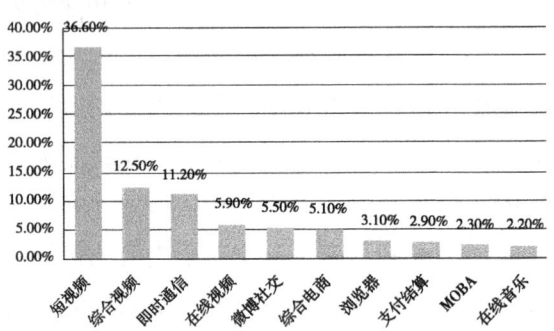

图1-3 2019年3月用户月总使用时长同比增量占比TOP 10细分产业

资料来源:QuestMobile TRUTH 中国移动互联网数据库,2019年3月。

2.新闻泛资讯边界持续扩展

新闻的边界正在被逐步扩展,尤其当越来越多的自媒体成为信息生成的主力军时,资讯的内涵和外延被逐步扩大,泛资讯内容随之增多。泛资讯内容能够满足用户的多元化需求,也成为媒体内容生产的新契机。泛资讯内容帮助媒体和用户产生更大范围的连接,拓展了经营模式,实现多元化赢利。

3.新闻形式多样化发展

除传统的文字、图片类资讯外,短视频、直播等资讯形式正在逐步被用户接受,成为用户接受新闻资讯的主流手段。但是,长视频新闻的接受度仍然不高。短视频带动了新闻资讯的竖屏化,尤其是大量UGC生成的手机即拍、现场跟拍的内容。竖屏符合用户的手机使用视觉习惯,用户通过竖屏更容易获得亲历新闻事件的现场感。

新闻形式的多元化发展与技术的不断提升息息相关。随着5G时代的到来,流量负担减弱,基础设施保障到位,视频、直播类新闻资讯消费量或将继续提升。

（三）网络生态治理常态化、长效化

1. 知识产权保护意识增强

2018年，习近平总书记在博鳌亚洲论坛2018年年会上强调："加强知识产权保护。这是完善产权保护制度最重要的内容，也是提高中国经济竞争力最大的激励。"① 2018年2月，中共中央办公厅、国务院办公厅印发了《关于加强知识产权审判领域改革创新若干问题的意见》，党中央首次出台知识产权审判领域的文件，为知识产权保护体系建立提供了政策依据。

2. 指导政务媒体脱虚向实

2018年12月7日，国务院办公厅发布了《关于推进政务新媒体健康有序发展的意见》。意见提出了政务媒体的工作目标，到2022年，建成以中国政府网政务新媒体为龙头，整体协同、响应迅速的政务新媒体矩阵体系，全面提升政务新媒体传播力、引导力、影响力与公信力。打造一批优质精品账号，建设更加权威的信息发布和解读回应平台、更加便捷的政民互动和办事服务平台，形成全国政务新媒体规范发展、创新发展、融合发展新格局。坚持正确导向、需求引领、互联融合、创新发展四个基本原则。实现推进政务公开，强化解读回应；加强政民互动，创新社会治理；突出民生事项，优化掌上服务。提出了开设整合、内容保障、安全防护、监督管理的规范运维管理模式。要求通过加强组织领导、加强人员培训、加强考核评价强化保障。

3. 自媒体"大清理"

自媒体的野蛮增长带来了一系列乱象，发布违法信息、不良数据等问题屡见不鲜，破坏了自媒体的生长环境。

2018年网信办相继约谈了百度、腾讯、新浪、今日头条、搜狐、网易、UC头条、一点资讯、凤凰、知乎10家企业，要求对自媒体账号进行"大扫除"，各平台坚决清理涉及低俗色情、炮制谣言、黑公关、洗稿圈粉、"标题党"、抄袭侵权以及违法违规广告、插入二维码或链接恶意诱导引流、恶意炒作营销等问题账号。从10月底开始，20余天清理9800多个违规账号。

---

① 中华人民共和国主席 习近平：《开放共创繁荣 创新引领未来》，《人民日报》，2018年04月11日03版。

网信办同时要求不允许被处置的问题账号跨平台"转世"或以小号"重生"。在未来的管理中,要清存量、控增量。清理僵尸号、僵尸粉,修订账号注册规则,改进推荐算法模型,完善内容管理系统。各平台随即开始自媒体清理专项行动,诸如咪蒙等流量大户,因散布虚假信息等原因被永久封号。持续运营的清理机制能够保证媒体生态回归健康,为用户创建安全的阅读空间。

(四)新闻资讯类新媒体企业的发展

1. "四超"格局确立,马太效应明显

移动互联网企业中已经形成了"四超"格局。腾讯、字节跳动、阿里、百度系产品牢牢占据着超过全网70%的使用时长。从QuestMobile提供的2019年3月与2018年3月的数据对比来看(图1-4),腾讯系产品与百度系产品使用时长有所下降,字节跳动系产品受到短视频业务的带动增幅较大。

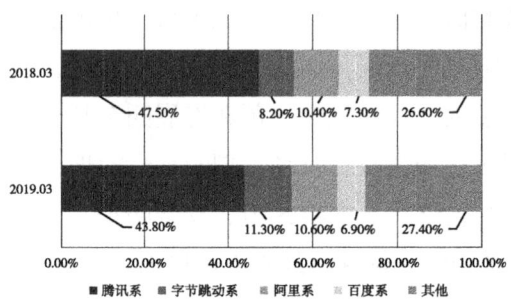

图1-4 2018—2019年移动互联网巨头系APP使用时长占比

资料来源:QuestMobile TRUTH 中国移动互联网数据库,2019年3月。

2. 新闻资讯类新媒体产品格局

资讯类新媒体产品可以被分为三类:综合新闻资讯类、垂直新闻资讯类和杂志报纸类。综合新闻资讯包括商业门户网站(新浪、搜狐等)、新闻聚合平台(今日头条、趣头条、一点资讯、今日头条极速版等)和综合新闻媒体(腾讯新闻等)。垂直新闻资讯是深耕于单一领域的新闻资讯产品(虎扑体育、汽车之家等)。杂志报纸类是传统杂志、报纸的电子化,泛资讯性更强。

3. 新媒体企业积极参与社会事务

新媒体企业正在越来越多地与社会事件发生联系,推动社会发展,在社

会进步的进程中发挥重要作用。

2018年至今，新媒体在扶贫方面的表现尤为突出。新媒体发展不仅能够扶贫，还能够"扶智"，让贫困地区人口与时代有同步认知。流量的导入，也让这些贫困地区和贫困人口走入大众视野，获得关注。

芒果TV通过主旋律题材的年轻化表达，讲述青年基层工作故事，借力流量跨越信息鸿沟，通过王牌综艺连接"三农"问题，并依托全平台新媒体优势，拓宽社会帮扶新渠道。芒果TV利用自身优势，践行主流媒体责任担当。

快手在中国农村人口中有巨大的影响力。2018年中国1600多万人通过快手获得收入，其中340多万人来自国家级贫困县，贫困县区中每5人就有一个活跃的快手用户。快手推出了"幸福乡村"战略，以5亿流量资源支持助力国家级贫困县优质特产的推广和销售，培育了25个乡村农业合作社，培养了43位乡村创业者，带动创造产值超过1500万。

除此之外，字节跳动旗下抖音通过推出"山里DOU是好风光"打造贫困地区的文旅品牌；淘宝直播开展了村播计划，培养100名收入过万的农民主播，促进相关商品年成交量突破30亿。

二、新媒体内容发展趋势

（一）用户内容消费习惯变革

1. 内容与社交的关系增强

用户与资讯的互动欲望正在逐步增强，不再是单向、静态地接受，而是希望通过评论、转发、点赞等方式深度参与资讯传播与再造。资讯创作和发布者不再与用户处于割裂状态，而是通过交流、互动形成深度的情感联系。经过多年的新媒体信息洗礼，部分民众独立思考能力提升，新闻素养提高，辨别力逐步增强，他们愿意深度参与资讯的解读、讨论与批判，帮助构建多维的讨论场域，让"真相"越辩越明。社交成为新闻资讯内容传播的重要方式，用户对于通过社交获取资讯的依赖度和信赖度均有所加强。

2. 信息爆炸迷茫期，急需有公信力的媒体

新媒体迎来了内容爆炸的年代，优质信息与劣质信息混杂发布。对于公众而言，许多信息无法判定真伪，资讯判定门槛增高，让用户很容易进入信

息迷茫状态。对于高学历、高收入的用户而言,更容易判定消息真伪。但是许多低收入、低学历、两极年龄的用户缺乏判定信息真伪的能力,很容易被虚假信息迷惑。许多用户希望获得优质内容,但苦于信息的繁杂、途径的限制、辨别的困难。用户急需通过有公信力的媒体获取真实、客观、优质的新闻内容。用户需求决定了现在是媒体建立权威影响力的窗口期。

(二)内容生产方式变革

内容制作群体正在愈加壮大和复杂。新技术驱动内容形式不断丰富,功能愈加完善。随着人工智能技术的发展,其内容生产优势越来越明显,尤其是在追求时效性的热点新闻领域。腾讯的"Dreamwriter",今日头条的AI小记者"张小明",新华社的"快笔小新"等写作机器人已经参与内容生产当中。写作机器人通过阅读海量内容,对文字、图片、视频等进行理解,并自动生产内容,分发给兴趣用户。

技术为全媒体内容生产平台带来了保证。新媒体内容形式正在逐渐丰富,目前新媒体内容形式包括文字、图片、长视频、短视频、直播、VR/AR、问答等。按照内容的不同属性,制作者可以选取最合适的媒体形式进行生产,丰富了新媒体功能,开启了精细化运营时代。

短视频的兴起降低了自媒体的生成门槛,用户拿起手机将新闻现场拍下,便可以参与新闻生产。制作门槛的下降催生了一大批用户生成内容,产生了数量庞大的新闻现场和泛资讯内容。

(三)内容生产者格局变革

1.自媒体、传统媒体、政务媒体三分天下

新媒体内容产业链的参与者不断增加,参与人群也愈加多样。传统媒体、政务媒体、网络平台、自媒体、MCN[①]、KOL[②]均是重要的内容创作方。随着内容生产主体的不断扩大,内容产业的分工也越来越细,服务的用户群体也愈加垂直。

---

① Multi-Channel Network,是一种多频道网络的产品形态。

② Key Opinion Leader,简称KOL,关键意见领袖。

自媒体已经成为重要的新媒体内容提供者，有着极高的内容渗透率。自媒体的影响力格局开始形成。各种形态的产品和内容进行用户注意力争夺战后，用户可选择的品类大大增加。但海量的信息导致了用户信息获取渠道的主动收窄，具有情感联系和信任关系的头部创作者的影响力不断提升，高附加值转换表现不俗，用户开始越来越向头部创作者聚拢，圈层自媒体也开始形成群体内影响力。自媒体运营愈加专业化，催生了MCN机构的兴起。截至2019年4月，有超过4000家的MCN机构。MCN机构通过垂直领域的资讯供给，在特定兴趣门类聚集用户，通过与用户的互动增加黏性，建立情感归属和信任关系。MCN机构的资讯运营还建立了和企业合作的商业模式，帮助企业进行内容运营，提升品牌价值，提高特定企业品牌的用户黏性。

随着新媒体的不断发展，传统媒体的渠道影响力正在下降，渠道和内容的影响力发生了割裂。一些抓住新媒体机遇的传统媒体，通过将内容投放至其他渠道，保持着较大的内容影响力。例如人民日报等媒体品牌，通过新媒体运营，焕发出媒体的全新生机。

政务媒体迎来了发展的十字路口。在社交媒体兴起年代，政务媒体迎来了一波"出生潮"，然而许多政务媒体是"任务式"产物，有名无实，目前呈现出"僵尸""睡眠"的状态。还有一部分政务媒体运营维护不规范，发布内容与身份不符，功能定位不清晰，经常出现不合时宜、不合身份的信息，甚至出现发布错误信息等问题。部分政务媒体运营简单粗暴，在互动传播时代仍然坚持单向传播思维，缺乏互动意识和服务意识，不仅没有为政务机构形象加分，反而造成了负面影响。政务媒体需要转变思维，让政务媒体不再是摆设，而是真正运营起来，积极发挥政务媒体的作用，作为政务机构的窗口，发布权威信息，解决人民困难，塑造政务机构积极形象。新媒体产品的发展拓宽了政务媒体的形式，带来更多传播可能性和传播触点的同时，也为政务媒体带来了巨大的挑战。除了传统的微博、微信外，短视频成为政务媒体的全新形式。2019年8月31日，抖音短视频举办了政务媒体抖音号大会，联合生态环境部、国家卫生健康委员会、国资委等11家政府、媒体机构，发布了政务媒体抖音号成长计划，帮助政府、媒体和有专业短视频生产能力的机构，提升政府媒体在抖音上的内容生产能力。"北京SWAT""四平警事"等政务媒体抖音号已经成为爆款。这些政务媒体以符合观众口味的形式，传递政务信息内容，弘扬正向价值观。在抖音平台当中，旅游类、公安类、地方发布类、文化类政务机构账号数量较多。

2. 用户成为内容链条中的重要一环

新媒体不断丰富用户和新闻信息的互动形式。用户通过阅读、推荐、转发、评论互动等方式成为新闻资讯生产链条中的一环。用户生成信息的受关注度也越来越高，不亚于人们对于资讯第一发布方的关注。值得注意的是，一部分不生产新闻资讯，但乐于分享的用户，由于个人具备影响力，也成为社交网络中的关键传播节点，他们能够点燃信息的二次传播，甚至超越原媒体一次传播的影响力。

3. 各平台激励内容创作

各平台出台政策鼓励优质内容创作，通过优质内容争夺用户注意力，扩展平台优势。例如今日头条提出了"千人万元"补贴计划；腾讯新闻提出了"芒种计划"，全年补贴共计2万元；百度新闻推出了百家号，提供面向内容创作者的分成；UC浏览器推出UC订阅号，并推出了"媒体赋能计划"和"W+量子计划"；一点资讯则推出了"创作者独享"政策。

三、新媒体传播方式发展趋势

（一）新媒体传播影响力因素更迭分析

1. 传统标题式、名人式流量传播力降低

标题式、名人式流量传播力在以往的新媒体传播中发挥着重要的作用，有着强大的流量带动力。但标题式和名人式流量均属于简单粗暴式传播，经常出现题文不符的情况，用户资讯获得体验差、获取效率降低。伴随着用户对于标题党的免疫，以及资讯获取方法的多样化，标题式和名人式流量传播的影响力正在逐步下降。

2. 社交关系传播力升高

用户获取资讯的渠道正在越来越依赖社交途径。微博、微信等社交类产品的媒体属性逐渐增强。但两者的媒介属性又有所区别：微博的功能由人际社交产品逐步向资讯内容汇聚媒体拓展；微信则成为用户在社交链条内进行资讯分享的媒介。

社交已经成为资讯传播的重要环节。公共社交链和个人社交链在传播中的影响力越来越大，它们改变了传统媒体的议程设置方式，形成了以社交关系为基础的传播信息流，并且有着稳定且高频的到达率。社交对于资讯APP的拉新效果十分显著，好友推荐或转发成为用户下载资讯APP的主要原因。社交可能引发传播的裂变，许多内容都是通过基于社交的人机传播成为现象级"爆款"。

微信和QQ在社交领域占据霸主地位，微博也完成了向社交媒体的转型，其他企业也在纷纷布局社交市场，尤其是在垂直社交领域发力，联动品牌其他内容享受社交红利。例如今日头条推出了"多闪"，但是并未获得大规模成功。除此之外，打造音乐社交产品的音遇、匿名社交的Soul、现金补贴的聊天宝也都被冠以社交新势力，但均不能撼动腾讯在社交领域的霸主地位。

3. 评论带动力升高

当新闻由单向信息发布转化为双向信息互动时，公开的评论区域也开始出现有价值的观点和信息，并形成了探讨的氛围。在这里，用户自发地发表见解、反馈错误、讨论不同观点，不只是和新闻互动，也是和其他用户进行交流。评论区增加了信息发布的层次，同时让信息接收产生社交感。发布者开始有意识地选取优质评论，用户也可以通过评论点赞等进行评论区的议程设置。对于越来越多的用户而言，观看评论和观看信息一样具有价值。

4. 垂直群体传播黏性高

内容的爆发产生了大量窄众长尾内容，通过互联网联结到共同爱好的用户，逐步形成圈层。垂直圈层传播通常带有强烈的社交属性，通过年龄、地域、阶层、职业、兴趣等形成特定圈层。圈层内容传播具有区隔性，在某一圈层被广泛传播的内容，在另一群体可能会备受冷落。

圈层传播趋势上升，垂直群体当中内容消费力更加旺盛，黏性更强。QuestMobile数据显示，在新闻资讯月活跃用户增量中，体育资讯和财经资讯两个垂直门类用户增速明显，其中体育资讯增速达到80%，财经资讯达到74%，垂直类资讯内容增长潜力可观。除了体育、财经这类经典的垂直群体外，新媒体也连接了许多亚文化群体，激发了圈层活力。B站到2018年底已经拥有了涵盖音乐、舞蹈、演奏、娱乐、生活、时尚、科技等11个大类，包含7000多个兴趣文化圈层，其中"木工"都已经单独成为一个圈层门类。

5.运营逻辑的扩展

新媒体的运营逻辑和传播力影响已经不能单纯依靠内容带动。运营逻辑从单一内容运营,向内容运营、用户运营、品牌运营、商业运营等多维运营体系转变,形成用户与平台间的深度情感联络,打造平台和媒体的品牌价值和传播影响力,从而构建健康的商业生态以促进平台的可持续发展。

(二)新媒体产品功能变革

1.细分式入口格局确立

新媒体进入了多元化入口的时代。资讯客户端、社交产品、短视频产品、直播产品等都有可能成为用户获取新闻资讯的方式,新媒体多点对多点的传播形式被再一次加强。用户的选择增多,渠道间传播特性差异增大。

不同类型的用户,对于获取资讯的入口偏好不一。根据企鹅智库·企鹅调研2018年10月的数据,随着年龄增长,用户对资讯类应用的使用度逐渐增高。相反,低年龄段更加依赖社交类产品获取资讯。

2.多点矩阵传播

不同的媒体产品具有不同的功能和传播属性。媒体在发布信息时,为了扩大影响力和辐射用户范围,会进行多点矩阵式传播。曾经的矩阵式传播是单一内容在不同平台的简单复制,然而随着产品差异化程度越来越大。媒体需要根据媒体特点进行内容调整,在制作形式、风格等方面均存在差异。

短视频平台开始兴起,改变了内容生产方式。之前,媒体大量以文字、图片作为主要传播载体。但是未来,视频,尤其是短视频,将成为获取资讯的重要形式,尤其对于两极年龄、低学历、村镇人口而言,理解门槛较低的影像感知更容易被他们接受。这也要求媒体不断提升多点传播矩阵的内容策划、制作能力,利用矩阵内的各个端口合理规划传播方案,形成资源的有效配置,追求传播效率和传播效果的最大化。

3.从可读到可视,短视频爆发之年

短视频的使用人数和市场规模在2018年完成了爆发式增长。根据艾瑞咨询数据,2018年短视频市场规模为467.1亿元,占综合视频市场规模的52.6%。CNNIC中国互联网络发展状况统计调查显示,到2019年6月,短视频用户规模达6.48亿,网民使用率为75.8%。QuestMobile的数据显示,2017

年12月移动互联网用户月人均单日使用时长为278.3分钟,2018年12月该数据增至341.2分钟,其中短视频贡献了33.1%的增量。

短视频带来了新媒体行业的新活力,对行业的拉新作用明显。短视频改变了行业格局的原因是它给用户提供一种新的消费选择,快节奏、碎片化、开门见山、短小精悍的视频形态切中了用户的需求,视频的阅读门槛相较于文字而言更低,形式生动,用户体验更为友好,因此释放出新的产业生长点。短视频市场中,抖音短视频、快手位列第一梯队,用户渗透率为54.2%;西瓜视频、火山小视频为第二梯队,用户渗透率为21.9%。

用户希望从新闻资讯类短视频获得真实的现场和客观的还原。但是,当短视频生成越来越容易,许多加了滤镜和剪辑的现场不仅不具备新闻的功能,反而会引发民众对于事实的误读。因此,保证新闻资讯类短视频的客观和信息的价值,需要做到真实还原现场,保持视频完整度。

(三)信息传播方式变革

传统媒体传播时代,观众通过单一媒体渠道,按照媒体设置的议程获取信息。新媒体的发展正在不断改变着原有的信息传播方式。传统传播方式依然存在,但是更为流行的是用户通过聚合型产品获得多渠道媒体资源。聚合型新闻资讯产品信息流出现方式分为两种,一种是平台根据算法为用户推荐信息流,另一种是用户自主选择媒体资源。

1.推荐算法的应用

推荐算法的应用正在改变着原有的议程设置格局,它根据用户的兴趣进行个性化信息推荐。推荐算法基于对用户的精确画像,根据用户自身的信息浏览习惯、同类型画像用户的"泛化"浏览趋势、社交链条中的信息浏览情况,以及积累数据的分析进行信息的个性化分发。推荐算法技术在不断发展,算法逻辑从用户个人为个人推送,发展到人人为人人推送。

今日头条是国内将算法工程产品与信息推荐引擎应用结合的先驱,它在新闻资讯类产品中的爆发式增长和领先地位与其定位息息相关。今日头条打造了一个智能化的信息平台,通过人工智能技术筛选高质量内容,过滤无用信息,为用户分发兴趣内容,帮助用户进行与信息的交流互动,同时让信息的获取者转变为信息的分享者、创作者。

基于人工智能的推荐算法实现了信息的精准定位。以寻人为例，过去的寻人是大规模信息投放，造成媒体负担加重，且到达率有限。而现在，类似今日头条等信息平台，通过人工智能技术精准定位寻人概率最大的人群，以高效的方式实现信息的有效触达。

2.场景化传播

信息传播呈现出场景化趋势，尤其是"算法+场景"的应用，实现了更为精准的信息推送。目前的主要内容分发场景包括工作、生活、娱乐、餐饮、家庭、医疗等。5G技术将通过信息互联构建出更多的场景，实现用户与场景的深度联结，例如智能家居等，通过信息的互动，完成内容分发链条的再造。

3."激励+社交"驱动

新闻资讯行业新媒体产品正在开启火热的用户争夺战，许多产品将拉新红利让渡给用户，采用"激励+社交"的方式吸引拉新，引爆传播。激励机制主要是通过使用新媒体产品获取现金奖励，例如阅读文章、点赞文章、答题、走路等方式获得金钱激励。社交则是激励用户通过自身的社交关系为新闻资讯产品拓展影响力，例如拉新奖励、新闻分享奖励、开宝箱奖励等。2019年3月，新闻资讯行业APP月活跃用户整体增速为8%，其中主打"激励+社交"模式的趣头条，虽属后起之秀，月活跃用户已经达到5880万。

四、新媒体未来发展趋势

（一）内容需求未饱和的新用户

QuestMobile数据显示，中国移动互联网月活跃用户规模达到11.38亿，但是2019年3月，增速首次跌至3.9%以下。月活跃用户增长速率已经触顶，但是18岁以下以及46岁以上的用户增速明显。随着互联网用户红利到达顶端，新媒体开始将视线对准低幼人群、中老年人群、低学历人群和村镇人群，他们是潜在的用户增长点，关注此类人的需求或将成为新媒体下一步的发展方向。

在QuestMobile的数据当中，46岁以上用户使用时长同比增速明显领先于其他年龄段。但是CNNIC的数据显示，截至2019年6月，银发人群网民比例仅为13.6%，有巨大的增长空间。在生活全方位互联网化的今天，中老年群体的互联网缺失可能引发生活模式断层、理解鸿沟加深等现实矛盾。伴随着中国老龄化社会的到来，中老年互联网发展议题不只是商业范畴，同时也具有深刻的社会价值。

社交和资讯成为中老年人上网的首要诉求，其中综合资讯和短视频使用时长在近一年当中增速明显。QuestMobile提供的2019年3月数据显示，即时通信、综合资讯和短视频成为引发人群使用时长最长的前三类产品。在短视频内容中，69%的中年人和75%的老年人偏好看时事新闻类内容，时事新闻是中老年人观看短视频的首选内容。银发人群的综合资讯使用时长同比增长25.4%，短视频使用时长同比增长17.9%。

技术门槛高及缺乏适合的内容产品等原因，在一定程度上压制了目前中老年人在新媒体使用方面的表现。技术隔阂产生的不信任感是中老年人和互联网之间的一道鸿沟。相比于互联网原住民，这些移民需要更长的时间接受、信任、适应互联网生活。酷鹅用户研究院2018年10月发布的《2018年中老年用户互联网生活洞察报告显示》，虽然83%的中年用户和72%的老年用户都认为互联网让他们的生活更方便了，但是依然有72%的中年用户和60%的老年用户担心自己的隐私和信息泄露，51%的中年用户和58%的老年用户担心上当受骗，64%的中老年用户认为标题党泛滥，59%的中老年用户认为虚假内容多、难辨别。

这些壁垒不仅让中老年人成为现代生活的陌生人，还让他们成为受害者。社会科学院和腾讯2018年联合发布的《中老年互联网生活研究报告》显示，老年人互联网上当受骗过或者疑似上当受骗过的比例高达67.3%。其中，受骗信息类型前三位分别是免费领红包、赠送手机流量和优惠打折团购商品。只有消除安全顾虑的痛点，才能够帮助中老年人更好地融入互联网生活，释放他们的活力和消费力。

除了银发群体外，新媒体在下沉市场仍然存在机遇。趣头条以"现金补贴+社交裂变"的模式，打开了进入下沉市场的大门，成立仅26个月便登陆纳斯达克。受到下沉流量的吸引，腾讯、阿里均成为其股东。面对未知的下沉市场，新媒体整体内容储备还未跟上脚步。媒体应当走进这些未曾在主流视角出现的人群，洞悉他们的需求，为下沉人群提供满足他们需要的个性化内容。

（二）技术为新媒体带来新机遇

新媒体发展一直得益于技术驱动的力量。尤其是在目前特殊的国际形势下，只有关键技术和重要标准的自主创新，才能让中国新媒体产业不被"卡脖子"。中国的新媒体行业需要提升整体的技术敏感性，让行业享受技术红利，带来全新的产业能量。

1. 5G摆脱流量束缚，重度消费增加

2019年6月6日，工信部向中国电信、中国移动、中国联通、中国广电发放5G商用牌照，中国将正式进入5G商用元年。伴随着5G的普及，新媒体行业将再次迎来突破性发展。5G具有大带宽、低延时、多连接的特点，在5G的基础上，4K高清、8K环绕VR内容、高速视频的功能性家用、电影和游戏互动混合等将有大规模普及的可能。5G将会大大提高信息的丰富度，并扩展多维的信息采集力。网络操作的高效性，将提供更多的沉浸式体验、更高效的信息分发和更加多维的互动。在新闻的角度，5G将会带动视频消费、图片消费、聚合专题消费等。5G让用户摆脱了流量限制，同时也为创新产品带来了契机，用户体验创新产品的束缚减少。但是5G技术日臻成熟，相关产业也需要尽快完成统一统筹、制定标准、形成技术产业闭环。例如与5G息息相关的超高清视频产业，目前仍面临制作网络发展步伐快，芯片、前端设备、内容发展速度后置的局面。

2. 人工智能全面进入新媒体实操阶段

2019年1月25日，习近平总书记提出，探索将人工智能运用在新闻采集、生产、分发、接收、反馈中，用主流价值导向驾驭"算法"，全面提高舆论引导能力。①

人工智能技术已经大规模地进入新媒体行业，运用于个性化推荐、信息内容创作、分发、讨论、审核、发布和视频修复等领域。今日头条在2016年底就有近800个算法工程师、两万台处理器、151条训练样本，处理每天60亿

---

① 习近平：《加快推动媒体融合发展　构建全媒体传播格局》，《求是》，2019年3月16日第6期。

次的用户请求。①人工智能在审核方面的应用,解放了大量人力,带来了高效、高准确率的审核方式,保证了海量内容的生成与分发。未来算法推荐机制还将继续丰富、完善,着重完成更精准的用户画像和兴趣判定。算法机制还将实现多媒体内容的整合、信息专题的聚合等,提升用户阅览体验和效率。

基于人工智能的机器写作已经大规模地参与内容生产,将记者从基础信息处理工作中解放出来,从事更加高难度的发散式写作工作。机器写作有高速、准确处理数据和信息的能力,还可以从图库中自动选择适合新闻报道的图片,这些技术已经规模化运用在标准化、实时化的新闻报道中。

人工智能技术正逐步从文字领域向图片、音视频编辑生产、识别处理等方向扩展。例如曾经修复一部老电影可能需要几个月的时间,现在通过AI的方法,几个小时就能够将一部老电影修复至高清甚至4K。AI还被应用在视频制作领域,例如多轨剪辑时,可以运用AI技术进行镜头筛选,减少轨道数量,将后期人员从烦琐的基础工作中解脱出来,更好地释放艺术生产力。这些都为新闻、纪录片等资料的创造性修复提供了技术支持。

3.技术的两面性

技术形式的发展和网络数据积累正在逐步实现人的多维信息化。随着用户网络使用行为愈加频繁,各平台正在积累内容丰富的大数据库。5G技术将带动物联网的发展,实现人与环境的互动信息采集。技术发展的同时,应当平衡好技术和人之间的关系。技术应当为人所用,人不应过度依赖技术,不能让技术绑架新媒体行业的发展。技术发展也带来一些未曾面对的新问题,例如如何处理好人工智能与法律、伦理的边界问题。

人工智能伦理问题主要分为四个方面。

一是所有人群公平享受人工智能的权利。不同地域、不同收入等级的人都应该具有享受人工智能的权利,人工智能不应过度被商业绑架,成为加大阶层分化的逐利工具。

二是以怎样的价值观指导人工智能。人工智能释放了技术和工具潜能,而传统的安全防护模式面临着无法适应新形势的问题。智能自主学习模型应当在符合人类伦理道德的框架内学习,人工智能行为应当与人类价值观进行校准。

---

① 今日头条创始人张一鸣在世界互联网大会的演讲,2016年底。

三是人工智能时代用户的数据隐私问题。关注数据隐私，对数据进行分级，并进行权限控制，最大限度降低数据泄密风险。

四是人工智能模型监管问题。应当建立人工智能学习模型透明度体系和机器学习模型的安全评估体系。例如人工智能并不万能，它本身也是由人类编程而来，人类逻辑模式的偏见可能引发错误的推导。对于人工智能的结论要保持怀疑态度，并加以验证。但是如果学习模型并不透明，使用者难以对其进行评估，便会收获错误的结果。

（三）媒体信任度提升的绝佳时期

在信息爆炸的时代，用户甄选内容的成本增加，更加需要有公信力、权威度的媒体品牌。"学习强国"作为2019年的现象级新媒体产品，形成集资讯、社交、知识分享、娱乐功能于一体的集合平台。"学习强国"是中宣部主管的学习平台，平台上的信息不是无门槛地抓取的，而是有意识地选取具有正向价值观、思想性、新闻性、服务性、权威性的内容。

尽管传统媒体的渠道力正不断下降，但是依然可以通过内容建立媒体品牌与用户之间的联络。由于传统媒体的身份背书，用户对其的信任度依然维持在高位。传统媒体应当在信息鱼龙混杂之时，肩负媒体责任，持续供给优质新闻资源满足用户需求，尤其是在真相调查、深度写作、关注少数族群等方面发力；在快速资讯时代保持深耕、理性和专业；建立媒体和用户之间的信赖感、安全感；平台应当维护良好的内容生态，防止唯流量论等对于内容机制的冲击，保证优质内容的到达率。

（四）新媒体治理挑战

新媒体行业发展中，暴露出过度追求经济效益、忽视社会效益等问题。从2018年开始，政策开始加大引导力度，企业的自觉性不断升级，整体而言，行业在努力塑造正向的生态氛围。

网络舆论治理是新媒体治理的重要环节。网络舆论治理应当具备真实观、责任观、生态观和青年观。[1]真实观是指保证信息的真实性，防范虚假

---

[1] 胡钰：《网络舆论的治理观念》，《新闻战线》，2019年第9期。

信息，同时处理好观点与事实、局部真实与整体真实的关系。责任观是指基于事实、伦理、法制进行传播。生态观是需要把握好多样性、平衡性和积极性，建立自我净化、发展的状态。青年观是加强青少年保护机制，注重青少年在新媒体环境中发挥的作用。新媒体在青少年成长生活中占用的时间越来越长，扮演的角色越来越多样化，对其价值观的影响也越来越强烈。新媒体要努力为青少年构建优质、健康的内容生态。例如，腾讯通过圈层时代的创新和运营，以及内容的生态化发展完成在青年文化层面的"守正"。首先，在青年文化的产生上坚守阵地，这是在内容创作上守正。其次，在青年文化的传播上坚守阵地，这是在平台运营层面上守正。"哔哩哔哩"通过扩展学习类内容，已经成为年轻人主要的网络学习基地。截至2019年5月，已有2027万人在B站上学习，相当于2018年高考人数的2倍，用户在B站直播学习时长突破200万小时。[①]

五、结语

中国的新媒体行业正处于爆发式增长期，在人民生活中扮演着十分重要的角色。新媒体行业技术和内容发展深度勾连，传播模式不断更新、传播形式不断丰富。内容生态和产品形式日渐丰富，形成了多样化圈层，满足了不同用户的信息需求。

新媒体的快速增长意味着变革的迅速发生，在享受发展红利的同时，许多问题也逐一暴露。内容爆发时代，在商业利益、流量思维的驱使下，新媒体信息环境形成了复杂格局，虚伪的真实、过度娱乐化、负面情绪化等问题大行其道。如何满足公众对新媒体信息真实性、知识性和正向价值观的需求，形成健康的新媒体信息生态，是未来的重要课题。我们需要用专业、冷静的态度对待新媒体的发展，不在狂欢时失智，才能保证新媒体在健康生态中运行，在良性环境中发展。

---

① 陈睿：《守正创新，激发内容新活力》，第七届中国网络视听大会，成都，2019年5月。

中国新媒体研究报告

第二章 行业报告

第一节 平台篇

1.1 新型主流媒体的平台建设与融合路径

宋建武　陈璐颖　王枢　王泱[①]

摘　要：顺应互联网产业发展趋势，根据中央媒体融合的战略部署，国内一些有条件的主流媒体集团借鉴互联网平台的建设与运营经验，纷纷探索建设自主可控平台。与国外一些媒体集团的融合实践相比，我国主流媒体集团在融合发展方面决心大、投入多、方向明，其主要体现就在自主平台建设方面。在这个过程中，我国主流媒体集团发挥优势，正在积极探索将舆论引导与新时代社会治理新模式及其能力建设深度融合的路径。本节梳理并介绍分析了我国主流媒体集团在建设自主可控平台方面的探索，对县级融媒体中心建设的意义和价值进行了阐释。

关键词：媒体融合；自主可控平台；县级融媒体中心

The Platform Construction and Convergence Path of New Mainstream Media

Abstract: Complying with the developing tendency of Internet Industry and according to the central strategic deployment of media convergence, China's mainstream media groups with necessary qualifications have learned experiences in construction and operation of platforms from Internet enterprises, and explored the path to construct independent and self-controlled platform. Compared with the experience of foreign media convergence practice, China's mainstream media groups are more determined, devote more resources with a clearer direction than before, which is mainly reflected in the construction of build-in platform. In this process, the mainstream media groups maximize the advantages and explore

---

① 宋建武，中国人民大学新闻学院教授、博士生导师，中国记协新媒体专业委员会顾问；陈璐颖，中国人民大学新闻学院博士后；王枢，中国人民大学新闻学院博士研究生；王泱，中国人民大学新闻学院博士研究生。

ways to deeply integrate the guidance of public opinions with the building of new social governance model and capacity in the new era. This section will analyze how China's mainstream media groups construct the build-in and self-maintained platform, then explain the significance and value of the rise of county-level media convergence centers.

Keywords: media convergence, independent and self-controlled platform, county-level converged-media centers

一、建设自主可控平台：中国媒体融合的特色路径

平台化是互联网行业的基本发展趋势。当前，各类大型互联网平台正在成为当下互联网产业的主导者，同时正在成为社会的大数据中心和社会资源的汇聚平台。国内的阿里巴巴、腾讯及国外的脸书（Facebook）和谷歌（Google）等具有行业领先地位的互联网公司，都在通过所运营的互联网平台聚合的多元化服务吸引尽可能多的用户，利用大数据技术对多样态业务中产生的内容数据和用户数据进行分析和挖掘，再基于数据实现精准化的信息传播、文化娱乐、生活服务及商品销售。

顺应互联网产业发展趋势，根据中央媒体融合的战略部署，国内一些有条件的主流媒体集团借鉴互联网平台的建设与运营经验，纷纷探索建设自主可控平台。与国外一些媒体集团的融合实践相比，我国主流媒体集团在融合发展方面决心大、投入多、方向明，其主要体现就在自主平台建设方面。在这个过程中，我国主流媒体集团发挥优势，正在积极探索将舆论引导与新时代社会治理新模式及其能力建设深度融合的路径。

目前主要的探索实践有三个方面。

（一）媒体平台化

中央三大主流媒体即人民日报社、新华社、中央广播电视总台，发挥其强大的组织动员和资源聚合能力，建设了专注于内容聚合与分发、聚集优质内容生产者的媒体平台。例如，人民日报社通过"全国党媒信息公告平台"和"全国移动新媒体聚合平台"建设，强化了自身的内容聚合与分发能力。"全国党媒信息公共平台"是以人民日报社"中央厨房"为基础，建成的"面

向全国党报的公共厨房",聚合全国各级媒体、党政机关、企业事业单位宣传部门入驻,并为入驻机构提供内容生产、渠道运营、赢利模式等方面的数据与技术支持;"全国移动新媒体聚合平台"的前端是内嵌于"人民日报"客户端的"人民号",面向媒体、政务机构、名人、学校等更广泛的社会群体开放注册,以开放有序的平台机制充分释放社会内容的巨大生产力。人民日报社以广泛聚合多元内容生产主体的方式,聚合种类丰富的优质内容,从而提升主流媒体平台的传播力,增强其在互联网空间的舆论引导力和社会影响力。

(二)建设区域性生态级媒体平台

区域性主流媒体则通过政务服务和生活服务聚合用户,建设生态级媒体平台。例如,浙江日报报业集团以"新闻传播价值,服务集聚用户"为发展理念,通过新闻传媒、数字娱乐、智慧服务三大业务板块的建设,将媒体功能从以往单一提供信息服务转变为提供多元服务,形成了枢纽型传媒集团。在政务服务方面,浙报集团作为浙江政务服务网的实际运营者,建立了以政务为主体、服务为主线,全省统一架构、五级联动的新型电子政务平台。截至2019年3月,浙江政务服务网用户超过2300万,超过全省网民总数的四分之一。政务服务客户端"浙里办"日活跃用户超过15万人,平台累计提供网上支付服务1亿多人次。[①]浙江政务服务网真正为方便百姓办事考虑,推动政务服务从"最多跑一次"向"一次也不用跑"升级,适宜网上办理事项全面实现网上办。浙报集团还十分重视云计算、大数据、人工智能等新兴技术在推动媒体融合发展中的作用,建设了"富春云"互联网数据中心,以数据技术完善已有业务内容,支撑媒体融合发展,促进媒体平台的数据化运营与发展。

(三)以现代传播体系建设推动自主可控平台发展

我国主流媒体集团自主可控平台的建设是媒体深度融合发展的基石,在媒体平台化发展的基础上,"新型主流媒体"和"新型传媒集团"已初具雏形,但仍面对着单一媒体集团资源不足的问题。在这一背景下,通过现代传

---

① 中央党校(国家行政学院)电子政务研究中心:《省级政府和重点城市网上政务能力调查评估报告(2019)》,http://www.egovernment.gov.cn:85/xiazai/2019pgbg.pdf,2019年4月18日。

播体系聚合各方面资源，巩固和发展主流媒体自主可控平台就成为一种必然选择。

2018年8月21日至22日，习近平总书记在全国宣传思想工作会议上指出："要扎实抓好县级融媒体中心建设，更好引导群众、服务群众。"[①]

2018年9月20日至21日，中宣部在浙江省长兴县召开县级融媒体中心建设现场推进会，对在全国范围推进县级融媒体中心建设做出部署，要求2020年底基本实现在全国的全覆盖，2018年先行启动600个县级融媒体中心建设。会议指出，"加强县级融媒体中心建设，是加强和改进基层宣传思想工作、推动县级媒体转型升级的战略工程"，"要把准功能定位，坚持分类指导，因地制宜开展工作，努力把县级融媒体中心建成主流舆论阵地、综合服务平台和社区信息枢纽"。[②]

这标志着媒体融合发展进入新阶段。这一阶段的核心任务是，在建设县级融媒体中心的基础上，构建起立体多样、融合发展的现代传播体系。媒体融合开始从各个媒体机构"单打独斗""各自为战"的初期探索，迈向全面建设现代传播体系的全新阶段。通过县级融媒体中心建设，新型主流媒体平台与人民群众的联系更加广泛而深入，其自身功能将更加丰富，外在形态也将更加完整，有利于在开放多元的互联网生态中筑牢意识形态的主阵地。

目前，全国各地县（市、区）级融媒体中心建设已全面铺开。各地基层媒体基于自身发展情况和资源优势，选择了不同的建设方式。较早进行媒体融合尝试的县级媒体，以自主建设为主，例如，浙江长兴传媒集团于2017年成立融媒体中心，以采编播全生产流程为主线，面向电视、广播、报刊、网站、新媒体等全媒体刊播平台，设计开发了融媒体指挥系统。多数地区则依托省级平台布局县级融媒体中心建设工作，例如，江西省县级融媒体中心建设主要依托江西日报社自主研发的"赣鄱云"平台展开，将省、市、县媒体融合连成"一张网"，区域内内容、用户、技术、数据、传播平台打通共享，提供了推进县级融媒体建设的"江西方案"，前一阶段融合平台建设的价值

[①] 《举旗帜聚民心育新人兴文化展形象　更好完成新形势下宣传思想工作使命任务》，《人民日报》，2018年08月23日01版。

[②] 顾春：《县级融媒体中心建设全面启动》，《人民日报》，2018年9月22日04版。

也得以充分体现。此外，部分地区的区县级融媒体中心建设充分借助了外部力量，例如，北京市亦庄开发区的区级融媒体中心建设充分利用区域优势，与人民网、新华网、央广网、人民日报媒体技术公司、北京广播电视台、千龙网等中央级和北京市属媒体充分合作，同时联合高校和企业，推动媒介资源、政务资源、科教资源之间的有效整合。

随着县级融媒体中心建设的全面推进，我国以主流媒体为核心的现代传播体系的物理架构正在形成，各级新型媒体平台通过实现功能和数据联通，形成能够在互联网上真正服务基层最广大人民群众的各种能力，实现从舆论阵地到治国理政新平台的全面发展，从而实现引导群众、服务群众。

二、县级融媒体中心与新型主流媒体平台建设

（一）意义与价值

县级融媒体中心建设是媒体融合的深化，是在互联网传播环境下，建设现代传播体系的一项基础性工作，将给媒体深度融合带来更多的社会资源，增添强大动力。

习近平总书记在2018年8月全国宣传思想工作会议上提出了"在基础性、战略性工作上下功夫，在关键处、要害处下功夫，在工作质量和水平上下功夫"[1]的要求，而县级融媒体中心建设正是构建现代传播体系的一项基础性、战略性工作，也是媒体深度融合的关键处和要害处，不把这项工作做好，就无法通过媒体融合使主流媒体牢固地掌握网络舆论主导权，也难以完成现代传播体系构建的任务。

从构建现代传播体系的视角看，我国广泛分布且数量巨大的县级媒体展现出独特价值。县级媒体依托同级行政体系而存在，几乎独家拥有本地区的传播资源，是最接近基层人民群众的通道之一。随着移动互联网应用的普及和下沉，县域用户已成为移动应用最大的增量群体，"快手""拼多多"等活跃于这一细分市场的互联网商业平台的迅速崛起，也印证了该用户群体的巨

---

[1]《举旗帜聚民心育新人兴文化展形象　更好完成新形势下宣传思想工作使命任务》，《人民日报》，2018年08月23日01版。

大潜力。通过县级融媒体中心建设，实现渠道下沉和资源整合，聚集起海量用户并建立用户黏性，构建起新型媒体平台，以及形成现代传播体系，具有较强的可行性。

县级融媒体中心作为基于互联网的新型媒体平台的端口和基础，其功能和作用主要体现为扩大新型媒体平台的传播效果，向新型主流媒体平台导入信息、用户及本土资源，借助新型媒体平台的技术能力和资源开展本土业务运营。

按照上述思路建构的县级融媒体中心，将不是一个个分散的、功能单一的媒体机构，而将成为依托互联网的现代传播体系的基础，是这一体系的有机组成部分。它依托党的执政优势，整合各种执政资源，通过提供政务服务及其他公共服务这一"刚需"，将人民群众聚合在主流媒体自主可控的新型媒体平台上，从而提升其网络传播能力；它导入各项政务服务，成为网上政务服务端口的运营主体，是党和政府的重要执政手段；更重要的是，它植根于基层，是基于互联网的县域综合服务平台和社区信息枢纽，将发挥把互联网业务下沉到县域基层的作用，从而推动"互联网+"战略落地。

通过县级融媒体中心建设，党和政府将会把以主流媒体自主可控的新型互联网传播平台为核心的现代传播体系，打造成为新时代治国理政新平台。

（二）建设路径

通过对全国多个县市的县级融媒体中心建设情况进行调研和考察分析，我们发现，各地根据各自不同的基础建设状况、媒体基础建设水平和媒体融合发展水平，结合本地资源和实际能力，在寻找本地进行县级融媒体中心建设的突破口方面，思路开阔，反应迅速，融入创新举措，取得显著成效。

1. 浙江长兴：全国首家县级融媒体中心

作为县区的主流舆论阵地，融媒体中心要将原有分散的媒体资源合而为一，重塑内部组织机构和采编机制，提升报道资源的利用效能，高效地挖掘信息资源，制作具有地方特色的融媒体产品，避免同质内耗，形成传播合力。2011年4月，浙江长兴传媒集团由长兴广播电视台、长兴宣传信息中心、县委报道组和"中国长兴"政府门户网站（新闻板块）整合而成，成为全国第一家整合广电和报业资源的县域传媒集团。2016年，长兴传媒集团开始打造媒体"中央厨房",将内容生产资源进一步融合。作为县级融媒体中心的典型代表,长兴传媒集团根据自身的特点和规律,坚守住了县级媒体的"喉舌"阵地,以长兴广播电视台为核心,构建起县级融媒体的传播格局。2017年4月,长兴传媒再次优化原有架构,打通集团旗下十部室共11个媒体平台,成立融媒体中心。融媒体中心设有指挥平台,以采编播全平台生产流程为主线,以电视、广播、报刊、网站、新媒体等全媒体刊播平台为用户,设计开发了融媒体指挥系统,具有声话、视频和生产任务可视化的三维通信功能,可实现多屏互动,全流程实时掌控、调度,以及大数据统计、分析等功能。在长兴传媒融媒体平台,每位成员都有一个移动账号,继而通过平台随时调用可共享的信息,统筹传统媒体和新媒体的多种业务,实现资源共享和一体化发布,提高内容生产效率。长兴传媒自主研发的"易直播"操作系统,为网络直播提供技术支撑,进一步拓展指挥中心的功能。

在架构重组优化的基础上,长兴传媒创新融媒体产品的生产,推出"传播组合拳",汇聚了"长视新闻""小彤热线""观点制胜"等多个优质电视节目,以及97.3太湖之声、106.6新闻交通等广播频率和《长兴新闻报》《太湖晨报》等精选报纸,打通区域内新旧媒体之间的屏障,进行多种形式的合作,成片化、成规模化地汇聚在一起。

2.河南项城:市委领导牵头,全面打通区域资源

从既有的媒体融合探索经验来看,无论是内部各类服务资源(也是运营资源)的打通,还是外部技术资源的导入,都并非易事。从县级融媒体中心的功能设定看,完成其建设任务需要整合的力量和导入的资源远远超过以往单一主流媒体的融合实践,因此,县级融媒体中心建设绝不单纯是党委宣传部门和媒体的任务,正如习近平总书记所指出的:"媒体融合发展不仅仅是新闻单位的事,要把我们掌握的社会思想文化公共资源、社会治理大数据、政策制定权的制度优势转化为巩固壮大主流思想舆论的综合优势。"①

根据中宣部的要求,县级融媒体中心的基本功能是县域"主流舆论阵地",但在互联网环境下,这一功能的发挥需要依托党和政府的执政优势,聚合所在区域各种社会资源,为人民群众提供综合服务,通过"综合服务平

---

① 习近平:《加快推动媒体融合发展 构建全媒体传播格局》,《求是》,2019年3月16日第6期。

台"的运营，使人民群众成为平台的忠实用户，从而在服务中引导群众，达到壮大主流舆论的目的。

基于以上思路，河南省项城市融媒体中心建设工作由书记、市长、副市长、宣传部长共同领导推进，书记是第一责任人。项城也是全国目前唯一由副市长兼任融媒体中心主任的地方，该副市长分管文化、教育、大数据中心、便民等多项工作，可以直接协调的资源较为丰富，便于横向打通资源，有利于"治国理政新平台"上各项跨部门工作快速有序推进。

项城市融媒体中心在完成区域内新闻资源整合这一第一期工程任务之后，正在积极探索"媒体+智慧城市+电商"模式。融媒体中心正在打通项城"市民之家"和各镇办服务大厅端口，为群众提供申报审批、投诉受理等一站式政务服务。他们围绕市委市政府中心工作，助力三大攻坚战，建立脱贫攻坚数据平台，创新河长制智能化管理，打造明厨亮灶、智慧城管等智慧城市功能；与此同时，进一步实现城市生活大数据的整合。

3.四川仁寿：建设社区信息枢纽，推进基层精细治理

中宣部对于县级融媒体中心三大功能的表述中，"社区信息枢纽"是指县级融媒体中心应当为社区成员提供信息交互的空间，以促进社会共识的达成，进一步实现"引导群众"的重要使命。我们认为，由于需要较大的用户数据量和本地资讯内容数据量，以及一个功能强大、完善的数据分析和计算平台的支撑，"社区信息枢纽"目前来看具有较大建设难度。

四川省仁寿县从自身条件出发，创造性地通过一系列建设措施，探索网上治理新模式，运用"加减乘除"工作法，打造融媒大平台，走出了一条从"+媒体""媒体+""仁寿+"到"仁寿统"的媒体融合发展之路，基本达到了掌握区域内社情民意的目的，推进了基层精细化治理。

仁寿融媒体中心打造了"大美仁寿系"官媒，将原分属3个单位的11个媒体平台（1报、2台、2网、5微、1端）整合成6个媒体平台（1端、2微、1网、2台），着力构建集中统一的县域新闻资讯、权威发布和舆论引导格局，让"大美仁寿系"成为全县唯一、官方、全媒体覆盖的新闻"独角兽"。

搭建官方舆论场，当好"场主"。针对自媒体多、网民活跃，以及乱曝光、乱发帖、乱投诉突出的现象，开办"有奖爆料"政务微信公众号，打通所有新媒体平台爆料通道，通过发放"红包"的方式，争抢自媒体粉丝，引

导全县群众参与社会治理，针对网民诉求按照"一交二巡三曝光"进行督办，以"爆料有奖"和"罚点球解决问题"两大优势，把网民留在本地，把问题解决在基层。

借力草根社交群，当好"群主"。控股仁寿最有影响力的自媒体"仁寿圈"，利用"草根"身份，通过其已建立的论坛和覆盖乡镇、大型社区、重点行业、在外老乡等300余个微信群，收集各类信息和社会动态，适时适度推送主题稿件，传递正能量，借助本地有影响力的自媒体，通过"合作+扶持"，以"润物细无声"的方式搭建起与群众联系的民间通道。

主导新媒体联盟，当好"盟主"。主导组建由全县知名自媒体、网络大V和政务新媒体组成的仁寿新媒体联盟。以盟主身份引导加强行业自律，开展业务交流，组织采风联谊，策划主题活动，把全县新媒体紧紧地团结在一起，在重大事件舆论引导时统一口径、步调一致、及时预警。

4.湖南浏阳：基于省级技术平台，建设县级综合服务端口

各地县级融媒体中心要想达成中宣部要求其具备的"主流舆论阵地、综合服务平台和社区信息枢纽"三大功能，不能缺少一个能够实现连接用户、服务用户的互联网运营平台。同时，这个平台需要较大的用户量、较高的技术能力和较完整的技术体系作为支撑，以保证平台有序地运行。

从平台建设目标倒推平台搭建所需要的技术能力，不难发现，多数县域尚不具备这些能力和资源。因此，比较可行的解决方案是在具备条件的省级主流媒体集团建立技术和运营平台，之后向县级融媒体中心输出完整的端口建设解决方案；各县级融媒体中心在省级技术及运营平台的基础上，建设一个集引导和服务功能于一身的运营端口。

湖南省浏阳市融媒体中心依托湖南日报"新湖南云"、新湖南客户端和背后的技术平台，打造了浏阳本地的县级端口"掌上浏阳"APP。融媒体中心按照"了解浏阳，一切尽在掌上浏阳"的功能定位，将"掌上浏阳"打造成为浏阳政府官方信息发布平台、大数据分析平台、"智慧城市"运营平台和新闻资讯发布平台；通过推进"掌上浏阳"APP的发展，推进数字广电发展，大力推进数据广电建设；通过教育培训、市政信息工程、跨界合作产业，大力发展推进广电+业务；还通过搭建区域性联盟平台，建立全国性合作平台，推进区域联盟合作，开拓媒体融合的深度和广度，为浏阳媒体融合

带来了更大的发展空间。

目前，"掌上浏阳"APP已成为浏阳市信息量最大、点击率最高、最受关注的综合信息服务平台，上线后获得了高点击量、高阅读量、高下载量，传播能力稳居全国县市前列。

这里需要明确的是，省级主流媒体集团与县级融媒体中心不是上下级关系，而是平台与端口的关系，双方的基本关系类型是独立主体之间的合作共赢模式。基于此种模式建设的县级融媒体中心，一方面与省级平台共享内容生产、公共服务等功能模块；另一方面通过本地化的"新闻+政务+服务"，汇聚用户，向平台导入用户数据与信息，并展开业务落地运营。

三、省级新型媒体平台的建设路径

（一）区域性生态级媒体平台——长江云

区域性生态级媒体平台的核心在于，它所聚合的内容不限于传统媒体集团内部，还包括传统媒体集团所在区域内各级媒体资源，试图以这种方式带动、帮助区域内各级媒体实现融合与转型，为区域内各级媒体提供技术、内容和经营等支撑。

湖北广播电视台打造的"长江云"是区域性生态级的媒体平台的代表，该平台在湖北省委、省政府支持下建成，还具有与地方媒体端口的渠道连接能力。"长江云"通过"新闻+政务+服务"的发展策略，与湖北省内各市、州、县、区上百家媒体机构合作，建设了119个"云上系列"移动客户端，汇聚全省各地网络和"两微一端"产品，形成了省市县党政部门和媒体互联互通、共建共享的媒体融合发展模式。

自2016年2月启动以来，湖北广播电视台按照"一地一端"的布局，经过两年多时间，以市县融媒体中心为基础，以各级党政部门为支撑，统筹全省政务信息数据资源，构建起省市县三级共享的区域性生态级融媒体平台，初步实现了党的声音全覆盖、信息传播全媒体、新闻政务全汇聚、网络舆情全管控。"新闻+政务+服务"的定位使"长江云"突破了单纯的新闻传播服务，向公共和政务服务领域延伸拓展，以综合性信息服务平台为目标持续迈进。

"长江云"具有三方面特征。首先，"长江云"不只是一家媒体自身内部的融合，而是通过一个省级区域性平台，汇聚省、市、县三级媒体，从面向全台的新媒体平台升级为面向全省的新媒体平台。目前，"长江云"已实现省、市、县三级全覆盖，省市县119个以"云上"命名的系列官方客户端全部上线。其次，"长江云"的融合，不只是某一个类型的媒体融合，而是将所有类型媒介融为一体的融合，参与融合的运营单位既包括传统的广播、电视平台媒体，也包括网站、"两微一端"等新媒体。最后，"长江云"与各级党政部门打通与融合，通过设立在"长江云"上的各类政务发布端口，构建了省、市、县三级党政部门"政务大厅"。实现移动端信息共享，为提升政府公共服务治理能力提供平台支撑。截至2019年3月，已有超过2220家各级党政部门入驻"长江云"，其中省直部门74家，较好地满足了群众获取信息、网上办事的需要。

在处理省级平台与市县端口的关系上，"长江云"在统一建设基础平台的基础上，实行分级运营，为各市县提供标准化平台和产品模板，开放技术接口，供各市县自主定制。分级运营的模式最大限度激发了市县党委政府的主体责任感，激发了各市县媒体融合发展的内生动力。在管理上，云上客户端实行属地管理，运营主体由当地党委政府选择决定，像报纸电视台一样，是当地党委政府的舆论阵地。在品牌上，云上客户端统一规划、统一设计、统一命名，但品牌归当地所有。在内容上，为各市县提供全媒体直播、移动采编等32个功能模块，各地自主配置，呈现特色。内容版面编排、发布运营、三级审核由各运营主体独立负责，各地可以自建特色频道，如云上恩施的旅游频道、云上潜江的小龙虾频道等。在经营上，各单位在云平台上可独立经营，收入归己；也可合作运营，利益共享。

（二）互联网枢纽型媒体平台——浙江日报集团

构建互联网枢纽型媒体平台的核心是通过服务吸引用户，通过对用户数据库的分析，把握用户需求，调动集团所能利用的各种资源满足用户的各类需求；在此基础上，将媒体的功能从以往单一提供信息服务，转变为提供以新闻信息为主的各种服务，形成枢纽型传媒集团。

依托"新闻+政务+服务"的浙报集团是互联网枢纽型媒体平台的代表。浙报集团是国内较早开始以建设平台型媒体为目标进行数据库建设的媒体集团,其主要特点体现在三个方面:一是依托浙江政务服务网,获取规模较大的用户数据;二是将自身的"中央厨房"经"媒体云"升级为"天目云",由内容生产平台发展为整合内容、渠道、经营和管理四个方面数据、技术和应用的综合平台;三是依托"富春云"互联网数据中心运营大数据业务。

浙江政务服务网是浙报集团"新闻+服务"理念在政务垂直领域的探索。服务网建立了以政务为主体、服务为主线,全省统一架构、五级联动的新型电子政务平台。自2014年上线以来,浙江政务服务网已成为浙江全省统一的政务服务互联网门户,统一的行政权力项目库,统一的网上审批系统,并持续借助互联网、大数据、云计算、移动互联网等技术,推行政务大数据治理工程,消除信息孤岛,建设跨部门、跨层级、跨地区数据共享体系,以数据共享推动业务协同,在政务服务中让群众少跑腿,让数据多跑路,让本来难以实现的办事"最多跑一次"成为现实。截至目前,浙江政务服务网注册用户数已超过2500万,日均访问量超过1200万。在该平台上,全省3000多个行政机关统一进驻,1300多个乡镇(街道)、20000余个村(社区)站点全覆盖,已初步实现对行政权力的在线闭环管理,通过行政审批、便民服务、阳光政务、数据开放、公共资源交易五大功能板块,构建了网上政府的雏形。

在新闻信息服务方面,浙报集团的"天目云"作为服务于媒体同行融合发展的商业化产品,以开放式云架构和微服务形式,提供基础数据、大数据分析、内容生产、数据交易等八类服务。"天目云"通过构建分级管控的"中央厨房"内容生产体系,以统一的底层架构、统一的平台支撑起报、网、端、微、视全媒体形态内容生产,重塑采编流程,适应不同媒体用户、媒介形态的业务需求。[①]简言之,"天目云"是以数据驱动业务理念和人工智能技术为依托的媒体融合云解决方案,提供策、采、编、发全流程的跨渠道新闻生产发布平台,同时提供数据分析应用、行为采集、运营分析等围绕媒体生产运营全链条的大数据支撑服务。截至2019年7月,"天目云"已经成为助推浙江省县级融媒体中心建设的重要平台,在浙江省丽水、嘉兴等多个地区落地。

在大数据业务方面,浙报集团的"富春云"互联网数据中心于2017年

---

① 苏江元:《天目云:从"融媒"到"智媒"》,当代先锋网,http://www.ddcpc.cn/wh/201808/t20180831_209522.shtml,2018年8月31日。

12月在杭州开园，该中心是浙江省重点建设项目。富春云互联网数据中心采用的IDC全线业务支撑系统是富春云自研自建的集"销售""运营""流程""配置""客服服务""备案""监控""项目管理"于一体的信息化系统技术。该系统定位为满足数据中心的售前支持、售后服务、运营管理、系统备案、告警监控、流程审批、项目管理等一系列业务需求的IDC支撑系统，技术水平领先于同行业的一体化信息系统。

（三）互联网内容生态媒体平台——芒果TV

互联网内容生态平台的核心是以优质内容为根本建立媒体生态体系，通过不断强化自身内容生产能力构建起强大的内容生态体系，摆脱传统媒体作为内容供应商的角色，尝试通过优质内容生态吸引用户，并自主构建媒体平台。

湖南广电"芒果TV"从国内首个具有广电背景的视频网站，发展到一个实力雄厚的视频平台，再到形成"多端打通、软硬一体"的芒果TV平台，是互联网内容生态媒体平台的代表。

所谓多端打通，指的是芒果TV利用自身优质内容资源优势，同时发力移动端和大屏终端，并通过芒果TV数据基础平台实现了移动端和大屏端内容数据和用户数据的打通。

所谓软硬一体，指的是芒果TV优质内容和自主硬件一体化的发展。内容方面，芒果TV依托湖南卫视丰富的优质内容资源以及互联网电视牌照资源，以"独播"与"自制"为两大核心内容战略，打造出了全新的互联网电视内容体系。截至2019年5月，芒果TV手机APP下载安装激活量超7.35亿，全平台日活量突破6800万，互联网电视终端激活用户数达1.37亿，运营商业务全国覆盖用户数达1.47亿。

在大力实施内容战略的同时，芒果TV还联合多家终端硬件生产商，开发出了一系列终端产品，并通过内容捆绑硬件的方式，大力推广硬件产品，构筑了互联网视频用户平台。2016年8月，芒果TV对外发布自主研发的芒果电视MUI操作系统开始，正式宣布进军互联网电视终端市场。在随后的一年中，又相继发布了两款OTT硬件产品，分别为"青芒"系列和"星芒"系列。

四、全国性新型传播平台建设的实践

（一）内容聚合型媒体平台

内容聚合媒体平台的核心是通过强大的技术能力聚合全行业内容资源，并面向全行业提供服务，这些内容资源不仅包括由专业机构生产的专业内容（PGC），还包括一系列用户生产的内容（UGC）。

在中央级媒体中，人民日报社是内容聚合型媒体平台的典型代表，其在媒体融合过程中建设了两个面向互联网的内容聚合与分发平台："全国党媒信息公共平台"（以下简称"党媒平台"）和"全国移动新媒体聚合平台"（即"人民号"），内容聚合能力得到显著加强。"党媒平台"是以内容聚合为核心的综合运营服务支持平台，可以让入驻机构在保持独立后台的前提下共享内容生产、渠道运营、赢利模式等方面的基础数据和技术。而"人民号"则将内容聚合的范围从主流媒体、政府部门拓展到自媒体、名人等，该举措反映了互联网传播具有的多元和开放特征。

2017年8月19日，人民日报社以"中央厨房"为基础，以建设"面向全国党报的公共厨房"为目标，发布"党媒平台"。该平台提供智能化数据共享的后台支持，可以让各家入驻机构在保持独立后台的前提下，享受内容、技术、渠道、人才、赢利模式等共享机制。"党媒平台"以"百端千室一后台"为建设目标，基于"中央厨房"连接人民日报社下属各类新媒体终端，并且与地方媒体、行业媒体以及党政机关、企事业单位新闻宣传部门建立合作关系，孵化出多个融媒体工作室。截至2019年4月，已有包括新闻机构、政务信息平台、大型企事业单位在内的260家单位入驻全国党媒体平台。

2018年6月11日，人民日报社的"全国移动新媒体聚合平台"（即"人民号"）正式上线，该平台内嵌于"人民日报客户端"，聚合来自机构媒体、自媒体、名人、政务、学校、各类社会机构以及体育相关主题的内容资源。时任人民日报社副总编辑卢新宁在"人民号"上线时表示："人民号"的关键词就是"平台"。只有开放有序的平台机制才能充分释放社会内容的巨大生产力，而优质内容成果和创作者的聚合又可以提升平台的传播力，增强主流媒体的舆论主导力和社会影响力。截至2019年6月初，"人民号"平台累计申请账号数量超过18万家，正式入驻超过2万家，其中包括《光明日报》、中国青年网等2000余家各类各级主流媒体，最高检、教育部、北京发布等6000余家国家部委，省、市、县级党政机关和部门，以及十点读书、新世相、果壳等12000余家各类创作领域的头部内容生产者。

（二）综合型智能化媒体平台

综合型智能化媒体平台的核心是通过应用先进传播技术，实现传统新闻生产流程的全面智能化，为传统媒体集团的各类型业务提供有力的技术支撑。

在中央级媒体中，新华社是综合型智能化媒体平台的典型代表。新华社的自主平台建设体现在三个方面：首先，"现场云"从内容生产平台升级为数据整合平台，聚合各类原创内容数据和各级党政机关政务数据，为新华社用户提供更优质的内容服务和更方便的政务服务；其次，"媒体大脑"不断创新媒体内容呈现方式，面向互联网传播环境调整主流媒体生产策略；最后，"新华社"客户端完成迭代，增设多项政务服务，增强端口的用户黏性，呼应平台化过程中整合多种资源的要求。

"现场云"是由新华社主导研发的新闻直播平台，同时是可实现"新闻在线生产，在线审核，在线签发"的移动采编发系统。现场云全国服务平台基于"现场新闻"技术平台，向全国新闻媒体开放"现场新闻"功能应用，提供"一站式"整体解决方案。通过"现场云"系统，记者只需一台手机就可实现素材采集和同步回传，后方编辑部可实时进行在线编辑和播发，从而大大增强报道全时性和即时性。"现场云"还将统一解决入驻单位的服务器、带宽等基础网络资源，支持用户实现零成本运营。自2017年2月19日上线至今，已吸引3100多家媒体及党政机构用户入驻，4万多名采编人员注册使用，基本实现国内所有地市主要媒体的全覆盖。

"媒体大脑"是新华社于2017年底上线的智能化视频生产平台，可向媒体机构提供"大数据+人工智能"的新闻生产、分发和监测服务，并于2017年12月26日发布了首条MGC（机器生产内容）视频新闻。为应对媒体需求，2018年12月27日，媒体大脑发布新版本"MAGIC短视频智能生产平台"，MAGIC的名字由MGC（机器生产内容）和AI（人工智能）组成，平台集纳了自然语言处理、计算机视觉、音频语义理解等多项人工智能技术,将人工智能引入新闻全链路,着力采集、生产、分发端创新,帮助用户高效完成短视频内容创作。目前MAGIC平台已在2018世界杯、亚运会、世界人工智能大会、进博会等重大活动的内容生产中取得了一定成绩,正在为众多媒体机构的日常内容生产提供技术支持和服务。

2019年3月,"新华社"客户端发布6.0版本,从集成智能语音交互推出新闻助手"小新",到原生支持AR功能,再到接入"媒体大脑"工具体系、接通MAGIC智能视频生产平台和最新的AI合成主播,新华社客户端一直率先探索智能化在资讯领域的应用。目前,新华社客户端技术体系已经集成了"现场云"新闻直播、"媒体大脑"智能视频生产平台、动漫智能生产平台、AI合成主播生产平台等多个智能技术平台,并通过云服务为入驻媒体和机构用户交付诸如智能语音转化、智能内容采集和轻应用开发等智能生产工具。智能化和平台化双引擎,将为提升内容供给、生产效率、阅读体验提供源源不断的动力。

(三)数据级媒体技术平台

数据级媒体技术平台的核心是通过建立数据中台使媒体集团具备强大的数据能力,通过统一的数据采集能力、数据计算能力、数据萃取能力、数据交换能力以及算法能力,基于混合云服务能力的基础进行构建,具备实时(流)计算和离线计算能力,面向前端业务人员提供高效的应用服务,支持自助报表分析、大屏可视化及智能推荐等多种数据应用,采用前沿技术努力盘活数据资产,在传媒领域实现"承技术、启业务"的媒体融合发展。

在中央级媒体中,中央广播电视总台的央视网是数据级媒体技术平台的典型代表。目前我国大多数主流媒体的技术平台,基本上只拥有数字化能力(IT),而中央广播电视总台的央视网较早启动了数据中台建设项目,使自身具备了数据级技术(DT)能力,并有效地与地方主流媒体集团的技术平台形成能力上的互补。

央视网打造的数据级媒体技术平台包括数据中台、业务中台和视频中台。它联合阿里等先进互联网企业,集成了统一的数据采集能力、计算能力、萃取能力、交换能力和算法能力,构建了One ID、One Data、One

Service的数据管理体系，把内容、平台、用户准确地连接起来，提供热点发现、指导调度、内容生产、精准传播、用户运营、效果评估、品牌管理、营销服务等全流程的支撑服务，推进一切业务数据化的进程。目前，央视网的"数据中台"已经形成"贯通多终端、统一管理"的数据采集分析体系，能够对央视网多终端覆盖情况及传播效果进行全流量监测、评估、分析，每天用户访问记录超过100亿条。在此基础上，央视网还通过合作引入第三方公司的外部数据，从而形成更为丰富、多元、立体的全域媒体数据库，以此支撑数字化转型，更高效、更灵动地应对用户需求，应对竞争环境。

通过构建数据中台，央视网打破了旧生产流程的数据孤岛以及组织体系的阻隔，盘活了自身的数据资产，重新定义了媒体传播链条，大大提升了传播效能。数据中台的建设能帮助央视网连接用户，为将来给用户提供基于内容垂直入口的服务做好了准备。此外，数据中台还让央视网未来能够通过数据的开放合作和共享，与政务服务、民生服务、电商服务、社区服务以及文化服务等相结合，建立开放的数据生态，拓宽媒体融合的边界。

1.2 中国媒体融合发展创新的国际参照

顾 洁 辛艾泽[①]

摘 要：新媒体与互联网技术的迅速普及给传统媒体的生存带来了融合发展的新命题。面对机遇与挑战，传统媒体亟待进行有效的融合转型。近年来，党中央从顶层设计角度对媒体融合进行了战略部署，如何更加合理有效地实现转型，成为我国媒体融合发展创新的核心命题。本文试图总结一些国际媒体在媒体融合转型进程中的有益探索与贡献，并指出媒体融合是一次围绕体制机制、内容形态、流程管理、人才技术等多方面展开的自我革新与发展。在评判借鉴国外媒体融合发展的经验基础上，取其精华为我所用，坚持"中国精神"基础不动摇，为我国的媒体融合发展创新提供正确方向与强大推进力。

关键词：媒体融合；新媒体；国际参照

International Reference for China's Media Convergence Development and Innovation

Abstract: The rapid spread of new media and Internet technologies has brought new propositions to traditional media, which called media convergence. Faced with opportunities and challenges, traditional media urgently needs to take some effective measures for transformation. In recent years, the CPC has carried out a series of strategic deployments of media convergence at the top-level design. How to realize media convergence more rationally and effectively has become the core proposition for traditional China's media. This article exemplifies some useful explorations and contributions of media convergence in developed countries, and concludes that media convergence is a self-innovation and development, focusing on institutional mechanisms, content forms, process management, and talent technology. Based on critical experiences of foreign media convergence, we learn its strengths and adhere to the "Chinese spirit" foundation and provide the right direction and strong propulsion for China's media convergence.

---

① 顾洁，中国传媒大学电视学院教授；辛艾泽，中国传媒大学电视学院硕士研究生。

Keywords: Media convergence, New media, International reference

一、引论

近年来，新媒体倚借互联网技术的进步与移动终端的迅速普及，一跃成为媒体行业中不可小觑的力量，其发展速度远超我们想象。这既是给传统媒体的沉重一击，又是推动传统媒体拥抱新技术、树立新理念、走向自我革新与发展的现实动力。如今，媒体融合已经成为当下媒体发展的必然趋势，我国媒体融合的道路怎么走，走向哪儿，成为我们不得不思考的问题。

2014年8月18日，中央全面深化改革领导小组第四次会议审议通过了《关于推动传统媒体和新兴媒体融合发展的指导意见》。此后，我国传统主流媒体都开始积极投身于媒体融合发展事业。之后，以习近平同志为核心的党中央高度重视传统媒体和新兴媒体的融合发展，习近平总书记多次在不同场合强调媒体融合的战略意义，深刻阐释媒体融合发展创新的"中国精神"，为我国的媒体融合发展道路明确了目标，指出了方向。

实际上，媒体融合并不是一个新命题。放眼全世界，从20世纪80年代开始，很多国外媒体就从理论和实践两个方面开始了对新旧媒体融合发展的探索，并得出不少宝贵经验。他山之石，可以攻玉。虽然我国媒体融合事业起步相对较晚，但是为了更好更快适应新媒体环境的挑战，我们可以通过评判借鉴国外媒体融合发展的经验，取其精华为我所用。在党中央的正确指导和大力推进下，一份媒体融合发展的"中国答卷"正在徐徐展开。

本课题组于2018年9月对美国主流媒体《纽约时报》《华盛顿邮报》《华尔街日报》以及《政治》进行了实地调研，结合调研成果，总结国外传统媒体融合发展的经验，用以借鉴。

二、媒体融合发展的"中国精神"

党的十八大以来，党中央于顶层设计层面对媒体融合进行了战略部署，自上而下为国内媒体的融合发展指明了方向。2013年8月19日至20日，全国宣传思想工作会议在北京召开，习近平总书记强调，宣传思想工作创新，重点要抓好理念创新、手段创新、基层工作创新，努力以思想认识新飞跃打开工作新局面，积极探索有利于破解工作难题的新举措新办法，把创新的重心放在基层一线。①

2014年8月18日，中央全面深化改革领导小组第四次会议通过了《关于推动传统媒体和新兴媒体融合发展的指导意见》，媒体融合更是被提升到国家战略层面加以推进。在这份指导意见中，党中央明确了我国媒体融合发展的具体工作目标，即"立足传统出版，发挥内容优势，运用先进技术，走向网络空间，切实推动传统出版和新兴出版在内容、渠道、平台、经营、管理等方面深度融合，实现出版内容、技术应用、平台终端、人才队伍的共享融通，形成一体化的组织结构、传播体系和管理机制"。

经济建设是党的工作中心，意识形态工作也时刻不能忽视。2016年2月19日，习近平总书记在其主持召开的党的新闻舆论工作座谈会中用"五个事关"传达出新闻舆论工作的极端重要性："做好党的新闻舆论工作，事关旗帜和道路，事关贯彻落实党的理论和路线方针政策，事关顺利推进党和国家各项事业，事关全党全国各族人民凝聚力和向心力，事关党和国家前途命运。"这"五个事关"点出了媒体融合发展事业的重要意义，同时也成为我国媒体融合发展事业的重要指导思想。在这次座谈会上，习近平总书记还形象地阐明了我国媒体融合发展的现实路径："要推动融合发展，主动借助新媒体传播优势。要抓住时机、把握节奏、讲究策略，从时度效着力，体现时度效要求。"②

而随着5G、大数据、云计算、物联网、人工智能等新媒体技术的不断发展，习近平总书记又从技术层面对我国的媒体融合发展提出了新要求。2019年1月25日，中共中央政治局在人民日报社就全媒体时代和媒体融合发展举行第十二次集体学习。习近平总书记在主持学习时强调："要坚持移动优先策略，建设好自己的移动传播平台，管好用好商业化、社会化的互联网

---

① 《胸怀大局把握大势着眼大事　努力把宣传思想工作做得更好》，《人民日报》，2013年08月21日01版。

② 《坚持正确方向创新方法手段　提高新闻舆论传播力引导力》，《人民日报》，2016年02月20日01版。

平台，让主流媒体借助移动传播，牢牢占据舆论引导、思想引领、文化传承、服务人民的传播制高点。"与此同时，面对智能技术的迅猛发展，习近平总书记指出："我们要增强紧迫感和使命感，推动关键核心技术自主创新不断实现突破，探索将人工智能运用在新闻采集、生产、分发、接收、反馈中，用主流价值导向驾驭'算法'，全面提高舆论引导能力。"[①]

因此，推动媒体融合发展、建设全媒体已经成为我们面临的一项紧迫课题。然而，任何新现象的发展成熟都不是一蹴而就的，必然是循序渐进、逐步迭代的。我国媒体融合发展至今，也经历了多次路径更迭。从一开始的"+互联网"，各大传统媒体纷纷开设网站和社交媒体平台，以原有的业务为基础扩大传播范围；再到后来的"互联网+"，即坚持"移动为先，创新为要"，让互联网与传统媒体行业进行深度融合，构建融合传播矩阵，打造融合传播新生态。总之，我国的媒体融合发展要走的是一条在科学发展观指导下的，符合我国媒体发展目标和特点的融合创新之路。正如习近平总书记所指出的那样："我们要运用信息革命成果，加快构建融为一体、合而为一的全媒体传播格局。"我们的目标就是要进一步加快新旧媒体在机制体制、内容形态、流程管理、人才技术等方面的融合步伐，从"你中有我，我中有你"逐步走向"你就是我，我就是你"。

三、媒体融合发展创新的国际参照

媒体新技术的崛起和发展不但使媒体融合成为当下我国大众传媒发展最重要的课题，而且在全世界范围内实际上也早已掀起了媒介发展变革的又一次革命和浪潮。因为文化国情和媒体制度各有不同，世界各国媒体的融合转型在实现路径和发展程度上也是千差万别的，但是，基本上是围绕体制机制、内容形态、流程管理、人才技术这几方面展开。同时，以英美为代表的一些发达国家依托坚实的经济基础和超前的媒介技术，确实在不少方面对媒体融合转型的历史进程做出了有效的探索和贡献。因此，坚持"中国精神"基础不动摇，适当和合理参照国际媒体融合转型的有效经验与举措，媒体融

---

① 习近平：《加快推动媒体融合发展 构建全媒体传播格局》，《求是》，2019年3月16日第6期。

合发展将会交上一份令人满意的"中国答卷"。

(一) 坚守与创新并重

随着新媒体传播的飞速发展,国外传统媒体也在诸多方面受到了严峻挑战。广告收入骤减、受众与人才流失等问题的出现,无一不倒逼着传统媒体进行媒体融合的尝试。例如,面对新媒体的强势崛起,美国传统报业近年来也受到了不小的冲击。与网络新闻相比,纸质媒体承载的内容量较少,而且受出版时间的限制,也无法满足互联网思维下对即时传播、互动传播和分众传播提出的要求。因此,即便是《纽约时报》《华盛顿邮报》和《洛杉矶时报》这样的美国老牌纸质媒体,也不得不面对纸质报纸订阅数逐年递减的态势和报社裁员"瘦身"的窘境。数据显示,《华盛顿邮报》纸质版的订阅量每年平均下降2%~3%,员工数量相比历史峰值也减少了近四分之一;而《洛杉矶时报》的员工数也从20世纪90年代后期的1300多人减少至400多人。

危机之下,美国报业由线下走到线上,由单一媒体平台向全媒体的转型已刻不容缓。《华尔街日报》敢为人先,迅速启动融合转型战略,走出了一条内容、服务与品牌并举的媒体融合转型道路。1993年,《华尔街日报》开始了数字化尝试。2011年,《华尔街日报》开始推行"以受众需求为导向"的媒体融合战略,重建采编组织机构、改进采编流程的同时也积极拥抱社交媒体,利用在社交媒体上的双向互动为内容导流。并且,该报也十分重视其内容在移动端的传播,在平板电脑、智能手机以及亚马逊的kindle版电子书上都能轻松订阅其产品。如今,《华尔街日报》电子版订阅数已经超过纸质版订阅数,经营状况也得到有效改善。《政治》(Politico)是美国一份专注于时政内容的新锐报纸。该报采用的是一种与传统报业截然不同的模式,即将内容生产的重心转移到网络端,付费订阅是其收入的主要来源。虽然印刷版报纸从一开始就不是报社经营的重点,甚至不带来盈利,但是《政治》并没有彻底放弃,仍然生产一定数量的印刷版报纸,并采用免费派发的模式发行,人们可以在美国街头随处可见的报箱中任意取阅《政治》的免费版。虽然是免费派发,但是这些免费派发的报纸上刊登的广告仍然会带来一定的经济回报,而媒体的知名度和影响力也会随着这些免费派发的报纸获得一定程度的提升,从而进一步助力线上版本的售卖。

"报纸消亡论"或许不是危言耸听。但我们仍然需要清楚地知道，人类大众传播的演进发展一直都呈现出"叠加"的趋势，没有哪一种新出现的传播形式可以在短时间内完全取代旧有的形式，新技术和新手段的出现也并不是给旧有传播媒介与形式宣判死刑。无论是内容生产重心转移至网络端的报业后起之秀《政治》，还是在媒体融合转型道路上率先蹚出一条坦途的《华尔街日报》《纽约时报》等美国老牌纸质媒体，都没有停止对纸质版报纸的发行。可见，媒体融合的过程中，在竞争与合作中构建新的传播格局，在坚守中不断创新，才是最为正确的选择。

实际上，以《华尔街日报》《纽约时报》为代表的美国老牌传统媒体都认为，传统报纸不会彻底消亡；对受众和生产者而言，传统报纸依然有其独特的价值。一方面，通过报纸获取新闻资讯已经深深地融入了美国传统文化，对很多年龄偏大的美国民众来说每天阅读报纸早已成为他们生活中不可或缺的"仪式"。因此，通过纸媒获取新闻的受众在美国仍然具有一定规模。另一方面，坚持纸版报纸的生产对提升记者的业务素质仍然具有重要的意义。例如，《华尔街日报》中国部副主任索菲亚·麦克法兰德认为，为报纸写作可以让记者锻炼长文写作和深度思考的能力。此外，纸媒的生产还需要编辑精通图文编排和画版排版。而这些与平面设计相关的技能对于今天新媒体的内容生产而言同样十分重要。因此，美国的纸媒普遍都强调，在整体经营没有达到严重亏损的前提下仍会坚持纸质版的生产和发行。

（二）评论观点为魂

新技术的发展极大地丰富了信息发布的主体，也提升了信息传播的速度，同时将媒体和受众带入了信息过剩的时代。随着信息数量的几何式增长，信息产品的差异化越来越难以体现。因此，"信息屏障"已经成为摆在今天所有媒体人面前的一道难题。在这一背景下，美国报业强调，鲜明的评论、意见和观点在今天才是稀缺产品，同时也是传统媒体面对新媒体挑战时的优势所在。

《纽约时报》近年来尤其重视新闻评论的生产。在该报的纸质版上，消息类新闻数量通常占八成，其余两成全都围绕观点和意见展开。按照这样的比例，《纽约时报》每天会刊出15—20篇评论文章。这些观点鲜明、论证入理的评论文章都很受读者欢迎。此外,《纽约时报》还十分注重评论文章的质量,近年来不断招贤纳士,加大人力投入。受到报业市场不断下滑的影响,该报新闻部近年来不断裁员,但是评论部却不断在增加人手,这充分体现了新闻评论在《纽约时报》媒体融合转型进程中的战略价值。

此外,在消息类新闻很难做到独家的媒体环境下,美国报纸转而开始强调观点的独家性。2018年9月5日,《纽约时报》的"意见"栏目刊登了一位白宫高官的匿名评论文章《我是特朗普政府中的一名抵抗者》。该评论文章矛头直指美国总统特朗普,一经刊出,立即在美国引起了强烈反响。特朗普的反对者对这篇评论表示热烈欢迎,并认为《纽约时报》勇气可嘉;而特朗普的支持者则纷纷表示抗议,甚至有很多人来到《纽约时报》大厦门前示威抗议。实际上,《纽约时报》也承认,刊登匿名的意见性文章对新闻媒体来说是很罕见的做法,在某种程度上甚至会有损新闻的客观性原则。但是,出于对当下美国国家前途的担忧,以及对当下媒介环境特征和受众媒介素养水平的判断,他们仍然认为这样一篇匿名评论是必要的,同时也是合适的。由此可见,对新闻评论长期以来的重视和精耕细作,既是该报在新媒体时代编辑理念的映射,也必将成为读者心中关于《纽约时报》的独特标签。

在发出自己的声音上,《华尔街日报》更是有其长久的坚持和特色。一直以来,《华尔街日报》因为其强调故事性、趣味性和可读性的"华尔街日报体"而为世人所熟知。但是,实际上,为该报赢得最初两项普利策奖的却是它的"社论"而非"故事"。《华尔街日报》在1893年就创立了名为"回顾与前瞻"(Review and Outlook)的社论版,并通过社论版内容,逐渐确立和传达了自己"自由的人民,自由的市场"(Free Men and Free Market)的信念。如今,《华尔街日报》的评论在其内容生产战略中依旧占据极其重要的位置,不但专门开设了"社论版"和"言论版",逢周末还会额外刊登一些书评、影评类的文章。这些评论,既是《华尔街日报》办报宗旨的体现,也是《华尔街日报》抵抗新媒体带来的内容同质化冲击,借以传达自身理念,树立品牌的有力手段。

(三)视频转型为先

无论是纸质媒体的数字化移动化转型,还是电视媒体的全媒体发展,紧跟时代的形式创新都是决定媒体融合实践成功与否的关键。互联网与智能终端的普及深刻地改变了大众接收信息的方式与习惯，用户对图片的偏爱大于文字，对视频的偏爱大于图片，一目了然和极具情绪感染力的网络视频越发受到欢迎是不争的事实。因此，近年来，视频化转型已经成为很多国际媒体融合转型在传播形式创新方面较为普遍和成功的尝试。

在美国报业中，《华盛顿邮报》《金融时报》等一系列主流报纸都先后成立属于自己的视频团队，原来以文字为安身立命之本的纸媒无一例外地开始在新闻视频制作方面发力，普遍将视频视为传播形式转型的重点，无论在视频发布数量还是质量上都大有赶超电视媒体之势。《华盛顿邮报》很早就建立了自己的电视工作室，其视频制作团队在2014年时只有30多人，而现在已经迅速增加到90人。2013年至2015年期间，《华盛顿邮报》旗下的视频业务逐渐将新闻短视频报道定位为主体，并在新技术的支持下建立了整合内容和原创内容"四六开"的视频制作体系。此外，从一开始的文字和视频采编团队相互独立，到现在两个团队完全融为一体，《华盛顿邮报》实现了真正意义上的"一次采集、多次编辑"的新闻融合采编模式。

《纽约时报》更是一直走在美国报业视频化转型的前列。早在2011年7月，《纽约时报》就成立了专门的视频部门，在其客户端NYTimes中，大量时长小于2分钟的短视频被插入到新闻报道当中，成为文字新闻的一种补充。这些新闻视频大都是对事件现场的展现和一些解释性的动画，少有记者出镜，从而在视频中淡化报纸的观点和立场。《纽约时报》这种字幕加画面的形式，既真实直观又不失细节，丰富了读者阅读移动新闻时的体验。除了新闻短视频以外，《纽约时报》主客户端里的短视频还涵盖了政治、经济、人文、艺术等主题。前方记者、美联社、路透社以及互联网中丰富的UGC内容都为其源源不断地提供着丰富的内容素材。加之短视频制作简单、时效性强、轻松活泼，反而为《纽约时报》网罗了不少年轻受众。

近年来，《纽约时报》不但会针对消息类新闻制作大量视频，甚至连新闻评论都开始尝试视频制作。目前，其新闻评论部总共有60名记者编辑，其中有7人专门负责评论视频的制作。据《纽约时报》副总编辑乔伊·凯恩介绍，该报在转型进程中一直把视频化作为优先考虑的方向，不但实现了新闻短视频制作日常化，还开发了一些专门性视频栏目，例如电视纪录片节目

《周刊》的工作人员数量已经超过了一百人。

可见，传统报纸已经不能再固守原有的文字阵地，而是要直面当今最为主流的视频形态。电视媒体也同样如此，英国广播公司（BBC）2017年在其新闻APP上开发了一种垂直视频模式——Videos of the Day。这类以当天热点新闻事件为内容的竖屏新闻极具视觉冲击力，且以拍摄画面不稳定而给人留下深刻印象：连续快速的镜头移动与转场，令画面十分生动，仿佛将受众带到冲突现场，透过手机的小屏幕传递出真实的大场面。

（四）流程再造为纲

如今，报纸、电视、互联网等不同媒介的界限不再泾渭分明，传统与新兴媒介的界限日益模糊。因此，媒体融合不仅是技术的结合，内容的共享，更是机制体制、传播理念层面的高度融合。如何重构新闻生产机制，再造全媒体生产流程，以及培养全媒体人才已成为当务之急。

美国《华尔街日报》与道琼斯通讯社合并后经历了编辑部的多次组织机构调整，也带来了采编流程的重塑，对"一次采集，多元生成，多渠道传播"的理念贯彻得比较彻底。一个新闻事件发生，日报会首先派出记者采集信息成稿后传回编辑部，然后由道琼斯通讯社发布实时新闻，同时也在《华尔街日报》网站发布，做到第一时间在线上的传播。接下来，又会在道琼斯出资的CNBC电视台、道琼斯广播电台发布新闻。而负责纸质版的编辑部门将从众多的线上稿源中按不同版面需要挑选稿件，经过二次编辑后形成纸质版面次日印刷发行。最后，还会在不同社交网络平台上，根据不同平台特性及用户喜好，对已发布的新闻进行适当加工再次发布。

鹰龙传媒是北美目前规模较大的华语媒体，它将广播、电视、报纸杂志、APP、网站等不同媒体都收编旗下，在媒体融合采编流程再造上最大的亮点就是旗下各媒体机构和平台间的信息共享。鹰龙传媒成立的全媒体采访部，同时为自己的新媒体部、广播节目部、电视节目部和报纸杂志部供稿，后方编辑根据需要自取前方信息，根据不同媒体属性、平台特点和受众特性，进行有针对性的编辑、剪辑和发布，极大地节约了信息采集和分发的成本，提高了信息的利用效率。因此，鹰龙传媒采访部的记者实际上已不再是传统意义上单纯的报纸记者或电视记者，而是真正意义上的全媒体人才。鹰龙传媒针对广播、电视和纸媒对记者的不同要求，对其旗下记者进行有针对性的培训，帮助他们充分了解不同媒体的特性，突破原有的思维定式，补足技能短板，同时掌握新闻的采写、图片与视频的拍摄编辑、网页制作等多项技能，实现了由单一媒体记者到全媒体人才的转型。

显然，媒体融合格局下，不仅传统媒体与新媒体的界限开始模糊，不同传统媒体间的界限也已然消失。随着单线性新闻采编流程逐渐被一对多、多对多的采编流程代替，在对记者编辑的要求上，全媒体发稿早已不是附加题，而是必答题。《华盛顿邮报》采编部主任杰尔说："现在《华盛顿邮报》并不去区分报纸新闻记者和数字新闻记者。新闻不只是文字，也不是只有编辑去想呈现方式，而是应该所有人都去想如何更好地呈现故事。记者也要去思考如何将文字稿改编成视频，文字只是工具之一。哪怕是文字稿，也要考虑在一篇网页文章里如何插入别的相关链接。"可见，在传媒业变革的洪流中，在新旧媒体的竞争与合作下，将会有越来越多的传统媒体机构通过机制流程的再造，实现不同媒介的采编合流，从而转型为"全媒体机构"。

（五）技术突破为源

每一次传播格局的变革实际上都以媒介技术的革新与飞跃为动力源泉，媒体融合转型也不例外。在传统媒体与新媒体的融合过程中，数字网络技术的出现是一针催化剂。不仅如此，媒介技术更新的速度也令人瞠目结舌。随着大数据、增强体验技术（ER）、混合现实技术（MR）、扩展现实技术（XR）、虚拟现实技术（VR）、增强现实技术（AR）、人工智能（AI）、区块链等新技术的出现，媒体融合转型正逐渐走向深水区。

近年来，在大数据革命浪潮的引领下，国外媒体在进行融合转型时高度重视对数据挖掘和分析技术的应用，大数据算法被广泛运用于勾勒用户画像的工作中，从而实现内容精准投放，并为用户带来更好更新的新闻阅读体验。利用大数据算法，《纽约时报》建立了预测读者阅读报道后情感反应的模型，通过分析模型数据来安排相关广告。为了进一步推动报纸的数字化转型，《纽约时报》在2014年推出了两款移动应用———"纽约时报现在"（NYT Now）和"纽约时报观点"（NYT Opinion），通过抓取用户阅读的大数据，分析用户行为，从而形成更为垂直和精准的传播策略。电视媒体中，美国有线电视新闻网（CNN）和英国广播公司（BBC）也都利用大数据对用户的使用习惯进行分析，以便在不同平台进行有针对性的报道与广告投放，更好地满足用户个性化的需求。

增强现实技术（AR）自诞生以来也被广泛运用到新闻报道当中。《纽约时报》在2018年2月初公开了其报社名下的一款AR应用，并表示该APP将会刊登有关AR的深入报道。该APP首个推出的AR体验新闻报道是"2018年冬季奥运会的报道"。通过AR技术，用户可以从不同角度观看冬奥会比赛，还可以从三维空间中的任意角度观察运动员在进行比赛时的一举一动。《纽约时报》称："有关AR的深入报道'具有超越屏幕方寸之间的延伸性，可以通过数字手段添加实际大小的物体。这些物体，比如一道边墙或一件艺术品，很有说明价值，因为用户可以接近它们'。"

同样，虚拟现实技术（VR）的运用能给用户带来更加沉浸式的视听和心理体验。CNN曾通过虚拟现实视频流现场直播美国民主党总统候选人竞选辩论。只要拥有一台VR头盔，任何人都可以通过VR视频流门户网站NextVR进行观看，观看者将会拥有现场前排座位观众视角，获得身临其境的体验。这种依托于VR技术的直播实际上已经完全模糊了虚拟与现实、新闻现场与媒介现场之间的界限，媒介真正地成为人体的延伸。

如今，人工智能（AI）技术的运用又为媒体融合的进一步发展打开了新局面。《华盛顿邮报》使用的人工智能系统是一个叫作Heliograf Smart的软件。该软件不但可以进行一些简单的写作，在里约奥运会上还被用来记录奖牌和得分实况，最后生成新闻发布，既准确又迅速。该软件的广泛使用同时解放了《华盛顿邮报》的记者，他们因此有更多的时间和精力在奥运会期间去做一些更有人性色彩和深度的报道。在2016年美国大选期间，《华盛顿邮报》又推出了一款智能聊天机器人Feels。该聊天机器人可以通过与选民的聊天互动收集选民的态度和倾向数据，从而进一步预测选民倾向。而对选民倾向的提前把握很好地指导了《华盛顿邮报》在选举期间的报道思路和侧重点，使该报在激烈的选举报道竞争中脱颖而出。

此外，在人工智能技术应用上，较为有代表性的还有英国广播公司（BBC）建立的一个名为"榨汁机"（Juicer）的人工智能项目。该项目实际上是一个用以整合多方新闻源的数据收集和存储系统，因此用"榨汁机"形象地比喻对多样新闻源的融合再造过程。该数据系统可以监控国际、国内和本地的

850个媒体新闻源、政府信息源及指定互联网新闻源。它能够迅速搜索出与某一新闻话题相关的内容列表，节约记者在寻找信息源上所花费的时间，从而更好更全面地提高编辑质量和效率。

四、结语

纵观多年来国外传统媒体在融合转型发展中做出的诸多有益尝试，媒体融合转型的大方向可见一斑：在数字移动化浪潮之下，既要不断探索融合传播新形式，打造融合传播新机制，构建融合传播新格局；又要创新与坚守并重，坚守正确导向，坚持内容为王。相较而言，我国媒体融合起步较晚，但是如今已被放在国家战略层面加以推进，在政策、导向和人力物力等层面都得到了前所未有的支持。在今后的发展中，应多方借鉴国外媒体融合的成功经验，立足本土诉求，找准自身定位，方可探索出一条既取他人所长，又不失自我风格的媒体融合发展之路。

而在这一转型进程中，坚持媒体融合的"中国精神"尤为重要。也就是说，我们的媒体融合始终要以做大做强主流舆论为核心目标，内容形式创新、流程再造以及人才培养等方面都应当围绕这一核心目标展开并为之服务。树立正确的新闻和舆论导向，一方面，必须坚持内容创新不动摇，坚持精品路线不动摇。习近平总书记强调："对新闻媒体来说，内容创新、形式创新、手段创新都重要，但内容创新是根本的。"[①]在浮华喧嚣的新媒体环境中，内容生产不可唯点击量论英雄，而是要把生产出真正打动人心、传递社会正能量、服务国家发展人民生计的作品作为努力方向。另一方面，必须敢于发声，勤于发声，善于发声。要善于通过有理有据、通情达理的评论和观点占领新闻舆论场的主阵地，为国家繁荣富强提供正确舆论支持，为中华民族伟大复兴提供强大精神力量。媒体融合的国际实践也表明，观点和意见的直接呈现已经成为新媒体环境下最为主流和简单有效的内容形态。因此，我们也必须始终将舆论引导的主动权握在自己手中，坚持产出优质的评论内

---

① 《坚持军报姓党坚持强军为本坚持创新为要　为实现中国梦强军梦提供思想舆论支持》，《人民日报》，2015年12月27日01版。

容，使我国传统主流媒体在媒体融合发展的激烈竞争中始终处于不败之地。

总之，媒体融合创新融的不仅是技术，更是理念。我们未来应当积极推进新旧媒体由相"加"走向相"融"，借助新媒体与传统媒体的优势互补，不断提升主流媒体的传播力、影响力，通过积极宣扬主旋律、强化导向意识和传播正能量巩固全党全国人民团结奋斗的共同思想基础。

第二节 体制机制篇

2.1 媒体融合进程中的体制机制创新

支庭荣[①]

摘 要：本报告基于近年来国内外数字技术浪潮中传播格局的新变化，探讨了在媒体融合进程中我国媒体行业如何从体制机制改革创新层面适应新变化，释放新动能。报告认为，平台、数据、产品、技术等因素是行业发展的焦点，也是难点。媒体行业需要在体制机制上正视瓶颈，突破约束，为媒体融合创造有利条件。与此同时，主管部门、媒体、行业组织及全社会应该担负起各自的责任，共同促进媒体行业的健康发展。

关键词：数字经济；媒体融合；体制机制改革；信息平台；传播格局

On the Innovation of System and Mechanism in the Process of Media Convergence

Abstract: Based on the new changes of the communication market structure in the wave of digital technology at home and abroad in recent years, this report discusses how China's media industry can adapt to the new changes and release new energy of motion in the process of media convergence from the perspective of institutional reform and innovation.The author thinks that platform,big data, audio-visual products, technology application and other factors are the focuses and difficulties of industry development. The media industry needs to face up to the bottleneck in the system and mechanism, to break through the constraints, and to create favorable conditions for integration and convergence. Meanwhile, administrative departments, media circle, industry organizations and the whole society should take their respective

---

[①] 支庭荣，暨南大学新闻与传播学院执行院长，教授，博士生导师。主要研究领域：马克思主义新闻观及新媒体。

responsibilities and jointly promote the healthy development of the media industry.

Keywords: The digital economy, Media convergence, Reform of system and mechanism, Information platform, Communication market structure

进入21世纪以来，数字技术与数字经济蓬勃发展，以移动互联网、大数据、云计算、人工智能等为代表的信息技术的迅猛发展，在产业层面和社会文化层面给许多国家和地区带来了深刻的改变。在数字经济的席卷下，传媒产业领域发生了许多重要的积极的变化，这些新变化也在重塑着传媒产业的生态系统和市场格局。

数字经济大体包括两个部分，一是数字产业化，即与数字技术直接相关的产业部门的发展；二是产业数字化，即数字技术对各行各业的渗透和融合。对于传媒行业来说，尽管不是直接处于数字技术的最前沿，却属于数字技术的"近水楼台"。数字技术与传媒的融合，从消费者这一端来看，可能是这一技术与其他领域融合中速度最快的。3G时代的门户网站、4G时代的微信，都是极大丰富了人们精神生活的生动案例。

在数字经济崛起后，传媒产业发生了跃迁式的变革。一方面，人们对好内容永远趋之若鹜；另一方面，人们接近、获取内容的方式，以及媒体、其他专业机构生产和分发内容的方式发生了巨大的变化。最近几年我们真切地见证了短视频、小程序、头条等内容新业态的兴起，感受到了满足用户内容需求的方式、手段和效果较之以往更加多样，更加便捷，更具获得感，也观察到了传媒产业中部分类目的潮起潮落。虽然传媒产业中的数字传媒产业部分在快速增长，全行业包括传统媒体产业仍需要更大力度的体制机制创新，才能卓然屹立于时代的潮头。

一、数字技术浪潮中传播格局的新变化

数字技术浪潮不可阻挡，经济数据已反映出这一点。美国2017年数字经济规模占GDP比重达60%，我国的这一比重约为33%，依然有巨大的成长空间。[①]

---

① 郭霖：《中美数字经济产业比较》，《现代经济信息》，2019年第7期：399。

在传媒领域也有类似的变化。2018年，谷歌的营收高达1362亿美元，其中广告业务1163亿美元，是纽约时报公司5.58亿美元广告收入的200倍。与此同时，默多克旗下的新闻集团和21世纪福克斯2018财年营收394亿美元，同样远远不及数字巨头。不少具有传统媒体基因的机构快速转型，《泰晤士报》《华尔街日报》的数字付费订户都超过了纸质版订户。尽管各具优长，互联网平台相对于传统媒体，以及传统媒体中的数字业务相对于传统业务，都保持着一定的优势，它体现的是传播新力量的增强和生态格局的重构，对于这一态势的感知是传媒行业重新出发的起点之一。

（一）信息平台与媒体之间的界限日益模糊

今日媒体行业的业务范围已经被IT行业冲击。很多社交平台没有自己的记者队伍，也很少把自己定位为媒体，但是正在成为用户获取新闻的重要来源。例如，美国皮尤研究中心2018年的一项调查发现，这一比例在美国是20%，如果加上新闻网站占比为53%，超过了电视的49%，远远超过了纸质版报纸的16%。美国人的互联网每日使用时间（2.6小时）也差不多赶上了电视（2.7小时）。

社交平台和其他互联网企业给媒体行业带来了机遇也带来了新的挑战。2019年3月，谷歌宣布与合作伙伴麦克拉奇（McClatchy）共同投资3家社区新闻媒体，这是大型技术公司介入新闻行业的一个新例证。当然，技术公司投资新闻业不是偶然的。过去十年来，谷歌是投资、支持新闻业最多的平台公司之一，不仅用它的算法"帮助"新闻业优化文章，而且与媒体维持着良好的关系。在欧洲一地，谷歌的数字新闻倡议项目投入超过1亿欧元。由于外部环境的变化，新闻行业在创新方面的投入可能要优先考虑谷歌正在开发的虚拟现实、云计算、照片图书馆等技术。在美国新闻界，质疑谷歌是不太受欢迎的。双方的这一层关系客观上有利于这些技术公司进行游说活动，干预有关反托拉斯的讨论，并间接影响政策的制定者。

诚然，正如互联网兴起以来所表明的，技术越发成为新闻业的核心，而新闻却不是技术公司的核心。在技术平台公司，它的业务核心是软件工程部门，新闻部门位于边缘，仿佛太阳系中的冥王星。这也意味着，一方面新闻业对技术产生依赖，甚至为技术所裹挟；另一方面新闻业依然由于其独特的内容价值而保有顽强的生命力。

社交媒体与很多第三方应用业务已经越来越深地整合在一起，我国微信的朋友圈和公众号由于其转载、分发资讯而具有媒体的属性。美国的脸书（Facebook）也在从纯粹的社交平台转向兼容第三方服务的登录，跟微信越来越像。客观地讲，这些技术平台公司的溢出效应对于媒体的发展也是一种有益的支持。过去，编辑部门一个常见的不足是基于精英主义的立场，没有把"产品"的概念整合进编辑流程中，导致与受众的关系过于单向，距离过于遥远。当下，产品思维或者说互联网思维对于媒体行业来说成为不可或缺的理念上的自我革命。用于新闻生产的技术基础设施、工具、软件等也在不可避免地塑造着内容的形态。

（二）人工智能推动媒体"数据优先"战略实施

方兴未艾的人工智能（AI）正在向传媒业渗透，贯穿着从内容生产到消费者体验的整个价值链。到目前为止，虽然成功的只是其中的部分先行者，但是它让内容创造者更有创意，让内容编辑更有效率，让内容消费者更容易找到与自己的兴趣、场景相匹配的内容，这正是人工智能展示的诱人前景。

比如，微软的媒体与创意部门正努力将人工智能与媒体应用相结合，包括协助搜寻相关内容，在海量内容中遍历，重新设计内容呈现方式，重新定位内容的用途等。

人工智能有助于内容供应链的自动化运作，比如通过图像识别技术和语音转文本技术，自动进行数据标签和提取。基于大数据的用户标签是人工智能目前最广泛的应用。

人工智能有助于提升媒体的配置能力。例如，以点播云模式来预测需求，调配媒体资源，也可以用于预测供应链中的薄弱环节，例如对错过截稿时间的预判。使用敏捷技术，供应链中的冗余将进一步减少。人工智能也可以在推动媒体全球化的同时，更好地满足本地化的需求。这些都能显著节约媒体的运营成本。

在分发领域，人工智能算法根据消费者偏好来推荐内容，从一对多模式变成一对一模式，促进消费体验的个性化，这也是消费者最为熟知的应用方式。比如，提供强大的机器学习、实时分析、认知和网络机器人的微软蓝云

（Azure），开放API，协助媒体把内容和用户数据变成竞争优势。微软蓝云数据平台的用户洞察功能可捕获用户与在线内容的交互，建立用户档案，用于增强推荐引擎的能力、个性化服务和广告的精准定位。也许更重要的是，人工智能是创意的先驱。装备了基于人工智能反馈回路的艺术家们，将提高他们的创造力水平。

通过这些解决方案，媒体和娱乐行业的潜力是巨大的。媒体行业现有的工作流程更为自动化、数字化，也与用户建立直接的交互关系，可以用于驱动内容的变现。

许多人工智能方法使用某种机器学习。在监督学习算法中，大数据集的标签和训练，既昂贵又费周章，训练数据能力是一个特别的挑战。深度学习算法只有在馈以数百万次的观察时才能产生最精确的结果。因此，媒体需要积累并管理来自用户体系、内容体系和服务体系等不同类型的数据，部署技术和工具来获取一定规模的大数据，"数据优先"策略是一个重要的方向。目前，深度学习算法之类的复杂工具的潜力，尚未得到很好的开发利用。

（三）视频和语音技术升级重塑媒体内容生态

人工智能和机器学习正在让视频分析"更聪敏"。在美国和西班牙运营的视频猞猁（Vilynx）是一家创业公司，已获1500万美元风险投资，它的目标是让人工智能不仅可以识别面孔或建筑物，而且具有能够自我学习的大脑和较强的理解力，比如说它能区分出影片中的角色和它的扮演者，从而能够把所识别的一切转化成一个完整具体的上下文情境，进而实现有创意的内容生产。

在常规的视频分析领域，人工处理平均给每条视频贴5条标签，人工智能运用面部识别、自然语言处理、对象标识、文本分析等技术，可以贴50条甚至更多的标签。通过大量的标签、数据库搜寻、编译、加文字说明等，不仅加速生产过程，降低成本，而且可以用于预览、推荐、个性化和营销信息精准推送，也解放了人的双手。

对于内容创造者来说，最关键的是理解用户。常规的编辑们以日/周为基础，通过标题来了解用户，而机器学习建立动态的知识图谱，可以深入内容的每一个片段进行分析。在认知（识别）的基础上开发出更高的智能，相当于实现了编辑判断+算法的结合，在不久的将来编算（algotorial）将成为可能。过去是"一键转码",人工智能的未来发展将实现"无键转码"。

与视频领域出现的革新一样,智能语音机器人迅速兴起,聊天机器人走进了日常生活场景中。虽然照片墙(Instagram)等照片分享应用在美国仍然火爆,但是亚马逊的艾丽克莎(Alexa)以及谷歌、苹果的竞争产品预期将利用语音支持的服务变得无所不在,甚至改变人们的搜索方式以及广告方式。这也预示着在传统视频和直播视频保持增长的同时,音频内容将放量增长。

(四)与先进技术的结合成为融合发展的重要方向

媒体融合既是传统媒体与新兴媒体的融合,也是在新的技术条件支撑下各类媒体、介质、内容的彼此融合。漠视技术的发展态势,媒体融合将难以取得实质性的成效。结合国内外传播发展的新趋势,促进媒体融合发展应重点注意以下三个方面。

第一,建构良性的媒体—平台关系。事实上,许多社交平台以及部分游戏平台、电商平台具有一定的媒体属性。既要赋予技术平台以一定的社会责任,约束它们对于新闻领域的过度涉足,也要推动传统媒体汲取平台的技术长处,有条件的媒体应再造流程,强化用户连接,用自己的IP生产出全媒体的内容,或者及时进行平台化转型。平台建设需要技术。

第二,积极支持大数据和云平台的应用。媒体行业如果在自己的工作环境或平台上没有搭建云平台、植入人工智能,或探索机器学习,那么就将自我边缘化。数据开发也需要技术支持。

第三,在智能音视频领域加大投资。在美国,流媒体视频服务商网飞(Netflix)的年收入超过了美国电影业的票房。虽然网飞对奥斯卡最佳影片的冲击至2019年仍功亏一篑,但是网飞、葫芦(Hulu)等网络新势力已然动摇了好莱坞的霸权。5G时代将给音视频的智能化提供更多的带宽资源,更多的广告也会转移到网络音视频和社交媒体上。智能化同样需要对技术部门的投资。

人工智能正在引领下一次工业革命,虽然人工智能或许仍不成熟,能否透过人工智能获得有价值的洞见仍不明朗,但是,虚拟现实与增强现实技术让视频游戏场景更逼真,机器学习算法让影片预告或广告设计自动化,神经网络技术让角色扮演者突破预设创造出新的场景,这些在用户体验、营销等领域的应用前景相当广阔，与先进技术的结合是重要的发展方向。

随着新技术的应用越来越人性化、个性化，其中可能出现的偏向也需要纠正或防范。比如说，对于用户体验的过度追求，可能导致内容生产的重心向需求侧偏移，特别是一些以满足情绪、情感诉求为特征的内容容易助长媚俗化、低俗化的倾向，这是技术本身不能直接消除的，必须强化媒体融合过程中内容生产的思想引领和价值塑造作用。

二、媒体融合进程中体制机制创新的瓶颈

在数字化、网络化、智能化进程中，社会信息传播格局在技术、社会、政策等多种因素的作用下不断调适，不断演进。不同类型的媒体，尤其是传统媒体和新兴媒体的融合程度日益加深。"全程媒体、全息媒体、全员媒体、全效媒体"不仅作为一种理念，而且作为一种实践凸显于传媒行业的运行轨迹中。

（一）传媒产业内容和渠道发展趋势的共性与差异

如果应用两分法，传媒产业可以分为两个部分。

一部分是信息、娱乐、社交等内容的生产和消费。内容这一块的需求来源于人们的精神需要，来自人类的本质属性即社会性。就此而言，虽然传统定义下的传媒产业可能会经历波动，甚至衰落，但是泛信息、泛内容产业仍旧稳定，也就是说如果随着技术变革而相应调整产业边界的话，产业的未来仍将是一马平川的。优质的头部内容，总是供不应求。

另一部分是渠道/平台部分，或硬件部分。传媒产业中的这一块会不断出现新的变化，出现新旧技术的消长和替代。从技术到产业的发展当然也要服从经济规律。尽管难以准确地预测5G时代会出现怎样的创新，但是这种不可预测性或许正是未来传媒产业发展的引人入胜之处。

从近几年直播和短视频的兴起可以看出，无论内容还是形式，来自用户和市场的评价尺度都是在不断变化的，没有一成不变的定则。当然，渠道的变化更为惊人，其中最明显的是智能终端对于传统介质主渠道地位的动摇。根据CTR媒介智讯2018年中国广告市场报告得知，2018年我国报纸广告刊例收入下降了30.3%，与2017年的下降32.5%相比看似有所好转；然而就报纸

广告面积而言，2018年的数据下降34.1%，相比2017年的27.3%有着大幅度的下滑。①纸媒的风光不再。与此同时，传统的有线和无线电视也被戏称为背景式、氛围式媒体，即"听个响""听个人气"这样的伴随式产品。

正是在这一背景下，近几年来全国范围内的媒体融合发展速度快、力度大、创新多，亮点纷呈。首先，移动优先形成突破点，涌现了一大批像人民日报融媒体矩阵、澎湃、南方+、封面等优质的新媒体，在移动端获得了巨大的影响力。其次，传播体系日益完善。在一定的区域或垂直市场，都有一批新型媒体集团在着力构建全媒体传播格局。再次，县级融媒体中心建设稳步推进，舆论引导的"最后一公里"进一步贯通。最后，一批新媒体成功上市，绝大部分主流媒体积极地实施内容形式创新、渠道平台创新、经营管理创新、体制机制创新，进一步提升了自己的传播力、影响力、引导力和公信力。

（二）传统体制机制对新传播趋势的支撑与约束

在传媒行业的改革创新中，体制机制创新既是题中应有之义，也是其他创新取得成功的重要条件。如果结合传播格局的变化来看，那么传统体制机制既是全行业今天取得成就的支撑条件，又是未来产业发展的瓶颈。

第一，对平台打造的制约。

什么是平台？简单地说，平台就是一个多边市场，交易活跃而且参与者众多。平台上有人来人往，有各种各样的交易。无论中外，大型互联网企业都具有平台的特征，例如今日头条、抖音、腾讯都是平台。在媒体领域，诸如人民日报的"人民号"，澎湃新闻的"湃客"，虽然一个是党媒新媒体，另一个是大众化风格的新媒体，它们都是平台的玩法。

然而，相对来说，主流媒体开发的平台，门槛要高一些，路径稍微窄一些。这些媒体的平台化，通常不向UGC开放，至多做到汇聚PUGC。看似用户创造内容，实际上采取的是专业化的内容生产路线。

第二，对数据挖掘的制约。

随着数字技术和网络技术的应用与普及，大数据迅速成为社会化大生产

---

① CTR媒介动量：《CTR媒介智讯发布〈2018—2019年中国广告市场回顾与展望〉》，百度百家号，https://baijiahao.baidu.com/s?id=1627045043644968981&wfr=spider&for=pc，2019年3月4日。

中不可或缺的要素资源。大数据堪称我们这个时代越来越先进的信息技术和数据处理技术的馈赠。当年人们都讲过"信息泛滥""信息垃圾",对数据量的爆炸式增长深怀戒心。但是,从信息垃圾中萃取有价值的产品,获得知识,获得认知的盈余,获得数据的红利,这既是对信息的深层次挖掘,也是创造更大经济价值和社会价值的良机。

那么,在大数据热当中,效果究竟如何呢?在这方面,国内已经出现了一些类似新华网的睿思·数媒智慧分析平台这样很好的探索。全国众多的主流网站以及依托网站建设的新媒体集团也都纷纷投身信息采集分析的蓝海。随着5G时代智慧城市建设的推进,我们对大数据的利用还将有更为广阔的前景。但是,我们当下的媒体开发利用的多是小数据而不是大数据。其中的原因一是由于数据资源分散、孤立地掌握在不同的部门、企业、机构手中,二是媒体自身对于本地数据的采集,对于互联网资源的抓取与利用能力不足。

第三,对音视频产品开发的制约。

媒体作为内容产业的重要的提供者,怎样更好地做出用户喜闻乐见,甚至愿意付费的内容,向内容付费市场进发,也成为行业探索中的一个热点。能不能做出超级IP,对传统媒体来说,没有不可能。

能不能围绕用户的兴奋点来开发产品,来改进做产品的方式,来做好产品经理,这需要运用与典型宣传或成就报道不一样的方式。不过,在新闻宣传的任务导向下,媒体的创作力、创造力都受到一定的约束。换句话说,推出有吸引力的音视频产品,需要采用市场化程度较高的运营模式。

第四,对先进技术利用的制约。

应该说,我国媒体对于先进技术的应用具有很强的敏感性,比如新华社的AI合成主播。这个主播有新小浩、新小萌等,虽然他们的声音还不是那么柔美,肢体语言还不是那么丰富,但是,他们带给人们的第一印象比较震撼。当然,它反映的其实是人工智能技术在传媒领域的应用。在这方面新华社与技术公司合作,先有机器人写稿,再有媒体大脑,又有机器人主播,以后会不会出现机器人记者,我们拭目以待。

人工智能开发和应用的前景十分广阔。类似的探索还有光明日报的聆听光明有声报。我们已经习惯了真人的声音,合成语音技术已经在新闻中向我们走来。在不久的将来,我们会听到机器人用我们自己的声音或亲朋好友的声音来播报新闻，拉拉家常。这里最大的障碍可能不是技术的问题，而是版权的问题。但即便如此，掌握、运用先进技术需要一定的人力和财力的支持，这对于媒体来说似乎也是一个比较高的期待。

内容的生产其实主要取决于创意、思想和人类的情感。目前，算法技术在内容生产方面尚不能与优秀作者的创造力相媲美。随着人工智能技术的发展，可以断言，未来传媒产业的智能化程度会越来越高，这将意味着机器人写作不仅在程式化的财经、体育、天气等领域发挥作用，而且可能与人类的情感心理发生超深度的交融。在情感算法的加持下，机器人"生产"的各种创意内容将可能赢得大量的粉丝，他们将拥有自己的人格和品牌，并能创造出独特的经济价值。那么，这一景观下的媒体，又该如何释放自己的活力呢？

归纳可见，制约传媒行业改革创新的关键词有四个：平台、数据、内容、技术。这些也是媒体行业中普遍觉察到的痛点，它们在一定程度上都与体制机制的进一步改革有关。解决痛点，赢得未来。痛点如果逐一取得突破，媒体行业将获得新动力，迎来又一轮的大发展。

三、媒体领域体制机制改革取得突破的关键

媒体融合实践意味着什么？答案可能见仁见智，因为它的含义相当丰富，但是很显然，值得注意的是：第一，传统主流媒体还有更大的责任需要担当；第二，重视互联网和移动传播的力量，我们不可能封杀、颠覆互联网，而是要驾驭互联网；第三，规范和引导商业平台的发展，亦即对传统媒体和新兴媒体一眼看待，一个尺度，一体化管理。商业平台野蛮扩张的阶段基本结束了，更规范更严格的治理阶段随之到来。同样，这也意味着商业平台具备了更大程度的正当性。

在新闻舆论场上，可以这样描述比较理想的传播格局：传统媒体不断转型融合，牢牢占据新闻舆论的制高点，如水银泻地，无所不在，无孔不入，做全媒体，不仅聚是一团火，而且散作满天星；与此同时，新兴媒体合规化运营，守住内容价值的底线，满足人民群众日益增长的美好生活需要。为此，主管部门、媒体和行业组织需要各司其职，共同奏响媒体融合发展的乐章。

上文提到了媒体融合进程的几个显著特点：信息获取、消费渠道的平台

化漂移，内容生产传播的数据化，产品形式或介质的多模态化，以及"以先进技术为支撑，以内容建设为根本"。这些新生产力潜能的释放，需要体制机制改革去推动。

（一）媒体亟须主管部门提供更多支持

未来传媒产业的健康发展涉及两个主题。第一个主题关乎内容，关乎价值观。只有主旋律更强劲，正能量更充沛，社会心态更平和，网络空间更天朗气清，传媒产业才是健康的。这既要求媒体加强自律，社会加强监督，又要求有关部门加强管理。第二个主题关乎产业顺利地转型融合升级，保持强大的内容生产和分发能力。这一点正是当下传媒产业从上到下通力一致的工作重点，也正在取得重要的积极的阶段性进展。只有产业的接力棒稳定地并转增创，传媒产业才是有序的。

从体制创新的角度看，媒体在融合发展中期待主管部门积极回应媒体的关切，采取更多的针对性措施加以扶持。

新中国成立以来，我国媒体经历了从"事业单位"到"事业单位企业化管理"的市场化狂飙突进过程，再到当下传统媒体广告收入滑坡之下的财政扶持，这一过程看似回到了"原点"，其实是一个螺旋式的上升。我国大多数媒体具备市场经营的能力，并能够在适当的条件下主动开拓市场空间。因此，当下积极的财政扶持或专项补助显得尤为必要，甚至在一些市场环境不够景气的地区，需要加大扶持力度，为媒体搭建平台、贯通数据、研创产品、掌握技术创造有利条件。

相对而言，传统主流媒体一缺人才二缺资金三缺技术，但胜在坚守主流价值。因此，主管部门对于媒体的扶持，主要与资金和资源有关，包括资金支持，财税政策优惠，并视情况适量提供具有稀缺性或垄断性的业务。而影响力日增的商业平台往往运用市场化机制吸引优秀人才，经多轮融资，技术实力比较雄厚，但缺点在于过度市场导向，三俗问题相对严重一些。有关主管部门通常采取促进发展与合理管控并行的政策。

对于像信息市场、内容市场这样充满竞争性的领域来说，如果无法确立垄断地位，必然是市场能力强的产品及其主体占据优势地位。反过来说，市场无法有效地提供那些宣传属性比较强且应该普遍供应的内容，因此补贴成为必需。当然,补贴不是万灵药。"事企两分开",凡是媒体具有积极性的也可以市场化的部分,都应该推向市场。

对于过剩媒体资源的整合也是融合的重要一环。"少数媒体死不了,多数媒体活不好"的尴尬处境容易造成传统媒体运营的一潭死水。[①]适当阻断传媒机构的泛滥、低效,停止其消耗,避免竭泽而渔,浪费有限的市场资源,同时重点帮扶手段创新、形态多元的新型主流媒体,对于优化传播格局来说不可或缺。

从绩效考核机制来说,新兴媒体平台相对于传统媒体往往拥有更为宽松的氛围和一定的容错机制。新兴媒体特别是商业平台的项目培育,失败者多而成功者少,其实是由少量成功的项目来弥补所有失败探索的成本。虽然传统媒体难以借鉴这种机制,但是建立一种鼓励创新的机制依然是一个选项。

(二)增强内部活力是媒体融合动力之源

对于传统媒体来说,既要保持自己的优良传统,也要经常翻开新兴媒体这一部活教材。新兴媒体作为我国现代传播体系的重要组成部分,其体制机制极具活力。

作为国家和地方政策主张的传播者,传统媒体在工作中容易盯着传播者,盯着上级的意图而无暇顾及其他。

而新兴媒体平台由于市场竞争的压力,在很大程度上直接盯着用户,秉持的是用户思维,以用户为王。这也导致新兴媒体平台的传播、生产和运营对于信息科技更为敏锐,始终走在先进技术应用的前列。新兴媒体在人和技术的适配、叠加、相互为用上,有非常好的做法,它们的组织架构和技术逻辑能够高度匹配。

所有媒体都要顺应时代大势,特别是传统媒体,守正不是守旧,要从理念上追随媒体融合的节奏,围绕网上和网下双通道进行组织和流程的再造,以内容为本,以网络为轴,把握传播规律,充分开发各种资源,积极利用新信息技术,提升传播力,这样才能避免故步自封的窘境。

向商业平台"取经"、借力,是加速传统主流媒体的转型升级、实现双

---

① 陈国权:《2018中国报业发展报告》,《编辑之友》,2019年第2期:46-53。

方互利共赢的一条捷径。2016年6月，人民日报社与腾讯建设"中央厨房"，共同打造媒体融合的云服务体系、平台和应用工具。2017年3月，浙报集团与阿里巴巴旗下企业在内容生产、数据应用、平台运营等方面开展合作。此外，新华社与搜狗，光明日报与科大讯飞等都已实质性地携手，在一定程度上促进了传统主流媒体的理念观念、经营机制、生产方式的创新，密切了主流媒体与IT行业的联系。

增强传统媒体活力的一个重要手段是在内部引入竞争机制、孵化机制、优胜劣汰机制和能上能下机制。用进废退，这种竞争既包括同类或相似的产品的竞争，同一岗位上人员的竞争，也包括不同业务单元的竞争，以及从用户、产品、平台、数据到技术迭代等生产链条上不同环节的竞争。传统媒体的内部改革固然不易，但是在边缘突破渐显疲态或内部出现发展不平衡的局面之下，必须打破坚冰，坚定涉入改革深水区。

（三）行业外部组织宜为媒体创造宽松环境

媒体产业的健康发展离不开适宜的外部环境。这一环境塑造的责任不仅仅由主管部门和媒体来承担，也应当是全社会共同肩负的职责。

媒体领域的行业组织可以发挥重要的桥梁纽带作用，特别是为媒体的平台建设、数据建设、产品开发和技术输入输出以及财税政策、进出口政策等提供研讨、培训、政策研究等支持；为行业规范的确立、更新，为行业合法利益的保护等事宜进行规划设计，乃至奔走呼号，促进全社会共同关注媒体的健壮成长。

无论是业界人士，还是学术研究者，都不宜唱衰媒体。尽管行业的景气状况对于从业人员的士气影响较大，各媒体机构冷暖自知，但是，全行业的未来总体是乐观的。尽管部分媒体，包括自媒体在职业伦理的遵循方面存在偏差，行业的主流也是值得期许的。这也是有利于媒体实施更大魄力的体制机制创新的大气候。

对于与媒体发展密切相关的硬件部分而言，生产媒体硬件的企业对于整个传媒行业同样具有重要的影响。例如华为对于5G的开发，对于智能手机和智慧屏的关注和投入，都是新兴媒体行业繁荣发展的重要因素。当全行业能够生产出世界级的硬件，也将能生产出有世界性影响力的内容。

此外，我国对新兴媒体大体采取的是"先发展后规范"的策略，既推动了行业在幼稚期的多元化发展，培育其旺盛的生命力，又能在发展中暴露出问题和缺陷后，及时进行标本兼治、辨证施治。在这一过程中，行业组织和社会公众在不同的阶段应扮演好各自的角色，发挥积极的舆论引导和形象塑造作用。譬如，对于像算法这样的新技术的应用，在主管部门加强规制的同时，全社会的媒介素养教育亦应适时展开，特别是对青少年加强技术和价值观的同步教育，尤为重要。

第三节 内容篇

3.1 短视频内容的发展现状和未来

汪文斌[①]

摘 要：短视频从出现至今持续呈现蓬勃发展的趋势，覆盖范围和影响力不断扩大。本文立足当前短视频的发展状况，将短视频从内容和题材两个方面进行分类总结，归纳热播短视频的特征。通过对短视频内容的监测与调研探究，预测了短视频内容未来的发展趋势，认为5G时代为短视频带来更多的机遇，内容仍然是衡量短视频质量的重要因素。

关键词：短视频；内容分类；特征；商业模式

The Current Status and Future of Short Video Content

Abstract: Short video has continued to show a booming trend since its appearance, and its coverage and influence are constantly expanding. Based on the current development of short video, this paper classifies and summarizes short video from content and theme, as well as its characteristics. Through the detection and research of short video content, the future development trend is predicted. It is believed that 5G will be bringing more opportunities for short video, and the content is still an important factor to measure the quality of short video.

Keywords: Short video, Content classification, Feature, Business model

---

[①] 汪文斌，中央广播电视总台视听新媒体中心主任，中国记协常务理事。

一、研究背景和方法

"短视频从萌芽到爆发,未来五到十年都是黄金期。"[1]短视频自2014年在国内出现后,持续呈现蓬勃发展之势。根据艾瑞咨询统计,截至2018年6月,短视频应用的用户规模达5.94亿,占网民规模的74.1%;短视频用户总使用时长为7267亿分钟,同比增长471.1%;到2018年12月,用户人均使用短视频时长为32.2分钟,单日使用次数3.5次。[2]短视频已经成为大家公认的"杀时间利器"。有关机构预测,未来5年在线视频量将增长14倍,70%的手机流量将消耗在视频上。[3]艾瑞分析预计,到2019年,短视频市场规模将达300亿元。种种数据显示,短视频用户还远未饱和,在近几年仍有较大发展空间。[4]伴随着行业的快速发展,更多的平台和创作者入局,短视频内容品质越来越高,短视频的覆盖范围将急速扩张,影响力越来越大。

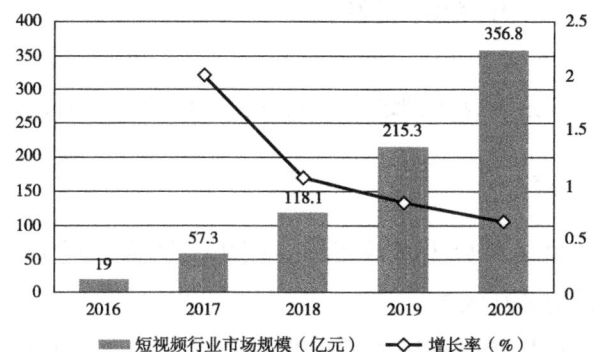

图2-1　2016—2020年中国短视频行业市场规模及预测

资料来源：中国产业信息网。

5G时代的到来将给短视频带来更多的机遇。"即将到来的5G技术,将使打开视频像打开图片一样快,更多普通网民可以参与内容创作,短视频将成

---

[1] 二更短视频CEO丁峰,2018年7月。

[2] 艾瑞咨询:《2018年中国互联网产业发展报告》,2018年11月。

[3] 《短视频市场将达300亿 新一轮移动互联网的风口?》,中国经济网,2019年5月7日。

[4] 《对话腾讯林松涛:短视频市场远没有到饱和的状态》,腾讯科技,2018年11月1日。

为内容传播的绝对主力。"①专家们预测整个社会将进入一个无频不欢的"新时代"。同时，AR、VR、无人机拍摄、全景技术等短视频拍摄技术的日益成熟和应用，也会给观众带来越来越好的视觉体验，更有力地促进行业发展。

中央电视台发展研究中心从2016年开始展开对短视频的持续研究。研究从三个方面展开：一是对全国短视频制作机构（包括人民日报、新华社、二更、"梨视频"、看看新闻Knews、时间视频、澎湃新闻、"我们视频"等）展开实地调研，获得一手调研材料；二是对九个主要移动端短视频平台进行为期一年的播放量数据监测，这九个主要移动端平台包括央视新闻+、新华社、人民日报、腾讯视频、今日头条、"梨视频"、快手、秒拍和新土豆，获得每月的"主要平台短视频综合播放量排名Top30"和"主要平台短视频发布者Top30"一手数据；三是对播放量高的爆款短视频进行个案研究，并在此基础上对短视频内容发展现状进行分析并预测前景。

二、短视频的内容类型和特征

短视频的内容分类有多种维度。笔者从题材和来源两方面加以分类。

（一）题材分类

短视频从题材上可分为时政资讯、娱乐、情感、纪实、生活、公益广告、文化和情景剧等几大类。

时政类资讯短视频是指以重大时事或领导人活动为主要内容的短视频，占据所有视频数量的23%。能获得高播放量的原创时政微视频均具有共情能力，角度"亲"和。近两年，人民日报、新华社和央视制作的原创时政微视频从"第二落点"出发，将硬新闻"软着陆"，将主题宣传融入具体的故事中，使情景和故事更具人性化，更接地气。比如中央电视台制作的《习近平的"轻松时刻"》，选取了习总书记日常生活中的几个轻松片段，如踢足球、打高尔夫球、充当文化讲解员、打拳、吃苹果、和奥巴马总统唠家常等，展现了一个"你从没见过的国家主席"，给人耳目一新的感觉，获得1.29亿的

---

① 转引自《"读屏时代"已来 短视频将成为内容传播主力》，人民网，2019年4月19日。

播放量，成为不折不扣的"爆款"。

情感类短视频通常以传递正能量来关注心灵和情感连接。这类短视频之所以受欢迎，一是因为传递了积极的正能量，二是因为直击现代社会人们的心灵痛点。比如由人类实验室制作的《这个世界，总有人偷偷爱着你》通过现代人生活中的几个片段——失意人准备寻短见、报刊亭小偷司机行窃、开车违反交规被查、小哥送餐遭遇电梯高峰、卖菜大叔骑三轮剐蹭豪车等五个反转故事，反映了人性的"善"。视频点燃了深藏在人们心中对人间真情和善意的渴望和赞誉，传递了正能量，播放量1.08亿，在当月短视频播放量中排名第一。

生活类短视频是在所有视频中占比最大的一个群体。它注重传授知识技巧与记录生活，包括美食、美妆、知识技能等垂直类别。比如"李子柒""办公室小野"等都是脍炙人口的美食专栏，"红鹤笔记"专注美妆时尚，"视知"专注知识领域。

娱乐类短视频通过"爆笑"和"雅俗共赏"来缓冲现代人的焦虑与压力，在所有热播短视频中占据22%，成为现代人生活中不可缺少的内容需求。比如"陈翔六点半""黄逗菌"等总能够让人们在爆笑的同时领悟到深刻的人生哲理。

情景剧类短视频以轻松幽默的情景表演给人耳目一新的感觉。留学日本的纳豆奶奶以每一期一个亲身演绎向观众介绍了日本留学的酸甜苦辣的生活，细腻真实。"三感故事"以情感故事为主题，用"鹿鸣"和"呦呦"两位演员来真实演绎年轻人感情中的跌宕起伏和两性相处中的道理，抓住年轻受众的心。

纪实类视频追踪深度报道，传递独家核心内容。以新京报"我们视频"为典型，其延续了《新京报》一贯的调查风格，在第一时间揭示关键信息，披露核心画面，告知观众真相。其制作的数条短视频因采访获得核心信息而获得较高播放量，如《女子掌掴公交色狼遭利刃割喉》《榆林产妇坠楼案》《江歌母亲与刘鑫见面》等因为获得了核心画面而获得不俗的播放量。

公益广告类短视频倡导社会美德，传递正能量。2017年8月的《海绵城市项目缓解雨水污染新广告 创意点满分》环保主题公益短视频由真人实景拍摄完成。由演员饰演"雨"先生，带领受众感受雨的产生、降落和回收的不同场景，展示目前雨水污染的问题，宣传和普及了"雨"循环的相关环保知识，进而宣传由政府主导的海绵城市项目，该视频在九个主要平台的播放量为3279万。

文化类短视频注重对传统文化进行网络化的表达。年轻态、极具网感的"潮"表达，赋予传统文化类节目新的活力和生命，是一块有待挖掘的荒地。比如，2017年中央电视台制作的百集纪录片《如果国宝会说话》，以每集5分钟的短视频介绍一个国宝，用活泼的画风、出人意料的"脑洞"和短小的分集设置，与传统传播方式形成反差而受欢迎。

微电影类短视频真实细腻，情节紧凑。虽然数量不多，但制作考究精良，具有一定艺术性。比如，方君荐电影于2017年9月制作的《我们是这样错过彼此的》，以微电影的手法拍摄了一对情侣分手时，虽有千万不舍但终究彼此离去的场景。时长四分钟，演员表演细腻感人，情结紧凑，催人泪下。在2017年9月，获得了1.36亿的高播放量。

（二）来源分类

从来源上看，PGC较UGC更受欢迎。

UGC是指用户原创内容，它是伴随Web2.0兴起的由原来的下载为主变成上传和下载并重的一种方式。UGC内容由非专业用户上传，制作门槛较低，深受"草根用户"的喜爱，但内容上容易出现粗制滥造等问题。PGC指专业生产内容，其内容由专业人士制作，技术门槛比较高。由于PGC所制作的视频比较精良考究，越来越受到用户的欢迎。

从统计和调研情况来看，纪实、专题、视频资料、情景喜剧这几种拍摄手法均来自具有传统媒体属性的PGC的专业拍摄制作，占据了热播短视频的66%；而新闻资讯类、动漫MV、评论等基本来自平台型短视频机构UGC用户上传，占据热播短视频的34%。由此可以看出，经由PGC专业制作的短视频通常来说品质更高，也更受用户的欢迎。

三、热播短视频的特征

中央电视台发展研究中心以2018年在九个移动平台上每月播放量进入

Top30的短视频为样本进行统计和分析。12个月的Top30的短视频共有360条。它们具有以下特征。

一是选题亲。"亲"是指题材内容接地气，易于被用户接受，包含"亲民""亲切"或"亲近"等要素。如时政类的《牵妈妈的手》、情感类的《翻越万水千山去看你，只为了一个长久的思念》、新闻资讯类的《的哥连闯3红灯未救回重病小孩，失声痛哭：我已经尽力了！》、纪实类的《为成全儿女幸福，老父亲谎称打工去流浪》、生活类的《101岁老夫妻打架！却感动了千万人，暖心！》等。但对于时政类微视频来说，选题"亲"相较其他类别短视频更为明显和突出，是短视频区别于时政类长视频的一个显著特色。经过统计，短视频中有关习近平主席的短视频无一例外都具有"亲"的特色。

二是切口小。选取"小"的视角，挖掘小场景、小片段、小情感来表现各类主题，是热播短视频一个显著特征。在360条热播短视频样本中，从小切口入手的短视频达323条，占比约90%。用小切口来讲大故事可以起到意想不到的效果，同时，小切口也更容易引发用户的共鸣。

三是共情强。"共情能力"是热播短视频的一个重要特征。情感类短视频显示出两个特点。一是播放量普遍比较高。平均每个月会有3—4条情感类短视频进入九个平台短视频Top10。数据显示，2018年上半年，以"三感故事"和"XY差异说"制作的爱情类短视频平均播放量达到6699万。以2018年1月为例，Top10之中就有4条来自"三感故事"和"XY差异说"的短视频，平均播放量在7000万以上。二是"爆款"也比较多，很多播放量过亿。比如《有人偷偷爱着你》播放量1.08亿，高安和西单女孩MV《你不来我不老》播放量1.4亿，《看好自己的孩子》播放量1.17亿，《我们是这样错过彼此的》1.36亿，《猫猫讲故事》1.46亿，《洁身自好！生命的90%在于你如何看待事情》1.32亿等。

四是画面真。一是专业媒体获取的独家核心画面。比如《新京报》旗下短视频品牌"我们视频"延续《新京报》一贯的调查风格，在第一时间揭示关键信息，披露核心画面，以及告知观众真相，有数条短视频因获得核心信息而获得较高播放量。二是一些来自自媒体或UGC拍摄的视频。虽然拍摄手法并不专业，但也能够带来专业媒体捕捉不到的核心画面和一手新闻资源，从而获得较高播放量。比如2017年8月的《疑似中印班公湖对峙视频曝

光　双方士兵肉搏互扔石块》视频内容全部为手机呈现，虽然拍摄粗糙，但是真实展现了中印双方对峙的画面，播放量为3848万次。自媒体最神奇制作的《101岁老夫妻打架！却感动了千万人，暖心！》也是用手机展示了一对老夫妻打打闹闹的场景，在2017年12月获得8200多万的播放量。

五是标题实。标题"实"，是指标题要直截了当阐述事件核心，或直接提出问题，让观众决定是否看下去，有利于迅速抓住移动端观众。标题"实"是热播短视频的一个显著特征。在360条热播短视频样本中，有84%的标题都是直白地点明事件的核心要素，如《舍不得又怎样？到最后我们还不是说散就散？》《街头出现"掏耳朵"碰瓷，已有多人被讹》《为什么我们这么恨抄袭》《亲测爆火的抖音网红菜，到底好不好吃》《暗恋过才知道，靠近喜欢的人需要多大的勇气》。由于标题基本概括出视频内容，所以通常字数也比较多，甚至出现一小段话的长标题，比如中国长安网制作的短视频《特警登顶珠峰，零下30度，他身着制服，噙着热泪，唱响〈歌唱祖国〉，为这一份赤诚点赞！》，标题长达34个字。

经统计，大部分热播视频标题在10—20字之间。以2018年1月Top30热播短视频为样本，10个字以内的标题有7条，占23%；10字到20字的标题有20条，占比67%；20个字以上的标题有3条，占10%。大部分短视频标题在10—20字之间，标题长成为短视频的一个特征。

六是表达潮。所谓"潮"，就是要有网感，用新思维带来新表达，用时代性、时尚型的创新表达，赋予作品更多的活力。动漫、歌舞和快闪都是现在用得比较多的视频形式。人民日报于2018年3月制作的《中国很赞》手指舞邀约众多明星一同演绎手指舞，互动性强，让人耳目一新，播放量达4043万。《我是猪小屁》采用动漫形式，用小猪卡通人物来担任视频主角，每一期调侃一个话题，很多视频排名在Top30以内，最高播放量达到7100多万。

七是字幕大。字幕"大"也是热播短视频不可或缺的要素。360条热播短视频样本显示，所有原创短视频的字幕都比较大，保障让观众在没有条件听到声音的情况下也能全面了解视频内容。因此，视频除了对白、旁白、同期声等需要打字幕，有关背景、人物介绍等也应用字幕做必要的介绍。如"梨视频"在2018年1月20日制作的短视频《壮观！1500工人9小时为铁路站"换血"》，在54秒的短视频里全程用字幕交代了时间、地点、人物、事件以及相关的一些核心数据，配上上千工人施工的实景画面，使观众在最短的时间内无须听声音就能够了解一夜之间1500名工人连夜修建改造福建龙岩铁路站的事件。该事件被网友称为"中国效率""中国精神"，纷纷转发，播放量超过1亿。

八是技术新。短视频制作中应用一些新技术，比如3D动画、虚拟现实、增强现实、无人航拍、H5等，增强互动性，增强形式创新感，提升用户更好的欣赏体验。如《文物戏精大会》和《如果国宝会说话》采用H5的方式，让"沉默"的千年文物集体"复活"，与传统传播方式形成反差，受到广大用户欢迎，增加了视频的互动性。新华社在《红色气质》中也采用了3D特技，用静止的图片做出了视频的效果。党的十九大期间中国政府网和新华网联合制作了《无人机航拍：换个姿势看报告》短视频，用无人机航拍、AR以及数据可视化技术，创新了融媒体作品的表达。

九是时长短。热播短视频大多在5分钟内，更多是1—5分钟。在360条热播短视频样本中，时长在5分钟以上的有78条，占22%；而5分钟以下的有282条，占比78%；而这其中1—5分钟的有220条，1分钟以下的62条。时长短要求短视频不能有多余的镜头，不应该有空镜头或者冗余画面。要做到这些，短视频要做到"转场快"和"信息密度大"。

四、短视频内容发展趋势探析

基于对现有短视频内容的监测和分析，以及对众多短视频平台机构的深入调研，笔者对短视频内容的未来发展提出以下预判。

（一）短视频内容正在向垂直领域发展

内容类型更加多元化、产生更多更细的维度。一方面，资本对于短视频内容生态的扶持使更多垂直领域的内容创作者可以提供高质量的短视频内容；另一方面，消费者在养成短视频消费习惯后会对垂直细分领域的内容产生更多的需求。这些迫使短视频内容的质量不断提升，整个内容结构越来越完善。

在内容垂直分化的基础上，一些现象级IP将发展为巨头进场。自2016年迅猛发展之后，一些自媒体的出现此起彼伏，最终只有那些内容久经考验的沉淀下来，获得长久的发展，如李子柒、Papi酱等。这些垂直领域的短视频由于其内容更加细化、更加优质，且有着共同爱好的用户，将会获得更多的忠诚用户。

（二）正能量、严肃类的选题同样受到网络认可

在泛娱乐化选题充斥网络视频的当下，人们也渴望在网上看到充满正能量的内容。短视频行业走到了十字路口，以高质量的产品占领市场，以有品位的内容赢得消费者信赖，才能实现可持续发展。在传递正能量方面，传统媒体存在着天然优势。

调研结果和平台监测数据显示，传统媒体打造了更多的"现象级"短视频，传播更为广泛。比如三大主流媒体打造的一系列主旋律时政微视频《共同命运》《红色气质》《我们的一带一路》等由于弘扬正能量而成为爆款。二更视频坚持弘扬正能量，倡导主流文化价值观，其制作的很多短视频如《天梯上的孩子》给人以震撼人心的力量，成为互联网的清流。新京报"我们视频"针砭时事，对热点事件进行深入调查，也引领了短视频的发展。将来，正能量、严肃类短视频将越来越受到欢迎和热捧。

（三）PUGC殊途同归

PGC制作了更多严肃和高品质的内容，但如果不接地气，高大上的内容会与观众产生距离。UGC虽然内容丰富、形式多样接地气，但缺乏专业制作者的把关，在内容品质上会有欠缺。针对PGC和UGC，出现了新的PUGC和UPGC。PUGC内容来源：一是U-PGC，即用户为用户生产短视频，用户将PGC内容U化；二是P-UGC，即专业化加工拍客提供视频，将UGC内容P化。可以看到在未来，UGC将被专业化改造，PGC将被普通内容生产者再加工，最后出现的结果就是无论是PGC还是UGC，都将成为PUGC或者UPGC。因此，无论是平台还是创作者，PUGC会出现殊途同归的结果。

（四）MCN正在崛起

由于短视频的时长规模不断扩大，个人创作者单打独斗越来越困难，因

此短视频内容创作进入了组织进化阶段。MCN通过集约化的形式成为中间机构，解决个体化生存难以解决的问题；而且由于平台发展越来越快，优质内容永远稀缺，所以创作者和MCN需要共同发力，才能够使优质内容向垂直领域不断深化与拓展。

（五）拍客大量涌现

短视频制作已经进入深水区，优质内容仍然稀缺。为解决内容的可持续性发展，一些短视频制作机构将利用拍客获得源源不断的内容来源。拍客系统最早来自美国CNN。在国内，"梨视频"已经拥有了全球最大的拍客系统，在全球范围内有核心拍客6万人，预计2019年还将扩大到20万。这些拍客成为"梨视频"源源不断的内容来源。建立拍客系统将成为一些短视频内容机构和平台的必由之路。

（六）内容将和平台高效联动

内容和平台同等重要。越来越多的短视频机构意识到，平台的发展是媒体融合走向深度的关键。媒体融合发展到纵深阶段，迫切需要打造自己的平台，聚合内容、整合资源、多渠道发布，把优质内容、发布权和用户资源紧紧把控在自己手里。优质的内容可以借助平台传播得更深远，而优质的平台也可以更好地聚合用户。平台、内容和用户三者相得益彰。一个强大的平台必不可少。如果没有自己的新媒体平台，就会存在"有爆款没用户""有流量没平台"的困境，缺乏话语权。因此，在重视内容的同时，将内容和平台两手抓，实现内容和平台的高效联动。

（七）"短视频+"成为新的商业模式

利用短视频内容来营销的"短视频+电商""短视频+知识问答""短视频+招聘"等形式正在出现。特别是以电商、社交、新闻资讯等为主的平台，最早将短视频内容与自身领域的服务相结合，获得了阶段性成果。将来，越来越多的产品将以短视频为切入点，将短视频内容与自身产品属性相结合，探索"短视频+"新玩法。

3.2　回归与超越：网络直播的内容建设与价值探讨

王晓红　王芯蕊[①]

摘　要：从21世纪初"比特"的涓涓细流到如今"信息"的浩浩江河，人类信息传播在不断超越时空局限、扩大交往范围，媒介逐步还原人体的各种感觉，渐进回归"面对面"人际互动的丰富感知。网络直播作为当下最大限度还原人类即时交往情境的媒介形态，从最初的爆发式增长到如今强监管下的集体性"哑火"，目前，回归内容本质汲取发展动力和深挖价值功能实现本体超越，已成为发展共识。本文从当下业态梳理着手，以网络直播的"内容建设"和"功能价值"为主要关照点，结合"网络直播的技术逻辑、结构机制和发展路向"的本质探讨，从全局视角寻求网络直播行业发展的关键优化路径。

关键词：网络直播；内容建设；价值探讨

Regression and Transcendence: Content Construction and Value Discussion of Live Video Streaming

Abstract: From the trickle of "bit" at the beginning of the century to the vast rivers of "information" today, human communication has gradually surpassed the limitations of time and space and expanded the scope of socializing. The media has reduced the various feelings of the human body and returned to the "face-to-face" communication scene step by step. As the media form of maximizing the reduction of human immediate communication situations, the live video streaming has evolved from the explosive growth to the "dumb fire" under the strong supervision."Returning to the essence of content to draw on development momentum development" and "deeply digging value function to realize ontology beyond consensus" have become a consensus. This article starts from expounding the current business situation, takes the "content construction" and "functional value" of live video streaming as the research core, discusses technical logic,

---

[①] 王晓红，中国传媒大学教务处处长、教授、博士生导师；王芯蕊，中国传媒大学教师、博士研究生。

structure mechanism and development direction to seek the key optimization path of live video streaming.

Keywords: Live video streaming, Content construction, Value discussion

5G商用在即,"信息超速公路"将重塑媒体世界和信息DNA,"万物皆媒"的全媒体时代正快步走来。从21世纪初"比特"的涓涓细流到如今"信息"的浩浩江河,人类信息传播在不断超越时空局限、扩大交往范围,媒介逐步还原人体的各种感觉,渐进回归"面对面"人际互动的丰富感知。网络直播作为当下最大限度还原人类即时交往情境的媒介形态,从最初的爆发式增长到如今强监管下的集体性"哑火",目前,回归内容本质汲取发展动力和深挖价值功能实现本体超越,已成为发展共识。本文从当下业态梳理着手,以网络直播的"内容建设"和"功能价值"为主要关照点,结合"网络直播的技术逻辑、结构机制和发展路向"的本质探讨,从全局视角寻求网络直播行业发展的关键优化路径。

一、当下业态:内容突围与跨界赋能

与网络视听行业整体的蓬勃发展态势不同,网络直播用户规模和使用率双双下降。截至2019年2月,中国互联网络信息中心统计数据显示,全国网络直播用户规模为3.97亿,较去年同期减少2533万;用户使用率为47.9%,较去年同期下降6.8个百分点。从细分内容领域来看,游戏直播、体育直播发展稳定,而真人秀直播和演唱会直播均下降超过7个百分点。iiMedia Research(艾媒咨询)预测,中国在线直播用户规模年增长率将保持下降趋势:2017年至2020年,年增长率依次为28.39%、14.57%、9.87%、4.59%。[①] 最初的直播用户带有鲜明的"尝新"色彩,经过"移动直播元年"的爆发期,用户对直播的新鲜感体验逐步淡化,"猎奇"入场的用户红利正在消失。在政策监督加持,社会需求和资本理性化的大环境下,市场份额进一步向头

---

① 艾媒咨询:《2018—2019中国在线直播行业研究报告》,艾媒网,https://www.iimedia.cn/c400/63478.html。

部直播平台集中，中小型直播平台陆续离场，行业生态不断净化。面对短视频和长视频对用户时间的争夺，网络直播的竞争核心转向优质内容和价值功能的深度挖掘。

（一）内容：多元发展，品质升级

社交化倾向、网红式驱动和陪伴式体验是网络直播在发展初期的显著特征，"人人可为、事事可播"使各式各样的草根"网红"以井喷式呈现，大量同质化、低俗化的内容相伴而生。在经历了最初的"野蛮生长"后，网络直播行业开始重新审视直播的内涵，内容价值开始回归。

1. 深耕垂直，直播平台专业化

从2016年的爆发式增长至今3年来，直播平台从最初的秀场，逐步拓展到线下游戏、电商、社交、企业应用等领域。在经过泛娱乐的喧嚣之后，深耕垂直领域的专业化直播平台不断涌现。娱乐内容类直播以花椒、映客、一直播、YY直播等为代表，游戏内容类直播以虎牙、斗鱼等为代表，社交直播以陌陌、NOW直播等为代表，电商直播以淘宝直播、蘑菇街等为代表，企业直播以微吼、微赞等为代表，体育直播以企鹅体育、PP体育等为代表。各大平台内部也不断对内容品类进行垂直挖掘，游戏直播细化网游、单机、手游分类，企业直播应用场景细分峰会、培训、政务等场景，娱乐内容直播挖掘音乐、舞蹈、美食、户外、二次元、乡野等精细化垂直品类。专业化直播平台中，表现最抢眼的依旧是游戏直播，QuestMobile数据显示，用户规模千万级的APP中，斗鱼直播排名第9，是前30名中唯一的直播平台。[①]

2. 经纪助力，主播养成职业化

主播是平台内容的重要组成部分，iiMedia Research（艾媒咨询）数据显示，分别有43.0%、40.7%、32.0%的用户关注明星参与直播、主播被禁、主播跳槽的热点，主播动态成为在线直播用户的最大关注点。[②] 伴随行业发展，为草根主播提供快速培训协助的主播经纪（公会家族+经纪公司）大量兴起，

---

① QuestMobile：《中国移动互联网2018年度大报告》，36氪网，https://36kr.com/p/5173438。
② 艾媒咨询：《2018—2019中国在线直播行业研究报告》，艾媒网，https://www.iimedia.cn/c400/63478.html。

大量UGC（User Generated Content，即用户原创内容）转化为具有一定职业水准的PUGC（Professional User Generated Content，专业生产内容），主播产出的直播内容质量明显提升。各大平台造星活动频繁，例如，斗鱼举办"101偶像夺位赛""LIVE音乐擂台"，映客开展"明星主播培养计划""红人计划"，YY欢聚时代成立了经纪部为主播提供艺人培养、形象包装和全网推广等。通过造星计划打造优质主播，开展各种形式的原创扶持，从源头提升内容质量，提高用户留存，是直播平台营造优质内容生态的重要举措。

3. 发力原创，直播节目精品化

iiMedia Research（艾媒咨询）数据显示，"内容更丰富"是用户最期待的直播行业改善的维度。[①]面对内容形式同质化的通病，各大直播平台发力原创优质内容产出，以期改变以主播为中心的内容产出模式。过去一年，更多OGC（Occupationally-generated Content，职业生产内容）直播节目入场，"精品化"成为发展重点。花椒旗下直播竞猜答题综艺《料事如神》于2018年4月开播，现已播出近600期，获得"中国网络直播行业2018年度创新大奖"。火山小视频上线直播版"真人版大富翁"，向行业呈现了一种新型的直播节目模式。陌陌于2018年相继推出了互动竞猜直播栏目《多数派选择》、世界杯竞猜直播活动《MOMO好彩头》。网络直播综艺《头号任务》于2018年10月获得今日头条40亿投资，将尝试"互联全网、全面参与"的高互动方式，让用户通过直播平台参与综艺进程。

4. 直播融合短视频，互补发展长效化

随着互联网的发展，用户已经不满足单一的视听方式，跨界组合越来越多，内容边界不断拓宽。直播的强时效、强互动、即时变现能力，与短视频的时空灵活度、内容可塑性可以形成良好的互补关系。短视频平台可以作为直播平台吸睛、提高用户黏性的阵地，而直播平台内容通过录制和二次传播可以成为短视频平台的内容库。目前，短视频平台积极整合直播业务，直播平台努力打通短视频、直播和社交之间的屏障，覆盖多端口的视频内容全产业链也在逐步形成。2018年，快手开放全民直播，抖音移动端增设直播板

---

① 艾媒咨询：《2018—2019中国在线直播行业研究报告》，艾媒网，https://www.iimedia.cn/c400/63478.html。

块,西瓜视频也上线游戏直播板块,各平台有机融合直播+短视频,方便用户按需欣赏视频内容;花椒在"动态"版块中新增"短视频"分类,YY新增"亮点"板块,围绕直播沉淀短视频内容,利用碎片化时间,提高用户黏性和使用时长。

5. 技术赋能,催生内容新品类

网络直播的出现源于技术进步,随着行业发展成熟,技术赋能内容生产,催生直播内容新品类。2019年4月,快手用户观看了一场49分钟的"虚拟形象直播",主播"3D动画版小和尚"收获了近65万的点赞。该直播项目采用人脸检测技术、人脸关键点识别技术、面部表情识别技术、3D人脸重建技术,融合移动端深度学习推理引擎,能够实时且准确地映射驱动人形结构和面部表情运动,实现虚拟偶像直播。2019年5月,虎牙直播在成都国际马术嘉年华上实现了全国首次5G手机VR直播。360度的视频影像让直播用户摆脱传统直播的单一视角,用户可以自主选择观看马术嘉年华赛场内的每一个细节,VR影像让赛场上的骏马栩栩如生。此外,MR(混合现实)、三连麦、直播PK、虚拟动态表情、低延时"合唱技术"、高清直播等技术的应用,都更加凸显直播真实、高效的传播特点,丰富网络直播的内容形式。

(二)功能价值:跨界融通,重塑生态

经历了千播大战和政策严管,网络直播行业发展日益规范化、规模化,回归到原始的用户诉求:提供直播内容,注重人与人的互动,也回归到直播对相关行业能产生何种价值的追寻中。"直播+"纵深发展成为行业重要发展战略。直播作为一种工具,嵌入任何传播载体中,在此基础上,直播平台被进一步发展成为跨场景的生态载体,在各行业中得到广泛应用。

1. 直播的工具性应用:重塑在场经验

网络直播行业的蓬勃发展让移动媒体时代"直播"的使用大范围普及,这种普及为直播作为工具融入各行各业奠定了巨大的用户基础。直播变成一种工具后,人与人之间的空间阻隔被打破,得以"同境、共时"完成某种活动。例如,"直播+医疗","宁波云医院"等尝试在线上开设心理咨询、全科医生等"云诊室",提供视频直播咨询服务,北京市东城区社区卫生远程视频会诊中心网罗包括协和医院、同仁医院、东直门医院在内的辖区14家

二三级医院的各科副主任以上医师，每次直播视频咨询将根据具体情况计费。"直播+政务"，多地人民法院开通公审直播，群众可以不用到审判庭进行旁听，通过访问法院庭审直播网，即可实时观看庭审过程。"直播+对外传播"，可以突破意识形态壁垒和文化地理障碍，重构全球性共同"在场"经验。三峡集团与新华社对外传播平台合作，利用推特（Twitter）和脸书（Facebook）两大国际社交媒体，直播三峡集团在湖北宜昌开展的长江特有珍稀动物中华鲟放流活动。在推特和脸书同步直播的90分钟里，共有35万外国网友在脸书上收看，全程643条留言里，没有负面评论，绝大多数相关评论均为赞美中国人保护自然的举措，该举措很好地塑造了企业形象和国家形象。"直播+微信"，2019年，腾讯直播入驻微信小程序，用户可以直接在微信公众号内通过小程序观看公众号博主发起的直播，微信公众号原本受限的"粉丝交互"有了崭新的承接形态。

2. 跨场景的生态载体：创新生活形态

网络直播的"沉浸感、瞬间反馈、强互动"的特点，使人与人之间的情感阻隔被打破，得以"共情""共鸣"并建立不同层级的"信任感"。当直播平台成为跨场景的生态载体，融合新场景，创新消费、交往、表达等生活形态，焕发出新的生机。

"电商+直播"在过去一年成为互联网行业的一大热点，直播从简单的工具，变成新粉收集、营销的生态，在线购物的"人、货、场"被重构，电商销售链条被改变。2019年1月，淘宝直播APP正式上线，"直播"仍是手机淘宝的频道之一，但在新的客户端中，消费者购物成交在APP内就可以完成。2019年2月，美国电商巨头亚马逊在APP中添加"AMAZON LIVE"模块，同时针对卖家端口推出"AMAZON LIVE CREATOR"，卖家可以以视频直播的形式向消费者展示产品，消费者可以直接在直播页面购买商品。《2019年淘宝直播生态发展趋势报告》数据显示，2018年淘宝直播月增速达350%，全年拉动的GMV（Gross Merchandise Volume，网站成交金额）达1000亿元，2018年加入平台的主播人数同比增长180%，以"李佳琦""薇娅"为代表的月收入超过百万的主播超百人。直播中，主播与用户之间的互动程度最深、体验感最强，最有利于信任关系的建立；电商直播中主播的生活方式分享、语言表达风格让购物具有乐趣，而"信任"和"乐趣"都会驱动消费。

2018年直播行业的又一大热词"土味直播"也印证了成为跨场景生态载体的直播平台焕发出的新生机。随着智能手机的普及和乡镇网络建设的不断完善，直播逐渐向三四线城市和乡镇地区下沉延伸，"乡村网红"和"土味直播"一度成为各大媒体关注的焦点。乡镇农村创作者透过"直播"满足了自我表达需求，城市观看者也不断通过"观看"进行着"逃离城市"的文化狂欢。乡村生活场景与城市生活场景产生最直观的跨场景交融后，信息壁垒被打破，"乡村"被再一次看见。相伴而生的"直播+乡村文化建设""直播+扶贫""直播+特产销售"共筑农村发展的线上新生态，不断创造技术价值、人文价值和经济价值，助力乡村振兴。花椒直播与陕西子洲县结成了帮扶对子，通过直播+土产销售、直播+文化扶贫、直播+特色文旅等方式，帮助贫困地区脱贫致富；原有的"乡村文化礼堂"借由KK直播平台重获新生，折子戏等戏曲展演被KK直播进行全程直播，居民足不出户便可享受文化服务。

二、本质溯源：技术逻辑与全面互动

花椒直播前CEO吴云松曾将网络直播发展历程概括为："起于秀场、闻名于明星、成于社交、正名于内容、赚钱于打赏及广告、疏于监管、变现于上市、衰于互相拆台诋毁、触礁于色情、亡于下一代技术兴起。"2019年3月，"熊猫直播"宣布破产，加之年前全民直播、薄荷直播和土豆泥直播先后倒闭，唱衰直播论调再起。当下直播行业正被内容化趋势改变，但仍展现出巨大的内容缺口；互联网商业逻辑下，增流量乱象依旧存在；高成本压力下，变现模式有待突破；面对多元价值观取向，平台自监自管仍有隐患；"直播+"除了电商，还未出现规模化跨界融合。

5G风口撬动的技术链应用将带动网络视听行业又一次全面升级，视频的功能边界将再一次拓展，透过无所不在的有形或无形的屏，串联起人与万物、虚拟与现实、时间与空间。面对新的浪潮，直播行业也将基于技术基础再次洗牌。当下网络直播行业的发展，关键在于它们是如何发生、为何如此存在，只有回归本质，才能更好地认识当下的变化，才能看到它的生长方向。

网络直播的本质是什么？它让人类第一次真正实现了全面互动。网络直播的技术逻辑是不断还原面对面的人机互动的情景。在大众传播时代，电视直播把互动推到一个很高的境界，但那种直播是有限的直播。只有到了互联网时代，网络直播才真正还原了人类面对面的即时互动。

所以，从互动直播技术逻辑发展来看，技术的进步和应用在不断地还原或者加深人们面对面交流的那种丰富感、代入感，促进人们深切体验和深度参与。在互联网中，网络互动性和人际性加强了人们自我表达和维系情感的需求，同时也创造了沟通交流的生活化的情景，因此网络直播更具有一种口语化和生活化的特质。

在新的媒体环境中，除了传播内容之外，互动直播还营造了一种情境和场景，这种情境和场景形成了社会的共同体，使貌似没有价值的一些视频（媒体称之为具有亲和力的一些视频）赢得了很多人的喜爱。所以，网络直播所激发的绝对不是对某一个话语或者某一个主题的评价，而是更多像平常打招呼那样似乎没有意义，但是能参与彼此日常生活的话语机构和情绪建构中的状态。

可以说，网络互动直播所建构的已经不再是一个观看的空间，而是一个活动的场域，一种社交的关系，一种日常话语的表达形态，它通过社交关系建构人群，获得流量，提供变现的可能性。在这种状态中，信息性可能不太重要，重要的是维系交流的关系。基于这样的考虑，未来直播的产品研发和内容、形态生长中，我们更应该考虑如何去营造这种交流的情境，如何让这种情境持续的时间更长。[①]

三、发展路向：本质回归与功能演进

（一）内容生态搭建，核心是"共构"和"代入"

搭建优质的内容生态需要从两个核心入手。

其一，更好地"共构"。网络直播是以个体赋权为内在动力和运作逻辑的，全民直播也因此得以实现，直播的内容、形态、主题、体裁、方式、机制得以极大地丰富。"吃播"作为网络直播中一个流量坚挺的分类，一直受到很多用户的青睐，独自吃饭时点开直播屏幕，屏幕里的人吃一口、屏幕

---

① 王晓红：《网络直播的本质是互动》，《中国新闻出版广电报》，2016年11月17日第7版。

外的人吃一口，发发弹幕聊聊天，"共构"着同桌吃饭的情境。"学习直播"（#study with me#）作为内容新品类已经成为B站的特色品牌，据B站官方数据，2018年共有103万次学习类直播开播，累积时长达146万小时，已晋升为B站直播时长最长的品类。很多学习直播甚至都没有主播出镜，只有包含写论文、读书、写字动作的单一镜头视角，没有主播的主持，只有写字、打字、翻书的声音，独自学习时点开"学习直播"，孤单的学习有了陪伴，弹幕上时不时飘走"学习打卡""一起学习""坚持"等弹幕，主播与用户共构着同桌学习的情境，互相促进学习、互相鼓励。

其二，更深地"代入"。从技术逻辑来看，网络交互技术沿着更逼真、更便捷地还原面对面的人际交互情境的路径不断演进，①因此，直播应用的发展，需要思考如何更好促进人们"面对面"甚至"超时空""面对面"体验的丰富性和沉浸感。沉浸（immersion）一词由美国心理学家米哈里·契克森米哈赖提出，指的是"使用者进入一种共同的经验模式，使用者好像被吸引进去，意识集中在一个非常狭窄的范围内，不相关的知觉和想法都被过滤掉，只对具体目标和明确的回馈有反应"②。2018年初，"直播答题"作为一种新的内容品类，凭借强互动性和紧凑的答题环节设置，吸引大量观众。由直播和物联网衍生的"线上抓娃娃"游戏，玩家可以通过手机远程控制直播视频中的抓手，在抓到2只或以上娃娃后，用户可以在线申请"包邮送货"，"人"与"物"通过直播还原了"实时相连"。逼真的用户体验设计让用户更深地被"代入"线下实景，吸引了大批玩家。可以预见，交互体验的加深还将带来用户对深度内容及其呈现方式的新需求。

（二）直播功能演进，向多元化视频应用服务发展

以"平台"为特征的互联网媒介的功能演进通常要经历四个阶段。③第

---

① 王晓红：《新型视听传播的技术逻辑与发展路向》，《新闻与写作》，2018年第5期。
② 〔美〕米哈里·契克森米哈赖著，陈秀娟译：《生命的心流》，台北天下文化出版社，1998年，第105-124页。
③ 钟大年：《解读作为媒介的网络视频直播》，载王晓红、曹晚红主编《中国网络视频年度案例研究2017》，中国传媒大学出版社，2017年，第7页。

一阶段，媒介的功能是信息的集成和传播。第二阶段，媒介功能将扩展成为信息共享、自主表达、各取所需。第三阶段，媒介核心功能变成交往。而在第四阶段，媒介功能将从单纯的信息服务转型为以分享经济为基础的应用服务，"实用性、服务性、体验性"成为对信息传播的核心要求，互联网媒介平台将直接成为流量变现的入口。从视听行业发展来看，如果说短视频的发展还处在第三阶段的话，过去一年电商直播、企业直播的蓬勃发展印证了网络直播是走向第四阶段的先锋。吃、住、行、游、购、娱、医、商、会、展、教育、健康都可以是直播的用武之地。

麦克卢汉曾说："任何技术都倾向创造一个新的人类环境。"德布雷曾指出："不同种类的信息载体，会赋予时代不同的思维和行为方式。"5G技术将让网络信息传输不再受限于速度、带宽和容量，信息将像血液一样流动在万物皆媒的世界中，已存在的各类新旧媒介平台之间的界限将再次变得模糊，不同业态竞合相融，"场景""情感""情境"等将成为人类传播中的核心力量，如何将最为适配未来人类传播核心属性的"直播"作为一种基础设施渗透到各种互联网应用中去，才是突破直播瓶颈的重要发力点。

（三）行业规范发展，关键要处理"公领域"和"私领域"关系

自直播行业兴起以来，不断试探监管底线的行为频出，2019年，行业自律意识和自律能力增强，但"抢人大战哄抬主播价格"等行业乱象仍然存在。只有在规范有序竞争的市场环境里，才会聚焦"硬核实力"，才能持续输出优质内容，才能做到深挖价值功能实现本体超越。

互联网从普及开始，就纠结于公共空间与私人边界、自由开放与自律约束之间的矛盾。私人生活领域，是自我关照、自由意志的场所，而公共生活领域是群体空间，有着共同关心的公共价值。这样的公共价值，需要他律的规范和自律的约束来保障。今天，网络直播综合了毫无门槛的便捷性、不加掩饰的直观性和直接抵达的互动性，公共生活领域与私人生活呈现之间的问题被不断放大，网络直播使私域行为更广泛地侵入公共领域，同时又赋予公共领域更斑斓的个性彩色。公领域和私领域的融合，使私域行为社会化、公共领域个性化。

直播平台的健康发展，必须以认清公共领域与私域行为之间的关系问题为前提。网络时代，个体可以有表达的自由，但是，直播的内容必须承担公共的责任，不应为取悦用户而失"向"，为吸引眼球而失"范"，为刻意迎合而失"态"，因为网络直播平台不仅是人们自由分享的平台，更是一个社会协作共构的网络空间，一个人们亲密共处的活动场域。无论"社会协作"还是"亲密共处"，所指向的都是共同体的建立。在这样的共同体中，社会他律成为必然，道德自律是题中应有之义。

四、结语

新的移动通信网络5G、新的技术科学人工智能、新的信息承载体物联网等颠覆性应用正形塑一个新的人类环境。面对万物互联、信息超速飞驰的新时代，视频传播和消费将迎来新的爆发点，直播的跨场景能力将极大增强。风口渐起，回归网络直播本质的内容迭代与功能演进是直播行业发展的最关键的优化路径。

3.3 算法新闻发展的前沿实践与未来趋势

李 彪 刘泽溪[①]

摘 要：随着近年来算法在新闻业分发环节的广泛普及，新闻传播业的业界生态受到颠覆性冲击，算法作为一种技术在带来各种社会赋权赋能的基础上，也带来了"算法白幽灵"的深层次问题。本文总结了目前算法新闻的四种基本模式，即今日头条原生聚合类模式、网易新闻的S-PGC模式、人民日报模式、聚合类APP模式，并从数据收集、数据存储、数据处理、数据呈现四个方面对目前算法新闻的前沿实践与实现路径进行了总结，探讨了算法新闻的未来趋势：基于社交网络重构人际关系、数字囚笼与算法专制造成主体重建、个性化导致的双重困境而带来的社会重塑等。

关键词：技术赋权；算法新闻；算法专制；社群巴尔干化；内容分发

Frontier Practice and Trends of Algorithm News

Abstract: With the widespread popularization of algorithms in the news distribution in recent years, it has brought a subversive impact on the industry's ecological products in the news communication industry. As a technology, the algorithm is based on various social empowerment and bringing the deep problem of "Algorithm White Ghost". This article summes up the basic four modes of the current algorithm news, namely Today's Headline primary aggregation mode, Netease News' S-PGC mode, People's Daily mode, Aggregate APP mode, summarizes the current practice and implementation path of algorithm news from four aspects, data collection, data storage, data processing and data presentation, and discusses the future trend of algorithm news: reconstructing interpersonal relationship based on social network, digital cage and algorithm autocracy, and the social remodeling brings by the double dilemma made by the individualization.

Keywords: Technology empowerment, Algorithmic news, Algorithmic

---

[①] 李彪，中国人民大学新闻学院副教授，博士生导师，中国人民大学新闻与社会发展研究中心副主任；刘泽溪，中国人民大学新闻学院博士生。

autocracy, Community balkanization, Content distribution

一、算法的崛起：技术赋权的潜能与力量

《第44次中国互联网络发展状况统计报告》显示，截至2019年6月，中国网民数量已达8.54亿，互联网普及率为61.2%，网络新闻用户规模达6.86亿，网民信息获取渠道更加多元。①而个性化推荐算法技术，似乎成为信息爆发式增长趋势下媒体平台和用户的高效选择。随着近年来算法在新闻业分发环节的广泛普及，新闻传播业的业界生态产受到颠覆性冲击。

在技术赋权下，算法在新闻分发领域确立了合法性，并以此提升信息时代公众的信息处理和传播能力，通过理性对话监督影响媒体的能力和参与传播过程的能力等，达到"能动赋权"的目标。资讯、信息、移动终端和用户社交网络的紧密结合，产生了巨大的社会影响力与技术机制，令新闻传播形态发生结构性变化，个体用户也被赋予超越以往任何时期的权力。

（一）话语赋权：全景监狱模式下的"窃窃私语"

所谓"技术赋权"，意为"依托特定技术，社会个体的权力得到提升，个人权益获得保障"。新媒体的崛起赋予了公众前所未有的话语权，甚至令现代社会发生了结构性变化。在技术主导的非线性传播模式下，信息传播逐渐呈现去中心化趋势，公众号、朋友圈等社交媒体空间成为个体接收和发布信息的主要渠道。每一个用户都能自由发声，大众不再是"全景监狱"中"瑟瑟发抖的囚徒"，每天生活在对瞭望塔的恐惧中。

智能媒介进一步拓宽了大众进行公共对话的空间，在现代社会虚拟空间中创造一个个无形场域，打破了时空对身体的束缚，为大众提供表达观点、交换意见，甚至讨论公共事务的场景，在互联网构建的虚拟场景中掀起了一场古希腊"广场政治"的回归运动。

---

① 第44次《中国互联网络发展状况统计报告》，中国互联网络信息中心（CNNIC），http：//www.cnnic.net.cn/hlwfzyj/hlwxzbg/hlwtjbg/201908/t20190830_70800.htm，2019年8月30日。

（二）政治赋权：集体性行动的社会动员

媒介技术作用于社会的方式，在本质上区别于此前任何一种技术，因为媒介本身就开辟了全新的社会空间，并开创了全新的场景模式与活动规则。同时，媒体代表性的再现提供了"对具体的群体交流行为的功能性替代"。[①]开放、无界的互联网社会激活了普通个体对政治参与的热情，在虚拟社群中形成了高度活跃的政治生态，甚至实现与高层的互动对话，进而影响政府决策。

"真正的民主环境中，信息应是多元的而不是我们事先选择的，在其中我们还拥有一些共同经验。"[②]

互联网的开放、连接、交互为资源共享提供基础。这些资源不仅包括实体性的物质资源，还包括信息、知识、政治机会以及社会关系等隐性资源，从这个角度看，互联网赋予个人的不只是话语权，还有个人生存发展的社会资源与物质基础。个体在公共政治空间中并非站在对立面批判官方决策，更多是在发布自己个性化的政治观点，表达自己的政治意愿，争取个体的相关利益。

（三）文化赋权：流动场景中的文化归属

智能媒体的出现也催生出一系列具有意义的文化现象，这种文化赋权通过社交网络传播演化成一种参与度极高的群体行为。用户在虚拟社区中构建全新身份，以文字、图片或影像在公共空间上传个性内容的方式，塑造虚拟空间中的"自我"形象。人们在新的关系情境和社会期待中发挥能动性，寻找相应文化归属与认同，以适应新的场景。

算法技术通过新媒介进行自我组织和界定，挖掘自身的优势，理解自己的现实性，并保持自信，从而增加了文化上的自我效能感。部分社交媒体平台已经实现通过算法自动识别用户的个性特征，根据地理位置、工作性质、兴趣爱好自动匹配陌生用户，在虚拟空间内缔造一个个文化社区。

---

① 〔美〕詹姆斯·卡伦著，史安斌译：《媒体与权力》，清华大学出版社，2006年，第24页。
② 〔美〕凯斯·桑斯坦著，黄维明译：《网络共和国：网络社会中的民主问题》，上海人民出版社，2003年，第23页。

二、算法的白幽灵：技术赋权背后的潜在风险

虽然新时代的技术赋权呼唤着传播活动由主体性走向主体间性，传播由单一价值主体走向多元价值主体；但实际上意图消除人与人之间隔阂的技术手段却产生了更富饶的幽灵，假新闻现象就是这样的一个缩影。

（一）微观个体：固执己见，人体认知极化的加剧

在数据与算法的驱动下，用户接收信息出现了碎片化和极端化，经过算法过滤的信息虽然迎合了用户的个性化需求以及信息偏好，却限制了用户的信息获取范围，削弱了新媒体赋予用户的自主选择权。算法对人性的迎合可能引发内容的同质化以及用户偏好的内卷化。不断同质化、统一化的信息如同一根根丝线逐渐蒙蔽用户视野，最终导致"信息茧房"的形成。

多元个体对信息的需求存在明显差别，在实际生活中，信息的选择主要按照客观需要和兴趣爱好进行选择，在算法的纵容下，个体会将自身桎梏于蚕茧一般的"信息茧房"。所谓大数据和智能分发，便是由算法方程式根据个体资料和行为特征代为推荐，而用户对信息的接触又进一步加剧了信息的同质化，极化的本质是非理性，新媒体环境下的公众极化可能加大社会风险，危及社会与政治的稳定。[1]算法的事实核查能力、信息质量的辨别力的发展还远远达不到处理信息内容真伪和价值判断的程度。[2]

（二）中观产业：千人千面，多元主体的价值冲突

算法新闻主导的"千人千面"带来了移动新闻媒体的断裂式跳跃发展。算法可以对用户需求，甚至用户本身进行全方位的量化评估，用户不再是普遍化、规模化的受众，而是"千人千面"的鲜活个体。算法也可以对信息进

---

[1] 夏倩芳、原永涛：《从群体极化到公众极化：极化研究的进路与转向》，《新闻与传播研究》，2017年第6期：5-32。
[2] 陈昌凤、霍婕：《权力迁移与人本精神：算法式新闻分发的技术伦理》，《新闻与写作》，2018年第1期：63-66。

行精准化、增强化推送，人们对信息接收的速度、方式、效率，都可以因为算法的介入而得到加强。算法新闻的文本特性介乎于UGC与PGC之间，相比传统媒体，算法新闻能够提供更加自由丰富的界面形态与信息选择。

算法新闻的崛起，在一定程度上令新闻传媒业从自由主义、人文主义转向了数据主义。数据新闻以及人工智能主导的算法新闻，却使得人的欲望感官可以通过数据的测量和干涉来满足，在这个意义上人的自足的独特性没有了，立足其上的价值观念就会崩溃，作为人的最后防线就会被突破。

人工智能的强势嵌入颠覆了新闻文本的分发环节，算法新闻的介入强化了新闻行业对新闻即时性的要求。算法新闻通过压缩新闻读者与新闻内容之间的角度空间，令新闻分发成为"程序主导的机械式运动"。以今日头条、一点资讯、百家号为代表的交互式平台弱化了内容生产者地位，导致了新闻生产环节的去中心化。

在商业逻辑和技术逻辑共同主导下的媒体平台，在执行内容分发时，一般会以用户初期阅读浏览的资讯类别、搜索关键字作为指标，采用协同过滤办法，逆向还原出用户的个性、兴趣、职业、取向等身份特质，并用特定标签为用户侧写画像，在用户以后的阅读中以标签化判定推送相关领域的内容。

（三）宏观环境：主体陨落，人类主体性地位的缺失

在人类社会中，只有人具有主体性，这种主体性体现在人的自觉、自主、能动和创造特性上，即便是人工智能可以模拟出这些属性，也只是由人赋予或者是人主体性的延伸。新闻算法的本质是按照人的意志进行生产活动，给人工智能赋予有意义的编码程序也是人为了一定目的并经过专业设计后实现开发的，其生产出的新闻仍然受人操纵。正如"铅笔不能独立书写任何东西"，人工智能脱离人的掌控也无法独立思考。通过点击量自动排序的头条、推荐以及算法分发，依然是人的智慧与选择。

编程语言已经侵蚀了普通语言的垄断地位，建立起一种新的等级制度。虽然算法可以分析用户数据资源和自动分发新闻资讯，但是算法本身依然由人设计创造而来，并显示着不同社会主体的权力。算法新闻充当了一种"远距离的爱欲操纵"，它以多元、隐蔽的技术理性取代了人的个性和主观随机性，并且不再努力"制造多元"，而是不断迎合强化认知的差异，逐渐扭曲主体间性,甚至丧失作为个体的主体性。

部分平台已经尝试为算法新闻推荐功能留白,即在推荐新闻平台的同时,将一些同样被受众关注的较为冷门的优质文章推荐给用户,从而避免用户过于沉浸在自身感兴趣的狭窄领域中。①

三、算法新闻的前沿实践:模式、实现路径及做点

(一)算法新闻的主要模式

1. 今日头条模式:原生聚合类平台

自2012年创立之日起,今日头条一直遵循"你关心的才是头条"的战略主张。其内部员工大多为产品技术人员,采用"无编辑化"的分发方式,将分发权几乎完全移交给算法。通过分析用户行为描绘用户形象,有针对性地推荐用户喜欢的新闻信息,提升媒介消费方式的互动性和个性化。凭借海量数据资源和算法技术,今日头条很快成新闻传媒领域具有强大影响力和传播力的媒体平台,重构了新闻业的分发机制。

作为算法新闻领域"协同过滤推荐算法"的典型代表,今日头条的幕后运作机制是通过计算用户过去偏向的内容,为个体推荐同质化内容。其基本原理大致为:由机器对海量新闻文本进行结构化和标签化处理,将文本分解为字符串和字符节,由算法判断文本间的相似性并进行标记;随后基于注册用户的初始数据、阅读数据和场景数据对用户进行多维度画像,并根据用户反馈不断更新模型;最后,根据新闻文本标签与用户画像的匹配程度实施个性化推荐。随着"信息茧房"、内容低俗化等问题的出现,今日头条也开始尝试人机协同过滤信息。

根据中国互联网络信息中心(CNNIC)发布的报告,以今日头条为代表的、利用大数据技术筛选用户感兴趣新闻资讯的"算法分发"正在成为互联网的主要分发方式。

随着今日头条与新闻资讯平台合作的深入,不论是用户基数还是流量生

---

① 吴昌红:《论商业媒体平台算法分发的"茧房效应"及应对举措》,《传媒观察》,2013年第3期:31-36。

产，今日头条已经是国内头部平台媒体。截至2019年7月底，今日头条已拥有累计超过15亿的激活用户，日均活跃用户超过7亿，日均新闻推送数量超过百亿条。

今日头条虽然作为独立APP，却与微信、QQ、微博等社交媒体平台建立数据联动。当用户使用社交媒体账号登录时，今日头条也会实时分析用户在社交媒体软件中留下的元数据，在最短的时间内对用户进行画像，有针对性地推送用户可能感兴趣的新闻。此外，今日头条还注重观察并收集用户在界面内的阅读活动足迹，单条新闻资讯浏览时长、点赞或转发频次、评论数量等信息都被纳入算法推荐的元数据，影响到接下来算法推荐的分析与决策。

此前，今日头条副总编辑徐一龙表示：算法的出现令新闻生产脱离精英的掌控，在赋予用户个性化信息的同时也创造了大量信息需求，令用户成为新闻生产的主体。

但是，过分依赖算法推荐新闻，会导致受众不断细分化，接受的内容不断窄化。长期沉浸于算法推荐的同质化信息，受众会受困于高度同质化的内容并逐渐沦为"容器人"。今日头条凭借大数据支撑的算法技术在各种传媒角逐的技术场域中占据了领先的地位，成为聚合分发的第一平台，但算法背后的"黑箱"仍无法彻底揭开。①

2016年末，一篇名为《六问张一鸣：没有价值观的企业，何以谈社会责任？》的评论文章从新闻专业视角对今日头条的算法进行批判，提出算法也应当遵循新闻业的价值伦理。《人民日报》于一周后发布社评《算法盛行更需"总编辑"》，对算法新闻"去中心化传播机制"导致的虚假新闻滋生现象进行批判，并指出"所谓的个性化推荐与其说是提供思考的导师，不如说是强化偏见的囚徒"。2017年9月，人民网连续三天发表对今日头条的批评文章，指出算法推荐带来了信息低俗化、信息茧房等负面效应，即便是算法也需要总编辑来承担"信息把关人"的角色。

2. 网易新闻模式：S-PGC模式平台

不同于今日头条、一点资讯专职于新闻资讯聚合类平台，自门户时代

---

① 尚帅：《传播的兴趣偏向和浑然不觉的符号暴力：基于〈今日头条〉的算法控制研究》，《现代传播》，2018年第10期：58-62。

起，网易就在深耕新闻内容的同时进军电子邮箱、电子游戏、音乐娱乐、搜索引擎等领域。从2003年线上"跟帖"到网易云音乐"听歌看评论"，不断推陈出新的传媒产品一度引领业界UCG产品的研发。

2016年，各大新闻资讯平台全面发展算法新闻，以今日头条、一点资讯、百家号等算法媒体平台凭借渠道分发优势迅速崛起占据用户屏幕，机器算法已经成为新闻资讯的主流技术。在群雄并起的行业背景下，网易提出"打造中国最大的资讯分发平台"这一宏大目标。在战略转型过程中，网易开始探索全新的经营模式，虽然市场上主要份额已经被今日头条、腾讯新闻等媒体占据，但网易新闻凭借内容优势走上了差异化竞争之路。

在内部经营上，网易调整生产结构、推行"内部合伙人"制度，取消原生内容中心部门，网易新闻编辑部经过改造成为内容电商运营平台，新闻编辑不再扮演"内容把关人"的角色，而是转型为电商平台的"内容收购者"，挖掘市场各类自媒体中的优质内容资源，将不同类型不同品质的内容匹配到相应栏目版块。

原有栏目经分解整合以工作室的形式重新入驻网易号平台并继续进行内容生产。这些工作室是平台内部将人才栏目化运营的尝试，各工作室相互平行，独立进行内容创作，其作品和第三方原创产品同时进入分发渠道。网易新闻会根据五个维度标准对所要分发的文章进行自动评分，权重设置遵循差异化曝光和推荐策略。

面对同质化媒体的激烈竞争，网易新闻竭力提升内容质量，集中精力做好每一个栏目和工作室，通过精致原创内容打造品牌的核心竞争力，形成"品牌效应"。目前，网易新闻涌现出以网易数读、浪潮、沸点为代表的多家高知名度的栏目和工作室，在过去三年推出多款现象级产品。

多元内容在平台上的竞争，令网易平台演变为社会关系连接器，不仅连接着用户与平台，还连接着用户与用户、用户与生产者。网易号以内容为连接器，开放产品入口，打造出一条"PGC+UGC"生产传播通路。在这种生产模式下，平台产品形态会逐渐丰富，产品内容衍生的沟通场景也会越来越丰富，并吸引更大体量的内容资源。

在内容分发环节，网易也进化出一套独特的经营理念与运作机制。2018年网易传媒年度发布会上，网易正式推出产品"讲讲"新闻资讯平台。这也标志着网易新闻长达七年的"有态度"时代落幕。"有态度"曾是网易新闻编辑们的价值取向，如今，平台"各有态度"的定位意味着网易新闻将表达权力释放给每一位愿意表达的用户。网易新闻副总编辑杨彬彬将之称为"从新闻客户端到资讯平台的转变"，通过跟帖管理、个性PUSH等管理手段支持自媒体内容方的发展，打造介于UCG和PGC之间的"S-PGC"，S是"Semi-Professional"即半专业内容提供。

在发布机制上，网易新闻建立横向流通机制，鼓励用户作为主体发布内容，根据用户发布内容绘制用户画像。用户在使用网易新闻APP浏览资讯的同时，只需要点击界面底部的纸飞机，就能推荐至"讲讲"频道，用户也可以在讲讲频道直接进行内容创作与信息发布。算法会根据用户"讲讲"内容进行匹配，将观点接近的信息以卡片形式推送至界面信息流中。

此外，网易新闻客户端也与社交媒体平台联动，用户可以通过小程序将微信聊天记录同步到"讲讲"中，算法会根据用户的观点表达建立个人画像，根据多元观点为用户匹配身份标签。门户时代建立起的完备用户标签体系，为"讲讲"识别用户提供了现成经验，再经算法推荐产生用户互动与社交关系，在平台内形成多元内容社区。

3. 人民日报模式

随着算法技术的强势介入，作为中国最大的官方媒体平台，人民日报也投入大量资源打造新媒体聚合平台。不同于今日头条，人民日报在算法技术嵌入行业链之前已经积累了雄厚的内容资源与品牌沉淀，人民日报的政治属性和社会责任也对其平台智能化建设提出了特殊要求。

人民日报新媒体中心主任丁伟、副主任刘晓鹏曾公开表示：人民日报社坚决反对低速流量、失序的流量。对人民日报新媒体平台来说，无论是"媒体平台化"还是"平台媒体化"，人民日报新闻客户端的算法推荐注重内容与用户个性化需求的高效匹配。

人民日报模式的推荐机制并不是一套固定僵化的数字化产品，而是一套数据化、移动化、智能化的融合云。

2018年6月11日，人民日报新媒体中心推出全国移动新媒体聚合平台——"人民号"。9月12日，"人民号"正式提出"人民号1000+"计划，即建立选拔机制甄选优质内容生产者进驻"人民号"平台，经审核通过入驻"人民号"

后，内容方会有一段时间的新手考核期，根据账号运营情况决定是否成为正式号主。通过"机器+人工"的审核方法快速审核进驻内容方的原创内容，利用算法技术对号主内容创新、用户互动量、内容更新频次进行评定审核。

人民日报始终坚持将算法置于主流价值观的驾驭之下，赋予算法以正向价值观。平台通过搭建"人机协同"审核机制来清洗、分级内容产品，利用算法技术对高质量内容产品进行标签化分类和重点提取。"人民号"根据人工审核和算法审查将平台内容划分为"优质内容""无害内容"和"有害内容"三类，前两者予以通过和推荐，后者则严格围堵，并对生产账号给予警告甚至取缔账号。

这种机制能够保证信息即时性与准确性。对"人民号"号主的严格筛选保证了信息真实性。2018年9月，台风山竹登陆中国时，互联网上曾疯传"台风引起惨重破坏"等不实文章，甚至配有张冠李戴的受灾图片以混淆视听、扩散恐慌情绪。中国气象局通过"人民号"账户辟谣，辟谣帖通过联动机制迅速同步到人民日报两微、两端。

在内容生产上，"人民号"重点进军短视频领域，随着5G技术的运用，内容可视化趋势将进一步明显。人民日报新媒体中心表示："人民号"将把短视频作为内容生产的发力方向，邀请短视频内容生产商入驻平台，对新创意、新形态的产品进行优先推广。

4. 聚合类APP模式

随着信息传播渠道的多元化和产品形态的日渐丰富，用户对新闻信息的需求也更加多样化，单一的互联网信息端口已经无法满足多元主体的多元需求。就用户个体媒介消费习惯来说，用户逐渐依赖社交媒体获取新闻资讯，阅读时间碎片化令用户更倾向快速浏览和简便操作。面对这种行业趋势，聚合类新闻APP开通了搜索功能，将自身打造为具备引擎搜索功能的新闻资讯链接库，以满足用户信息定制化需求。

聚合类APP针对用户阅读兴趣有效整合信息。通过平台搜索引擎功能，用户能搜索和自主选择新闻内容，这就要求新闻平台提供大量的新闻内容来满足用户的需求。新闻聚合类APP在自身新闻资源满足不了用户需求的情况下，会自主地挑选一些其他平台新闻作为内容补充，以此增加用户黏性。

聚合类APP凭借平台整合优势，能够与电商结盟提供多元优质信息服务。ZAKER作为移动阅读软件，面对同质化媒体的积累竞争，从自身新媒介特性出发，探索出一条独特的转型路径。首先是与深圳晚报合作推出"深圳ZAKER"，利用算法技术和深圳晚报早期建立的区域信息采标网络，满足用户对本土信息的渴求，以城市为聚焦定位，打造集资讯、社区、生活服务为一体的城市服务类平台。这种联动模式为内容媒体找到了全新的"出口"，聚合类平台也成为补偿性媒介，提升了信息时效性、产品互动感以及信息渠道来源。

（二）算法新闻的实现路径及特点

1. 数据收集

算法新闻是以大数据技术作为支撑的，要想推荐得准确、高效，必须能够收集到用户足够多的信息，而且收集得越多、积累的时间越长，推荐的效果越好。"大数据采集"的难点不在于采集数据本身，而在于将非结构化、半结构化的数据转化为可被计算机识别、运算的结构化数据并进行关联分析。[1]基于大数据的"相关性"分析，能够帮助我们预判生活中的某些关键事物。[2]在数据采集阶段，对数据的整合优化和处理规则变得重要起来，越是极致化的数据分析，越能得出精准的数据结论。

新媒体平台之间的竞争力，不光体现在内容生产上，更取决于数据挖掘能力。根据TNS2018年上半年发布的报告，无论是iPhone还是Android平台，通信社交类应用占用户主要注意力，其中，微信、QQ、微博三项应用的使用时长超过用户日均使用智能手机时长的38%。这也证明社交媒体平台存储用户数据的丰富性。

今日头条采取人机协同双层审核机制，识别虚假信息准确率达到60%，人工复审可进一步提升至90%。[3]借助大数据收集各类用户反馈，将"孤立、

---

[1] 喻发胜等：《从"观察式采访"到"大数据采集"：以突发事件大数据采集为例》，《中国编辑》，2019年第3期：77-81。

[2] 喻国明：《大数据方法：新闻传播理论与实践的范式创新》，《新闻与写作》，2014年第12期：43-45。

[3] 王晓霞：《大数据技术驱动下"今日头条"的嬗变》，《青年记者》，2017年第10期：85-86。

静态和碎片化"的非结构化或半结构化数据转化为"关联、动态和整体性"的结构化数据。

部分市场化内容媒体积极尝试与互联网技术公司合作，在实践层面尽力缩小与算法媒体的技术差距。比如，南方都市报与一点资讯合作，尝试打通用户画像、兴趣标签、浏览内容等数据。

2. 数据存储

互联网在进入大众生活的最初阶段，便是凭借海量存储和远程链接打破了人类社会的封闭状态。大数据时代，方便廉价的存储设备令数据信息成为长期有效并且可以随时获取的内容，用户在互联网上的足迹信息越丰富，就越容易失去对个体主导权的控制，陷入"数字监狱"的困境。

目前，虽然社会上多元主体实现开放数据，但是大部分数据都是非结构化的，面对海量信息，公众无法直接解读，此时，更需要媒体人凭借职业素养和技术能力对散落在网络空间的公共数据进行系统整合，创建更加直观的数据系统，依托数据库生产能提供更多深度服务、创造更加多元形态的产品。

由于产品形态和使用情境的不同，信息的存储期限和数据使用会有不同的方式，国内外多元媒体平台，都要通过联手合作或自立自强的方式提升对非结构化数据的存储能力。

面对纷繁多变的金融市场，编写出一条成熟的股票新闻，不光需要整合股票价格等各种数据，更要在数据处理模型中添加更多的节点进行水平扩展，加快实时响应速度。财经类媒体进入系统的实时交易数据必须被捕获并存储为历史数据。使用Spring XD读取并获取股票市场实时数据，再通过Apache Geode将数据存储在内存中。

全球最大购物平台亚马逊的数据中心，储存着全球消费者的购买信息。大数据时代，能够将信息垃圾堆放场中的非传统、非结构化数据重新挖掘、分类，将之前Web2.0时代被动接受和存储的僵尸数据重新激活，发挥作用，就能起到点石成金的作用。

"泄露门"事件之后，剑桥分析与脸书（Facebook）被置于舆论的风口浪尖。2010年，为了构建庞大数字化关系连接更多用户，脸书推出了Social Graph，随后，具有连接功能的产品Graph API、图形API相继上线，也为剑桥分析窥探利用用户访问数据埋下了隐患。

信息的存储与公开如果管理得当，也能提升新闻产品的质量。职业新闻从业者可以根据数据之间的关联，识别计算出数据之间的隐藏结构。美联社记者运用无监督学习从14万条人工输入的案件记录中找到枪支滥用的典型案件，推算出如果案件涉及孩子或警察，犯罪嫌疑人故意开枪的概率等。①

3. *数据处理*

在剧变的社会环境中，信息与数据的爆炸式增长令传统理论研究方法失去了原有的力量。在剧烈动荡的行业生态中，理论的指导意义也在下降；在算法新闻的运营管理和产品设计环节，对数据的整合处理与处理规则变得更加重要。

高度依赖数据资源的算法新闻，在数据结构特征明显的行业中大放光彩。例如天气播报、金融市场和体育赛事等，由于其数据更新及时、真实有效，围绕这些活动的算法新闻已经实现重大突破。

由于算法对新闻识别的敏感性和时效性判定与人工编辑存在差异，突发新闻判断往往需要基于用户点击、转发和评论等数据维度的变更，对数据的处理往往是一种"后数据的反馈"。

今日头条通过算法获取并解读以微博、QQ、微信等社交媒体账号登录者的社交行为、阅读行为、地理位置、职业、年龄等信息，5秒钟计算出用户兴趣，通过对用户行为进行分析，建立用户模型，并能在用户每次动作后的10秒内更新用户模型，从而实现阅读内容的精准推荐。②

收集的数据有以下几种处理方式。首先是贴上"语义标签"，为类型显著的文章标注语义标签，由设计者凭借语言素养主观设定标签体系。此外，还会设置隐式语义，例如主题特征（词语概率分布）和关键词特征。此外，信息的时空特征、实效性也会成为考虑的因素。

随着用户高速增长，算法模型种类和信息数量都在增加。仅2014年，今日头条就需要面对几百万用户标签更新的Hadoop任务。集群计算资源紧张很容易影响其他工作，集中写入分布式存储系统的压力也开始增大，并且用

---

① 余婷、陈实：《人工智能在美国新闻业的应用及影响》，《新闻记者》，2018年第4期：33-42。
② 郭全中、胡洁：《智能传播平台的构建：以今日头条为例》，《新闻爱好者》，2016年第6期：4-8。

户兴趣标签更新延迟越来越高。2014年底今日头条上线了用户标签Storm集群流式计算系统。改成流式之后，只要有用户动作更新就会更新标签。

大数据与算法的交织加剧了新闻媒体平台之间的竞争，媒体之间除了要比拼内容质量、数据来源，还需要在数据处理、算法精进、界面友好、可视化等层面展开竞争。在这种趋势下，行业分工会进一步明晰，行业内部会进一步聚合集约，业界生态的有机化程度也将进一步增强。

4. 数据呈现

随着数字技术的变革，数据可视化技术得到了质的发展，数据呈现方式更加立体多维，对信息的呈现手段也日益多元化。在新闻生产中，对算法和数据的使用已经推动行业迈向一个更加先进、自动化的阶段。优质的数据新闻配合算法分发，能以多元形态和多种语言对新闻进行报道。

人民网"图解新闻"栏目自2013年5月推出第一条数据新闻后，经过六年的运营，已经形成一套相对完备的数据呈现运作流程。"图解新闻"依托人民日报和人民网的自建数据库，与非政府组织、企业建立数据联动，将海量数据整合为可视性视觉图片。除了饼状图、柱状图等基本图片形态，还包括地理图、时间轴、数值呈现、社会关系网络和视频分布。随着技术的提升，动画作品也逐渐成为常态。

大数据的数据资源通常以一种相对零散的非结构化的数据呈现出来，因此需要相应的非结构化的数据库相对接。数据处理，不仅包括整合数据、生产精致内容产品，还包括分析数据价值，甚至是数据脱敏等伦理审阅。2018年8月，澎湃新闻《美数课》发布了一系列相亲交友类数据新闻产品。根据874位相亲者在相亲广告公布的婚恋数据，解读目前婚恋市场情况。为了保护报道对象隐私，澎湃在数据结构化的过程中就排除了收集数据中指向过于精细的"联系方式""家庭住址"等个人隐私数据。[①]

---

① 方洁：《数据新闻概论：操作理念与案例分析》，中国人民大学出版社，2019年，第32-33页。

四、算法新闻的未来趋势：技术理性与情感个性的交织

（一）关系重构：基于社交网络重构人际关系

"信息茧房"和"回声室效应"的形成，使传统舆论引导者可能根本没有机会与引导对象发生有效接触。只有构建有效的社会网络，传者与受者之间的传播才可以真实发生。通过社交化的工具，信息和观点可以在不同群体中快速传播，具有穿越"信息茧房"的可能。

在算法看似客观中立的把关之下却有商业资本的暗中流动。庞大的用户基数与用户线上活动数据赋予了平台巨大的权力，当用户的浏览内容契合了广告售卖产品时，算法便会定向推送相关广告。随着算法技术进驻社交、购物、旅行等多元媒体平台，社会也进入去中心化的网络社区格局。

用户通过加好友、订阅或关注、"取关"或屏蔽的方式来建立自己的在线社交关系网，从而实现从自身偏好、属性和需求出发的资讯收取。这种基于社交网络关系的分发模式，是对编辑分发模式的巨大变革，越来越成为网民在社交平台上获取资讯的主导机制。[①]

在这种趋势下，每一个碎片化的个体都能聚集成碎片化族群，并且在无限网络空间中找到自己的发声广场。但是，过度离散、零碎化的数字化信息建构，也加剧了社会关系的建构难度，撕裂原有的社会群体与集体共识，导致认知思维的巴尔干化。

（二）主体重建：数字囚笼与算法专制

技术本身无涉价值立场，但技术的运用却与价值观密切相连：选择运用何种技术达成何种目标，这本身就是一种价值观的体现。以算法为核心的新闻生产及内容推荐机制已深刻影响了媒介的内容生产和用户的消费行为，多元化倾向将使媒介的社会动员的有效性大打折扣，危及社会共识的形成和建构。

新闻信息产品不仅是消费品，也是社会中共同信念、主流价值观形成的

[①] 张志安、汤敏：《论算法推荐对主流意识形态传播的影响》，《社会科学战线》，2018年第10期：174-182。

铸造器、连接器。新媒体推进了碎片化阅读，传播者必须学会更通俗的叙述方式和更日常的话语符号，才能在激烈的话语权竞争中脱颖而出。

传统媒体时代，媒体通过议程设置的权力影响公共议程，引导社会舆论走向。具体的执行，就是编辑主观调整话题和事件的曝光顺序，决定公共空间的讨论话题。但是当新闻APP引用算法技术实现"千人千面"的传播格局时，既有的公共话题瞬间荡然无存，公众的关注焦点不再由编辑决定，而是被"热搜"或"个性化定制"操纵。算法将特定选项置于用户眼前，让用户只能从中做出选择。算法不光用信息来编制用户的认知世界，更开始塑造事件。当算法全方位进驻用户使用的信息服务类APP，用户的资讯、饮食、交通、娱乐活动都会不同程度地受到操纵，甚至会在"个性化""私人定制"的美好蓝图下，不断增强"自我确证偏好"的心理倾向。

（三）社会重塑：个性化带来的双重困境

不可否认，个性化推荐的广泛运用，正在形成"信息茧房"的负面效果。一方面，传统企业需要挽留既有用户；另一方面，算法掀起的个性化运动又引导人群进入一个社会分裂和政治极化的时代。几乎一切行业都进入不同程度的数字化，后台的数据积累，在一定程度上也成为社会整体活动的投影或映射。

《2018中国新闻媒体趋势报告》显示，76.4%的用户使用新闻资讯类APP获取资讯，66.9%的用户通过社交网络获取，42.2%的用户通过手机浏览器获取。这份数据说明大量用户同时使用两种（或以上）媒体获取资讯。

在这种媒介消费习惯下，用户的一切行为模式都可以被追踪分析。特别迅速的数据积累，科学高效的数据分析，也能提高生产和运转效率。部分媒体平台调整了内容生产、产品发布的环节流程以适应社交媒体的运用模式。维系朋友圈的广告推送、脸书的定制式新闻、支付宝理财功能的理财产品推荐，还有携程旅行中的旅游路线安排，令传统权威主体的垄断性地位丧失。传统媒体因缺乏技术创新、资本驱动与新型赢利模式而面临更加边缘化的风险。

事实上，算法本身也是由人来主观设计的，不同平台的不同算法产品，可能暗含设计者本身的偏见。如果算法自身存在漏洞，为用户提供了并不客观的信息，那么用户在搜索目标信息时将会产生偏差，甚至影响现实世界的决策行动。

五、结语

算法推荐技术在新闻领域的应用实践，不仅是技术升级的必然结果，也是移动互联网产业与传媒产业融合发展的必由之路。以算法推荐为代表的人工智能技术，已经导致了新闻业生产流程和信息传播渠道的变革，削弱了职业新闻从业者对信息发布和传播渠道的掌控权。基于自身技术逻辑的算法推荐，已经对行业生态、用户个体媒介习惯，甚至社会结构产生了影响。

作为一种技术，算法的技术正当性与人的主体理性之间的博弈，也是互联网平台媒体与内容媒体之间为争夺传播权与话语权导致的力量博弈。随着算法对新闻业的深入渗透，对于算法新闻的思考也不应局限于商业价值和产品性能，更要在了解公众特征和主体性的前提下思考算法的社会价值，继续掌握数字化工具和生产资料的控制权。

3.4 移动新闻业影响力再造：连接、赋能与重构

王佳航[①]

摘　要：随着用户对优质内容需求的提升，算法蕴藏的价值陷阱被揭示，互联网治理日趋规范，初步完成内容生产技术升级迭代的主流媒体迎来了新时期。本文通过案例分析描述移动新闻生产的影响力，提出随着县域融媒体中心建设，媒体融合布局进入收官阶段，现代传播体系版图初现，移动新闻生产影响力重塑。

关键词：移动新闻业；影响力；再造

Rebuilding the Influence of Mobile Journalism: Connection, Empowerment and Reconstruction

Abstract: Since 2018, the content industry in China has entered a period of fundamental renovation. Along with the increase of users' demand for quality content, inherent value traps of algorithm are discovered, and the Internet governance become more standardized. At this time, the mainstream media, which have accomplished initial upgrade of content production technologies, have started a new stage. Drawing on case study approach, this article will analyze the influence of mobile journalism production. It proposes that with the widespread construction of county-level converging media center, the arrangement of media convergence nearly completed, the modern communication system emerge and the influence of mobile journalism production will be rebuilt.

Keywords: Mobile journalism, Influence, Rebuilding

技术变革驱动下，新闻业生态系统重构。2018年以后，新闻业进入深刻修复和调整期，在自媒体、政企新媒体等多元内容生产者共生的移动传播场域，以主流媒体为主战场的移动新闻业开始重塑影响力，主流媒体再现专业价值。

[①] 王佳航，中国政法大学新闻传播学院网络与新媒体研究所副教授。

一、移动新闻业总体发展特征

在技术、政策、用户、市场等多种因素作用下，移动新闻业从勃兴期进入深耕期，行业规模逐渐壮大，从流量竞争逐渐向内容竞争转化，内容源和用户总量的壁垒逐渐树立，行业竞争格局初现。

第一，用户增长红利殆尽，移动新闻业正走出流量增长阶段。

"截至2019年6月，中国网民规模达8.54亿，较2018年底新增网民2598万，互联网普及率为61.2%。截至2019年6月，手机网民规模达8.47亿，较2018年底新增手机网民2984万。"[①]新增网民数据表明，移动互联网人口红利殆尽，网民增长进入平台期，内容生产者获得新增流量的成本将大幅增加，这也意味着移动新闻业将不得不探索新的发展模式。一定意义上说，移动新闻业正走出流量增长阶段，从早期以流量刷屏、过度重视流量的时代逐步回归内容为王的主线。移动互联网已经成为信息传播主渠道，成为新闻热点的主要策源地。各媒体集团2017年前后提出移动优先战略，均已具备面向移动互联网生产与传播的能力。移动端用户增长红利消失，媒体也将逐步从追逐风口、追逐爆款、流量圈地走向深耕阶段。2018年后，越来越多的媒体调整了绩效考核手段，既重视新闻报道的传播数量，也平抑以阅读数为主要考核点的绩效带来的问题。在未来很长一段时间内，移动优先策略仍然是媒体主要战略方向，内容生产从线下向移动端的战略性转移尚未完成，进一步探索移动端新闻生产与传播的规律也是媒体重点。

第二，建设"四全媒体"，移动新闻业迭代升级。2019年1月25日，中共中央政治局在人民日报社就全媒体时代和媒体融合发展举行第十二次集体学习。习近平主持学习并发表重要讲话，指出全媒体不断发展，出现了全程媒体、全息媒体、全员媒体、全效媒体，信息无处不在、无所不及、无人不用，导致舆论生态、媒体格局、传播方式发生深刻变化，新闻舆论工作面临

---

① 第44次《中国互联网络发展状况统计报告》，中国互联网络信息中心（CNNIC），http：//www.cnnic.net.cn/hlwfzyj/hlwxzbg/hlwtjbg/201908/t20190830_70800.htm，2019年8月30日。

新的挑战。①一定意义上说，"四全媒体"的概念描述了移动新闻业当前的发展状况——随着媒体融合进程深化，媒体已经成为新型内容生产与传播主体。媒体的内容生产与传播模式、媒体的功能、媒体与社会的关系都发生了深刻的变化。"四全媒体"的提出意味着移动新闻业迭代升级。媒体已不仅仅是传统意义上单纯的新闻生产组织，而是具有新闻生产与传播，连接和社会动员，以及精准用户画像和大数据分析能力的新型数字内容服务机构。媒体逐步平台化，媒体功能也随之发生改变。诸多媒体在媒体融合发展过程中转型为"新闻+政务"或"新闻+服务"模式。在"新闻+"模式中，媒体突破了传统媒体较为单一的信息传播功能。"四全媒体"的表述描绘出了今天媒体的形态及移动新闻业的图景。

第三，人工智能和5G成为新技术引擎。毋庸置疑，技术变革是传媒业近年来跨越性发展的重要驱动力。2018年至今，5G和AI成为技术热点。一方面，AI技术从研发走向应用，加速移动新闻业智能化。目前，人工智能已经布局在新闻业全链条。在新闻采集环节，智媒技术使用无人机和泛在的摄像头收集视频素材，使用数据挖掘技术采集数据，使用AI监测工具捕捉公众对新闻事件的观点、态度和情绪，从而实现更全息的信息采集。在内容产制环节，AI能写稿、能做视频剪辑、能主播、能做版权审核……2018年初，新华社"媒体大脑"从5亿网页中梳理出两会舆情热词，生产发布了全球首条关于两会内容的MGC（机器生产内容）视频新闻；2018年底，新华社AI合成主播上岗；2019年，随着语音技术的成熟，智能机器人应用在新闻生产领域已经较为普遍。在内容分发环节，智能化算法推荐提高了分发的精准度和分发效率。在广告营销环节，基于大数据的传媒业能让网络广告在合适的时间，通过合适的载体，以合适的方式，精准抵达合适的人。另一方面，传媒业正在积极应对5G可能带来的行业新变化，中央广播电视总台、澎湃等诸多媒体开始加紧布局。对于传媒业来说，5G不仅提高了通信速度，也将进一步带来内容生产的大变局。内容生产将从流量（或用户）之争转向基于用户的内容生产模式竞争，视频消费、车载音频等也将出现颠覆性变化。5G作为数

---

① 《举旗帜聚民心育新人兴文化展形象　更好完成新形势下宣传思想工作使命任务》，《人民日报》，2018年08月23日01版。

字化社会的基础设施，不仅服务个人，还能够满足各行各业数字化转型的需求，5G技术将改善用户体验，带来新的应用以及新的商业模式。原有以广告为主的商业模式将一步突破，基于黏性用户的多元商业模式更普遍。

第四，对网络环境的综合治理为规范内容生产创造了良性生态环境，为移动新闻业的良性发展创造了空间。习近平总书记在党的十九大报告中首次提出"网络综合治理"这一概念，并在2018年4月20—21日召开的全国网络安全和信息工作会议上对其进行详尽阐述，"要提高网络综合治理能力，形成党委领导、政府管理、企业履责、社会监督、网民自律等多主体参与，经济、法律、技术等多种手段相结合的综合治网格局"。随着网络综合治理体系更为完善，在互联网领域开展了一系列整治行动，使网络空间更清朗。在管理层面，国家网信办开展了各类集中清理整治专项行动。自媒体治理专项行动从2018年10月20日起，已依法依规全网处置"傅首尔""野史秘闻"等9800多个自媒体账号。[①]2019年1月以来，"国家网信办在全国范围内开展网络生态专项治理工作，持续解决网络生态突出问题，截至2月25日，累计清理涉及网络生态问题的有害信息4437万余条，注销违法违规账号49万余个，关闭、取消备案网站1462家"[②]。与此同时，学术界开始了对移动端新闻传播的研究与反思。必要新闻信息不足而流言八卦口水等低效信息泛滥，媒体进入低誉时期并引起各界警觉，公众视角的批评主要针对平台新闻的娱乐化、低俗化倾向，学术界由此开始深入研究平台与算法。对算法的反思，对平台责任的规范使移动新闻业逐步修复环境。例如，今日头条将原来的个性化推荐算法改为四维算法，加进新闻重要性、多样性等重要维度，通过置顶、单独设置频道、加权等多种方式推送重要新闻，这使公众获取新闻的体验得到优化，也提高了主流媒体新闻在全网的传播力和影响力。

---

① 《重磅｜网信办出手了！9800多个自媒体账号被处置》，《工人日报》，2018年11月13日，网址：http://k.sina.com.cn/article_3840768703_e4ed7abf01900ctp2.html。

② 李政葳：《国家网信办持续推进网络生态专项整治》，《光明日报》，2019年2月28日，网址：http://www.gov.cn/xinwen/2019-02/28/content_5369194.htm。

二、内容价值回归：移动新闻业影响力增强

互联网技术迅猛发展，传媒业边界日益突破，衍生出来的互联网资讯服务以及社交传播等界限相对模糊的互联网信息服务都对新闻业造成一定冲击。但是，随着政策规制更加清晰，主流媒体数字化转型进程加快，移动新闻业生态逐步修复，优质内容回归，专业媒体机构的影响力整体增强。

（一）移动新闻业传播覆盖面更广

随着媒体移动优先策略全面展开，专业媒体面向移动互联网的传播渠道更为多元，覆盖面更为广阔，主要体现在如下三个方面。

第一，主流媒体移动端传播矩阵布局更为完善宽广。数据显示，"除广播频率在微博和聚合新闻客户端的入驻率较低之外，报纸、广播、电视的网站和自建客户端等自有平台的覆盖率，以及在微博、微信、聚合新闻客户端、聚合音频客户端、聚合视频客户端等第三方平台的入驻率都超过90%。通过自建平台、入驻第三方平台，媒体拓展了传播渠道，扩大了舆论阵地，使主流价值借助互联网和移动互联网扩展到更加广阔的空间"。[①]融合传播矩阵建设使专业新闻机构触达更加广泛的用户群体。例如人民日报报纸发行量200多万份，但是新媒体矩阵触达数亿用户。"中国日报社践行'深度融合、移动先行'理念，把一份发行70万份的英文报纸转型升级为一个覆盖2亿多海内外用户的全媒体传播平台。截至2018年12月底，中国日报客户端全球下载用户超过1800万，用户覆盖超过140个国家和地区。"[②]新华社推出了《心中的牵挂》《答卷》《誓言》《那年，我们21》等50多个浏览量过亿的重磅融

[①] 人民网传媒频道：《2018中国媒体融合传播指数报告发布 主流媒体传播力显著增强 融合助建全媒体传播格局》，网址：http://media.people.com.cn/n1/2019/0326/c120837-30994743.html。

[②] 黄小希、史竞男、王琦：《守正创新 有"融"乃强——党的十八大以来媒体融合发展成就综述》，《人民日报》，2019年01月27日01版。

媒体产品,《那年,我们21》总传播量达5.7亿次。①如果仅仅以传统媒体终端来传播,上述用户触达量是难以想象的。

第二,媒体抢占新兴平台的分发渠道,面向更多层次用户传播。随着抖音、快手、天天快报等各类平台兴起,媒体的两微一端矩阵逐渐演变为面向诸多平台的跨平台传播,面向不同用户群体的多层次、全方位、立体式报道。今日头条旗下的创意短视频社交软件抖音风靡全球,抖音公布的最新数据显示,"每天有超过3.2亿人在上面消费各种类型的短视频和直播视频"②。用户在哪里,舆论工作就做到哪里,各类媒体纷纷入驻抖音,"2018年,抖音上经过认证的媒体账号超过1340个,累计发布短视频超过15万条,累计播放次数超过775.6亿,累计获赞次数超过26.3亿"。③此外,一些垂直平台也聚合了媒体内容,主流媒体本身也成为新型分发平台。"上线不久的全国移动新媒体聚合平台'人民号',吸纳入驻媒体机构7000余家,一些优质的自媒体也纷纷进驻,平台日均审核推送原创资讯3500余条"。④媒体的跨平台传播策略,使媒体在移动互联网的传播渠道的布局更广,用户覆盖面更宽。随着平台垂直化加速,一些平台向三四线城市下沉,一些平台专注于二次元年青一代用户,媒体在移动互联网的内容传播也延伸到下沉用户和年青一代用户。

第三,县域融媒体中心建设提速,县域一级面向移动互联网的内容生产与传播能力增强。随着媒体融合打通"最后一公里",来自基层的大量优质内容数字化、移动化,完善了移动新闻业的生态。例如,浙江省仙居县级融媒体中心自2018年8月启动以来,建设成了"聚主流舆论引导、综合政务服务、社情民意沟通、舆情监控应对等功能于一体的新时代治国理政新平

---

① 黄小希、史竞男、王琦:《守正创新 有"融"乃强——党的十八大以来媒体融合发展成就综述》,《人民日报》,2019年01月27日01版。

② 新商业情报NBT:《抖音最新日活超3.2亿,半年增长7000万》,2019年7月10日,网址:https://www.jiemian.com/article/3295650.html。

③ 央视网新闻:《首份媒体抖音年度报告发布 主流媒体内容年播放量近800亿次》,https://baijiahao.baidu.com/s?id=1623360019740957798&wfr=spider&for=pc。

④ 黄小希、史竞男、王琦:《守正创新 有"融"乃强——党的十八大以来媒体融合发展成就综述》,《人民日报》,2019年01月27日01版。

台"[1]。仙居融媒体中心建成后组织策划开展了两会开幕式、油菜花节、劳模颁奖晚会等60多场大型活动直播，累计收看人次达500多万。目前，各省市县域融媒体中心报道蔬菜节、农家院、风景区、丰收节……大量喜闻乐见的来自社区、基层、乡村的内容经由移动端传播出去，丰富了移动端的内容池。目前，县域融媒体中心在移动端和各省市建立的"云"互联互通，移动新闻业形成了网状体系。

（二）移动端新闻报道的影响力增强

移动端流言、八卦、口水等低质低效信息泛滥一度为公众诟病，但是2018年以后，在自媒体、政务新媒体、商业自媒体等多元内容生产者共处的新生态中，主流媒体的专业性回归，以主流媒体为主力的移动新闻业影响力逐渐增强。

笔者通过凡闻数据库[2]对2019年社会关注的新闻事件——"3·21"响水化工企业爆炸事故和全国两会的媒体报道进行了统计分析。结果显示，主流媒体在这些公共事件报道中起到了关键作用。在"3·21"响水化工企业爆炸事故等社会影响较大的公共事件中，自媒体或政务新媒体首先发声，随后形成了由主流媒体、自媒体、政务新媒体等共同参与的内容生产与传播模式，主流媒体在其中起到引领作用。全国两会报道中，主流媒体则以绝对优势制胜。

为分析媒体在重大事件报道中所起的作用，笔者参阅相关资料并结合实际，按用户需求维度对媒体在"3·21"响水化工企业爆炸事故、全国两会等重大事件中的报道进行了统计。

主流媒体在重大突发事件中具有引导力、影响力和公信力。从"3·21"响水化工企业爆炸事故来看，移动端新闻产制与传播呈现出下述特点。

第一，主流媒体引领报道进程，并与多元内容生产者形成合力。自媒体、政务新媒体、商业机构新媒体、专业媒体共存共生的环境下，专业媒体

---

[1] 仙居发布（网易号）：《我县融媒体经验登上人民日报社主办杂志〈新闻战线〉》，网址：http://dy.163.com/v2/article/detail/EJ3U6FJN0514BUAD.html。

[2] 凡闻内容大数据服务平台涵盖全国公开发行的纸媒、新闻资讯网站、头部优质微信号、微博号、移动新闻客户端等数据源，中国媒体广泛使用该数据库。

在新闻报道中作用是否受到冲击被弱化？自媒体的10万+是否占据优势？根据凡闻数据库中的数据可见，在"3·21"响水化工企业爆炸事故中，不是自媒体刷屏，而是政务新媒体发挥了权威新闻信息发布的作用，主流媒体在传播扩散、解读、话题设置等方面发挥作用。3月21日14时48分，江苏盐城市响水县陈家港镇天嘉宜化工有限公司化学储罐发生爆炸事故。爆炸事故之后5小时，政务新媒体发布了大量重要信息（如表2-1所示）信息权威度高，对于稳定民心，辟除谣言，具有重要作用。自3月21日14时48分爆炸发生，到3月22日14时许国务院成立"3·21"特别重大爆炸事故调查组，24小时间，各部门多轮情况通报，多家媒体跟进报道，舆情渐趋平稳。

表2-1 "3·21"响水化工企业爆炸事故5小时内政务新媒体发布一览表

时间	部门	内容
3月21日15:00	国家地震台网官方微博 @中国地震台网	14时48分在江苏连云港市灌南县（疑爆）发生2.2级地震。
3月21日16:42	中共盐城市委宣传部官方微博 @盐城发布	确认爆炸事故事实，并提醒市民不要前往围观，为救援让开通道。
3月21日17:29	江苏省消防救援总队官方微博 @江苏消防	发布消防救援通报
3月21日17:40	江苏省生态环境厅官方微博 @江苏生态环境	截至15时50分许，现场火势已得到初步控制，生态环境部门已开展应急监测工作。
3月21日19:17	生态环境部官方微博 @生态环境部	李干杰部长迅速做出批示，翟青副部长率领工作组正紧急赶赴事发现场，指导做好环境应急工作。
3月21日19:22	中共盐城市委宣传部官方微博 @盐城发布	"响水天嘉宜化工有限公司爆炸情况通报"：称截至当天19时，确认事故已造成死亡6人，重伤30人，另有部分群众不同程度轻伤。
3月21日19:37	中华人民共和国应急管理部官方微博 @应急管理部	应急管理部党组书记黄明率工作组紧急赶赴现场，指导应急救援等相关处置工作。

从事件发生发展进程来看，媒体在信息满足、决策效用、社交效用等方

面的作用可圈可点。凡闻数据库中，2019年3月20日—4月20日，标题含有响水爆炸的文章共计9073篇，其中发表在APP、微博、微信的原创报道895篇，在响水爆炸之后一周（2019年3月21—28日）的文章828篇。综合来看，这些发表在移动端的媒体报道在首发现场不一定胜出，但是在高层政府动态、对爆炸事故解读和舆论引导方面完胜。在报道完整性、报道议题核心性方面，主流媒体报道也非常充分，爆炸、救援、新闻发布会、习近平总书记重要指示、国务院派驻调查组、遇难者头七祭奠等各个主要环节都有重要报道。此外，与政务新媒体的新闻发布配合，媒体提供了丰富的多样性的报道。中国教育报官方微博发布了《江苏响水爆炸受损10所学校均复课，校园里升起五星红旗》，中国经济网微博发布了《响水爆炸涉事公司：许可证过期3年 暗访组差点晕倒》，中国环境新闻微信公众号发表了《响水爆炸后，生态环保尖兵第一时间到达现场》……在深度解读和引导方面，媒体报道更具优势。例如《财经》杂志官方微博发表的《江苏响水爆炸中的生与死》是一篇有温度的特稿。中国经营报《响水爆炸余波：重拳整治加速化工"退城进园"》则对2019年4月8日江苏省委常委会召开会议专门讨论《江苏省化工产业安全环保整治提升方案》进行了解读和反思。

第二，在可预见性重大主题报道方面，主流媒体在移动端的报道有压倒性优势。以2019年全国两会报道为例，从凡闻数据库中检索，2019年3月3—15日，两会报道总量为88191篇，原创总量为23885篇。报道规模空前，浓墨重彩，各有千秋。从报道发布载体来看，其中报纸2687篇，移动客户端21047篇，微信7857篇，微博9318篇。这一数据显示，移动客户端成为作品发表最多的载体，微博、微信其次，面向移动互联网的产制和传播已经成为媒体重兵布局的领域，超过了传统媒体。

从两会报道来看，主流媒体在核心议题设置方面有引领作用。从凡闻数据库中检索，2019年3月3—15日两会报道88191篇中，政府工作报告达44723篇。在两会核心的议题上，媒体也都给予了大规模报道，如"习近平总书记下团组"，检索到的报道数量为12453篇。

主流媒体两会报道中在提供多元化意见、公共话题参与等方面也发挥了优势。例如中国网的《两会时间！代表委员与您相约"对话新国企"网络访谈》，吉林广播电视台的吉林大喇叭《说说你我的两会：更多办法给脱贫攻坚带来更多出路》，中国教育报《两会看教育：民主党派关注哪些教育话题？》……关注的都是重要民生话题，各家媒体打造的话题都成为网友们热议的话题。中央电视台新闻中心微博@央视新闻在微博上的开设话题#两会#阅读量76.8亿，讨论人次319.3万。

（三）移动端新闻报道形态不断创新

讲好故事做好内容始终是媒体内容生产的核心。但是不同的传播载体往往需要不同的讲故事方法。基于移动互联网的新闻叙事从前几年的尝试期进入深度探索期。特别值得一提的，第28届中国新闻奖增设媒体融合奖项，各媒体更为重视融合新闻报道的创新，融合新闻报道逐渐类型化，质量逐步提升。

首先，融合新闻报道常态化，从注重技术到创意优先。作为品牌媒体创新利器的H5、VR、微视频、移动直播等融合新闻报道形式走进量产阶段，成为常态性报道。媒体融合初期，一些融合新闻报道出现过炫技倾向，即注重使用新叙事技术，这导致一些作品科技形式表现大于内容呈现。随着媒体融合深化，新闻业生态逐渐修复，业内新闻生产重归内容为王，这一倾向得以纠正。近两年涌现出一批优质的融媒体作品，例如澎湃出品的"三江源国家公园全媒体报道"，直播、视频、文字记者合作，以交互式报道的形式表现了青藏高原腹地的三江源国家公园的美。

其次，视频化是移动端叙事创新的重要趋势。一方面，新闻短视频成为各类媒体竞争的重要市场。特别是随着4G与Wi-Fi技术的普及以及5G概念的加速实体化，这一趋势得以持续加强。2019年，人民日报客户端、中央广播电视总台都加强了短视频布局。另一方面，视频整体从大屏向移动端转移，各种大屏电视作品逐步探索移动端小屏新形态，如微纪录片、移动直播等各类视频形式在移动端都有新的探索。特别是近两年Vlog为媒体报道增加了新的形式，两会期间，人民日报策划的"两会夜归人"以两会Vlog形式记录了媒体人在两会期间的报道场景。

三、连接、赋能、重构：移动新闻业影响力再造

"移动互联网等新媒介技术的发展、传统媒体的数字化转型与传播语境的社会化变革，让基于'个性化、去中心化与信息自主权'而赋予每个社会行动者以传播权能的社会化媒体，从一定程度上消解了传统媒体对新闻生产与传播渠道的垄断权，新闻业的行动者及其生态结构发生重大改变。"[1]一定意义上说，当前移动新闻业最大的成就和亮点是新闻生态系统重构，这是未来新闻业可持续发展的根基。

（一）连接：移动新闻业重建用户关系

与桌面互联网时代门户网站独大强烈冲击专业媒体时期略有不同，移动互联网时期新闻业在重建与用户的连接关系方面有更多想象空间。

一定意义上说，新闻业的变局正是由于互联网技术对连接关系的改变，这种连接关系包括媒体与新闻事实、媒体与受众、媒体与合作伙伴之间的多重关系。在传统媒体时期，媒体、事实、受众之间连接关系是线性的。媒体从新闻当事人处采集新闻事实，经过加工制作，传播给受众。在这个连接关系中，媒体是略带有垄断性的资源，"媒体集中资源和设备并进行大批量生产和传播，并主要依赖训练有素的专业新闻从业者承担工作任务"[2]。媒体与受众的关系也是线性的，受众要反馈他们的意见，往往要通过通联部来联系。

移动互联网时期，互联网技术升级了原有的连接关系，正如腾讯多年来所提出的战略"内容+连接"，互联网公司重新建立了很多行业的连接关系。传统媒体时期的线性关系被改变，媒体与事实、媒体与用户、用户与用户之间、事实与用户之间的关系形成了一个新的网状连接关系。新的连接关系是

---

[1] 张志安、汤敏：《新新闻生态系统：中国新闻业的新行动者与结构重塑》，《新闻与写作》，2018年第3期。

[2] 李莉、胡冯彬：《新闻业的黄昏还是黎明？——罗伯特·皮卡德谈变化中的新闻生态系统》，《新闻记者》，2015年第3期。

可测量、可存储、可转化、可交互的，新闻事实不必须经由媒体连接用户，用户与用户之间可以连接，商业新媒体、政务新媒体、自媒体可以与媒体一样传播，多元内容生产者、事实、用户之间是网状的互联互通的连接关系。

新的连接关系冲击了传统媒体的新闻生产，突破了原有的媒体与受众非常粗疏的联系，新的连接关系重构了新闻生产方式。"后工业的新闻业认为新闻机构要保持现状或增长，将不得不利用数字媒介提供的新的工作方法和程序，并反思新闻生产的各个层面。包括向合作伙伴增加透明度，增加对个人、群体以及机器等信息来源的使用，增加对机器的依赖。"[①]传媒经济学者罗伯特·皮卡德也认为，"新型的生产模式已经悄然出现，传统的新闻生产正在被分解为服务模式（service production mode）和手工模式（craft production mode）。服务模式就是媒体将新闻产品（传统型的报纸和广播电视）转变成服务，它通过多种平台（印刷品、计算机终端、平板电脑、智能手机和其他显示设备）流动。这些机构将更加关注新闻的分配，而不是采集和生产。它们将更加依赖通过辛迪加获得新闻和评论，以及公众自产内容和其他新闻提供方的链接。服务模式正在改变新闻组织的功能，所需的工作技能，以及其与从业者之间的关系"。[②]这些论述实则强调了媒体在新型内容生产关系中连接关系的重构。移动新闻业生态的修复在于连接关系的重新建立。在新型的移动新闻生产中，媒体开始重建连接关系。传统媒体时期，媒体与受众之间几乎匿名的互不联系的关系借由互联网技术在线上重建。实时新闻生产中，消息源越来越多地来自用户和政务、商业等机构新媒体。媒体的作用越来越倾向于做新闻生产的组织者、解读者和聚合者。在新型移动新闻生产中，用户不仅是信源，而且变为积极的用户贡献UGC内容，即时互动，反馈对新闻的感受、意见、评价，并可能因此付费阅读。媒体对这些用户可以通过大数据技术管理、测量、画像，并为其提供更为精准的服务。

---

① 万小广：《转型中的新闻人、新闻机构与新闻生态——〈后工业时代的新闻业〉报告摘要》，《青年记者》，2013年第2期。
② 李莉、胡冯彬：《新闻业的黄昏还是黎明？——罗伯特·皮卡德谈变化中的新闻生态系统》，《新闻记者》，2015年第3期。

（二）赋能与重构：移动新闻业生态修复

一定意义上说，移动新闻业影响力得以再造是因为以用户为中心，媒体重新建立了媒体与用户的精准连接关系。而如何进一步完善基于新连接关系的移动新闻生产模式，则有赖于技术赋能与移动新闻业生态重构。

移动新闻业的产业链、产业生态与传统新闻业已经有诸多不同。一定意义上说，重构的移动新闻业生态系统可以被称为平台新闻业。基于内容分发平台的新闻生产有如下特点。

首先，新闻生产与新闻分发分离。今日头条、微信、微博等具有内容分发能力的超级平台逐渐成为用户获取新闻信息的主要载体。传统媒体集团也采取自身平台化和跨平台分发的策略拓展用户数量并提高新闻传播力。媒体集团拥有数量众多的移动媒体矩阵。

其次，多元内容生产者共存。移动传播领域，新闻生产虽然仍只有职业化媒体具有采编资质，但是其生产和传播已经置身于多元内容生产者共存的格局中。多元内容生产行动者包括自媒体、机构新媒体（政务新媒体、商业新媒体）、有新闻生产资质的专业性媒体等。专业性媒体普遍采取移动优先策略，面向移动互联网的新闻生产主体是专业性媒体，其他多元内容生产者竞争合作。

最后，新闻生态新系统中，媒体、用户、平台之间，不同内容生产者之间衍生出新型生产关系、竞争互动关系。例如，政府机关原本是专业性媒体的信源，政务新媒体蓬勃发展之后，其新闻发布抢夺了专业性媒体的首发消息。再如，平台的算法推荐权重因为牵涉文章阅读数量，从而对专业性媒体的新闻产制形成了一定冲击。

四、结语

移动新闻业的生态正在逐步修复，这是移动新闻业影响力再造的主要动因。新闻业新生态重构，打破了传统新闻业的边界。在初始时期，新的边界尚未完全建立，旧的边界已经突破，媒体新闻生产模式改变，自适应不足，优质新闻供给不足，多元内容生产者行动边界不清晰，平台责任权利界定不明朗，各界一度产生移动新闻业质量之忧。政策规制完善与为专业媒体赋能是改善移动新闻业质量、再造移动新闻业影响力的重要因素。一方面，技术赋能，媒体面向移动互联网生产与传播优质内容的能力不断增强。当前，大数据与人工智能布局新闻生产全流程，推动新闻业全方位升级，各媒体融媒体中心建设初步完成，这从供给侧极大提高了有采编资质的专业媒体的数字新闻生产能力，改善了新闻供给状况。另一方面，相关政策规制不断完善，不同内容生产者各归其位，平台、多元内容生产者、用户消费行为等边界得以建立，内容生产秩序逐渐规范，移动新闻业生态环境逐渐清朗。

3.5 数据报道发展现状、问题及未来趋势

张 悦[①]

摘 要：新媒体发展进程中，数据报道获得了新的衍变动力，同时又丰富了融媒体的实践探索，让融媒体内容更具新闻价值和现实意义。本文总结了2018年以来我国数据报道的最新发展状况，发现数据报道的呈现形式更具动态与美感，数据来源更加丰富，报道的功能边界向服务拓展，更有一批数据专栏和数据团队日渐成熟，储备着数据报道的发展动力。但在这些新动向之外，也应看到数据报道仍有一些不足亟待改善：一是媒体间差距越来越大，二是与新媒体技术产生了疏离，三是未在国际传播中发挥应有作用。为适应数据化融媒体产品的变革趋势，本文提出数据报道需在制作思维、制作流程方面有彻底的突破，充分利用数据报道在国际传播中的优势，还要预防潜在的数据安全问题。

关键词：融媒体；数据报道；现状与发展

Status Quo And Future Trend:
A Report on Data-Driven Journalism

Abstract: Data-driven journalism has been activated by the new trend of media development in recent years, and thus enriched the practice of media convergence by boosting the value of news report. This article discusses the highlights of the data-driven reporting in the passing year, concluding that the data-driven reporting is presented more active-oriented and aesthetically concentrated, rely on multiple data sources, and extend the media functions towards social services. Besides, a bunch of matured data reporting teams and columns have emerged to expand the influences of data journalism. However, data-driven journalism still waits to be improved in issues such as narrowing the quality divide on data reporting between different media groups, dealing with the technologies critically as well as flexibly, and taking responsibility in global communication. In order to play a more significant role in the future media environment, data-driven journalism is advised to integrate

---

① 张悦，四川大学新闻学院副教授，传播学与新媒体教研室主任。

the essential thoughts of new media operation and social sciences research, try to exercise influences over the users across countries, and take precautions in advance against the potential data security issues.

Key words: Media convergence, Data-driven journalism, Status quo and future trend

数据新闻的热潮曾席卷全球，在刚进入中国时也深受追捧。2012—2015年间，中国新闻界对数据报道展开了热切的讨论，许多传统媒体和商业网站启动数据新闻报道，出现了大量研究数据报道的论文和配合数据新闻报道教育的中文教材。此番热潮之后，数据新闻虽然热度不胜从前，但发展归于理性，也更加平稳。随着中国新闻传播实践进入移动化、融媒体的时代，数据新闻也迎来了新的发展契机。在新媒体技术发展的基础上，数据新闻的边界得以拓展，从形式上可分作两类，数据新闻和数据化融媒体产品，本文把二者统称为数据报道。本文在总结2018年我国数据报道最新发展的基础上，着重探讨目前数据报道存在的问题及未来做好融媒体数据报道的努力方向。

一、数据报道的业态新特征

过去的一年里，随着融媒体发展的大步迈进，数据报道呈现出了一些新特征，集中于报道形式的创新、数据思维的升级和报道领域的拓展。这些新特点既是过去新闻报道整体发展成就的积累，也反映了未来数据报道发展的趋势。

（一）报道形式的创新：设计的美感追求与动态化

1.整体风格与可视化

数据报道界面设计主要体现在界面的整体风格和数据的可视化。界面设计的整体风格一般与内容主题相适应、与数据相配合，或者与具体媒体的一贯风格一致。例如主流媒体多采用庄重的配色及严肃的风格，即便活泼轻松的设计也保持了沉稳大气的基调。界面设计的另一层面是为数据寻找最优的可视化表达。数据与可视化两个概念如影随形，数据为探究事实背后的复杂联系，而可视化则致力将繁复的关系或原理简单化，将抽象的数据用具体的图形展示，让用户容易感知，现在数据报道的界面设计不仅追求可视化表达的清晰与准确，更追求视觉效果的创意与美感，配合融媒体产品的呈现需求，还注重界面设计的动态化。

当下优秀的数据报道已经超越了传统的饼状图、柱状图、折线图等呈现方式，追求更具创意的可视化设计。交互地图、动态图、热力图等被广泛使用，对图形元素的利用从简单到复杂、从实用到艺术，对抽象数据的具象化一直在寻求更新的落点。如澎湃新闻的《我们读同一所大学，可为啥你在市中心我在郊区？》报道高校多校区现象，用花瓣表示全国各大高校中分校区设立的数量情况，花开的方向代表是否有本科生，构思新颖、设计精美、信息量大（图2-2）。

《每日经济新闻》的《BAT的"大江大河"：互联网三巨头最全投资版图》一文对比了2008—2019年中国互联网三巨头百度、阿里巴巴、腾讯的投资情况，用变异的条状图展示了三大公司分别在投资各轮次的投入企

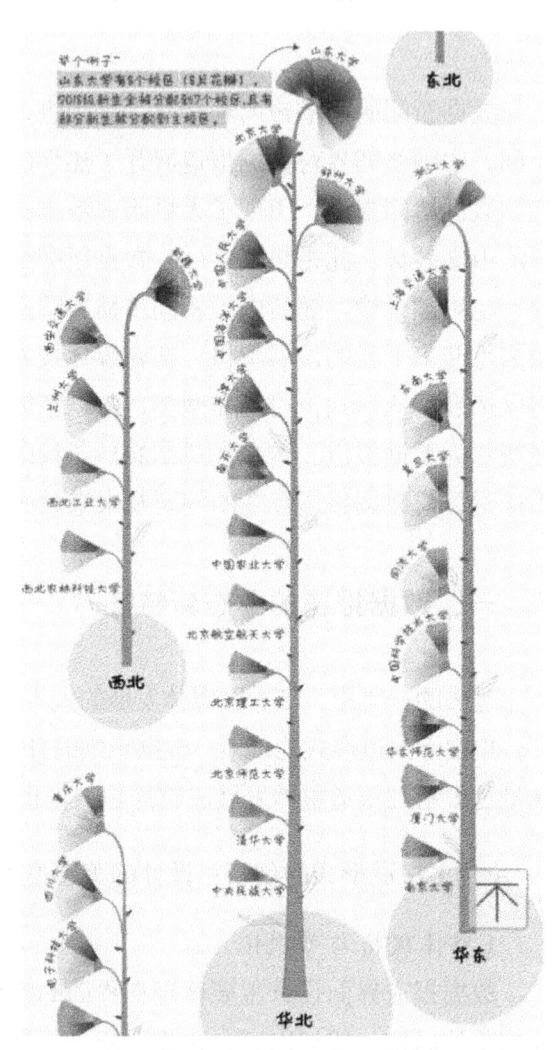

图2-2 部分高校分校区设立的数量情况可视化图

业数量（图2-3），由此得出三家公司在投资的前期和后期各有侧重。该文还统计了阿里巴巴投资并购的502家企业所属行业，用词云表示某行业拥有被投资企业的数量多少。相较满篇数字和百分比的表格，词云更形象地说明了阿里巴巴投资并购的行业偏好。这种可视化表达重点突出了对比，省去了

人脑对数据意义的再加工。

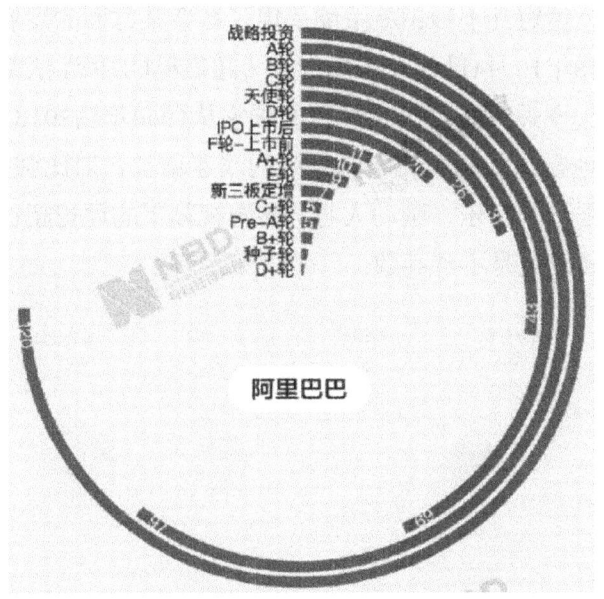

图2-3 阿里巴巴在投资各轮次的投入企业数量图

2. 动态可视化

随着技术的升级，可视化呈现也从静态转向动态，以突出数据的变化和相互之间的对比。数据的动态可视化能把语言难以名状的关系或变化等信息用简单的、明晰的方式表达，从而达到演示效果，便于用户理解。小视频的流行带动了用户对动态展示的需求，为数据可视化向动态演变提供了应用环境。澎湃新闻《我们去了相亲角6次，收集了这874份征婚启事》用GIF动态图演示了在相亲角发布征婚启事的男女双方的房产状况及其对对方房产的要求，用代表个人的小圆点的颜色、数量和位置的变化说明了样本总体中个人条件与对对方的期望之间的关联（图2-4、图2-5），让用户很直观地看到不同条件人群的选择聚集情况。

动态可视化方式特别适用于处理包含空间、时间类变量的数据，例如用地图代表空间位置，动态展示地区间变化。2018年最热门的一种数据可视化方式就是给数据加入时间维度，从历时的角度对比特定年限内数据的变化，将多年数值做成条状图，通过小视频或动态图呈现，每一秒作为一年，快速闪现，简单易懂又非常有效率。2018年恰逢改革开放四十周年，媒体纷纷对我国四十年来各方面的变化进行盘点总结，这种动态历时可视化数据呈现方式被广泛应用，短短几十秒钟就浓缩呈现了社会某方面的发展变化。人民日报抖音账号2018年10月4日曾发布短视频《超震撼GDP动态演变！20s看中国变化，1978年起燃爆！》，对比世界主要国家从1960年到2018年的GDP变化，用户可以清楚地看到1978年后中国经济的飞速增长，对比强烈、简单明了，再配上节奏感强烈的音乐，激动人心。该短视频下的评论超过8000条，点赞超过16万次，转发更是不计其数。

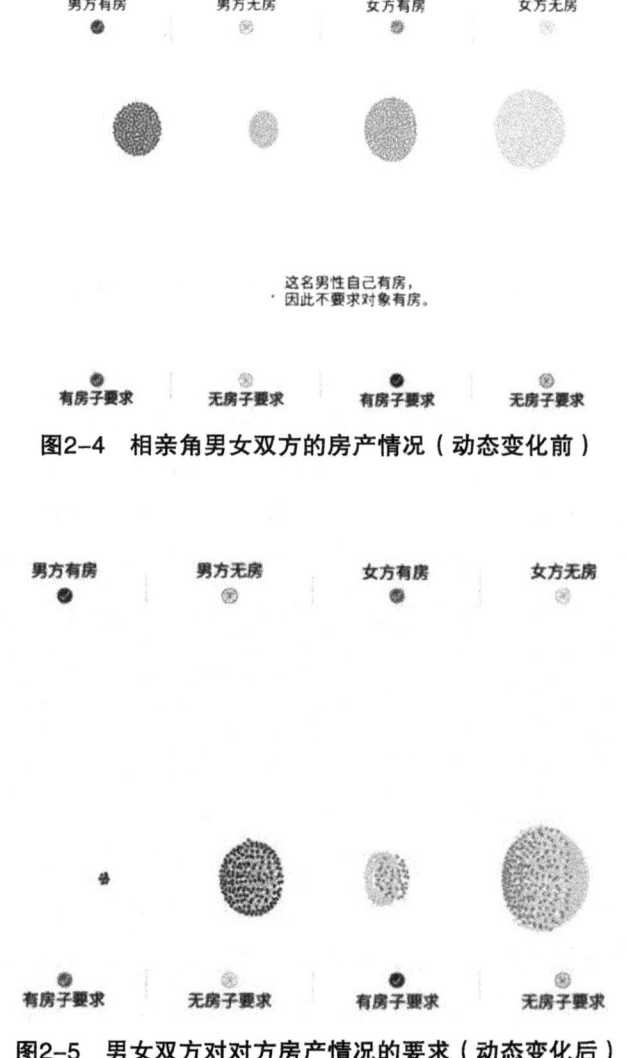

图2-4　相亲角男女双方的房产情况（动态变化前）

图2-5　男女双方对对方房产情况的要求（动态变化后）

3. 数据化融媒体产品

数据化融媒体产品是传统数据新闻在融媒体时代的迭代产物，它保留了数据新闻的报道规范，又融入了最新的呈现方式，在界面设计、功能实现和互动体验方面都比传统数据新闻有了质的飞跃。相较于传统新闻，融媒体产品紧跟技术发展，用最新的传播形式呈现报道，产品互动性更强，内容主题更加集中，有利于数据的广泛使用。这些改变让融媒体数据报道超越了传统数据新闻的报道性质，转型成为互联网产品。融媒体产品本身包含的内容元素十分丰富，音频、视频、动态图、手绘动画、互动游戏、虚拟现实、增强现实等，数据化内容作为常见的融媒体产品组成部分，能充实报道，增加消息的可信度。当前的融媒体产品中，纯粹以数据内容为核心的较少，更多的是以数据为组成元素，帮助报道主题更生动地呈现，甚至成为报道的点睛之笔。因此，与前几年执着追求数据新闻的概念相比，如今的中国媒体更愿意探索数据在媒介中的融合呈现形式，让数据成为融媒体报道的亮点之一，而非单独突出数据。浙江在线的H5互动报道《平安浙江十五年｜平安是什么？》用互动页面集纳了浙江15年来社会各方面安全建设的成就，提供了多组数据，配合动画、文字案例和图片展示了社会不同领域的安全建设成果。用数字展示了过程和变化，让案例更加鲜活可信。

（二）报道思维的升级：数据来源更广

数量统计及其可视化是数据报道的基本实践方式，这涉及数据的收集、分析及解读，因此数据报道不仅是新闻活动，也是社会调查和逻辑推演，只有在更广阔的思维下，才能做好数据融媒体产品。

1. 数据来源多元化

数据报道思维的升级首先体现在数据来源的多元化。数据的重要性在数据融媒体产品中等同于传统新闻报道的消息源，数据来源越真实、越丰富、越新鲜，产品才越有看头。数据来源的日益多元化和专业化也说明了我国媒体的数据产品越发成熟。数据最常见的来源是各种统计报告，特别是来自政府权威部门的最新统计报告。这样的来源权威、可靠，能直接利用，无须核实，也不用担心版权问题。但仅仅是来自政府部门的公开数据还无法满足深入挖掘新闻热点的需要，也会局限报道的选题。现在数据的来源已经扩展到非政府研究报告、原始数据和自调查数据等方面。随着我国信息产业发展的整体推进，咨询及智库行业也蓬勃发展，每年有大量各领域的调查研究报告发布，都可用作数据化报道的消息源。例如《商业化的复兴：中国数字音乐产业现状》《解码单身经济：享受一个人的精彩》，这些报道的数据就分别取自艾瑞咨询和速途研究院等机构发布的报告。在使用这类数据源时需注意辨别其可靠性，同时要注意版权问题。原始数据一般来自媒体的合作单位，网络化社会条件下人们的很多态度行为都通过网络接触被记录，如消费、学习、出行等，许多互联网公司都存有大量该类数据，对其分析整理可以发现具有新闻价值的报道素材。新华网和高德地图就合作出品了数据报道《送你一份春节出游必备指南》。分析处理原始数据要求较高能力，还需特别注意个人隐私保护问题。自调查数据，要求记者回归调查采访的基本功，结合社会研究方法获取一手数据。相较其他方式这种方法耗费的时间、人力和财力都较多，但却更容易发掘新鲜故事，"抓到活鱼"。例如在每年的传统节日七夕节之际，媒体都会围绕婚恋问题作报道，澎湃新闻在2018年七夕发布数据报道《我们去了相亲角6次，收集了这874份征婚启事》，报道团队利用周末时间去上海的相亲角调查，将收集的征婚启事进行数据分析得出对当前婚恋观的新解读。这些多渠道的数据来源是数据思维升级的结果，丰富了数据报道的选题，推动了对新闻价值的深挖，同时也对团队的制作能力提出了更高的要求，促使新闻工作者专业素养的进阶。

2.逻辑关联分析

在掌握数据的基础上，计量描述是基本的报道方式，对数据背后事实逻辑的分析则是数据报道追求的更高目标。要发现数据背后的逻辑联系，应注重对数据的深度挖掘，通过数据解读帮助受众从新的角度理解报道对象。数据能够打破人们惯有的感性认知，用独特的新视角展示事件或现象的真实图景。不少媒体已经迈入进阶版的数据处理阶段，澎湃新闻的《169粒进球里的世界杯图谱》通过统计2018年俄罗斯世界杯全部169粒入球的相关数据，让读者从总体上深度地了解这些"世界波"的特点，包括入球位置、进球距离等，更新了不少用户对进球的原有认知。例如，通过展示每粒入球的时间，读者可以清晰地看到在比赛中什么时间段最容易出现进球。报道提出，虽然本届世界杯的"绝杀球"让人印象深刻，但绝杀球的实际数量并不多，仅有8粒，不到上届比赛的一半。如果不是数据的证实，这些事实就被人们的惯常错误认识掩盖了。从新闻理论本身而言，这种利用数据对新闻事实逻辑的建构，真正实现了对新闻真实性的挖掘。

更进一步后，还可对已有的文字、图像材料进行编码，继而挖掘数据，发现报道对象中的隐性关系。2018年新华网数据新闻部联合浙江大学可视化小组研究团队，以《全宋词》为样本，分析词作近21000首、词人近1330位、词牌近1300个，重新解读宋词中的大千世界，制作成数据融媒体产品《宋词缱绻，何处画人间》。项目历时半年，成果丰硕，用户在互动页面上能从崭新的视角重新认识宋词和词人，看到被词人们提及最多的地点，也能清楚地知晓哪些意象最受词人偏爱，哪些词人最爱用什么特定的意象，还能听到宋词朗读的音频内容。如此量化统计和可视化打破了往常人们研习宋词的主流方式，进而也打开了文学、历史研究的新视野。

（三）功能边界的拓展：数据报道的服务作用

除了提供信息的基本目的之外，数据报道积极探索用户服务，从而拓展新媒体的功能边界。

1.社会服务

用户服务是互联网产品思维下的产物，值得媒体借鉴。社会化媒体时代的新闻报道工作不能仅把传播对象当受众对待，而要将其作为用户来服务，了解他们的真实需求并且围绕信息传播展开运营。第一要务便是提供丰富的信息帮助用户做出判断和选择，消除信息不足造成的误解及不安。新华网的数据报道涉及众多民生资讯类话题，例如《送你一份春节出游必备指南》《选择民宿出行的你，真的了解"它"吗？》等报道服务于用户的日常生活。为了应对社会需求中的养生保健潮流，引导正确的养生行为，新华网还特设"健康解码"栏目，用数据提高用户的科学养生知识水平。《HPV疫苗来了！你对它了解多少？》《世界防治肥胖日｜全球肥胖儿童40年增加十倍》等都是契合当时热门健康话题的知识普及型数据产品。

2.舆论引导

从过去一年的案例来看，数据报道在舆论工作领域也大有作为空间。网络舆论进入"后真相"时代，越来越多的新闻被"反转"，公众开始不相信

"有图有真相",此时,数字依然是一种具有可信度的事实依据,发挥着还原真相、廓清误解、消除谣言的重要作用。2018年8月下旬,全国多地菜价上涨,一时间谣言四起,有的声称菜价上涨是中国整体经济下滑的信号,有传言山东寿光遭遇洪水受损严重,也有质疑寿光上游水库泄洪不当,各种声音在舆论场中流动。澎湃新闻用可视化数据清楚地梳理了降雨流量和泄洪时间线,以铁一般的事实说明泄洪是危情之下保证人民生命财产安全的最佳方式,也消除了公众对蔬菜受灾引发价格上涨的恐慌。除了对突发的舆情事件发挥引导作用,数据化融媒体报道还能帮助消解舆论场中长期存在的错误观点。近些年来,多有声音质疑"国进民退",认为国企过多过强,严重挤压了民营企业的生存空间,更是阻碍了中国经济的发展。界面新闻发表的融媒体数据报道《数据告诉你任何否定非公有制经济贡献的观点都是错的》,用实打实的数据有力地回击了"国进民退"的观点。

(四)数据专栏和数据团队的成熟

1.数据专栏的培育

专栏是数据报道最稳定的产出源,数据内容制作团队的成熟保障了数据产品质量的稳定。数据报道专栏是目前数据化内容最为集中的产出源,大量优秀的数据融媒体产品就出自数据报道专栏。一些数据报道专栏已经做成品牌,有稳定的产出和较高的品质保障。这些数据报道专栏产出量大,对热点事件反应迅速,对热门议题有敏锐的挖掘能力。经过几年的发展,目前国内多家主流媒体已开设数据报道专栏,新华网的"数据新闻"、界面的"数据线"、澎湃新闻的"美数课"、每日经济新闻的"图数馆"就是其中的优秀代表。以新华社"数据新闻"为例,该栏目创建于2012年11月,属于最早实践数据新闻的媒体,运营第三年就获得中国新闻奖"新闻名专栏"奖项,其作品也曾获中国新闻奖一等奖。专栏现由新华网数据新闻部运营,下设"讲习所""数据观""数问民生""新极客"等子栏目,产出的融媒体产品包括信息图、图文互动、H5互动页面以及VR页面。栏目更新频率快,作品丰富,对新闻价值的挖掘和对新闻产品形态的探索已经形成品牌效应,而且针对一些体量大、专业性强的数据产品,数据团队也采取对外合作的方式共同开发,这些都为未来数据报道的进一步成熟蜕变做出了有益尝试。

2.数据团队的建设

数据专栏的背后是专业的数据报道团队的支撑。对于有志在数据报道方面进一步探索的媒体，数据团队的建设和培养是关键环节。团队的组建和日常运行有多种方式，依各家媒体的定位及固有资源不同而各异。以下就《每日经济新闻》的数据栏目"图数馆"为例，介绍数据团队建设的一种路径。"图数馆"栏目及团队成立于2015年，其发起人和主要负责人是报社的视觉总监。"图数馆"目前尚属虚拟的团队，除了一名主要负责人为隶属该栏目的常规固定编制，其他成员均来自视觉、采编等部门，团队日常保持6—7人的规模，主要成员以视觉设计为主，对于重大的报道主题或项目，临时参与的人数会根据需求调用更多。"图数馆"保持每周发表2—3篇数据报道，选题主要集中在经济金融领域。报道的发起以数据为驱动，"图数馆"团队在整个流程中承担协调、制作任务。数据报道从发起到生成一般有以下两种方式：一是产品经理提出选题，组织采编、技术、视觉工作人员组成团队，之后根据产品经理的需求进行数据分析、内容整合和界面设计；二是在中央厨房的思维下，如果一线记者采访调查中获得有价值的数据材料，可与数据团队联络并进行数据分析和可视化。

作为虚拟团队，"图数馆"没有硬性考核指标，激励机制更多来自额外酬劳和荣誉实现两方面。每产出一篇数据报道，产品策划和视觉设计师获得相应的稿酬。报社与政府机构及其他单位也有业务往来，鼓励"图数馆"团队对外合作，承接数据报道和可视化项目，对外合作的收益也数倍于日常的稿费。在传统媒体从业人员整体收入不甚可观的当下，这样的对外业务承接确实能产生相当的参与动力。在荣誉实现方面，可以理解为除了获取经济报酬外，团队的成员加入栏目的初心仍是对数据报道的喜爱，"图数馆"团队的作品曾参与全球数据新闻比赛，获得过奖项，这对有理想的新闻人而言是值得骄傲的肯定。澎湃新闻开设了数据报道聚合平台"有数"，媒体机构、自媒体和个人均可注册拥有该平台的公众号，既为用户提供了集中的数据阅读渠道，也让数据生产爱好者们有同台竞技的机会，这于各数据团队而言不失为一种温和的鞭策。

二、当前数据报道中存在的突出问题

近一年来我国新闻业界在数据报道方面确实有可圈可点的表现,但更应看到的是,数据报道进入中国新媒体实践已有多年时间,整体发展依然有限,问题和不足也非常突出。

(一)媒体间的差距在扩大

经过沉淀之后,数据报道在主流媒体中呈明显的两极分化。有的媒体一直重视数据报道,不断创新探索,将数据和融媒体实践合一,让数据成为日常报道的常用元素。

一些优秀的数据化产品已经向国际一流媒体看齐,融合采访、调查、分析等基本新闻技能与当前时兴的信息传播技术,将对数据化报道的探索与媒介融合转型的努力化为一体。但更多的数据报道还停留在较为初级的阶段,仍用Excel生成的基本图形,或将数字用美术字的形式呈现再配上简单图形或照片,缺失对海量数据之间逻辑关联的探究。在新媒体终端的呈现也只是传统媒体的数字化,尚且谈不上融合报道。探究个中原因,首先是各家媒体的重视程度不一,导致投入的资源不等。数据报道对新闻工作者有更多的专业要求,特别在设计或者数据处理方面,需要引进专门的人才或者对原有的报道队伍进行培训,其中投入的时间和资金并非所有的媒体都能负担。另外,在日常的管理制度中,数据化产品需要较为宽松的创新空间,让新闻工作者一定程度摆脱出稿压力,从容地进行内容生产。人民日报中央厨房的"麻辣财经"工作室就得益于对中央厨房试点的极大宽容与支持。

(二)数据报道与新媒体技术的疏离

第二重困境是数字时代的常见问题,即数据的处理和呈现未适应技术迭代。

目前,我国主流媒体新媒体平台的数据新闻报道以小型图表为主,热力图、动态地图、三维时空式图表等综合性元素较少,图表在视觉呈现上较为单一,条形统计图、饼状图、散点图加上静态的可视化处理使得整篇报道缺少冲击力。静态的可视化处理也削弱了作品的交互性，降低了用户体验。

另一个极端是过于追求技术热点，丢失了数据分析的基本功，造成形式大于内容，新闻挖掘浅表化，从而加速了新闻报道与技术的流离。数据新闻的出现突破了传统新闻的报道模式，以数据为核心叙事文本，但这并不意味着数据新闻仅是数据的汇总和可视化呈现。因此，挖掘新闻价值、追求事实真相、讲好新闻故事应是数据报道核心。当前很多数据报道削弱了传统新闻叙事的作用，数据和文字内容的组织更多依照技术特征，为呈现效果服务，而非讲好故事。数据报道的意义在于寻找数据背后的社会意义，发现隐藏的社会问题，聚焦社会群体和热点事件，对话题进行深度分析和预测性报道。但这些都让位于对新技术的追求，丢失了新闻报道的社会意义，反而让技术失去目标，疏离于新闻实践。因此，如何应用新技术，如何平衡技术的优势与限制是未来数据化融媒体产品仍需面对的问题。

（三）未在国际传播中发挥应有作用

数据化融媒体产品的国际传播优势未得到足够重视。数据报道作为世界一流媒体最先提倡的创新报道方式，在西方主流媒体中被广泛应用和推崇，从新闻类奖项颁发的风向到受众调查的反馈都显示数据报道在新闻报道形态中具有很高的接受度和影响力，因此相对于文字文本，数据化报道更适宜在不同文化语境中传播。值得肯定的是，肩负外宣重任的媒体已经初步展开了在新媒体平台的数据化报道实践。中国日报的英文网站常用一种叫"infographs"的报道形式，即用含有数据信息的图片进行新闻报道，涉及领域广泛，以经济为主，覆盖文化、社会等多方面，用西方用户更熟悉的话语方式向世界传播反映中国现状的权威数据。2018年7月初发布的数据报道"A look at H1 economic data"，用17组来自国家统计局、工商总局、海关等部门的统计数据展示了中国经济在2018年上半年的表现，有力地说明了中国经济在多重外界压力下依然稳步前行。报道数据翔实、来源权威，页面设计素雅庄重、紧扣主题。但即便这样的代表性作品也有很多不足之处，如互动性较差、数据量不足。

更普遍的情况是，大量可以用数据报道来实现的国际传播好题材却没有采用数据报道的方式，数据报道的使用率并不高。

三、数据报道的未来变革趋势

数据报道是新闻报道未来发展的重要方向，也是融媒体内容生产大可作为的领域。根据目前我国新媒体传播的特征和数据报道领域存在的问题，为适应数据化融媒体产品未来的变革趋势，数据报道需在制作思维、制作流程方面有彻底的突破，充分发挥在国际传播中的优势，还要预见性地防范潜在的数据安全问题。

（一）用产品思维做好融媒体时代的数据报道

数据报道，特别是数据化融媒体产品区别于传统新闻报道的核心是其产品思维。传统新闻报道的叙事围绕新闻的五个基本要素讲述故事；数据报道则以数据为驱动的报道活动，其涉及的领域更广，有别于传统新闻生产的流程和技术逻辑，未来数据报道的创新突破也正是集中于此。习总书记提出："在信息生产领域，也要进行供给侧结构性改革，通过理念、内容、形式、方法、手段等创新，使正面宣传质量和水平有一个明显提高。"[1]产品思维是融媒体时代新闻报道的创新路径，也是对新闻舆论工作者掌握新知识，开拓新视野，增强新能力提出的具体要求。

产品思维没有确切的定义，但可从其涵盖的内容窥知精要。传统的新闻报道其实是产品开发的流程之一，即内容生产。此外还有市场调查、竞品调研、交互设计、技术实现，乃至收益反馈和团队协作等环节。一篇数据报道是多方协作、经历多环节打磨的成果。产品思维的首要体现是重视用户，熟知用户心理、尊重用户习惯，这与新闻传播重视传播对象的原理一致。数据产品的制作需从用户角度选题选材；在分析阐释数据时要从普遍用户的认知水平予以解释说明；产品发布后要做后期运营，还要跟踪搜集反馈。产品思维强调观察与调研，主张深入生活细节，观察问题，发现问题背后的原因，这与新闻舆论工作提倡的"增强四力"相符合。数据报道不能只停留在对现成数据的简单整合、描述，而要运用脚力深入社会，下沉到基层；运用眼力

---

[1] 习近平：《加快推动媒体融合发展　构建全媒体传播格局》，《求是》，2019年3月16日第6期。

调查掌握一手数据；运用脑力勤思考、多分析，发现真正的问题；再运用笔力，用群众看得懂、能理解的可视方式，呈现出符合用户需求，群众喜闻乐见、愿意使用的数据产品。

（二）用社会研究方法分析处理数据

数据报道在数据收集、分析的过程中不仅需要记者新闻工作的基本功底，更需要社会研究方法的助力。社会研究方法能帮助数据报道实践者可靠地获取数据，科学地分析数据，准确地理解数据。因此在产品思维之外，掌握社会研究方法也是未来数据报道实施者的必备技能。

做好数据报道既要有了解社会的基本功又要具备一定的数据素养。数据报道在技术的支撑下实现了对数据收集、数据分析的进一步精确化、科学化。在收集数据资料的过程中，需要对数据进行基本判断，是否有用、是否可信，数据对于目标问题的分析是否具有代表性等，甚至报道者应掌握大数据挖掘的方法。更重要的是培养科学的数理逻辑和统计思维，以便科学处理数据，厘清数据背后的关联。首先，要能针对数据内容提出研究假设并用实证方法进行验证。这一步是数据思维和新闻报道的结合点，假设既要建立在对探究对象扎实了解的基础上，又要满足数据内容的支持。其次，要能把较为复杂的统计概念明白地解释给用户。新闻工作者在数据报道中的职责就是帮助公众科学地、正确地理解数据。数据报道的用户面广、影响范围大，若数据解读错误将为新闻舆论工作带来极大的负面影响。例如，一套数据某个变量的均值随时间变化下降，是否意味着该变量整体呈减少趋势？一般公众可能对均值只有最表面的认知，在不同的样本分布中，光靠均值很难真正掌握变量的变化趋势，了解众数、中位数等才能认清数值变化的含义。此时，数据报道就应该帮助公众看明白统计数据所反映的真实状况。

（三）充分发挥数据报道在国际传播中的优势

随着中国国际地位的提升，对国际话语权的需求也越来越强烈，我们更需要向全世界展示自己，讲好中国故事，廓清误会、增进了解。讲好中国故事的内涵十分丰富，这其中包括用好叙事方式。在当今的国际社会，距离和国界已经不是阻碍交流的主要因素，语言和文化更为关键，数据报道正好能有效地解决国际传播中的这两个难题。各个国家因制度文化的不同，其新闻话语也各有差异，但相对而言，对数据的理解和认知更多遵循数理逻辑。与文字表达相比，传播对象在接触数据内容时需跨越的文化障碍缩小了，同时数据内容在客观真实方面的优势更易得到外国用户的认同。因此，未来应加大国际传播中数据报道的力度，充分发挥数据报道的优势，按照传播对象的文化语境构建新的话语体系，发挥数字的客观说服力，让"更多国外受众听得懂、听得进、听得明白"[①]，这既符合国际传播的需求，又符合数据报道的发展趋势。

目前，我国的数据报道在国际传播领域产生的影响还较为有限，除了主要承担外宣任务的中央媒体，大多数地方主流媒体还没有重视数据报道的国际传播功能。若要充分发挥数据报道在国际传播中的力量，形成新媒体平台的数据报道传播矩阵是一条可行的路径。可将适宜国际传播的数据报道内容翻译成相应的目标对象语言，数据化的融媒体产品重在用可视化数据讲述故事，文字表达的内容不多，一般省级媒体的人才力量可以胜任相关内容外语翻译的工作。如此不仅没有额外增加媒体的投入，还能实现了报道内容的多端活用，增强国际传播的效果。只有大量的媒体加入国际传播工作，才会真正形成矩阵效应。在传播的矩阵中多采用数据报道，将中国话语融于全球表达，国际传播的良好局面才会开花结果。

（四）注意防范数据使用的潜在风险

融媒体数据报道开辟了新媒体平台上新闻舆论工作的新空间，但也会引发新风险。从个人隐私到国家安全，都可能因为数据的收集和利用受到威胁，因此数据报道实践还应未雨绸缪，防范潜在风险。这不仅是新闻工作应有的题中之义，也是社会治理的重要方面。

数据挖掘、利用的过程中出现风险的诱因很多。一是因数据素养不足造成的报道失实。这就要求在数据挖掘中注重数据源的权威性和科学性；在数据清洗中保持对异常数据、缺失数据的理性判断；在数据分析过程中懂得用恰当的方法对数据进行运算处理；同时，要对数据结果正确解读、合理使

---

① 习近平：《加快推动媒体融合发展 构建全媒体传播格局》，《求是》，2019年3月16日第6期。

用，引导公众理性认知分析结果，避免因缺乏统计知识而产生的数据误导。一旦数据利用不恰当、数据失实，首先损害的是媒体的公信力，甚至直接诱发无端的揣测和不安的社会情绪。二是注意数据收集、分析及披露过程中对个人隐私权的保护。信息传播技术虽是日新月异、不断升级完善，但终究非百分百可靠，数据泄露的事件近几年在国内外都频繁发生，给个人生活和公共安全造成极大困扰。媒体工作人员要注意在数据接触的过程中严格遵照合作约定、遵循操作规范、遵守相关法律法规，保障数据的合理规范使用，保护个人的隐私受到合法保护。更为重要的是，在数据获取和披露过程中要有国家安全意识，防止不该泄露的信息经由数据报道直接或间接地公开。

防范数据使用带来的风险可从多方面入手。就个人而言应提高政治意识，时刻警惕；增强法律意识，知晓边界所在；提高数据素养，培养数据安全处理的能力。就新闻工作的中观层面而言，新闻机构要严格把关，坚持规范的新闻报道核实流程；进行行业自律，避免因数据报道而引发的伦理道德问题。就宏观层面而言，领导机构要发挥监督指导的职能；立法机关更是要加速立法进程，让数据的获取、使用及保护有法可依。

第四节　技术篇

4.1　智能化技术驱动下的传媒业变革

彭　兰[①]

摘　要：近年来，人工智能、大数据、物联网、VR/AR等技术正在进入传媒业一线的核心领地，驱动了传媒业的全面变革。在内容生产方面，智能化技术已经进入媒体的信息采集、内容加工、内容审核、用户反馈等各个生产流程，未来更有可能实现全流程的深层渗透。智能分发技术也为内容的传播带来了新的模式与新的平台，算法分发平台不仅实现了内容的个性化推荐，也在逐步实现人、内容、服务之间的多元连接，未来的个性化分发还可能会以私人管家的方式体现。智能化技术也推动了内容市场的变革，改写了内容产业中的生产关系，也带来了新的风险，伦理的约束对风险防范至关重要。

关键词：智能化媒体；算法；内容分发；内容产业；算法伦理

Revolution in Media Industry Driven by Intelligent Technology

Abstract: In recent years, applications of new technologies such as AI, big data, IoT and VR/AR have been resulting in an intelligent revolution in media industry. These technologies have infiltrated in the whole procedure of content producing including information collecting, checking, processing, and users' feedback. New information distribution models and platforms are also arising with the support of algorithms, which not only supply personalized information to users but also connect people, content and services in various channels. In the future, customized information distribution service may be offered by digital "personal steward". New technologies are reshaping the content market, changing the production relationships of the content industry, and bringing many new risks as

---

[①] 彭兰，清华大学新闻与传播学院教授、博士生导师，新媒体研究中心主任，湖南师范大学潇湘学者讲座教授。

well. Adhering to ethics norms is vital for the prevention of risks in the time of AI.

Keywords: Intelligent media, Algorithm, Content distribution, Content industry, Algorithmic ethics

近几年，人工智能及相关技术正在进入传媒业一些的核心领地，大数据、物联网、VR/AR等各种技术的进展，也与人工智能的发展相互呼应。它们的共同作用，在内容生产、内容分发的各个环节引发了变革，也在影响着传媒业的未来走向。

一、智能化技术在内容生产中的全流程渗透

在内容生产方面，智能化技术已经进入媒体的信息采集、内容加工、内容审核、用户反馈等各个生产流程，未来更有可能实现全流程的深层渗透。

（一）新空间、新维度：智能化技术扩张的信息采集力

过去媒体要获得新闻报道所需要的信息，主要依靠"人力"，即依赖记者的现场观察力、采访突破力、信息收集力以及分析判断力等。但是，智能化技术使媒体信息采集延伸到了以往人力难以企及的新空间，信息类型及来源越来越广泛，也出现了一些新的信息维度。

1.给记者第六感：智能技术辅助采访

在新闻采访中，记者需要事先做好准备，才能对采访对象、环境等方面的信息有所了解，记者的准备充分程度与判断能力会影响到采访的深入程度，在突发事件、重大活动等现场，要迅速进行人、环境等相关信息的识别，更是对媒体人的一种考验。而智能化技术可以帮助人快速识别某些对象并进行相关信息收集，其中，智能眼镜因其随身性，更适合各种采访场景。2014年两会期间，有记者佩戴"谷歌眼镜"进行采访，2019年两会，智能AR眼镜再次现身。智能眼镜拍摄的"第一人称视角"的视频，可以增强视频的代入感，但它在对象识别与数据采集方面的潜力更值得挖掘。未来在5G技术的支持下，没有延时的数据获取，更是可以进一步提高智能眼镜作为采访辅助工具的效率。

除了智能眼镜外，未来的媒体内容生产系统也将有更多的目标识别与信息检索的功能。新华社与阿里巴巴合作成立的"新华智云"开发的"媒体大脑"系统，正在进行这方面的探索。它的一个重要板块是人脸核查，帮助媒体人在海量的新闻图片、视频中，精确定位特定人员，或在海量的新闻图片中，精确识别图片中的人物，构建图像中人物的关系图谱。图像识别技术可以从人脸识别延展至特定标识、文字识别。①此外，智能技术也可以帮助记者快速将录音等音频信息转换成文字信息，提高采访与写作的效率。

当然，无论智能技术如何扩张信息采集能力，在新闻报道中，人的采访仍是核心，媒体人在现场的观察与调查仍是不可或缺的。

2."巨""微"并重：信息采集向大数据与个性化的双向延伸

智能时代也是大数据时代，物联网和智能技术也为大数据应用提供了新的数据来源与分析手段。在这样的背景下，新闻报道所依据的数据，也将部分基于大数据，特别是在反映整体性状况、普遍性态度与情绪或预测事物走向的情况中。

在国内，大数据在新闻中的应用已经起步，例如，2015年10月央视推出的"数说命运共同体"专题中，为了推导出全球货运量增长以及途经"一带一路"沿线主要国家的海上货运量增长这两个关键数据，5位数据分析员用了21天分析从GPS系统（全球定位系统）获得的"全球30万艘大型货船轨迹'，分析比对的航运数据超过120亿行。②虽然目前国内媒体在这方面的实践还有限，但技术的发展也会推动媒体大数据应用的发展。

值得注意的是，看似客观的数据，并不必然使报道更接近真相，有时可能因为数据获取的不完整或数据的误用，给真相的发现带来更多障碍。媒体需要不断提高其数据采集、分析与处理能力，这对于媒体来说是一个很大的挑战。而拥有大数据处理能力的技术公司，也可能由于不懂新闻规律、缺少专业价值观与伦理的约束，或者受到利益的干扰滥用其数据权力。在大数据应用方面，未来的媒体与技术公司之间必将达成更多的合作，也会有新的博弈。

---

① 傅丕毅、徐常亮、陈毅华：《"大数据+人工智能"的新闻生产和分发平台——新华社"媒体大脑"的主要功能和AI时代的新闻愿景》，《中国记者》，2018年第3期：17-20。

② 引自中央电视台节目《数说命运体第1集：远方的包裹》，2015年10月3日。

与此同时，智能技术也在将媒体所需要的信息采集向"微观"甚至个性化层面发展，也就是更多地获得来自个体的信息。例如让聊天机器人充当记者的角色，通过它们与用户的个性化互动，获得个体的反馈，《南方都市报》的智媒体实验室正在研发的智能采访对话机器人①也在进行这个方向的尝试。可穿戴设备也将成为收集个体层面信息的重要手段。"颗粒度"精细到个体的信息采集可以为个性化内容生产提供精准的依据，同时个性化的数据往往也是大数据的基础，它们可以集成为大数据。

向"巨"和"微"两个方向延伸的信息采集，以及其他层面的数据引入，会给媒体的选题策划、传播优化、用户分析等带来新的思路与手段。

3.万物皆媒：传感器成为新信息源

物联网、5G等技术将推动"万物互联"，而从传媒业角度看，万物互联也意味着"万物皆媒"。搭载智能设备和传感器的智能化物体将作为信息的采集者、传递者甚至加工者，成为内容生产的全新信息源。这意味着，一方面，智能设备和传感器等，可以成为人的器官的延伸，在人的感官不能达及的层面，"人"借"物"力可以获得更强的信息获取与判断能力。另一方面，未来也可以做到以"物"知"人"，即通过智能设备、传感器等数据，更好地理解人的行为与状态、人所处的社会环境等。

新华社的"媒体大脑"也已经涉足物联网的应用，它计划将上千个摄像头和数以万计的传感器作为其信息源，除了政府所拥有的摄像头与传感器，也与物联网装置的业者进行合作，获取例如行车记录仪视频、雾霾空气监测数据等信息。②

传感器在新闻业的应用，给媒体带来了新的想象空间，但这也会给媒体带来全新的挑战。传感器的数据在传媒业之外，相关的数据处理技术对媒体来说也是陌生的。一些拥有传感器基础设施与数据的企业，不仅控制着数据，甚至可能自主发布相关信息，而不再需要借助媒体。传统媒体需要迎接与熟悉"物联网思维"，也需要尽早寻求物联网领域里的合作伙伴。

---

① 李芷琪：《机器人小南，全年无休帮你打听猛料》，《南方都市报》，2018年12月14日AA10版。
② 《上千摄像头、破万传感器助攻，10秒钟一篇新闻，新华智云媒体大脑诞生》，搜狐科技，http://www.sohu.com/a/209624005_354973，2017年12月10日。

（二）多媒体贯通、人机协同：智能化内容加工的走向

近几年，智能化内容加工技术也在进入传媒业，从文字到多媒体处理，智能化处理的生产线在不断延伸，而智能技术的角色，也从独立创作者逐渐扩展为媒体人的创作伙伴。

1. 从机器新闻写作向智能化多媒体生产的扩展

人工智能技术进入内容生产领域的早期形式之一是机器新闻写作，即基于数据的自动化采集和新闻模板，用软件实现自动化写作。机器写作为财经、体育及其他领域的类型化新闻写作提供了一种快捷的方式。在中国，腾讯、新华社、今日头条、《钱江晚报》、封面新闻、《南方都市报》等都开始采用这样的写作工具。2017年腾讯的写作机器Dreamwriter每天发布的各类稿件就已经超过2500篇，平均每篇生成速度不到半秒，[1]它也已尝试借助武汉长江大桥上安装的传感器提供的数据生成新闻[2]。2019年，封面新闻的小封机器人每月发稿量达到6000篇以上，涉及体育、财经等10多个领域。[3]

机器写作生产效率高、传播速度快，它们可以实现在特定领域内的全范围、全时化生产，同时兼顾大众与小众需求；机器也可以自动实现相关信息的关联，丰富与拓展稿件内容。尽管写作机器的创意写作能力也在增强，但机器写作的稿件对新闻现场的描绘能力有限，对新闻的解读、评论能力有限，也难以传达人类的复杂情感。因此，机器写作并不会动摇人在新闻写作中的主导地位。

在图片方面，智能拍摄、智能优化，甚至图片的智能化合成等，都已经在实践中得到应用。音频的智能化生成、编辑、识别等应用，也有市场的动力，技术上也越来越成熟。

视频的智能化生产技术，近年来也在快速发展。目前主要解决的应用包

---

[1] 《腾讯写稿机器人上线两年　如今每天写超2500篇稿件》，每经网，http://www.nbd.com.cn/articles/2017-04-18/1095682.html，2017年4月18日。

[2] 《长江大桥11月日均车流量9.2万　日高峰车流10.4万》，腾讯大楚网，https://hb.qq.com/a/20171201/009499.htm，2017年12月1日。

[3] 闫雯雯：《小"封"写诗　探索"AI+场景"》，《华西都市报》，2019年3月11日第9版。

括图片的短视频化、同主题视频集锦生成、长视频的短视频化处理、智能化导播、自动字幕生成、视频封面的智能化生成、智能编目等。

视频内容自动生产的"新一站",是自动完成视频的拍摄与加工。2017年12月,新华社发布了首条MGC(机器生产内容)视频新闻,这条时长2分08秒的视频由"媒体大脑"中的"2410(智能媒体生产平台)"系统制作,计算耗时只有10.3秒。它报道了在第五届中国新兴媒体产业融合发展大会上新华社宣布"媒体大脑"投入使用的消息。作为一条会议新闻,它在很多方面与媒体人所拍摄的新闻还有差距,但是,它在背景信息的延伸和对参会者的多方位分析方面,已经超越了记者的常态思维与能力。此后,在两会、"世界杯"、世界互联网大会等活动报道中,媒体大脑也生产了大量视频。

智能主播,也是智能化内容生产的一个应用方向。2018年11月,新华社开发的国内首个全仿真男性形象的人工智能主播开始上岗;2019年2月,新华社又推出了一位女性形象的仿真人工智能主播。2019年5月,人民日报社首款人工智能虚拟主播在2019中国国际大数据产业博览会亮相。虽然目前的人工智能主播在很多方面还不能与真人主播相提并论,但未来它的进一步发展,有助于将人类主播从"劳动密集型"工作中解放出来,去寻求新的价值空间。智能主播在准确传达信息、自动核实信息、快速搜索相关信息等方面具有优势,而人类主播则需要在观点表达、文化积淀、情感交流、临场应变等方面发挥自己的特长。

在多媒体的整合方面,智能技术也有一定的优势。目前智能化技术已经可以自动寻找适合文字的配发图片。目前的图文组合,主要是通过文章与图片的标签的匹配来实现,而未来的智能配发图片,或许不仅仅从内容的匹配度出发,还需要从用户阅读心理需要出发。可以预期的是,除了图文外,其他多媒体的智能组合技术也将日趋成熟。

此外,智能化技术将要解决信息的专题化、逻辑化整合问题,以更好地应对信息碎片化的挑战。

在内容进入分发环节后,智能技术还有可能持续对内容进行优化,例如风格优化(根据用户的反馈,对标题、图文组合、语言风格等进行调整)、路径优化(通过数据分析为内容寻找更好的分发路径)等。

2. 从机器独立运作向人机协同生产扩展

目前开发的一些机器自动内容生产系统，主要体现为机器的独立运作，但未来更多的内容生产将依赖于人与机器的协同。

在机器新闻写作领域，基于人机协同模式的新探索正在进行。腾讯Dreamwriter开发团队提出了人机协作2.0的目标，希望通过智能技术实现记者与编辑、记者与机器、编辑与机器记者的协作与生产流程的升级。[①]而在"封面新闻"开发的"封巢"智媒体融合系统中，机器人小封也在采编人员写作过程中给予智能协助，从写作习惯、关键资料推荐、文章核查等方面，帮助采编人员提升写作质量和效率。[②]

与文字写作一样，仅仅依靠机器自动生产的视频也有其局限性。因此，未来机器可以更多地在信息的扩展与挖掘等方面成为人的辅助者，人机协同可以使视频内容在保持人的心理与视觉感受、审美、思考等基础上，在某些方面实现拓展。

机器的内容生产水平也在不断提高，未来它们与人的创作之间的界限何在，人在内容生产中的定位将会发生哪些改变，这些都是未来的传媒业不得不回答的问题。可以预见的是，在内容生产领域引入智能化的工具，不仅仅是为了将人从某些机械、刻板的工作中解放出来，更重要的目标是推动机器与人协作，拓展人在某些领域的能力。人机协作，将在选题的策划与发现、深层规律的探析、知识的提炼、未来趋势的预测以及传播效果的分析等方面带来新可能。能否实现这些目标，取决于人对智能化技术的认识与开发能力。与此同时，媒体人的一些传统手艺，例如，在新闻现场的观察、采访能力，对于复杂现象、问题的思辨能力，以及人文情怀等，不能因为机器的出现而弱化，它们更应该作为机器时代的人的核心能力与价值得到强化。

（三）海量、高效、模式创新：智能化技术下的内容审核

由于生产者的多元化，新媒体时代的内容质量越来越难以保障，从文字

---

① 出自Dreamwiter团队负责人刘康在2018年12月腾讯芒种特训营公开大课上的演讲。
② 孟梅、崔江、艾晓禹：《未来媒体长啥样？封面新闻亮相智博会揭晓智媒体真面目》，封面新闻，http://www.thecover.cn/news/1079443，2018年8月24日。

毛病到事实偏差再到版权问题，错误千变万化，完全靠人工来完成内容审核已不太现实，智能技术应用于内容审核也就成为必然。智能技术不仅可以面对海量内容进行高效处理，也为识别谣言、假新闻、不良信息等带来了新模式。

目前腾讯的Dreamwriter已经开发了智能纠错等功能，目前每天可以纠错3000—4000处，每月完成相似内容排重近17万条。① 智能系统也为版权核查提供了快捷方式，新华社的媒体大脑通过对全网近300万个站点的监控，来判断版权方面的问题。② 在今天这样一个"后真相"时代，虚假信息数量激增，信息核查与判断的任务也变得更为艰巨，在虚假信息和不良信息的核查方面，智能化技术在某些方面可能优于人，也可能带来信息核查的新思路与新机制。

智能化技术主要通过如下四个方面核查内容质量。

第一，来源分析。对信息来源的分析，有助于判断信息的可靠性或质量。智能技术的数据处理能力，可以在这方面大大提高核查的广度与效率，特别是通过溯源传播路径追查信息源头。

第二，语义分析与模式识别。通过对文本语义分析或对声音、图像中的一些模式特征的识别来发现虚假信息或不良信息，也是自动化信息核查的一种主要方式。虽然机器也可能出现误判，有害信息的文本特征也会不断变化，但通过人工的辅助，以及机器的不断学习，未来的分析与识别准确度会不断提升。

第三，交叉验证。对与同一对象相关的不同来源的信息进行交叉核实，也是信息核查的一种重要方式。传统媒体通常需要对新闻进行"多源求证"，这一思路同样可以延伸到机器的审核中，而无疑机器的效率更高。

第四，演变跟踪。对一条信息从产生、传播到变异的过程进行跟踪分析，这是机器审核的特长。这不仅可以帮助人更好地判断信息源头，也可以发现带来信息变异的那些关键节点以及信息发生的改变。

---

① 《腾讯陈菊红：流量思维让用户沙里淘金，ConTech未来可期》，腾讯科技，http://tech.qq.com/a/20190521/007348.htm，2019年5月21日。

② 《独家专访：新华社"媒体大脑"背后的算法机制》，网络传播杂志微信公众号，https://mp.weixin.qq.com/s/ATTYiJnRIOvaslzBNrB-4Q，2018年5月29日。

（四）个性化、场景化、传感化：智能化技术下的用户分析与反馈机制

智能化时代的内容生产，在某些方面是用户驱动的内容生产，这建立在对用户需求和反馈的精准把握上。

未来对于用户的分析，将有可能精细到个体层面，并且会关照不同场景下个体的具体需求。对用户所处的场景，如空间与环境、用户实时状态、用户生活惯性、社交氛围等的洞察与分析，将依赖包括可穿戴设备在内的移动终端以及处于各种时空环境中的智能化物体。

伴随着场景化、精确化的用户分析，出现了用户与内容之间的智能化匹配。各种智能物体不仅可以为用户场景分析提供数据或依据，也能作为新闻接收的终端为用户提供无所不在的信息获取。从随身的手机、可穿戴设备，到家庭内或各种移动空间中的智能系统，再到智能汽车这样的新信息系统，未来人们可以在各种环境中利用不同的终端获得更有针对性的信息。

此外，传感器也将重新定义传播的反馈机制。可穿戴设备等与人体相关的传感器，将使用户反馈从意见层面深化到人体生理与心理层面。相比传统的问卷调查等反馈形式，人的生理数据不会说谎，反馈信息也更真实。

2018年3月两会期间，在李克强总理做政府工作报告时，新华网影视传感评测实验室进行了一场同步实验。Star生物传感智能机器人实时收集了收看报告的30位观众的情绪生理变化，描绘出他们的"情绪曲线"，并生成了一条新闻。虽然目前我们还不能完全确定现有技术条件下数据的可靠性，但这种方向是有启发意义的。

虽然对于一般新闻生产而言，如此精确深层的用户反馈并非必要，但是在某些重大题材的新闻传播中，这个层面的用户反馈将使媒体对于其传播效果有更深入的认知。

这样一种手段，也可以使新媒体用户研究进入一个新的层次，以生理或心理性反应数据，来认识用户行为特征，在未来将变得普遍。另外，这些精准的用户反馈，在某些时候又可能成为信息源，成为新的新闻或信息生产的源头或依据。但这也会把用户推向更多的隐私风险中，因此，在完成必要的用户信息收集的同时，尊重和保护隐私成为巨大的挑战。

二、智能化技术影响下的内容分发

新媒体的发展过程，也是传统媒体之外内容分发渠道不断兴起的过程。进入门户时代，商业门户网站这样的第三方内容整合平台，成为重要的内容分发平台。搜索引擎普及后，它作为内容分发工具的作用也凸显出来。Web2.0时代的到来，使社交平台成为公共信息传播的一种新渠道。今天，算法分发技术也为内容的传播带来了新的模式与新的平台。

（一）从算法推荐到多元连接：智能内容分发平台的兴起

对于普通用户来说，在内容产业中，他们能感知到的最直接的智能化应用，是基于算法的内容分发平台。

2012年，运用算法进行内容推荐的今日头条客户端发布。2013年，类似原理的一点资讯上线，四年之后它获得了《互联网新闻信息服务许可证》。2015年，腾讯推出了天天快报平台。2016年，同样以推荐算法为核心但被认为代表了"市场下沉"的趣头条推出。

这些以智能化内容分发技术为核心的新的内容聚合平台，通过算法对海量内容进行筛选与定向推送，使内容可以更快地到达与之匹配的人群，内容分发的速度与效率得以提升，用户也可以更快捷地获得自己感兴趣的内容。

算法分发平台的兴起，也带来了一些新的现象与问题。对于传统媒体来说，它们除了感受到这些平台对用户的分流外，也因自己的内容被这些平台"侵占"而担忧，一些媒体也因此起诉平台侵犯其版权。2018年10月，在历时3年之后，江苏省高级人民法院终审判决，字节跳动公司（今日头条的母公司）因未经授权转载现代快报4篇文章，须赔偿经济损失10万元。尽管类似这样走上法庭的对抗只是个案，更多媒体选择了与平台合作，但传统媒体与平台的博弈并不会停止。

2017年9月，人民网连续发表三篇评论，对与算法平台相关的低俗内容、信息茧房、创新中的秩序与规则等问题进行分析。①几家代表性的算法平台，也先后因内容问题被管理部门要求整改。

虽然存在一些问题，但算法分发已经成为智能时代不可缺少的选择，许多媒体开始重视算法分发平台的应用，与这些平台达成合作。人民网也在2018年推出了"人民号"这样一个算法分发平台，并力图探索个性化推荐与专业价值判断结合的"党媒算法"。

今天的算法分发客户端，已不仅是内容分发的渠道，也成为综合性平台。头条号、一点号等，为媒体、自媒体提供了更自主的内容发布机制，这为平台吸纳了更多原创内容生产者，平台在经济收益上对原创内容生产者的回馈，也在一定程度上缓解了媒体的版权焦虑。一些平台也在向社交、电商等功能拓展。可以预见，智能分发算法，在实现人与内容的连接的同时，也会致力于适应人与人的连接、人与服务的连接需要。

（二）平衡与兼容：内容分发平台需遵循的原则

算法分发未必一定带有某些原罪，但是，它需要不断改进，以更好地实现以人为本的服务目标。算法平台也需要像媒体那样，将自己视作一种社会公器，而不仅仅是企业所控制的渠道。作为公共服务者，算法平台需要实现多方面的平衡与兼容。

1. 机器价值观与专业媒体价值观的兼容

智能化内容分发，降低了人工分发的工作量与成本，也有助于克服人的偏见，但是，如果算法只是机器所做的价值判断，专业人士的价值观在算法设计中缺位，媒体过去坚守的价值观完全被量化的算法指标所取代，也有可能会导致内容生态的恶化。

---

① 羽生：《人民网一评算法推荐：不能让算法决定内容》，人民网，http://opinion.people.com.cn/n1/2017/0918/c1003-29540709.html，2017年9月18日；羽生：《人民网二评算法推荐：别被算法困在"信息茧房"》，人民网，http://opinion.people.com.cn/n1/2017/0919/c1003-29544724.html，2017年9月19日；羽生：《人民网三评算法推荐：警惕算法走向创新的反面》，人民网，http://opinion.people.com.cn/n1/2017/0920/c1003-29545718.html，2017年9月20日。

2. 分发与把关的兼容

今天内容生产者的多元化，既带来了内容的极大丰富，也加剧了内容良莠不齐现象，从而加大了内容把关的复杂度与困难度。

面对复杂的传播环境，智能化内容分发平台不仅需要解决内容与用户间的连接问题，也需要以媒体的基本原则与专业性来进行内容的把关，这对平台提出了更高的要求。目前的几家算法分发平台都有相当规模的人工审核团队，即使如此，仍然会面临各种挑战。

把关问题的解决在某种程度上也需要人工智能的力量。如前所述，通过人工智能建立的模型来识别某些类别的"问题内容"，在今天已经变得越来越可行。一个必然的目标是，机器在完成内容分发的同时，也需要扮演把关者的角色，并且，这种把关将成为人工把关的一种补充。

3. 个性化满足与公共整合的兼容

算法分发出现的原始动力，是满足用户对内容的个性化需求。在初期，算法未必能完全算准人们的需求，算法的改进，有助于提高内容与用户间的匹配精准度。

但改进精准度未必是算法提升的唯一目标。对于个体来说，个性化内容分发可能会强化"信息茧房"现象。信息茧房是人的选择性心理的作用结果，即用户在阅读偏好、态度与立场等因素的影响下，只选择接触愉悦自己或自己感兴趣的某些内容，导致其视野变狭窄，对社会环境的认知不充分。尽管这一现象在传统媒体时代也存在，但是，围绕个人兴趣建立起来的个性化推送的算法可能加剧这种现象。

未来的算法除了要准确定位用户当下需求外，还需要预测需求的自然转化方向、激发用户的新需求，以破解算法对用户的束缚。此外，未来算法还需要充分考虑用户的多重"关系"，包括社交关系、社群关系、社会关系等，通过算法更好地实现人的关系连接。

从社会整体来看，多元信息的均衡流动，是健全的传媒业的重要特征，是公众完整了解社会环境的基础。但代表着智能化分发的算法分发，有可能带来信息流动的失衡。基于算法的推送可能会造成一些信息被放大，另一些信息被"遮蔽"，当公众通过这样的失衡的"拟态环境"去认识社会时，也可能产生认知上的偏差。

媒体的重要目标是帮助人们充分全面地了解自己的生存环境，帮助不同社会阶层、群体的人们进行沟通，进而实现社会的整合。如果智能化、个性化服务走向狭隘与极端，则与这样的目标背道而驰。未来的算法需要在谋求更精准的个性化推送的同时，优化公共性信息服务，解决个性化内容与公共性内容的平衡、个性化服务与社会整合的平衡。

4. 商业运营与公共责任的平衡

今天有影响力的几家算法分发平台也是企业的商业运营平台，赢利的目标会干扰其作为内容平台的公共性。在一些平台上，内容与广告混杂传播的现象越来越突出，这可能误导用户，或者损害用户体验或用户利益。在商业运营与平台的公共责任间寻求平衡，也是内容分发平台需要解决的问题。

包括算法在内的平台规则也会影响平台的内容生态。平台应该致力于营造一个良好的内容生态，尊重内容生产者的各种权利，给优质内容的生产者提供激励政策，为草根的、多元的生产者提供持续的动力支持。

当平台在内容分发中的话语权越来越强时，对这种权力的自我约束，也会成为平台公共责任的体现。

（三）从集中到分散，从公共平台到私人管家：智能分发的另一种可能

虽然目前的智能分发平台在市场上形成了突出的影响力，但它们并不能代表智能分发的全部模式。

一方面，内容生产者希望更好地掌握自己的分发渠道，不受限于某一个内容分发平台，他们未来会加强智能分发技术的应用，谋求多渠道的自主分发。例如，《钱江晚报》采取人工推荐和机器自动推送相结合的方式，已开拓了10余个分发渠道，试图打造一个涵盖主流新闻客户端、头部工具类APP内容流、智能语音系统、游戏平台、物联网系统的立体式内容分发网络。①虽然类似这样的方式短期内不会动摇主要的内容分发平台的影响力，但从长远来看，媒体摆脱分发平台控制的张力会越来越大，渠道分散的可能性会增强。

另一方面，未来用户这端的信息获取也会走向场景化，而结合场景的智

---

① 蒋梦桦：《从人工智能到AR世界：2017中国纸媒的融媒探索——从〈钱江晚报〉的改革谈起》，《中国记者》，2018年第1期：42-45。

能分发不会只集中于某一个平台上,渠道的分散也是必然。

2018年12月,《南方都市报》将原来定位于写稿机器人的智能工具"小南",全面升级为"智能信息管家",利用大数据的算法在海量信息中实时筛选出最新最热的资讯,生成最精简的摘要,实时推送到用户移动端,从而满足用户随时随地了解各行各业讯息的需求。[1]

虽然小南的信息管家功能目前还显得比较简单,但信息管家的思路,或许是未来智能分发的另一种发展方向。用户可以在任何场景下,通过适配的终端或渠道,通过信息管家获得自己需要的内容。个性化内容接收的终端也不限于手机,可能向智能家居、智能汽车等空间中的各种智能设备延伸。

早在二十多年前美国学者尼葛洛庞帝就在《数字化生存》一书中预测,数字时代会出现一种界面代理人,它可以阅读地球上每一种报纸、每一家通讯社的消息,掌握所有广播电视的内容,然后把资料组合成个人化的摘要。这种报纸每天只制作一个独一无二的版本,成为"我的日报"。[2]显然,未来的智能管家的信息源不会局限于专业媒体,它呈现的形态也未必是报纸,但这样的个性化信息管理与服务,在智能时代会越来越成为常态。

就像今天的分发平台一样,智能管家同样需要解决个性化需求与公共整合间的平衡,尼葛洛庞帝也认为,在拥有"我的日报"的同时,我们还需要公共性的"我们的日报"。智能技术如何帮助形成与传播"我们的日报",也是一个值得探索的问题。

三、智能化时代的内容产业变革与风险防范

(一)产品线延展、边界模糊:智能化应用推动的内容市场变革

在智能技术及其应用的支持下,传媒业的内容生产能力将大大增强,对多样化市场的供给能力也将增强,产品线不断延展。

智能技术有助于改善面向小众的内容生产的投入产出比,这也意味着"长尾"需求可以像"头部"需求一样得到尊重与满足,内容产品线可以向

---

[1] 李芷琪:《机器人小南,全年无休帮你打听猛料》,《南方都市报》,2018年12月14日AA10版。
[2] 〔美〕尼葛洛庞帝著,胡泳等译:《数字化生存》,海南出版社,1997年,第181页。

小众市场拓展，未来甚至可能做到面向特定对象进行定制化内容生产。

深层的数据开发和智能化技术也会推动媒体从资讯产品生产向数据产品生产扩张，这也会为媒体拓展赢利模式与思路，例如基于数据库的精准信息服务。

智能化应用将推动泛资讯平台兴起，一些服务性平台也可能成为内容分发或泛资讯内容生产平台，这些专业媒体较少涉足的边缘地带，成为内容产业新的增长空间。与此同时，新的分发平台，也会带来内容边界的模糊，传统意义上的一些非资讯内容，在今天成为"泛资讯内容"，它们会与新闻资讯内容一起分享用户的时间，争夺注意力的竞争会进一步加剧。

产品线的延展，市场边界的模糊，对于媒体这样的内容生产者来说，是一个挑战。媒体既需要坚守自己的专业原则与专业性，又需要在一定程度上转换思维，在新的市场空间中争取新的机会。

（二）分权与重构：智能化应用改写的生产关系

新生产力也会带来生产关系的变革，原来以内容生产者为中心、生产者自己掌控内容分发渠道的旧有体系被打破，信息源、内容生产者、分发者与用户之间形成了一种新的结构体系，这也会带来权力关系的变化。

进入新媒体时代特别是社会化媒体和移动时代后，作为内容生产者的传统媒体，已经感受到了来自分发平台的"分权"。在智能化时代，媒体中心地位还会受到进一步冲击，除了分发之外，数据采集与分析、智能化加工中那些高度依赖技术的环节，也都有可能部分转移到媒体之外，媒体对于这些技术拥有者会产生一定依赖。即使媒体可以通过内部技术力量的加强来减少外部力量的制约，智能化时代也是一个高度分工合作的时代，完全封闭的系统难以适应这一时代需求，开放的媒体才有可能获得更多新机会。

信息源在内容产业体系中的地位也会上升，特别是在用户数据、物联网数据等传统媒体相对较少触及的数据领域，新的数据拥有者可能会对媒体形成钳制。另一个值得关注的动向是信息源的媒体化。过去作为媒体信息来源的一些机构或平台，可能通过智能技术和各种新平台，直接向用户推送信息，它们将成为新型媒体。这一方面意味着媒体的信息源减少，另一方面意味着媒体的竞争对手增加。

曾经仅以单一消费者身份出现的用户，不仅成为产销者，在内容生产中有更多贡献，而且会成为集生产、传播与消费于一体的节点。在智能化生产与分发的算法中，用户节点的权重也会上升，用户会对内容的流向与流量起更大的作用。

未来的用户平台将是人的社交平台，与人相关的物体平台以及与人相关的环境系统互动形成的大平台。它们彼此关联，而每一个维度的每一个变化，都意味着更多非媒体力量的进入。

这也意味着，更多的技术拥有者将成为内容产业必不可少的组成部分，他们的权力也将上升，进一步对内容生产者形成影响。

智能化时代行业边界消失，多种力量融合又形成新的分工，媒体这样的专业内容生产者虽然不可替代，但它们必须面对一个新的权力格局，如何继续保持自己的地位，如何在与其他力量博弈中赢得更多话语权，将是对它们长期的考验。

（三）伦理考察与权力约束：智能化技术应用风险的防范

智能化应用带来了很多媒体过去不曾遭遇的问题，特别是由数据和算法应用带来的新问题。数据和算法是权力，也存在着权力的滥用与误用的风险，对这些风险的认识需要更多地引入伦理的考察。

1. 数据伦理：数据权力的自律与他律

在智能化内容生产中，数据成为一种基础设施，也成为一种权力基础。掌握核心数据及处理能力的企业或个体，其权力受自我克制与制度约束，这对于保障基础设施的合理使用至关重要。从以往的研究来看，一般而言，数据伦理至少需要包括对数据权力的约束、数据质量的评估、数据伦理的审计和数据采集中的个人权利保护等。

除了这些常规的考虑外，对于媒体的数据应用，还需要从新闻真实性等角度提出更高的要求。数据采集、加工、分析等各个环节的偏差，都有可能使数据成为后真相的另一种推手。智能化加工技术，也越来越容易在图片、音频、视频等方面做假，这些技术的不当使用，也会给新闻真实性带来更多的干扰。在国外，这些借助智能技术的做假带来的"深度伪造"问题也开始受到越来越多的关注，而目前的技术还很难直接检测多媒体信息的深度伪造痕迹，但运用区块链技术来追踪信息来源有助于发现信息的变异。①未来的智能化技术需要为识别深度伪造提供更有力的支持。

2.算法伦理：风险判断下的权力克制

除了前文分析的算法平台面临的问题外，算法还可能带来其他风险，对风险的判断与相应的约束也是一种伦理问题。从媒体的应用角度看，主要的风险与问题包括以下三个方面。

第一，"算法黑箱"风险。算法黑箱主要与弱人工智能领域的"深度学习"技术相关，当机器在进行自我学习和自主决策时，可能会产生黑箱，连设计者可能都不知道它是如何决策的。②对于机器带来的黑箱，算法的可解释性是一个重要制约方式。当然，并非所有算法都会产生"黑箱"。例如，从已经公开的分发算法来看，它有明确的可解释的模型与参数。应该说，目前内容分发的算法更多的还是基于人的认知框架和价值观做出的模型，人主导了算法以及结果，技术带来的黑箱并不多。对公共传播具有权力与影响力的平台，需要更好地保证算法的透明、公开和可解释，以便让人对其合理性做出判断。

第二，算法偏见问题。算法在某种程度上会继承和放大人类的偏见，基于算法的内容生产与分发也可能会同样带有某些偏见，这也会影响算法构建的拟态环境的均衡性。在应用算法时，媒体也需要提高对算法偏见的识别与防范能力。

第三，隐私问题。就像在其他领域的智能服务一样，建立在对个体数据的全面掌握与深度分析基础上的算法分发，也会带来侵犯隐私等相关问题。在保证算法准确性的同时，也需要保证对用户隐私的尊重，防止滥用隐私信息。对于个体的隐私权甚至"隐身"权利的保护，以及对于内容服务者的数据采集与应用权限的限制，同样是个性化内容服务中需要时刻关注的问题。

就像数据一样，算法在很大程度上也是一种权力，一些技术的控制者会有意使算法设计向自己的利益倾斜。某些时候，算法中出现的问题并非技术

---

① 《斯坦福关于"深度伪造"研究的六个问题，速来提升你的媒介素养》，腾讯媒体研究院微信公众号，https://mp.weixin.qq.com/s/VnhyblNe2gI1HHWrB7rQrw，2019年6月11日。

② 莫宏伟：《强人工智能与弱人工智能的伦理问题思考》，《科学与社会》，2018年第1期：14-24。

上的问题，而是折射着商业利益的动因。如何通过自律与他律手段约束这些权力，也是未来需要解决的问题。

对于内容领域人工智能的发展来说，在公共利益导向下，基于权力约束的目标，对技术与平台拥有者建立评估与制衡体系是必要的。而拥有智能技术与算法权力的平台和服务商，也需要提高透明度与开放度，让自身处于社会的监督与约束之下。

四、结语

智能时代对于媒体来说是一个全新的时代，理解与拥抱新技术是必然的，但与此同时，媒体也需要将自己的专业价值观与理念带入这个新的时代。在人机协同的背景下，以人为本，仍然是传媒业的核心目标与坚守。

4.2 云计算与新媒体

赵子忠 郭 好①

摘 要：云计算技术在不断发展，成为当今社会基础性技术力量的同时，也日益影响着传媒业的发展和变革。本文从政策支持、技术发展、生产流程、产业生态、应用场景几个方面梳理了云计算在媒体产业中的发展状况。

关键词：云计算；新媒体；媒体产业；内容产业

The Development of Cloud Computing in Media Industry

Abstract: With the continuous development of cloud computing technology, it has become the basic technological force in society. At the same time, it is also increasingly affecting the development and transformation of the media industry. This report reviews the development of cloud computing in the media industry from the aspects of policy support, technology development, production process, industrial ecology and application scenarios.

Key words: Cloud computing, New media, Media industry, Content industry

一、云端的力量

（一）全球云计算产业概述

1. 云计算的概念及基础框架

云计算概念最早起源于产业内的大型IT企业。2006年亚马逊（Amazon）最早推出了云计算产品EC2（Elastic Compute Cloud），2007年IBM正式引入云计算概念，许多研究机构和相关制造商开始从不同的研究角度定义云计算。随后的十几年间，伴随着IT产业、互联网产业、移动互联产业、人工智

---

① 赵子忠，中国传媒大学新媒体研究院院长，教授，博士生导师；郭好，中国传媒大学广告学院博士研究生。

能产业的迅速发展，云的概念边界和使用范围不断扩大，逐渐渗透和影响各个细分领域。到2008年，经过AWS、Rackspace和之前Salesforce等公司的市场教育，上层的SaaS和底层的IaaS逐渐融入和丰富了"云计算"概念的内涵。同年10月，《经济学人》破天荒地用一整期内容讨论了云计算，业内逐渐达成共识，开始用云计算指代一切基于互联网的IT服务：Salesforce做的SaaS，AWS等厂商做的IaaS，以及两类厂商都会涉及的中间层PaaS。

2012年，美国国家标准与技术研究院（NIST）结合业内各方观点，给出云计算的"模型说"定义：云计算是一种模型，用户可以方便地通过网络按需访问一个可配置计算资源（如网络、服务器、存储、应用和服务）的共享池，这些资源可以被迅速提供并发布，同时实现管理成本或服务供应商干预的最小化。

（1）云计算的三个服务模型

基础设施即服务（IaaS：Infrastructure as a Service）：将计算、存储、网络等基础设施封装成服务交付给用户。典型的IaaS服务如AWS、阿里云提供的弹性主机服务。

平台即服务（PaaS：Platform as a Service）：提供一个创建、托管和部署应用程序的环境，使开发人员专注于应用程序本身。典型的PaaS服务如Google提供的Google APP Engine平台服务。

软件即服务（SaaS：Software as a Service）：直接将应用以云服务的方式交付给用户。典型的SaaS服务有Salesforce公司的CRM，Workday公司的HRM，用友公司的ERP。

（2）云计算的四大部署模式

公有云：放在互联网上提供的云服务。大部分互联网公司提供的云服务都属于公有云。公有云具有强大的可拓展性和规模共享的经济性。

私有云：通常是由企业或政府在自己的数据中心建立的，或是由运营商建设托管的，内部用户通过内部网络获得服务。私有云在数据的安全性上得到保证，可拓展性、规模效益较公有云相比存在一定的劣势。

混合云：是两种或两种以上的云计算模式的混合体，如公有云和私有云混合。他们相互独立，但在云的内部又相互结合，可以发挥出所混合的多种云计算模型各自的优势。

行业云：通常由垂直行业内起主导作用的企业或机构建立和维护，以公开或半公开的方式向行业内企业或公众提供服务。例如，医疗云可以为不同的医疗机构提供病情数据和治疗方案等；智慧城市云可以为交通部门或市民提供GIS能力和实时交通信息等。

2. 2018年全球云计算市场发展概述

近年来，全球云计算市场规模总体呈稳定增长态势。2018年，以IaaS、PaaS和SaaS为代表的全球公有云市场规模达到1363亿美元，增速23.01%。未来几年市场平均增长率在20%左右，预计到2022年市场规模将超过2700亿美元。①

根据Gartner的数据，在公有云方面，2018年全球市场增长最快的分支市场是云系统基础设施服务（IaaS），达到305亿美元。预计2019年将增长27.5%，达到389亿美元。未来几年，云应用基础设施服务（IaaS）或平台即服务（PaaS）将实现21.8%的增长率。

在私有云方面，IBM收购了RedHat（330亿美元），微软收购GitHub（75亿美元），SendGrid跟Twilio合并（29亿美元），通过IPO的方式，私有云市场规模增加了500多亿美元，上市的公司包括了DocuSign、Dropbox、Elastic以及Carbon Black等。

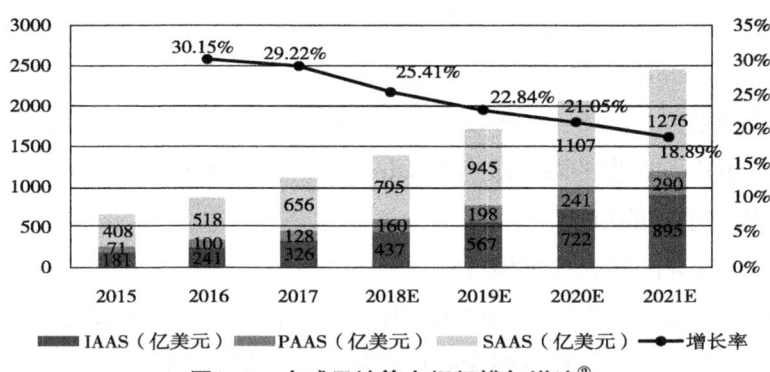

图2-6　全球云计算市场规模与增速②

3. 2018年全球云计算市场典型案例：微软云业务

2018年全球云计算市场上，亚马逊的网络服务AWS继续保持江湖霸主

---

① 数据来源：中国信通院《云计算发展白皮书2019》。
② 数据来源：Gartner 2018全球公共云市场份额报告。

的地位，但是最引人注目的当属微软云业务。在移动端超越PC端的宏观浪潮中，这家随着PC操作系统发家的企业得益于云战略的转型成功，营收继续保持稳健增长。2018年，微软建立了一项规模庞大的云计算业务，其一年的收入约为340亿美元，领先于谷歌，并在一些关键领域取得了进展，与占主导地位的亚马逊网络服务（Amazon Web Services）形成对抗。

基于云服务，微软将Office的买断制改为了年付99美元的Office365订阅制。用户人数大幅增加。目前拥有2.14亿用户，绝大多数Office 365用户都是企业用户，但也有3420万个人用户每月支付10美元在家中使用Office。

根据微软发布的财报数据，2019年第三财季，微软收入为306亿美元，同比增长14%，每股盈利1.14美元；微软同期净收入88亿美元，比去年同期增长19%；净利润为88.09亿美元，去年同期则为74.24亿美元；其中云业务Azure收入飙升73%，包括Azure在内的微软商业云业务当季增长41%，至97亿美元。

（二）2018年中国云计算市场概述

中国的云计算市场相对年轻，发展势头强劲，处于爆发增长期。易观《中国云计算IaaS市场专题研究报告2018》显示，从2013年到2016年，中国公有云IaaS市场规模的增长率保持在50%以上。2016年，中国的公有云IaaS市场规模的增长率达到79.8%，市场规模达到71.7亿元人民币，2017年增长率再创新高达到157.2%，规模达到184.4亿元。2018年中国整体IT市场增速仅约为12.8%，传统IT产业年增长率为0.3%，云计算的年增长率则为13%。2018年第一季度我国用云量同比增长138.6%。2018年下半年中国公有云服务整体市场规模（IaaS/PaaS/SaaS）超40亿美元，其中IaaS市场增速再创新高，同比增长88.4%，PaaS市场增速更是高达124.3%。2019年1—4月，国内SaaS行业共发生52起融资，其中在9起为天使轮融资中，单笔金额最高达到了3900万元。①

---

① 易观：2018中国云计算IaaS市场专题研究报告。

图2-7 中国公有云市场规模及增速[1]

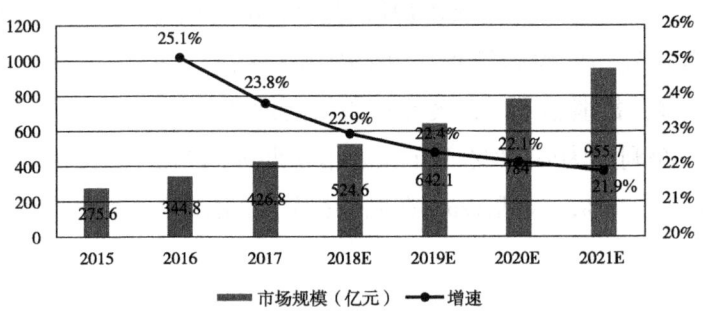

图2-8 中国私有云市场规模及增速[2]

在工业和信息化部发布的《云计算发展三年行动计划（2017—2019年）》中预测，到2019年，我国云计算产业规模将达到4300亿元。云计算在2019年奠定了其在整个大IT产业中的地位。

1. 云计算引领互联网产业未来20年

过去25年，互联网在中国从无到有，迅速壮大，已经成为数万亿规模的重要产业，中国成为最具活力的全球第一大互联网市场。截至2018年底，中国网民数量突破8亿，是美国网民数量的2.5倍，移动互联网普及率远远超过欧美国家，移动支付交易额更是欧美的十倍以上。同时，中国发展出全球仅次于美国的第二大互联网产业，阿里巴巴、腾讯等企业成为市场价值最高突破了5000亿美元的世界级领军企业，互联网产业整体市场价值突破2万亿美元。2018年，中国风险投资数量第一次超过美国，体现了产业厚积薄发、蓬勃向上的良好态势。

---

[1] 数据来源：中国信息通信研究院《2018云计算发展白皮书》。
[2] 数据来源：中国信息通信研究院《2018云计算发展白皮书》。

中国互联网行业的前25年很大程度上依靠网民原始增长带来的流量红利。这样的规律在移动互联的上半场有着几乎一样的景观。但进入移动互联下半场，触及人口红利的天花板后，流量红利逐渐显示出其局限性。

云计算的产业核心就是将互联网业务的核心从流量红利变成数据红利，并促进整个社会的数字化进程。腾讯总裁刘炽平认为，互联网不再是一个产业，而是所有产业的核心能力之一。在未来，所有的成功企业，都会是数字化企业。未来20年，数字世界与真实世界将深度融合，商品与服务之间的界限会进一步模糊，全球的数字化进程将全面启动。这时，不单单是互联网与科技企业，各行各业都将驶入数字化增长的"快车道"。

在这样的数字化进程中，马化腾提出，云平台是大数据、人工智能的天然载体，也是经济社会进行数字化升级的基础设施和核心工具。用云量会像工业时代的用电量一样成为数字经济的一个重要的指标。根据腾讯云的统计，2019年一季度国内的用云量大概比去年同期增长1.4倍。经济发展较快的地区，用云量增长率更高。以广东省为例，2018年广东用云量的同比增长超过172%，高于全国30多个百分点。

2. 中国云计算产业发展的政策支撑

云计算是信息化的重要形态，能够推动经济社会各领域信息化水平大幅提高。因此，国家出台了一系列的政策来促进云计算的发展。

2016年3月5日，第十二届全国人大四次会议审议的政府工作报告提出促进大数据、云计算的广泛应用，并将它们列入"十三五"规划。云计算处于创新领域的核心地位，而作为互联网底层服务的IaaS服务也必然随着"互联网+"战略的实施而得到更多的政策支持。

2016年7月27日，中共中央办公厅、国务院办公厅印发《国家信息化发展战略纲要》。纲要要求加强大数据、云计算、宽带网络协同发展，增强应用基础设施服务能力。国家再次明确云计算作为国家信息化发展战略中的核心地位。

2016年12月27日国务院办公厅印发发布《"十三五"国家信息化规划》。提出"十三五"将基本建立新一代网络技术体系、云计算技术体系、端计算技术体系和安全技术体系。

2017年4月10日，工信部印发《云计算发展三年行动计划（2017—2019

年）》，旨在从提升技术水平、增强产业能力、推动行业应用、保障网络安全、营造产业环境等多个方面，推动云计算健康快速发展。

2017年7月，国务院发布《新一代人工智能发展规划》，继续加强超级计算基础设施、分布式计算基础设施、分布式计算基础设施和云计算中心建设。

2018年8月，工信部发布《推动企业上云实施指南（2018—2020年）》，提出到2020年，全国新增上云企业100万家，形成典型标杆应用案例100个以上，形成一批有影响力、带动力的云平台和企业上云体验中心。

2019年《政府工作报告》所提出的亮点之一，就是从互联网+到智能+的转化。云计算将作为工业互联网的心脏，为数据的向上堆积提供空间和通道。这也使得基于物联网（IoT）的海量连接及多点协同成为可能。

3. 中国公有云产业版图呈现多元竞争格局

在云计算的赛道上，阿里、腾讯、百度、三大运营商、华为等巨头企业纷纷进入，并在2018年初步完成了在IT行业内部的赛道排名。2019年云计算将是阿里巴巴、腾讯、百度展开激烈"中场争夺"的战场。在腾讯的最新架构转型中，新成立了云与智慧产业事业（CSIG）。阿里巴巴和腾讯都不约而同转向to B，而to B的第一个战场，就是云计算。业界普遍认为，2018年之后国内云计算的比拼，不再是基础设施层面的"上云"，而是基于AI能力的云如何深入渗透企业的业务层，推动行业和产业的转型改造。

同时，云计算市场渗透率将加速提升，市场集中度持续提高。2019年云计算的市场渗透率将首次突破10%，并继续以每年至少20%的速度快速增长，到2021年该数字将跃升至15%。阿里云、腾讯云、中国电信、金山云在中国云计算市场份额从2017年的61.8%上升到2018年的69.9%，成为中国云计算市场的主导力量。

（1）阿里云：赛道中的领跑者

阿里云创立于2009年，其产品线包含存储与分发服务、弹性计算服务、数据存储及计算服务、大数据服务、应用服务、安全与管理服务等多种类别。阿里云在全球18个地域开放了49个可用区，为全球数十亿用户提供可靠的计算支持。

阿里云2011年就开始商业化，踏准了中国移动互联网爆发的节奏点，在其他中国巨头缺位的情况下，阿里云的全球市场排位快速上扬。阿里巴巴在2015财年首次披露云计算营收12.71亿，到2019财年，阿里云营收为247亿元，四年增长20倍。2019年5月，阿里云在其财报中披露，云计算业务在2019财年第四季度营收高达77.26亿元，飙升76%，成为阿里旗下增速最快的业务。

在全球云计算市场上，Gartner的最新市场调研数据显示，在云计算基础设施（IaaS）领域，2018年阿里云在亚太区域市场份额为19.6%，同期亚马逊为11%、微软为8%，阿里云已成为亚洲最大的云服务公司。同时，IDC的数据显示，2018年上半年，阿里云超过IBM，成为全球第三大的公有云厂商。

（2）腾讯云：赛道中的追赶者

现在，98%的中国网民上网时需要使用腾讯APP，其上网时间的60%在使用腾讯APP。网民的消费时长和消费行为为腾讯构建了数据能力和产品能力的强大基石。可以说，腾讯云是基于QQ、QQ空间、微信、腾讯游戏等互联网业务成长起来的。2019年3月21日，腾讯公布了2018年第四季度及全年财报，其中，2018年云服务收入增长超过100%，达到91亿元。2018年第四季度，云服务的付费客户也同比增长逾一倍。根据美国知名行业研究机构Synergy Research的数据报告：在亚太市场，腾讯云Q4收入环比增速为33.6%，是所有62个厂商中增速最高的厂商；全年收入增速达102.6%，在Top 10厂商中增速第一。在这样的增速之下，2018年Q4和全年，腾讯云的市场份额分别为5.8%和5.4%，超越Google，首度进阶，位列亚太区第四。

在泛互联网行业领域，腾讯云的优势尤为明显。根据IDC报告，腾讯云在游戏和视频云流量行业、电商、资讯社交行业市场占有率均处于第一位置。

（3）华为云：发力2.0时代，全面云化

2017年才正式起步的华为云可谓是行业中最受关注的后起之秀。与阿里、腾讯等基于自己与生俱来的互联网基因不同，华为云以一家老牌硬件技术厂商的身份进入云计算市场。

互联网时代的公有云属于云服务1.0，诞生了很多原生应用，如淘宝、滴滴、美团、微博等，而云服务2.0时代，传统企业上云将成为新的竞争点，如能源行业、汽车制造业等，而华为要做云服务1.0和云服务2.0的整合者。华为已将云计算升级为一级部门，提出"全面云化"，用在线的方式将华为30

多年在ICT基础设施领域的技术积累和产品解决方案开放给客户。将云作为底座，为华为全栈全场景AI战略提供强大的算力平台和更易用的开发平台。

华为云在2018年中国云计算市场中排名第九。但是基于华为以硬件为支撑的特殊产业模型，以及以AI为动力的大胆云战略，截至2018年上半年，华为云收入同比增长700%；到2018年底，华为已上线超过160个云服务和140个解决方案，全球发展合作伙伴超过6000家，与伙伴在全球23个地理区域运营40个可用区，AI服务在10大行业超过200个项目进行探索。华为云已成为云计算市场中的一支强势力量。①

4. 云计算产业渗透：云端的独角兽

两年前，很多企业仍在犹豫是否要上云，现在都在讨论怎么尽快上云。已经进行企业信息化转型升级的企业当中，78.3%的企业以云计算作为新商业基础设施，越来越多的传统企业也认识到，上云是实现数字化转型的重要路径。2019年云计算的市场渗透率将首次突破10%，并继续以每年至少20%的速度快速增长，到2021年该数字将跃升至15%。云计算深度赋能各个产业，成为新商业企业数字化转型的基础设施。2018年下半年，腾讯云的战略合作伙伴同程艺龙、蘑菇街、创梦天地、微盟、猫眼相继上市，腾讯云在泛互联网行业助力了一大批独角兽的成功。

2018年至2019年全球的IT硬件产业规模上，由于数字时代的浪潮和IT企业云计算市场的布局，传统IT和云计算各占50%。云计算像水、电、高速公路和互联网一样，变成按需使用和付费的IT基础设施。同时也在云端形成了独角兽的孵化环境。亚马逊、微软和其他云计算巨头，使其他公司能够将巨大的计算需求外包给这些昂贵的基础设施。这意味着Netflix可以无缝地将电影流式传输到用户的手机上，花旗银行可以处理数十亿笔在线交易。

对企业来说，云服务商将计算、存储、网络等资源虚拟云化，形成资源池。在资源池内，不同的物理设备和虚拟资源可根据用户需求进行动态调配以及快速地部署和释放。随着云平台聚集越来越多用户，云服务商的边际成本急剧下降，每多增加一个用户的边际成本趋于零。因此，云计算的服务成

---

① 数据来自华为云。

本要低于传统IT架构，实现了规模效应。将业务搭载在云端，随时接入云服务，不仅省去了本地部署的前期投入和后续运维费用，还可以根据业务需要按需付费，帮助企业更经济地规划IT支出。

同时，云将会是多数企业探索人工智能的唯一环境。算力、数据、算法是云的三大核心力量。云平台搭载了数据挖掘和分析、人工智能、物联网、AR/VR、区块链等功能。数据的储存和传输上将成为AI产业的基石，底层算力的拓展是AI产业变革的核心，而算法的优化是AI产业发展的动力。云计算的应用将使"人工智能（AI）和机器学习（ML）获得动力"，上云会成为新常态。

二、云计算赋能传媒产业

（一）全球媒体产业的云化需求

1. 2018年媒体产业的机遇与挑战

云计算是传媒变革中的核心力量。出版、广播、音乐和体育等领域的媒体和娱乐公司直接而迅速地感受到传播环境带来的变化。2017年的每分钟，Spotify增加了13首新歌，维基百科用户发布了600个新页面编辑，照片墙（Instagram）用户发布了46740张图片，网飞（Netflix）观众播放了69444小时的视频，优兔网（YouTube）用户观看了4146600个视频。在日益数字化的连接增长时代，云数据存储和云计算可以说是跟上时代和竞争的唯一途径。

数字环境下的用户从被动地、无意识地获取和接收信息内容，转向主动获取、分享甚至生产内容，加之大数据技术的广泛应用持续挖掘内容产业的生命力与活力，实现了内容向实时性生产、内容计算和用户参与的转变。[①]从而实现了内容生产力的革命性解放，生产关系的基础性变革。云计算正是这项变革的核心力量。

（1）技术负载的最优配置

迁移到云服务与保留内部基础架构和传统数据中心的主要好处是灵活性、可扩展性和实时反应机制。在云中，媒体可以配置其IT基础架构以适应

---

① 段淳林、吕笑：《"大数据+"与IP内容运营及价值分享》，《现代传播》，2017年第4期。

任何工作负载,并在环境发生变化时快速有效地进行重新配置。

(2)数据反馈机制的实时高效

由用户的行为和偏好转变而成的数据成为内容生产的基础。媒介内容生产力的爆发,使得消费者对内容的需求变得个性化、实时化。这一过程产生了海量的数据。数据革命的核心超越了数据量的爆发,更在于它能够构建智能算法,根据消费模式进行情绪分析,并为推荐引擎提供动力。数据意味着个性化和高级服务的新机遇,云计算成为数据承载和计算转化的核心。

(3)内容制作的智能化与协同化

在数字技术和通信技术的影响下,传统的固定时间、固定地点、预约式的生产方式已经被移动诉求颠覆。内容生产向移动化、智能化、多点同步协作模式发展。内容生产者需要在全球范围内快速访问、处理、编辑和交付内容。内容生产的流水线变得碎片化,云计算的算法和算力为这种新的内容生产模式提供可能性。

(4)用户需求的强移动性和挑剔性

数字用户也越来越分散。消费者希望使用一系列连接设备从不同地点观看更多内容。不断增长的对更高质量内容的需求导致文件大小的爆炸式增长,对多种格式、各级分辨率和比特率内容的需求,需要横向扩展转码,动态和经济高效的方式存储,以及管理和交付大量的数字内容。云计算提供了更大的灵活性,为受众创建时空上的无缝消费衔接。

2. 媒体云的基础技术架构

信息化的建设模式发生了重大转变。传统方式的信息化建设模式,每个业务系统,从前端Web、中端的逻辑,到后端数据库,再到底层操作系统、网络及硬件,都是采用相对独立的、隔离的纵切建设模式。数字经济时代,更好的信息化建设模式已转变为"平台+应用"的建设模式,即横切的计算、存储与网络等相关的资源池层(IaaS),数据库、中间件及通用组件的平台层(PaaS)以及最上面的应用服务层(SaaS)。[1]这种横切的信息化模式,就是典型的云技术平台,通过云平台技术一体化管理,可以让我们的产品与

---

[1] 熊普江:《云技术平台赋能媒体融合发展创新》,https://www.cnblogs.com/qcloud1001/p/7520848.html。

技术人员更专注于业务,业务的上线、扩容、迁移都变得十分简单。

(1)基于IaaS的媒体基础设施

为媒体平台服务与软件服务提供统一的基础环境,主要包括计算资源、存储资源、网络资源,以及在上述资源基础之上的虚拟化、池化管理、各类数据库、中间件、负载均衡等,也包括应用优化、安全防护、运营管理、运维管理等云计算数据中心公共管理能力。

(2)基于PaaS的媒体智能服务

位于IaaS层之上的开放服务平台,对下提供对IaaS层资源的统一管控调度,实现计算服务、存储服务以及网络服务的统一调度,对上提供音视频业务支撑及生产加工能力。如针对广电媒体,融媒体技术云平台的PaaS层需要公共能力服务、平台运营支持服务、底层业务集成服务等。

(3)基于SaaS的媒体终端应用

部署面向用户的各种应用软件,这些应用既使用了来自PaaS层的各种资源、工具和服务,自身也是以服务的方式提供给用户使用,以满足新兴媒体日新月异的众多业务需求。

(二)云计算与媒体内容生产

1. 内容采集与生产

云计算和智能手机的出现也促成了移动新闻的出现。使内容创建者能够通过智能手机拍摄视频,然后通过移动网络将其发送到在云中运行的制作和内容管理系统。基于此,设备制造商迅速地将云功能集成到他们的产品中,使新闻和体育广播公司能够缩短其内容的制作周期。内容生产可以将内容直接从摄像头传输到基于云的管理系统,或者将其直播到各种平台。例如,早在2013年,JVC就将基于云的网络和传输功能集成到JVC摄像机中。JVC在2018年扩大了合作伙伴关系,以更好地为教育、体育、宗教、政府和其他非广播故事讲述者提供广播质量的流媒体服务。在IBC2018展会上,TVU Networks推出了虚拟制作服务,通过端到端的基于云的制作工作流程来报道实时多镜头事件。这包括基于云的切换、编辑和流向多个平台。

2. 内容管理与发布

内容管理是云技术的首要应用领域。云可以使用更灵活、更高效的混合存储基础架构,以及弹性地处理媒体公司容量需求的波动。当最常访问的数据在内部被部署时,混合云基础架构还可以显著降低运营成本,从而最大限度地减少云下载。如今,领先的公共云存储服务提供商包括AWS、Google Cloud和Microsoft Azure,其定价因个别运营的数量、地区和增量成本而异。

在内容发布方面,云计算助力媒体公司通过传统广播、OTT平台和移动设备向数百个分发平台提供内容。2016年,Discovery开始采用基于云的播出,以此作为其虚拟整个内容供应链战略的一部分。2018年6月,美国广播网络Quest全面采用基于云的播出管理和流量解决方案,并且由于与WideOrbit和Amagi合作,在不到两个月的时间内将其发行量扩大了52%以上。

3. 内容的消费与转化

云可以在目标广告中实现更高的准确性。例如,AWS Elemental Media Tailor是一种货币化服务,可以为多个设备上的用户实现个性化广告。2018年,Accedo推出了有针对性的广告解决方案,以使用AWS Elemental Media Tailor的API支持AR。Accedo将AWS解决方案集成到其平台中,以提供有针对性的广告,而不会牺牲广播级的服务质量。Netflix还决定采用AWS云解决方案,以增加其处理的数据量。

(三)云计算赋能中国传媒产业

1. 2018年中国传媒产业云化进程

从世界范围内来看,中国媒体对新技术的应用是最广泛的,也是对技术要求最高的。2016年人民日报媒体技术股份有限公司联合腾讯云共同发布了我国首个媒体融合云服务平台——中国媒体融合云,意在为媒体融合发展消除技术瓶颈。2017年7月,腾讯董事会主席马化腾在深圳举办的"云+未来峰会"上谈及云时代的三个趋势时表示,云是产业革新的原动力,是新型社会管理的主平台,也是人工智能的强载体。现在衡量经济发展的标准,很多时候是"用电量";同样,将来衡量媒体的发展也会有一个重要指标,那就是"用云量"。因此,云作为数字经济时代的一个基础设施,无论是应对媒体融合发展的挑战,还是满足融合发展创新的期望,云技术平台都是媒体融合发展创新的最佳选择。

2018年,腾讯云提出了"模式升级—效益提升—效率提升"的媒体云化路径。一方面，通过发掘流程入口，并以入口为起点，规划整个信息流转的通路，进而构建新的传播模式。另一方面，通过大数据技术，直接将内容、流量和用户这三者精准地匹配，构建用户画像、发掘赢利模式、形成产业闭环，通过数据资产的沉淀和对数据价值的挖掘，高效生产、精准推送、准确评估。

与此同时，中国自己的云端独角兽也在孵化成熟的过程中。2019年6月企业级视频智能生产云平台OnVideo获得了来自华盖资本的1500万元A轮融资。区别于影视级的剪辑应用和移动端视频编辑+内容社区的服务模式，OnVideo是用云端智能为企业提供音视频整体解决方案。平台主要提供专业的云端音视频技术服务，视频制作方可以在此上传视频，在云端进行智能化制作、分工协作、图像内容管理，实现一键多平台分发。

2. 云计算与中国大视频产业

2018年中国大视频产业核心的技术发展方向为基础功能、播放功能、个性化功能、监测功能和创新性功能。而其中技术占据着主导地位，通过提高技术可靠性和可扩展性，可改善用户体验、提升产业效能，拓展商业空间。其中，云计算将对视频行业产生巨大的推动力。

腾讯云和艾瑞咨询的资料显示，目前大视频产业所涉及的核心技术领域主要包括基础设施、大数据、人工智能及音视频直播或点播等。由于音视频技术复杂多样，拥有较高的门槛，专业的视频云厂商提供服务，让企业可以专注于自身核心竞争力的构建。云服务的弹性扩张，能够最大限度地对资源进行合理配置，可降低企业在基础资源建设中的投入，以及在开发和运维方面的人力成本。除此之外，视频云厂商对市场敏感度极高，技术更新迭代较快，能够帮助企业快速上线新业务，以响应市场的变化。[①]

根据mUserTracker基于日均400万手机、平板移动设备软件监测，以及超过1亿移动设备的通信监测数据显示，国内的大视频产业已进入高速发展阶段。2018年4月，我国在线视频月度使用时长为191.9亿小时。其中短视频和直播月度使用时长分别为50.3亿小时和8.2亿小时。[②]

[①] 大视频产业商业化新篇章——中国大视频产业研究洞察2018。
[②] 大视频产业商业化新篇章——中国大视频产业研究洞察2018。

视频云厂商主要是向下游客户提供PaaS或SaaS层的视频服务，由于基础资源在视频业务的开展中至关重要，通常会被和PaaS、SaaS层服务打包在一起。IaaS厂商和CDN厂商多基于自身在基础资源方面的优势，纵向延伸业务体系，提供PaaS层的视频云服务。

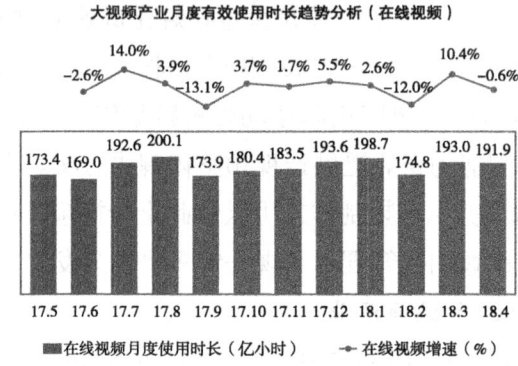

图2-9 中国大视频产业有效使用时长趋势[①]

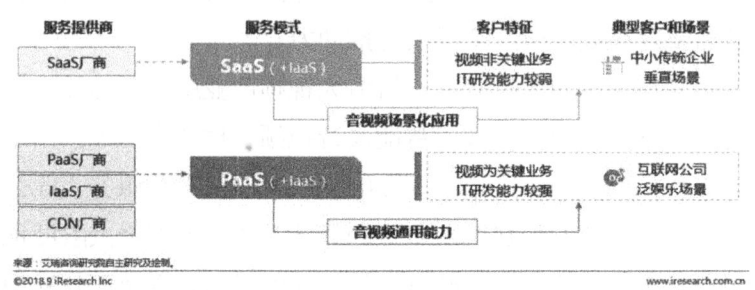

图2-10 2018年中国视频云服务的市场细分[②]

3. 新华社MAGIC+现场云

生产流程"全程不在线"，是导致传统媒体在移动互联网时代"掉队"的关键原因，也是"现场云"新闻在线生产系统诞生的背景。

现场云是由新华社主导研发的新闻直播平台，同时，又是可实现"新闻

---

① 图片来源：大视频产业商业化新篇章——中国大视频产业研究洞察2018。
② 图片来源：大视频产业商业化新篇章——中国大视频产业研究洞察2018。

在线生产，在线审核，在线签发"目标的移动采编发系统，旨在创建加速媒体融合的新型强劲引擎和广泛覆盖的传媒业战略基础设施。从2017年首度发布，到2018年3.0版本问世，新华社"现场云"对新闻在线生产传播的手段进行了全面升级。目前，已有2900多家媒体和党政机构用户。

  2018年11月5日，首届中国国际进口博览会在上海开幕。本次进博会上，新华社联合13家媒体，运用"现场云"移动采编平台，让媒体记者边走边拍边发。这些丰富的现场报道资源实时进入MAGIC智能生产平台，通过视觉、语音、自然语言等多方位的智能化处理进行标签化及结构化，并凭借媒体大脑的智能价值判断、智能标签整合能力，快速生成有看点的短视频片段，批量生产主题聚合类视频。同时，新华社首次将现场云与媒体大脑MAGIC智能生产平台相结合。截至11月8日15时，通过MAGIC智能生产平台自动生产或人机协作批量生产的进博会短视频内容已经超过390条，仅在新华社客户端发布的视频浏览量就接近2000万。

4.3 大数据发展与新媒体

赵子忠　李明毫[①]

摘　要：大数据技术在不断发展，日益影响着传媒业的发展和变革。本报告立足2018—2019年全球大数据发展宏观状况，从大数据政策环境、技术发展、产业生态，以及对于传媒产业的应用方面，研究了大数据对媒体产业、内容产业的推动性影响，并着重提出了传媒大数据应用中的安全问题。
关键词：大数据；媒体融合；内容产业；数据安全

The Development of Big Data in Media Industry

Abstract: With the continuous development of big data technology, it is increasingly affecting the development and transformation of the media industry. This report is based on the macro situation of global big data development from 2018 to 2019. From the aspects of big data policy, technology development, industrial ecology and the application of big data in the field of media industry. It studies the driving effect of big data on media industry and content industry, and puts emphasis on the security issues in the application of big data in media industry.

Key Words: Big data, Media convergence, Content industry, Data security

一、2018年媒体大数据发展

国家标准GB/T 35295-2017《信息技术大数据术语》中，将"大数据big data"定义为"具有体量巨大、来源多样、生成极快且多变等特征并且难以用传统数据体系结构有效处理的包含大量数据集的数据"。体量（volume）、多样性（variety）、速度（velocity）、多变性（variability）这4V是大数据的4

---

① 赵子忠，中国传媒大学新媒体研究院院长，教授，博士生导师；李明毫，中国传媒大学广告学院博士研究生。

个特征。近年来，我国大数据产业取得了突飞猛进的发展，影响着我们经济、政治、科技和社会的方方面面，也深刻影响着媒体的发展和变革。

（一）媒体大数据发展的政策环境

1. 宏观政策环境

党的十八大以来，以习近平同志为核心的党中央高度重视数字经济发展，针对"大数据"制定了一系列战略、规划和部署。2015年8月，国务院印发《促进大数据发展行动纲要》。2017年1月，工信部发布《大数据产业发展规划（2016—2020年）》，提出了强化大数据技术产品研发、深化工业大数据创新应用、促进行业大数据应用发展、加快大数据产业主体培育、推进大数据标准体系建设、完善大数据产业支撑体系、提升大数据安全保障能力等7项重点任务。2017年12月以来，习近平总书记在主持中共中央政治局就实施国家大数据战略进行的第二次集体学习时，在中央深改组第二次会议上，在致中国国际大数据产业博览会的贺信中，以及在中国科学院第十九次院士大会、中国工程院第十四次院士大会上，多次强调推动数据资源开发利用和开放共享、保障数据安全、做大做强数字经济这一问题。

经过多年努力，目前我国大数据发展政策的顶层设计已经基本完成，各地区各行业各领域正在推动相关政策落地落实。工信部总经济师王新哲在"2019大数据产业峰会"上介绍了工信部为加快发展壮大以数据为关键要素的数字经济，为促进我国经济实现高质量发展提供重要支撑和保障，今后将重点抓好的六方面工作：一是完善网络设施，夯实发展基础；二是推动协同创新，增强发展活力；三是深化融合应用，拓宽发展领域；四是构建支撑体系，优化发展环境；五是增强安全保障，促进健康发展；六是加强国际合作，推动开放发展。2018年以来，一些地方和部门也推出了促进大数据发展的政策措施，如中央网信办等三部门发布的《公共信息资源开放试点工作方案》、银保监会发布的《银行业金融机构数据治理指引》，以及《河南省大数据产业发展三年行动计划（2018—2020年）》《内蒙古自治区大数据与产业深度融合行动计划（2018—2020年）》《河北省大数据产业创新发展三年行动计划（2018—2020年）》《天津市促进大数据发展应用条例》等。

中国信通院《大数据白皮书（2018）》，将我国大数据战略的要点总结为五个方面。一是推动大数据技术产业创新发展。习总书记指出，我们要瞄准世界科技前沿，集中优势资源突破大数据核心技术，加快构建自主可控的大数据产业链、价值链和生态系统。二是构建以数据为关键要素的数字经济。总书记提出，要坚持以供给侧结构性改革为主线，加快发展数字经济，推动实体经济和数字经济融合发展，推动互联网、大数据、人工智能同实体经济深度融合。三是要运用大数据提升国家治理现代化水平。习总书记强调，要建立健全大数据辅助科学决策和社会治理的机制，推进政府管理和社会治理模式创新，实现政府决策科学化、社会治理精准化、公共服务高效化。四是要用大数据促进保障和改善民生。习总书记指出，大数据在保障和改善民生方面大有作为。要坚持问题导向，抓住民生领域的突出矛盾和问题，强化民生服务，弥补民生短板。五是切实保障国家数据安全。习总书记强调，要加强关键信息基础设施安全保护，强化国家关键数据资源保护能力，增强数据安全预警和溯源能力。

2. 行业政策环境

新闻出版主管部门从2014年开始陆续发布了《关于推动新闻出版业数字化转型升级的指导意见》《关于推动传统出版与新兴出版融合发展的指导意见》《新闻出版业"十三五"科技发展规划总体思路》《关于深化新闻出版业数字化转型升级工作的通知》等政策文件，计划在"十三五"期间从顶层设计、政策发布、制度建设、机构设置着手，加强标准研制应用，加速技术研发与系统建设，搭建数据开放、共享、交换、运营平台，积极探索大数据应用模式，提高数据应用价值，推动行业大数据建设，带动新闻出版大数据在行业内外的产业化应用，构建完整的新闻出版业大数据体系。[①]

广播电视主管部门也十分重视大数据建设。2018年11月，国家广播电视总局出台了《关于促进智慧广电发展的指导意见》，并在贵阳召开了推进全国"智慧广电"建设现场会。国家广播电视总局局长聂辰席在会上提出，数据是智慧广电建设的基础资源和源头活水，也是广播电视行业多年运行积累的优势资源；要充分运用和拓展行业大数据资源，激活智慧广电生态；要统

---

① 张立等：《坚守与变革？遭遇大数据时代的传统出版业》，社会科学文献出版社，2018，第82页。

筹广电大数据中心建设，发挥好数据的基础资源作用和创新引擎作用，构建以数据为关键要素、以创新为主要引领的广电大数据应用体系，为智慧广电建设提供有力支撑。

（二）媒体大数据发展的技术环境

赛迪顾问《2019中国大数据产业发展白皮书》指出，目前大数据技术主要存在四大流派，即OLTP阵营、OLAP阵营、MPP阵营和流数据处理阵营。综合百度百科相关词条和赛迪顾问《2019中国大数据产业发展白皮书》，我们可以对这四个技术流派的特点做初步归纳。

1. OLTP，即On-Line Transaction Processing，联机事务处理过程，也称为面向交易的处理过程。其基本特征是，前台接收的用户数据可以立即传送到计算中心进行处理，并在很短的时间内给出处理结果，是对用户操作快速响应的方式之一。

2. 联机分析处理（OLAP）是一种软件技术，它使分析人员能迅速、一致、交互地从各个方面观察信息，以达到深入理解数据的目的。OLAP具有共享多维信息的快速分析的特征，包括快速性（Fast），系统能在数秒内对用户的多数分析要求做出反应；可分析性（Analysis），用户可以定义新的专门计算，将其作为分析的一部分；多维性（Multi-dimensional），提供对数据分析的多维视图和分析；信息性（Information），能及时获得信息，并且管理大容量信息。

3. MPP（Massively Parallel Processing），即大规模并行处理，在数据库非共享集群中，每个节点都有独立的磁盘存储系统和内存系统，业务数据根据数据库模型和应用特点划分到各个节点上，每台数据节点通过专用网络或者商业通用网络互相连接，彼此协同计算，作为整体提供数据库服务。非共享数据库集群有完全的可伸缩性、高可用、高性能、优秀的性价比、资源共享等优势。

4. 流数据处理，这里处理的数据并不存储在可随机访问的磁盘或逻辑缓存中，它们以数据流的方式源源不断到达，具有实时性、无边界性和复杂性。

相交于单一技术架构，混合架构的使用更普遍。中国信通院《大数据白皮书（2018）》指出，近年来以分析类技术、事务处理技术和流通类技术为代表的大数据技术得到了快速的发展。以开源为主导、多种技术和架构并存的大数据技术架构体系已经初步形成。大数据技术的计算性能进一步提升，处理时延不断降低，硬件能力得到充分挖掘，与各种数据库的融合能力继续增强。

（三）媒体大数据发展的产业环境

1. 我国大数据产业发展现状

（1）具有较强发展活力

根据赛迪顾问《2019中国大数据产业发展白皮书》可见，中国大数据产业发展受宏观政策环境、技术进步与升级、数字应用普及渗透等众多利好因素的影响，2018年整体规模达到4384.5亿元，到2021年将达8070.6亿元，持续促进传统产业转型升级，激发经济增长活力，助力新型智慧城市和数字经济建设。该报告同时指出，大数据产业链大体包括核心产业和应用产业两大板块。核心产业中的基础支撑板块涵盖资源管理平台、网络、存储和计算等硬件设施，方法和工具（数据采集、数据分析、数据展示）等；数据服务板块涵盖数据交易服务、数据采集和预处理服务、数据分析与可视化服务、数据安全服务等。应用产业包括大数据在政务、工业、农业、金融、医疗、营销、交通、电信等行业的融合应用。

（2）大数据企业数量增长

2015年前后，国内大数据企业如雨后春笋般在国内兴起。根据中国大数据产业观察网、数据观（北京）传媒科技有限公司《2018中国大数据企业报告》的梳理，互联网巨头和传统IT企业纷纷布局大数据。阿里巴巴一是通过以阿里电商业务为基础建立起来的阿里数据，服务其核心业务，二是阿里云以在线公共服务的方式为用户提供云服务器、云数据库、云安全等云计算服务以及大数据、人工智能服务和精准定制等基于场景的行业解决方案。目前，阿里云已成为全球前三大公共云服务提供商。腾讯的大数据布局主要从分析、工具、平台三个方面展开。百度的大数据布局侧重于技术，涉及数据梳理、数据分析、数据风控、数据营销等广泛领域，在人工智能上尤其突出。传统IT企业的大数据布局则是基于其传统的信息化业务，由IT集成商向云、大数据服务商转变，物联网是各传统企业的发力方向。同时，个推、国信优易、海云数据、九次方大数据等新兴大数据企业也开始崭露头角。

（3）公共数据资源开放成效明显

公共数据资源的开放与共享也为大数据发展提供了推动力。国家网信办《数字中国建设发展报告（2018年）》显示，2018年我国数据资源体系建设取得明显成效。一是基础数据资源建设取得重要成果。国家人口、企业法人、自然资源等基础数据库建成。自然资源实现"一张图"监管，覆盖5大类、23个子类、6992个图层、58.3亿个空间要素。二是政务信息共享取得重要进展。基本建成了国家数据共享交换平台体系，71个部门、32个地方全面接入国家电子政务外网和国家数据共享交换平台，数据共享交换总量累计超过394亿条次。三是公共数据资源开放稳步推进。重点领域公共信息资源开放的力度加大，2018年，国家统计局数据发布库总数据量达到1105.5万笔，累计访问量2.58亿次。

2. 媒体行业发展大数据的优势

媒体行业发展大数据的优势主要表现在两方面，一是媒体行业数据资源丰富，二是媒体行业对大数据应用需求旺盛。

媒体行业拥有十分丰富的数据资源。根据国家广播电视总局科技司《广播电视行业应用大数据技术白皮书（2018）》的分析，传统媒体的数据资源可分为媒体内容大数据和用户服务大数据两类。媒体内容大数据，是在内容的采集、制作、播出、分发、传输、交换、管理过程中产生数据的集合，既包括音视频、图片、文字等媒体内容数据及元数据，也包括媒体内容生产传播过程中相关设备、网络、系统的配置、管理数据，以及操作日志、质量监控、运行维护、安全管理等数据。用户服务大数据，则是在媒体内容的收看、收听、消费、互动、分享过程中产生的数据的集合，既包括用户在各类终端应用中产生的注册登录、浏览访问、订阅订购、互动分享等数据，也包括为用户提供服务过程中产生的终端信息、运行维护、安全管理、运营服务等相关数据。国家广播电视总局《2018年全国广播电视行业统计公报》显示：2018年全国广播节目制作时长为801.76万小时，全国电视节目制作时长为357.74万小时；2018年全国公共广播节目播出时间1526.74万小时，全国公共电视节目播出时间1925.03万小时；2018年全国有线广播电视实际用户数2.18亿户，全国有线数字电视实际用户数2.01亿户；2018年全国交互式网络电视（IPTV）用户1.54亿户，互联网电视（OTT）用户4.20亿户。新闻出版行业数据量相对较少,但价值密度较高。如图书、报纸、期刊等内容资源数据;销售量、销售额、库存数量、购进量等发行数据;印刷产量、装订产量、印刷用纸量等印刷复制数据;出口数量、金额等进出口数据;合同登记数量、引进版权数量、输出版权数量等版权管理与版权贸易数据;出版物元数据和出版网站数据等。[①]网络媒体除了内容数据外,还有十分丰富的用户行为数据,包括从机器和传感器获取的数据。

网络媒体先天与大数据联系在一起,目前大多数网络媒体都在利用大数据分析进行内容分发和辅助决策。传统媒体也处于大力推进媒体融合的关键时期,一方面需要通过对媒体内容大数据的分析,为内容生产提供支撑,优化生产流程、创新内容产品、传播优质内容;另一方面,通过对用户服务大数据的分析,更好地把握用户的需求和喜好,优化产品与服务,提升运维和运营质量。因此,媒体行业对于大数据应用的需求十分旺盛,也已经出现了一些提供基础技术支撑的企业和更多提供融合应用服务的企业。原国家新闻出版广电总局和贵州省政府部省共建的"中国文化(出版广电)大数据产业项目",已被列入《国家"十三五"时期文化发展改革规划纲要》重大文化产业工程,贵州省委书记亲自担任项目协调推进小组组长。该项目由"版权云、广电云、产业园区"组成,"版权云"围绕全网实时"监测、出版、交易"三大业务体系,打造从认证登记到监测取证、投送分发等一体的全产业链服务平台;"广电云"围绕"广电+"和宽带广电发展战略,打造全国一体化的广电"云、管、端"新型技术系统;"产业园区"通过政策扶持、产业孵化等措施,集聚出版广电、影视传媒、文化交易等企业,打造在全国具有影响力的大数据文化产业园区。中国大数据产业观察网、数据观(北京)传媒科技有限公司《2018中国大数据企业报告》对国内200余家大数据企业进行了梳理,其中有6%的企业服务于文娱和教育方面的应用。

二、媒体行业的大数据应用

媒体行业有丰富的大数据应用场景,主要分为内容生产和用户服务两个

[①] 张立等:《坚守与变革?遭遇大数据时代的传统出版业》,社会科学文献出版社,2018年,第6页。

方面。媒体内容生产有采集、制作、传播、管理等环节。在内容采集环节，大数据可运用于海量内容采集、数据交换、全媒体内容汇聚、数据挖掘等领域；在内容制作环节，数据新闻、节目制作、内容知识库、新型媒资管理、融媒体新闻协同指挥都有大数据技术的用武之地。此外，在内容审核、质量控制和监测、版权管理、运维管理方面也有大数据的广泛应用。而在用户服务方面，大数据是支撑媒体生产运营的重要基础性技术。它通过对收视综合评价、舆情监测、事件分析等方面的支持辅助运营决策；帮助媒体为用户提供个性化、精准服务；提高网络运行管理的效率。这其中的一些技术，已经在媒体行业得到广泛应用。

（一）媒体行业中已经较为普及的大数据应用

1. 以大数据支撑的融合媒体平台建设

推动媒体融合发展、建设全媒体是当前媒体行业面临的一项紧迫课题。中共中央政治局2019年1月专门就全媒体时代和媒体融合发展举行第十二次集体学习。习近平总书记强调，我们推动媒体融合发展，是要做大做强主流舆论，巩固全党全国人民团结奋斗的共同思想基础，为实现"两个一百年"奋斗目标、实现中华民族伟大复兴的中国梦提供强大精神力量和舆论支持。[①]经过多年的建设，目前，中央和地方各级媒体都基本建成了支撑融合媒体发展的技术平台，如人民日报"中央厨房"、新华社全媒报道平台等。随着县级融媒体中心建设顶层设计的出台，各省省级融媒体技术平台纷纷建成投入使用，为县级融媒体中心媒体服务、党建服务、政务服务、公共服务、增值服务等业务开展提供技术支撑、运营维护服务。这些融媒体平台的建设，主要目的是实现全媒体采编流程的再造，适应传统媒体与新兴媒体融合的大趋势，汇聚各方面资源，一体管理、一次采集、多种生成、多元发布，打造全媒体传播矩阵，提升内容质量和实现产品多样化。大数据是支撑融媒体平台建设的重要力量。如，央视网目前已建成播出时长达269万小时的网络视频数据库和5000万注册用户规模的用户数据库。以此为基础，央视正在加快建设"央视云和大数据平台"，让内容与用户相匹配，服务于精准化智能传播、

---

① 习近平：《加快推动媒体融合发展　构建全媒体传播格局》，《求是》，2019年3月16日第6期。

精细化媒体运营，为央视智慧融媒体建设夯实基础。①

2. 大数据辅助媒体内容生产

（1）大数据辅助内容决策。选题策划是媒体运营的重要环节。过去的媒体选题策划较为主观，依赖编辑记者的个人经验。大数据在舆情监测方面的应用，可以更准确地定位当前舆情热点及其走势，其中还包含用户地域分布、用户画像、情感属性等数据，可以有效帮助新闻采编人员更好地策划选题。在影视作品内容决策上，大数据也开始发挥越来越重要的作用。爱奇艺叶田田在CCBN2018上的演讲"AI在影视产业的尝试与应用"，介绍了视频网站爱奇艺开发的影视作品IP价值评估、剧本评估和选角系统。IP价值评估系统，是帮助内容决策部门评估IP商业价值的决策辅助工具，通过IP价值量化评估体系和评估指数工具，从源头上提升IP投资运营的效率。其IP价值量化评估体系分为三大板块：一是基于爱奇艺、行业IP地图（IP题材分布、走势等）等的全局性分析；二是对目标IP站外舆情（包含受众画像、核心观点、传播趋势、受众关联兴趣）、目标IP站内舆情（每个标的物的站内受众、传播趋势、营收状况数据）、相似IP智能匹配（基于目标IP的特征标签推荐类似的已拍摄成影视作品的标的物）、多个IP价值对比（IP之间、IP与标的物之间能够比对受众、营收、内容属性等差异）、IP转化价值分析（IP从某种类型转化到另外一种类型的可能性、商业价值分析）、潜在IP识别（识别站内外有潜力的内容，推荐给业务部门热点预测）的分析；三是热点预测，通过机器学习算法，监测社交平台文章、评论、事件，提前某个时间窗口，预测未来一段时间即将出现的文化热点、时间热点。选角系统则是采用自然语言处理技术理解海量的社交文本刻画演员气质，挖掘舆情采用计算机视觉技术从海量的图片和视频中挖掘演员演技，从而数据化定义演员能力、信息化收纳演员简历、动态化追溯演员经历，实现演艺人员管理体系数据化、标准化、智能化，将标准化的手段应用于非标准化的选角产业，提升决策依据，助推产业效率升级。这个系统背后有大量数据的支撑，包括影视作品播

---

① 钱蔚：《央视网：构建融合新生态 拥抱转型升级》，载国家广播电视总局网络视听节目管理司、国家广播电视总局发展研究中心编著《中国视听新媒体发展报告（2018）》，中国广播影视出版社，2018年，第118页。

放数据、全网舆情数据、演员档期数据、演员图谱数据,以及对演员参演作品的视频画面智能实时理解,演员人脉、合作关系等图谱数据的高效识别,受众画像、舆情观点洞察等。

(2)数据新闻和机器写作。数据新闻是大数据在媒体生产领域的典型应用,今天已经十分普及。数据新闻以数据作为认识现实的"原材料",以数据科学作为求真的方法论,以数据可视化作为表征现实的手段。[1]它在提高媒体内容生产效率、增强内容产品说服力、可看性等方面具有明显优势。2019年两会新闻报道中,数据新闻就得到了广泛使用。中国国际电视台CGTN运用大数据统计分析的3D交互和爬虫技术,重磅打造了数据新闻三部曲:H5《为人民》("WHO RUNS CHINA")、视频《数读两会之政府工作报告篇》("WHAT CHINA COUNTS")和《数读两会之两高报告篇》("WHAT CHINA JUDGES"),打破传统叙事方式,在国际传播中用数据解读两会,增强传播说服力。两会期间,中国网每日分析网媒站点、微博账号、微信公号、论坛(贴吧)、APP等涉及两会的信息,推出"两会大数据日报"播报每日两会关键词,以可视化图表直观呈现网民关注的重点话题,反映人民关切。人民日报推出的H5《看看这份2019年度KPI账单》、视频《全息3D强影!这有一份"立体"报告等你看》以及新华社"媒体大脑"推出的《一杯茶的功夫读完6年政府工作报告,AI看出了啥奥妙》等均以《政府工作报告》中出现的关键数据为核心,利用前沿技术,结合创意表达,让民众更好地读懂《政府工作报告》。[2]

机器写作是人工智能与传统媒体的融合,它对核心数据进行分析和梳理,并根据算法在第一时间自动生成新闻文稿,完成新闻内容的自动化生成。腾讯的Dreamwriter、百度的Writing-bots等智能写作机器人推动了机器写作的广泛应用。机器写作同样是以大数据技术为基础,打破了新闻人工作的常规模式,化繁为简,省去了传统新闻出稿的步骤,节省了人力和时间,

---

[1] 张超等:《从去专业化到再专业化:数据新闻对数据科学的应用与趋势》,《中国出版》,2019年第9期:27-30。

[2] 黄楚新等:《技术革新 多元传播 深度融合——2019两会新媒体报道观察》,《新闻战线》,2019年第7期:52-55。

提高了新闻生产力。甚至在一些专业的报道中，机器人对于数据的采集、分析和处理能够比记者发现、找到的数据更为精确可信。①

（3）基于大数据的媒体内容分发

今日头条和抖音APP的异军突起，把基于网络爬虫和算法技术的内容个性化分发带入了媒体行业。个性化推荐通过为内容和用户打上各类标签，基于用户使用记录学习了解用户兴趣，通过算法将用户感兴趣的内容推送到终端，实现了内容分发的千人千面，改变了传统媒体一对多分发的局面。它同时也能够帮助机构媒体和自媒体准确定位目标用户，建立内容与用户兴趣之间的精准连接。个性化推荐已经成为网络媒体内容分发的主要途径。

（4）基于大数据的传播效果评价

随着媒体融合的不断深入，过去单纯靠阅读量、发行量、收视率或点击率等对传播效果进行评价的做法已不能准确反映内容产品的真实传播效果，基于大数据的综合评价体系显示出其优越性。不少社会企业开发了自己的传播效果评估数据体系和技术平台。新华社也推出了"炫知·传播力分析系统"。该系统由全网监控、传播分析、传播监控、评估服务四大核心功能组成。每天通过对280万信源、13.5万媒体网站、5.3万微信公众号的全媒体监控，实现每天300万新闻数据的采集，形成独有的传播力数值评价模型，实时评测事件传播路径、传播范围与传播影响。不仅可用于新闻单位的新闻报道传播力分析与评估，还可提供其他场景的回溯互联网数据评估、多维度数据分析评估、多角色数据分析评估、多可视化展示方式等订制化服务。

国家广电总局顺应行业发展需要，研究建立了基于"全网络、全样本、大数据、云计算"的节目收视综合评价体系，力图破除唯收视率、唯点击量带来的节目内容过度追求经济效益的问题，推动广播电视行业融合取得更大进展。2018年12月26日，广播电视节目收视综合评价大数据系统开通试运行。该系统拥有收视数据采集和汇聚、收视数据分析、收视数据呈现等功能；通过建立与运营商之间的安全通道，目前已汇聚8000万样本用户的收视数据，全面涵盖直播、回看和点播等多种收视方式，经清洗、转换、分析与挖掘，输出播出比重/收视比重、观看用户数、节目黏性、收视率等30项核

---

① 唐可心：《机器写作在我国新闻领域的应用与发展》，《青年记者》，2018年第29期：89-90。

心指标。系统样本用户将逐步扩展至数亿级样本规模，实现样本全覆盖。

2018年9月3日和2019年1月18日，爱奇艺、优酷两家视频网站先后取消前台播放量显示，代之以"热度值"，通过大数据计算用户在全平台的多维度行为（如连看、拖拽、收藏、弃剧等），综合反映影视内容的影响力和社会价值。

（二）媒体行业中其他潜力较大的大数据应用

在我国大数据发展的顶层设计中，运用大数据提升国家治理现代化水平、促进保障和改善民生是重要政策目标。媒体拥有丰富的数据资源和处理传统数据的经验，一些媒体也开始搭建公共数据平台，为其他行业提供数据服务。例如：新华网最初通过无人机等方式来收集数据，做无人机新闻，后来发现把这些数据跟其他相关社会数据、网络数据结合，可以挖掘出更丰富的数据价值，提供行业服务。新华睿思数据云图分析平台，拥有更先进的数据资源体系、更精准的情绪感知、更强大的事件演化分析技术、更独特的新闻传播追溯能力，同时具有智能化的报告生成技术。新华网亿连建立的"政产学研用"深度融合的技术创新体系，将思想政治工作传统优势同信息技术高度融合，研发和创建了高校思政大数据平台，旨在助力高校进一步加强新时代的思想政治工作体系建设，实现高校新思想学习创新、文明传习创新、宣传渠道创新、媒体管理创新和人才培养创新。

2019年5月举办的第二届新闻出版大数据高峰论坛，发布的基于知识图谱的大数据融合应用平台案例，也是深入挖掘数据价值的典型做法。基于知识图谱的大数据融合应用平台为中国知网打造，以构建大数据资源池为基础，建设数据指标体系，依托CNKI知识图谱优势，挖掘数据指标间的关系，支撑智能问答系统，实现对问题的智能解答。平台通过数据分析模型系统，分析问题的特征、前景和发展趋势，实现资源配置最优化、经济效益最大化。通过知识和数据的深度融合应用，为政府部门、智库机构提供基于大数据分析的协同决策研究和协同执行平台，为各行业提供基于业务场景、生产场景的知识服务，为公众惠民、政府优政、产业高质量发展赋能。该平台可实现数据交换共享、动态知识图谱、数据模型分析、数据智能检索、智能问答、数据智能报告等智能化功能。目前已在农业、宏观经济、交通和教育等领域深入融合应用。

此外，在媒体内容大规模采集、媒介资源的多次利用、为用户提供精准服务等方面，大数据也有着广泛的应用空间。

（三）大数据应用中的数据安全问题

大数据不仅为我们带来了传播变革、商业变革，也要求我们改变生活、工作和思维方式，在这方面，媒体行业还有很长的路要走。从已经实现的大数据应用看，大数据在推动媒体融合发展的同时，也助长了"信息茧房"等负面效应的出现，带来了更加严重的数据安全问题，这都是需要我们积极应对的。

关于数据安全问题，赛迪顾问《2019中国大数据产业发展白皮书》显示，2018年，全球遭遇数据泄露事件的公司平均损失386万美元，同比增长6.4%。该报告同时指出，一方面，传统数据安全已经无法满足大数据安全的需要。大数据安全需要从"以数据为中心"的安全思路来开展工作，覆盖数据全生命周期防护，包括数据采集、存储、使用和共享等流程；涵盖不同的设备、产品、用户和不同部门的人的信息。另一方面，虽然大数据平台及服务广泛地应用于各行业领域，但大数据安全的观念及相应的防护手段远落后于大数据本身发展。目前，大数据安全市场占主体的是大数据平台本身自带的功能模块，专业化大数据安全防护工具欠缺，安全理念和技术亟待加强。政府、行业和企业多方协作为数字经济发展保驾护航已经成为时代发展的必然趋势，保障数据安全、规范数据使用，已成为大数据时代行业发展的共识。中国信通院《大数据白皮书（2018）》对加强大数据安全提出了两方面建议：一方面，需要强化数据法律的建设，加强重要基础设施和关键领域的法律监管，尤其在个人信息保护方面需要"重拳整治"；另一方面，需要强调行业自律，由于数据不可避免地出现"寡头现象"，部分大企业所拥有的数据涉及众多用户的信息安全，这就需要企业强化自律。政府需要主动适应并努力引领新变化，加强政策、监管与法律的统筹协调，动态优化政策法规体系，积极构建大数据健康发展的有利环境。

第五节 用户篇

5.1 中国网络媒体公信力
——基于网络使用与人口特征维度的分析

何 苑 张洪忠 石韦颖[①]

摘 要： 为了深入了解对不同媒介平台的公信力及其影响因素，本研究面向北京、上海、广州、成都四个城市的网民开展了专项调研，从网络使用和人口特征两个维度进行分析。研究发现，当前手机端媒介在使用频率和公信力上均已超过PC端，但在中年网民和中、高收入人群中，PC端新闻仍具有一定市场和较高的公信力。不同城市、学历、年龄段，以及政治面貌的网民对国内新闻网站和商业网站的信任程度存在差异，这种差异同样表现在国内与国外社交媒体公信力的比较上。虚假新闻、内容质量低、夸大报道、报道不准确、偏见观点以及信息过载等现象成为当前网民普遍担忧的问题。其中，虚假新闻对商业网站公信力的负向影响最大，内容质量和报道完整性则最能影响社交媒体的公信力。

关键词： 网络新媒体；媒体公信力；网络使用

The Credibility of China's Online Media: An Analysis Based on the Dimensions of Network Use and Demographic Characteristics

Abstract: This study intends to explore Chinese netizens' use of Internet and their perception of media credibility of different online news outlets. This study bases on an online survey conducted in Beijing, Shanghai, Guangzhou and Chengdu. This study has four main findings. Firstly, smartphone news apps have actually become netizens', especially young people's, major source of information and have gained higher credibility than traditional media and websites. Secondly, users' levels of credibility regarding news websites and business websites appear to

---

[①] 何苑，北京师范大学艺术与传媒学院博士后；张洪忠，北京师范大学新闻传播学院副院长，教授，博士生导师；石韦颖，北京师范大学新闻传播学院硕士生。

be geographically, especially among those with higher level of education. Thirdly, though the perceived credibility of Chinese social media are generally higher than that of outsea social media, discrepancies exist between users of different city, age group, party affiliation and levels of education. Finally, among netizens' major concerns about current online media, fake news mostly decrease news websites' credibility, whereas low quality and incomplete information mostly decrease that of social media.

Keywords: Online new media, News credibility, Media credibility, Internet use

一、研究问题与方法介绍

(一) 问题提出

2018年，路透社新闻研究所发布的《数字新闻报告2018》（Ruters Institute Digital News Report 2018）显示，在全球七十多个国家及地区中，有三成以上用户主要凭借网络渠道（尤其是社交媒体）来获取新闻资讯，这一趋势在年轻用户当中表现得更加明显。与此同时，人们也愈发地重视网络信息的真实性和信息质量。[1]

中国互联网自2009年起进入社交媒体时代。截至2019年6月，整体网民规模达到8.54亿，其中有99.1%的网民使用手机上网；网络新闻用户规模达到6.86亿。[2]随着媒介技术的进步和专业新闻机构、政府行政机关等主体不断向新媒介平台的迁移，信息资讯类网站、社交媒体平台以及聚合类智能应用正超越传统媒体，成为网民获取新闻资讯的主要途径。新的资讯平台如雨后春笋般大量涌现，在提供海量、纷繁的媒介内容的同时，也改变着用户的信息消费习惯和媒介参与行为，更影响着其对不同媒介渠道的信任度。

在新技术条件与社会环境中，我国网民对不同媒介平台的信任情况如何？当前主要媒介渠道的公信力又受到哪些因素的影响？为了解答以上问

---

[1] Nic Newman, Richard Fletcher, Antonis Kalogeropoulos, David A. L. Levy and Rasmus Nielsen, Reuters Institute Digital News Report 2018, https://www.reuterscommunity.com/wp-content/uploads/2019/03/digital-news-report-2018.pdf, 2018年6月3日。

[2] 第44次《中国互联网络发展状况统计报告》，中国互联网络信息中心（CNNIC），http://www.cnnic.net.cn/hlwfzyj/hlwxzbg/hlwtjbg/201908/t20190830_70800.htm，2019年8月30日。

题，北京师范大学新媒体传播研究中心于2018年在北京、上海、广州、成都四个城市的网民中开展了专项调研。

调查涉及的主要问题有：

1. 从渠道端来看，手机端和PC端的公信力状况如何？
（1）人口特征变量对手机端公信力有什么影响？
（2）人口特征变量对PC端公信力有什么影响？
（3）四大城市网民对手机和PC端公信力认知有什么差异？
2. 新闻网站和商业门户网站的公信力是怎么样的？
（1）人口特征变量对新闻网站公信力有什么影响？
（2）人口特征变量对商业门户网站公信力有什么影响？
（3）四大城市网民对新闻网站和商业门户网站的公信力认知有什么差异？
3. 中外社交媒体公信力分析。
（1）中外主要社交媒体平台的公信力比较。
（2）人口特征变量对中外社交媒体公信力的影响是怎么样的？
（3）四大城市网民对社交媒体的公信力认知有什么差异？
4. 虚假信息、信息过载等认知与对新闻网站和社交媒体公信力的影响是怎么样的？

（二）研究方法

本次调研主要围绕网民对不同网络媒介的使用以及信任度情况展开。在媒介公信力测量上，参照卡特（Carter）和格林伯格（Greenberg）等学者提出的绝对公信力测量法。[①]为便于直观考量不同人口特征网民对几大主要网络媒介平台的信任度，并进行横向比较，研究团队在北京（北部地区）、上海（东部地区）、广州（南部地区）和成都（西部地区）四个城市同时开展了网络问卷调查。调查将不同载体（手机端和PC端）和不同性质（网站和社交媒体）的网络媒介进行了区分。此外，对研究中涉及的主要网站区别为政府新闻网站（包括人民网、新华网）和商业门户网站（包括新浪网、腾讯网、网易网、搜狐网、凤凰网）两类，并考察和比较了网民对国内社交媒体平台（包括微信、微博和

---

① 张洪忠：《转型期的中国传媒公信力》，南京师范大学出版社，2013年，第7页。

QQ）和国外社交媒体平台（包括脸书、推特和照片墙）的使用和信任度情况。

调查数据通过极数云数据调研平台采集，按照样本库总量进行简单随机抽样，调查对象来源于微博、淘宝等网站的引流用户。本调查重点不在于描述以推论总体，而在于探析网民使用互联网的变量之间的关系。因此，可不采用严格意义上的概率样本。调研团队于2018年3月9日至2018年3月14日邀请北京、上海、广州、成都四个城市的样本网民进行在线作答。在剔除无效作答和重要信息缺失的问卷后，最终获得3428个有效样本，其中912人来自北京，888人来自上海，817人来自广州，811人来自成都。样本分布如表2-2所示。

表2-2　调查对象人口特征及分布情况

变量	水平	百分比	变量	水平	百分比
性别	男	53.3%	所在地	北京	26.6%
	女	46.7%		上海	25.9%
年龄	20岁以下	0.7%		广州	23.8%
	20岁—29岁	25.5%		成都	23.7%
	30岁—39岁	45.4%	职业	国营/私营/三资企业工人	21.5%
	40岁—49岁	19.1%		一般职员/文员/秘书	15.1%
	50岁及以上	9.3%		专业技术人员/教师/医生	12.5%
学历	初中及以下	3.5%		自由职业者	7.9%
	高中/中专/职中	13.6%		企业领导或管理人员	7.4%
	大专	22.0%		离退休人员	6.4%
	大学本科	53.1%		商业服务业人员	5.8%
	双学位/硕士/博士	7.8%		个体工商户	4.7%
月收入	3000元及以下	9.7%		高校学生	4.4%
	3000—5000元	21.2%		初高中/中专学生	3.7%
	5001—7000元	26.5%		机关/事业单位干部	3.1%
	7001—10000元	21.4%	职业	下岗/待业或无业人员	2.1%
	10001—15000元	12.1%		农民或外来民工	1.7%
	15000元以上	9.1%		其他	1.7%
是否党员	是	31.5%		私营企业主	1.4%
	否	68.5%		公检法/军人/武警	0.6%

二、手机和PC端网络媒介的公信力分析

（一）手机和PC端公信力在整体渠道中的情况

调查首先询问网民对不同渠道来源新闻的信任度（包括以手机端、PC端为代表的网络新媒体和以电视、报纸、广播和杂志为代表的传统媒体）。问卷采用5分制打分：1分代表非常不信任，5分代表非常信任。结果显示，当前网民最信任手机端新闻，其次是电视和PC端的新闻。具体如图2-11所示。

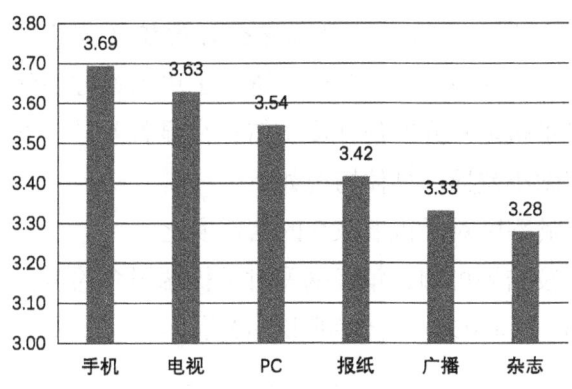

图2-11　不同媒介的公信力情况

（二）手机端媒介公信力分析

1. 不同人口特征变量对手机端信任度分析

在控制网民用手机获取新闻的频率后，将手机端媒介公信力作为因变量，将性别、年龄、学历、月收入以及党员身份等因素作为自变量投入多元线性回归模型进行分析。如表2-3所示，年龄和学历表现出显著负向影响，党员身份具有微弱的正向影响。

表2-3　对手机端媒介公信力起到影响的因素

变量类型		手机端公信力
控制变量	手机使用频率	0.35★★★
自变量	性别（女）	−0.01
	年龄	−0.05★★

续表

变量类型		手机端公信力
自变量	党员	0.04*
	学历	−0.06**
	收入	0.01
调整R方(%)		12***

* p<0.05，** p<0.01，*** p<0.001；性别已编码为虚拟变量：1=男，0=女。

2. 不同人口特征的网民对手机端媒介的信任度差异

研究随后以不同人口学变量为因子进行了单因素方差分析。结果显示不同年龄段网民对手机端媒介的信任度均值存在显著差异，不同学历和收入水平的网民间存在微小差异。具体情况如下。

（1）不同年龄网民对手机端媒介的信任度比较

由差异性比较结果可知，年轻网民对手机端媒介的信任度整体高于中老年网民（F=2.96，p<0.05）。具体如图2-12所示。

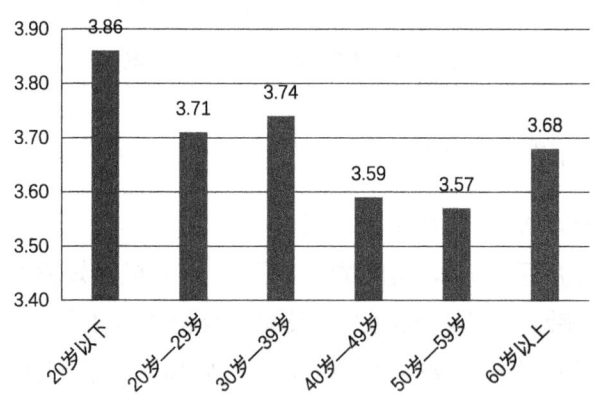

图2-12 不同年龄网民对手机端媒介的信任度比较

（2）不同学历网民对手机端媒介的信任度比较

不同学历的网民对手机端媒介的信任度整体上存在边缘性显著差异（F=2.30，p=0.057），具体表现为：拥有双学位/硕士/博士的网民对手机端媒介的信任度明显低于其他学历网民。具体如图2-13所示。

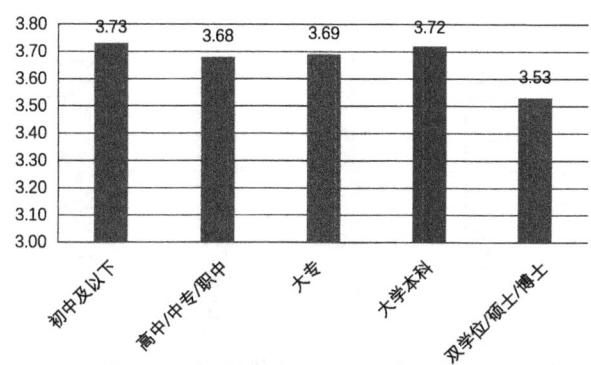

图2-13 不同学历网民对手机端媒介的信任度比较

（3）不同收入网民对手机端媒介的信任度比较

不同收入水平的网民对手机端媒介的信任度存在边缘性显著差异（F=2.69，p=0.052），即中等收入人群（月收入5000—10000元之间）对手机端媒介的信任度高于低收入和高收入人群。具体如图2-14所示。

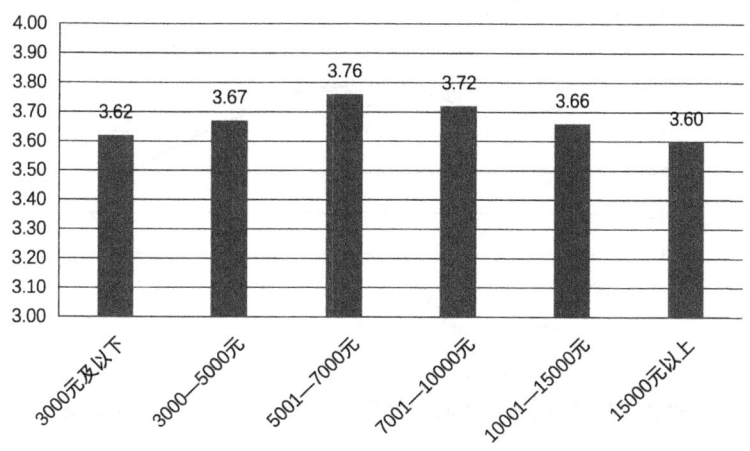

图2-14 不同月收入网民对手机端媒介的信任度比较

3. 不同城市网民对手机端媒介的信任度差异

对不同城市网民对手机端媒介的信任度进行比较可见，上海网民对手机端媒介的信任度评分（M=3.73，SD=1.04）最高，其次为北京网民（M=3.71,SD=0.96）、广州网民（M=3.68,SD=0.96）和成都网民（M=3.65,SD=0.95），但四者间差距并不大（F=1.09，p=0.35）。具体如图2-15所示。

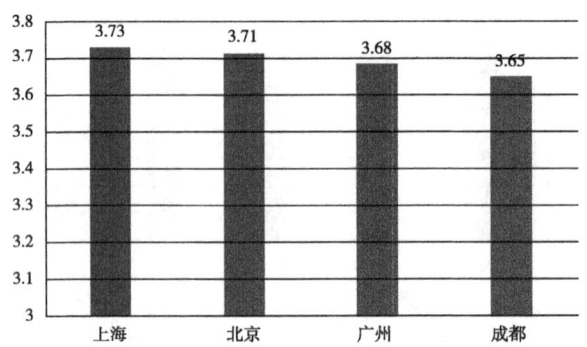

图2-15 不同城市网民对手机端媒介的信任度比较

在各地不同月收入的网民间进行横向比较可见：在北京，中等收入网民对手机端新闻资讯的信任度高于低收入和高收入群体（$F=3.26, p<0.01$）；在广州，收入越高的网民对手机端新闻资讯的信任度也越高（$Pearson=0.08, p<0.05$）；在成都，月收入水平高于15000元的网民对手机端的新闻资讯的信任度较高。具体如图2-16所示。

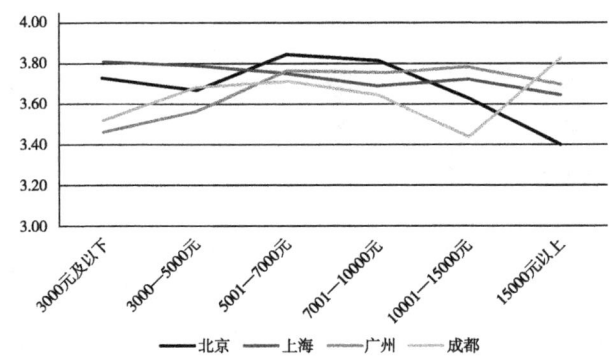

图2-16 不同城市和收入网民对手机端媒介的信任度比较

在各城市网民间进行横向比较可见，北京、上海和成都三地的情况与整体趋势基本相符，即双学位/硕士/博士的网民对手机端媒介的信任度最低。

(三) PC端媒介公信力分析

1. 不同人口特征对PC端公信力影响的回归分析

在控制网民使用PC端获取新闻的频率后，将PC端公信力作为因变量，将性别、年龄、是否中共党员、学历和收入作为自变量投入多选线性回归模型。由表2-4可见，仅有党员身份对因变量表现出显著的正向影响。

表2-4 对PC端媒介公信力起到影响的因素

变量类型		PC端公信力
控制变量	使用频率	0.36***
自变量	性别	−0.01
	年龄	−0.03
	党员	0.03*
	学历	−0.00
	收入	0.01
调整R方(%)		12.8***

* $p<0.05$, *** $p<0.001$

2. 不同人口特征网民对PC端媒介的信任度差异

研究随后以不同的人口学特征为因子，对因变量进行了单因素方差分析，具体结果如下。

（1）不同年龄网民对PC端媒介的信任度差异

不同年龄段网民对PC端媒介的信任度存在显著差异（F=2.43，p<0.05），即中年网民比年轻和老年网民更信任PC端上的新闻资讯。具体如图2-17所示。

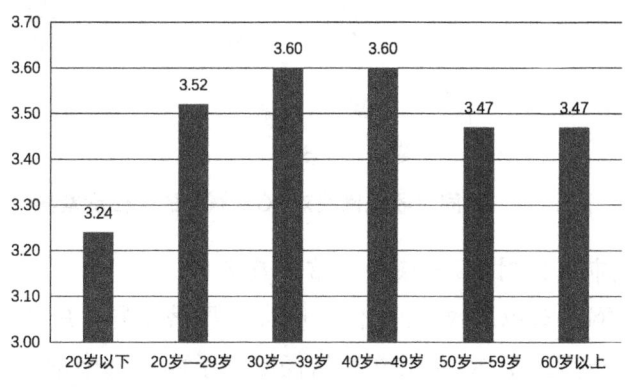

图2-17 不同年龄网民对PC端媒介的信任度差异

（2）不同学历网民对PC端媒介的信任度差异

不同学历的网民对PC端媒介的信任度存在显著差异（F=5.90，p<0.001），具体表现为拥有大学本科学历的网民最信任PC端媒介上的新闻资讯。具体如图2-18所示。

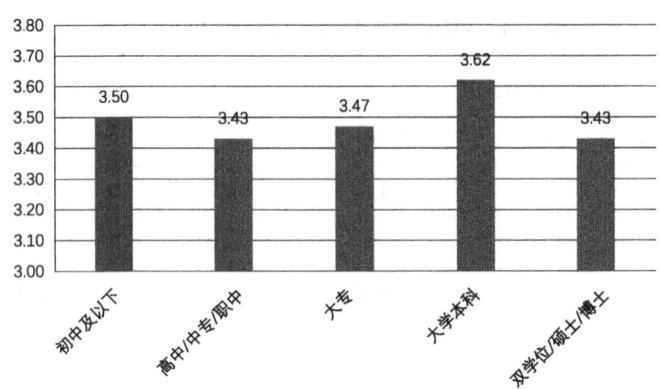

图2-18 不同学历网民对PC端媒介的信任度差异

（3）不同收入网民对PC端媒介的信任度差异

不同收入水平的网民对PC端的信任度存在显著差异（F=2.92，p<0.05），具体表现为中等收入人群最信任PC端获取的新闻资讯。具体如图2-19所示。

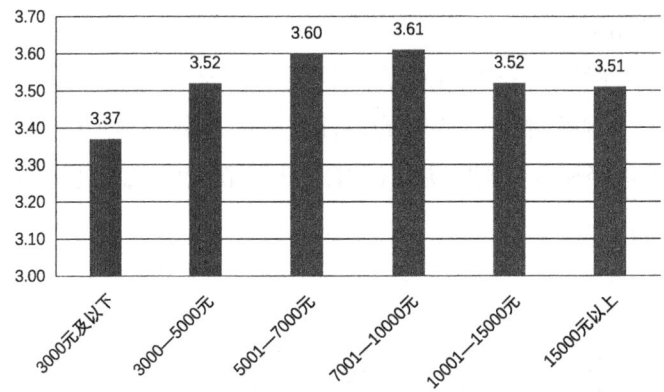

图2-19 不同月收入网民对PC端媒介的信任度差异

3. 不同城市网民对PC端媒介的信任度差异

不同城市网民对PC端媒介的信任度存在显著差异（F=3.75，p=0.01）。北部和东部城市网民对PC端媒介的信任度高于西部及南部城市。排名上仍是上海网民对PC端新闻资讯的信任度（M=3.62，SD=1.07）最高，其次为北京网民（M=3.59，SD=1.00）、广州网民（M=3.49，SD=1.02）和成都网民（M=3.48，SD=1.05）。

各地青少年网民对PC端媒介的信任度表现出较大差异。尤其在成都，不同年龄段网民对PC端媒介信任度的评分差异最大（F=4.80，p<0.001）。

上海、成都两地的青少年网民则表达出不信任PC端新闻资讯的倾向。

在北京、上海和成都，初中以下学历网民对PC端媒介的信任度较高；在广州则是低学历网民对PC端媒介的信任度较低，整体呈现出学历越高，越信任PC端新闻的趋势（Pearson=0.12，$p<0.01$）。

三、新闻网站和商业门户网站的公信力分析

研究随后比较了网民对当前几大新闻网站和门户信息网站的信任度，新闻网站包括人民网和新华网；商业门户网站包括新浪网、腾讯网、网易网、搜狐网、凤凰网。测量采用5分制，1分代表非常不信任该渠道上的新闻信息，5分代表非常信任。

（一）七家主要网站的公信力比较

首先，由图2-20可见，网民整体上比较信任网站上的内容，对新闻网站的整体信任度更高。新闻网站中，新华网的公信力略高于人民网；在商业门户网站中，腾讯网的公信力最高，与人民网持平。对不同网站公信力求取平均值后，获得了代表新闻网站（M=3.60，MD=0.99）和商业门户网站（M=3.43，MD=0.79）公信力的变量。

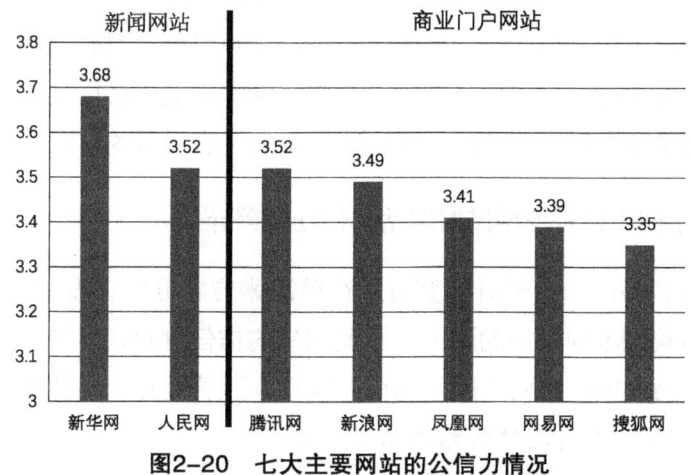

图2-20 七大主要网站的公信力情况

（二）不同人口特征变量对网站公信力的影响分析

在控制了网站使用频率后，将新闻网站和商业门户网站的公信力作为因变量，并将性别、年龄、政治面貌、学历和收入等人口学变量作为自变量进行了回归分析。

表2-5 影响新闻网站公信力和商业门户网站公信力的因素

变量类型		新闻网站公信力	商业网站公信力
控制变量	新闻网站使用频率	0.16***	0.02
	商业网站使用频率	0.14***	0.29***
自变量	性别（女）	0.05**	0.03
	年龄	-0.06***	-0.01
	党员	0.09***	0.07***
	学历	0.02	0.04*
	收入	-0.02	-0.03
	调整R方(%)	6.5***	9.2***

* $p<0.05$，*** $p<0.001$

由表2-5的分析结果可见，新闻网站的使用频率对商业网站公信力并不产生显著影响，但是商业门户网站的使用频率却对新闻网站的公信力具有积极的促进作用。随后对两次分析的结果进行比较可见，对新闻网站公信力来说，性别（女）和党员身份具有显著的正向影响，而年龄则具有显著负向影响；党员身份和学历对商业门户网站公信力来具有显著的正向影响。

（三）不同人口特征网民对网站的信任度差异

以人口学特征为因子对因变量进行单因素方差分析，发现不同年龄段、不同政治面貌和不同学历的网民对新闻网站的信任度存在显著差异；不同政治面貌和学历的网民对商业网站的信任度存在显著差异。具体分析如下。

1. 不同年龄段网民对网站的信任度比较

不同年龄网民对商业网站的信任度差异并不显著，但对新闻网站的信任度存在显著差异（$F=3.80$，$p<0.01$），具体表现为40岁以下网民对新闻网站

的信任度高于40岁（含）以上网民。

2. 不同政治面貌网民对网站的信任度比较

不同政治面貌的网民对网站的信任度存在显著差异：政治面貌为中共党员的网民对新闻网站的信任度($F=18.65$，$p<0.001$)和对商业网站的信任度（$F=12.01$，$p<0.01$）均高于非党员网民。

3. 不同学历网民对网站的信任度比较

最后，网民对新闻网站的信任度（$F=2.07$，$p=0.082$；$Pearson=0.044$，$p<0.01$）和对商业网站的信任度（$F=7.10$，$p<0.001$；$Pearson=0.07$，$p<0.01$）均呈现学历越高，对网站的信任度越高的趋势。

（四）不同城市网民对新闻网站与商业网站的信任度差异

不同城市网民对新闻网站的信任度（$F=4.21$，$p<0.01$）和对商业网站的信任度（$F=13.80$，$p<0.001$）均存在差异，表现为北京最高、上海其次、随后是广州和成都。

各地不同年龄段网民对商业网站的信任度不存在显著差异；但对新闻网站的信任度呈现年轻网民（20-40岁）对政府网站的信任度高于中老年（40岁以上）的态势。

四、社交媒体公信力分析

研究随后比较了网民对国内、国外主要社交媒体的使用频率和公信力。国内社交媒体包括微信、微博和QQ三大平台，国外社交媒体包括脸书（Facebook）、推特（Twitter）和照片墙（Instagram）。用5分制给不同渠道上新闻的可信度打分，1代表非常不信任，5代表非常信任。随后对这两类平台的公信力得分求平均值以获得代表各自公信力的指标。

（一）国内与国外社交媒体的使用频率与公信力比较

如图2-21所示，国内社交媒体平台的公信力（$M=3.44$，$MD=0.85$）整体高于国外的（$M=2.83$，$MD=1.13$）。微信在国内社交媒体中公信力最高，其次是QQ和微博；而三种国外社交媒体的公信力得分均低于及格线。

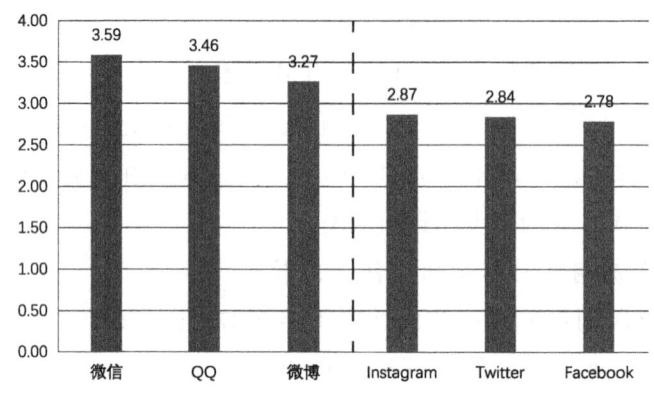

图2-21 国内与国外社交媒体的公信力比较

（二）社交媒体使用频率与人口特征对公信力的影响分析

在控制使用频率后，将国内、国外社交媒体公信力作为因变量，将性别、年龄、是否党员、学历和收入作为自变量进行多元线性回归分析。由表2-6所示的结果可见，年龄对国内社交媒体公信力具有显著正向影响，收入则具有显著负向影响；性别对国外社交媒体公信力具有微弱的正向影响。

表2-6 影响国内和国外社交媒体公信力的因素

变量类型		国内社交媒体公信力	国外社交媒体公信力
控制变量	国内社交媒体使用	0.66***	0.11***
	国外社交媒体使用	0.11***	0.64***
自变量	性别（女）	0.00	0.04**
	年龄	0.03*	0.02
自变量	党员	−0.01	0.00
	学历	0.01	0.02
	收入	−0.04**	−0.02
	调整R方(%)	47.9***	45.9***

(三) 不同人口特征网民对社交媒体的信任度差异

研究以不同的人口学特征为因子，对因变量进行了单因素方差分析，发现不同年龄段、不同政治面貌和不同学历的网民对国内、国外社交媒体的信任度均存在显著差异。具体分析如下。

1. 不同年龄段网民对社交媒体的信任度比较

不同年龄的网民对国内社交媒体的信任度（$F=8.55$，$p<0.001$）和国外社交媒体的信任度（$F=20.01$，$p<0.001$）均存在显著差异：中、青年网民（20岁—40岁以下）对国内社交媒体的信任度高于青年和老年网民；40岁以下的年轻网民对国外社交媒体的信任度高于40岁以上网民。

2. 不同政治面貌网民对社交媒体信任度的比较

政治面貌为中共党员和非党员网民对国内社交媒体信任度（$F=8.51$，$p<0.01$）和对国外社交媒体信任度（$F=53.73$，$p<0.001$）均存在显著差异：党员无论对国内社交媒体的信任度还是国外社交媒体的信任度均显著高于非党员网民。

3. 不同学历网民对社交媒体信任度的比较

最后，对国内社交媒体信任度（$F=6.05$，$p<0.001$）和国外社交媒体信任度（$F=4.78$，$p<0.001$）方面，存在学历越高，对国内社交媒体的信任度越高（$Pearson=0.035$，$p<0.05$）；学历越高，对国外社交媒体的信任度越低（$Pearson=-0.045$，$p<0.01$）的趋势。

(四) 不同城市网民对社交媒体信任度的差异

如图2-22所示，不同城市网民对国内社交媒体信任度（$F=7.99$，$p<0.001$）与对国外社交媒体信任度（$F=5.90$，$p<0.01$）存在显著差异：在国内社交媒体公信力方面，北方网民的信任度高于南方网民；而在国外社交媒体公信力方面，则南方网民的信任度高于北方网民。

最后，区分城市可见，各地（其是南方城市）均呈现出年轻网民更信任国外社交媒体的趋势。而在不同政治面貌的网民中，成都的党员和非党员网民对国内社交媒体的信任度明显低于其他三地的。

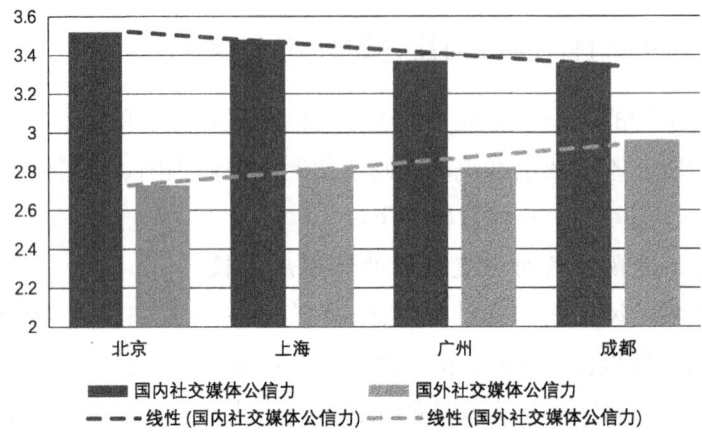

图2-22 不同城市网民的社交媒体公信力比较

五、新闻问题对网络媒体公信力的影响

研究还以5分制调查了网民对网络新闻中存在的问题的认知，包括虚假新闻、内容质量低、夸大报道、报道不准确、观点有偏见以及信息过载等方面。结果显示，当前网络新闻中"信息过载"和"夸大报道"的问题尤其受到网民的重视。具体如图2-23所示。

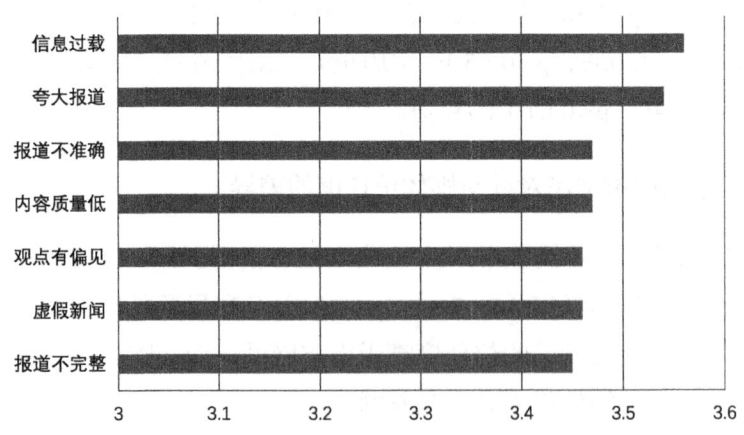

图2-23 网民对当前网络新闻中存在的问题的认知

（一）新闻问题对不同网络媒体公信力的影响分析

在控制使用频率和人口学变量的情况下，将新闻网站公信力、商业网站公信力，以及国内和国外社交媒体公信力作为因变量，将网民的新闻问题认知作为自变量投入回归模型进行分析。具体结果如下。

1. 新闻问题认知对新闻和商业网站公信力的影响

首先，从表2-7可见，"虚假新闻"和"信息过载"对新闻网站公信力起到显著的负向影响，且后者的影响力更大。对商业网站来说，"虚假新闻"的负向影响大于"报道不完整"。可见当前网络信息的真实性是人们在意的首要问题，随后才是信息的数量和质量。

表2-7 新闻问题认知对网站公信力的影响

变量类型		新闻网站公信力	商业网站公信力
控制变量	新闻网站使用	0.17***	0.03
	商业网站使用	0.12***	0.26***
	性别	−0.05**	−0.03*
	年龄	−0.06***	−0.02
	党员	0.08***	0.06***
	学历	0.00	0.02
	收入	−0.00	−0.01
自变量	虚假新闻	−0.07**	−0.15***
	报道质量低	−0.00	−0.02
	夸大报道	0.00	0.03
	报道不准确	−0.02	−0.03
	报道不完整	−0.04	−0.08**
	报道有偏见	−0.01	0.02
	信息过载	−0.10***	−0.02
调整R方（%）		10***	13.5***

2. 新闻问题认知对国内和国外社交媒体公信力的影响

"报道不完整"对国内社交媒体公信力起到显著的负向影响，而"信息过载"则产生显著正向影响;对国外社交媒体公信力来说,"报道质量低"和"不完整"均产生显著负向影响。这说明网民们使用社交媒体时可能更关注报道的故事性,具有"不患多而患不全"的心理。由此可以推断,在同样的新闻事件上,国内新闻媒体的报道是可以满足网民基本的信息要素的,他们使用国外社交媒体是为了寻求一些"锦上添花"的内容,因此更加在意报道质量。

(二)不同城市网民的新闻问题认知对网络媒介公信力的影响

北京和上海的网民认为当前新闻中存在的最主要问题是"夸大报道",而广州和成都网民则认为是"信息过载"。在区分城市后,将政府网站公信力、商业网站公信力,以及国内和国外社交媒体公信力作为因变量,将网民的新闻问题认知作为自变量投入回归模型进行了分析。

1. 影响新闻网站公信力的因素:地区差异

分析可见,影响新闻网站公信力的因素存在地区性差异。在北京、上海两地,"信息过载"对新闻网站的公信力均具有显著负向影响;在成都,产生负向影响的是"虚假新闻"和"报道不准确"。

2. 影响商业门户网站公信力的因素:虚假新闻

分析可见,"虚假新闻"是对商业网站公信力产生主要负向影响的因素,北京和成都的网民尤其在意这个问题。此外,成都网民认为商业网站公信力还受到"报道不准确"和"报道不完整"的影响。

3. 影响国内社交媒体公信力的因素

在成都网民的调查结果中,"报道不完整"对国内社交媒体公信力产生显著负向影响,"信息过载"却产生显著正向影响,即成都网民在使用国内社交媒体时更注重其信息完整性。但类似的趋势并未出现在其他城市的网民中。

4. 影响国外社交媒体公信力的因素

由表2-8可见,影响国外社交媒体公信力的因素同样存在区域差异。在广州网民的调查结果中,"虚假新闻"和"内容质量低"对国外社交媒体公信力具有显著负向影响;在成都网民的调查结果中,"报道不完整"对国外社交媒体公信力具有显著负向影响。北京、上海两地网民中未出现显著影响因素,这或与两地网民使用国外社交媒体的频率较低有关。

表2-8 不同城市网民的新闻问题认知对国外社交媒体公信力的影响

变量类型		北京	上海	广州	成都
控制变量	国内社交媒体接触	0.09**	0.08**	0.06*	0.11***
	国外社交媒体接触	0.67***	0.65***	0.61***	0.63***
	性别	0.02	0.05	0.04	0.05
	年龄	0.04	0.06*	−0.07*	−0.01
	党员	0.03	−0.03	−0.01	0.01
	学历	0.03	−0.04	0.02	0.00
	收入	−0.03	0.00	−0.01	−0.02
自变量	虚假新闻	−0.02	0.00	−0.08*	−0.01
	内容质量低	−0.06	−0.01	−0.11**	0.03
	夸大报道	−0.02	−0.04	0.01	0.01
	报道不准确	0.01	−0.03	0.07	−0.01
	报道不完整	−0.05	−0.03	−0.04	−0.07*
	观点有偏见	0.02	0.00	−0.04	−0.01
	信息过载	0.05	−0.02	0.03	0.02
调整R方(%)		49.1***	46.8***	43.4***	45.1***

六、结论与讨论

本研究旨在调查当前我国网民对不同媒介平台的信任度及影响因素。通过此次研究，有如下发现。

首先，网民对手机端媒介的使用频率和信任度均超过PC端，该趋势在年轻网民中表现得尤其明显。PC端新闻目前仍占有一定市场，其公信力在中年网民和中、高收入人群中表现得更高，这或与该群体的电脑化办公等使用特征有关。不同城市网民对手机端媒介的信任度不存在显著差异，但对

PC端媒介的信任度存在显著差异，这体现了智能移动媒介在信息化均衡发展上的广泛普及度和强大影响力。

其次，网民对新闻网站的信任度整体高于商业门户网站；中共党员网民对两种网站的信任度均高于非党员网民；40岁以下网民的新闻网站信任度更高。不同城市的网民在两类网站的信任度上存在显著差异：表现为北方高于南方，东部高于西部。无论是新闻网站还是商业网站，在提高自身内容质量和公信力的过程中都应当因地制宜、因人制宜。

再次，国内社交媒体在使用频率上和公信力上均高于国外社交媒体，但二者的公信力在不同城市间存在差异：对国内社交媒体的信任度是北方高于南方，而对国外社交媒体的信任度则正相反。年轻网民对国内社交媒体的信任度和对国外社交媒体的信任度均高于年长者；党员网民对两种社交媒体的信任度均高于非党员网民。

最后，当前网民已经普遍意识到假新闻、内容质量低、夸大报道、报道不准确、观点有偏见以及信息过载等问题的存在。"虚假新闻"是削弱商业网站公信力的主要因素；对社交媒体来说，"信息过载"并不是网民最介意的问题，反而是"内容质量低"和"报道不完整"更容易削弱其公信力。这也体现出网民在使用不同媒介渠道获取信息时的不同需求。

5.2 移动互联网时代的中国受众：基于2019年全国受众调查的数据分析

周葆华 刘恩泽

摘 要：本文基于2019年最新完成的全国受众调查（N=7705），分析移动互联网时代中国受众的媒介使用、网络生活与新闻接触。调查发现：当前中国受众媒介使用的版图发生重要变化，手机超越电视，成为受众普及率最高的媒介，网络普及率有较大增长，同时不同社会群体与阶层之间媒介使用的差异与鸿沟依然存在。移动互联网时代，中国网民"永久在线"的情形已相当普遍，其随时随地连接网络与他人联系的程度要显著高于获取内容的程度。在网民生活中，支付、购物和外卖是使用比例和程度最高的三个网络生活服务应用。受众获取新闻与公共事务信息的渠道方面，整体上电视仍为第一，人际渠道第二，但微信已居于第三位；网民群体选择微信作为获取新闻与公共事务信息最主要渠道的比例上升为第二位。网络的可信度评价均值超越报纸和广播，成为仅次于电视可信度评价的媒介。

关键词：受众；移动互联网；永久在线；媒介可信度

Chinese Audience in Mobile Internet Era: A Study Based on National Audience Survey in 2019

Abstract: This study analyzes the media use, digital life, and news exposure of Chinese audience with a national multi-stage random sampling questionnaire survey recently completed in 2019 (N=7705). It finds that the media use landscape has changed a lot with mobile phone has reached the highest penetration rate among

---

① 本文是教育部重点研究基地重大项目"移动互联网使用与城市公众的生活方式"（编号：15JJD860001，负责人：周葆华）的阶段性成果，同时受到国家自然科学基金项目"社会集群行为涌现与演化的机制分析及预测"（71731004）、复旦大学新闻学院新媒体实验中心项目"数据传播与计算传播研究"、CTR媒介研究公司的支持，以及研究助理田宇、李煜申、尤倩倩等的协助，在此一并致谢。

② 周葆华，复旦大学新闻学院教授，博士生导师，副院长；刘恩泽，复旦大学新闻学院硕士研究生。

six major media channels, and the penetration rate of Internet has also increased to a large extent. While in terms of media use, the digital divide still exists across various social groups and strata. Being permanently online has become a well-observed phenomenon in the mobile Internet era, with a higher possibility of "permanently connected" (PC) than "permanently online" (PO). Online payment, shopping, and food delivery have become the most popular online life services among Chinese Internet users. Television is still the most used channel for Chinese audience to get news and public affairs information, followed by face-to-face conversation, while WeChat has become the third major channel for people to get news and important information. For netizens, the ranking of WeChat exceeds face-to-face channel. Compared with the findings of earlier studies, the perceived credibility of Internet has reached the second place, only behind the perceived credibility of television.

Key words: Audience, Mobile internet, Permanently online, Media credibility

随着新技术的迅猛发展，以移动互联网为代表的新媒介正在渗透中国公众的日常生活，微信、微博、客户端等"两微一端"在公众生活与新闻消费中扮演日益重要的角色。在新传播环境下，中国受众的媒介使用呈现怎样的新版图？受众的网络生活呈现怎样的特征？他们的新闻消费习惯和评价又如何？为全面了解移动互联网环境下中国受众的媒介使用、日常生活与社会影响，复旦大学"移动互联网使用与公众的生活方式"（15JJD860001）课题组组织了本次全国范围的大规模随机抽样调查。

调查采取分层多阶段概率与规模成比例（PPS）的随机抽样方法。全国受众总体划分为25层，即四个特大一线城市（北京、上海、广州、深圳）、按照七个经济地理区域[1]划分的大城市（含除京沪之外的其他直辖市、省会城市和计划单列市）市辖区、其他地级市市辖区，以及县和县级市（以上三类各有7层，共21层）。对北上广深四个城市，分别按照PPS方式抽取16—50

---

[1] 根据国家统计局的划分标准，全国（除港澳台）分为东北 (黑龙江、吉林、辽宁)、华北(北京、天津、河北、山西、内蒙古)、西北(陕西、甘肃、宁夏、青海、新疆)、华东 (山东、江苏、安徽、上海、浙江、福建、江西)、华中(河南、湖南、湖北)、华南 (广东、广西、海南)、西南(云南、贵州、四川、重庆、西藏)七个经济地理区域。

个居委会（共100个）①；对大城市、其他地级市市辖区，以及县和县级市各层，则分别根据其人口比例首先按PPS方式抽取3—11个区（县），再在所抽中的区（县）级单位（共100个）中分别抽取4个居（村）委会。然后，根据联系所抽中的居（村）委员会并实地绘制的辖区地图，采用等距原则在居（村）委会中分别抽取16户，再采用Kish表在所抽中的居民户中随机选择一位年龄在18周岁以上的常住居民作为访问对象。央视市场研究股份有限公司（CTR）负责了本次调查的现场执行，调查采用面访方式，于2018年12月—2019年3月进行，完成问卷总量为8206（根据AAPOR公式1计算的回应率为28.2%），经过对上海样本进行二次抽样后形成用于全国受众分析的样本总量为7705。经与全国人口统计数据比较，本次调查偏向年龄较低、教育程度较高的受众，故在计算总体结果时运用性别、年龄、教育程度和各层人口比重的统计数据进行多重加权，加权后的样本中女性占比48.8%，平均年龄44.7周岁，平均受教育8.4年，特大城市、大城市市区、地级市地区，以及县和县级市的样本分别占比5.8%、11.2%、21.2%和61.8%。

一、移动互联网时代中国受众媒介使用的新版图

（一）媒介普及率

调查结果显示（表2-9），2019年，在各类主要媒介中，手机的全国受众普及率最高，达到96.16%，其次是电视（91.32%），第三是互联网（67.35%），随后依次是报纸（32.48%）、广播（29.52%）、杂志（28.18%）。

与2010年相比，②中国受众的媒介使用版图发生较大变化：首先，手机取代电视，上升为第一媒介，普及率高达96.16%；其次，电视使用比例从第一

---

① 根据人口比例，北京和广州分别抽取17个居委会，深圳抽取16个居委会，为满足本研究所需要的对上海进行独立推断分析之需要，对上海抽取出50个居委会，后在形成全国样本时，对上海进行二次抽样出18个居委会。

② 2010年调查数据来自李良荣、潘忠党、陆晔、周葆华及《全国居民生活与媒体使用调查》项目组（2010）《全国居民生活与媒体使用调查》。上海：复旦大学新闻学院、复旦大学信息与传播研究中心。

下降为第二；最后，网络普及率大幅上升[①]。手机、网络普及率的大幅增长是新传播环境下媒介格局变化的最大特征，同时值得注意的是，就整体使用比例而言，传统媒介仍维持一定的受众规模（约三成左右）。

表2-9 中国受众的媒介普及率（%）

年度	报纸	杂志	广播	电视	网络	手机
2010	25.03	19.02	19.51	97.43	27.00	72.48
2019	32.48	28.18	29.52	91.32	67.35	96.16

注：样本量N=7705（2019年）和N=37279（2010年）。

（二）媒介使用时间

本次调查通过两个问题（"每周使用媒介的天数""在使用该媒介的那些天，平均每天使用多长时间"）来测量各类媒介受众的使用时长。结果显示（见表2-10）：受众对互联网的使用时间最长，网民平均每周上网时间约18个小时（1080.28分钟）；手机次之，用户平均每周使用时间约16小时（960.27分钟）；排在第三的是电视，平均每周使用时间约14小时（869.29分钟）；随后是广播（238.17分钟）、报纸（157.46分钟）和杂志（118.48分钟）。

表2-10 中国受众的媒介使用时间（分钟）

媒介类型	平均每周使用时间	平均每天使用时间	样本数
报纸	157.46	22.49	606
杂志	118.48	16.93	313
广播	238.17	34.02	645
电视	869.29	124.18	5979
网络	1080.28	154.33	5118
手机	960.27	137.18	7009

注：计算时排除了回答使用"极少"的用户，并经过剔除超过三个标准差值的处理。

[①] 根据中国互联网络信息中心（CNNIC，2019）发布的《第44次中国互联网络发展状况统计报告》，截至2019年6月，中国网民普及率为61.2%。CNNIC调查报告的网民定义为6周岁以上居民，而本研究调查对象为18周岁以上居民，且统计截至2019年3月底。

（三）媒介普及率与使用时间的群体差异

我们通过人口统计学（性别、年龄、教育）和地域指标（城乡、层级）分别计算不同群体在媒介普及率和使用时间上的差异。

表2-11 中国受众媒介普及率的群体差异（%）

群体类型		报纸	杂志	广播	电视	网络	手机	该群体最普及媒介
性别	男	37.11*	30.03*	33.88*	92.74*	69.63*	96.48	手机
	女	27.52	26.31	24.90	89.82	64.97	95.82	手机
年龄	18—35	36.03*	39.17*	34.68*	88.26	96.43*	99.53*	手机
	36—60	33.43	26.73	29.06	92.39	68.39	97.15	手机
	61+	24.31	12.98	21.80	93.93*	15.77	88.14	电视
教育	小学及以下	23.00	15.45	22.13	91.51	33.1	91.1	电视
	初中及高中	35.35	30.73	30.99	91.72	86.9	99.3	手机
	大专及以上	47.02*	51.21*	42.81*	89.82	97.1*	99.9*	手机
城乡	城镇	40.59*	35.67*	37.88*	90.31	82.55*	97.63*	手机
	农村	27.28	23.36	24.09	91.97*	57.67	95.22	手机
地区层级	大城市	36.38	29.42	29.11	91.90	81.21*	98.10*	手机
	地级市	48.18*	41.20*	48.65*	90.66	77.45	96.51	手机
	县级或以下	25.97	23.33	23.03	91.40	60.08	95.51	手机

注：右上角有*的表示经卡方检验显示群体差异达到统计上显著程度（其中除电视的城乡差异外，均在.001的水平上显著）。N=7705。

由表2-11可见，在媒介普及率的群体差异上存在两个主要特征：第一，除了61周岁以上的老人，以及小学及以下教育程度两个群体外（以电视为第一媒介），其他群体使用比例最高的媒介均为手机；第二，除了电视在不同教育、地区的群体之间，以及手机在不同性别群体之间的普及率缺乏显著差异外，其余媒介在不同群体之间的普及率均存在显著差异。

在性别上：男性受众对报纸、杂志、广播、电视等传统媒体和网络的使用普及率均显著超过女性，但两者在手机普及率上无显著差异。

在年龄上：基本上，青年人（18—35岁）对各类媒介的使用比例都最高（尤其是手机，普及率几乎达到100%），其次是中年人（36—60岁），最低的是老年人（61周岁以上，尤其是杂志和网络，普及率不足二成）。唯一例外的是电视，它在61周岁以上的老年受众中最为普及，其次是中年受众，而年轻受众看电视的比例最低。从年龄角度看，不同群体之间新媒介普及的"数码沟"明显存在，特别是网络，青年人的上网比例（96.43%）比中年人（68.39%）高出近30个百分点，更达到老年人（15.77%）的六倍多。

在教育程度上：随着教育程度的增加，该群体使用各类媒介的比例也增加，只有电视例外（无显著差异）。大专以上教育程度的受众上网比例高达97.1%，手机拥有比例则接近100%。

在城乡比较上：城镇地区受众的报纸、杂志、广播、网络、手机的普及率均显著高于农村地区（尤其是互联网，城镇普及率是农村的近1.5倍），但手机拥有比例的差距已经较小（农村地区的手机普及率达95.22%）。农村受众看电视的比例（91.97%）则高于城镇（90.31%）。

在地区层级上：报纸、杂志、广播等传统媒介的普及率最高的都是地级市市区，其次是大城市市区，最后是县或县级以下地区；电视在不同层级地区的普及率没有显著差异；网络和手机两类新媒介普及率最高的则都是大城市市区，地级市市区、县或县级以下地区的使用比例则依次递减。

表2-12呈现了各媒介受众使用时间的群体差异。

首先，男性受众对报纸、广播和手机的平均使用时间显著高于女性；女性受众对电视的平均使用时间则显著高于男性，两者对杂志、网络的使用时间没有显著差异。

年龄方面：除杂志外，老年（61岁及以上）受众对传统媒介（报纸、广播、电视）的使用时间均为最长，而青年（18—35岁）受众对网络、手机的使用时间则显著高于中年（36—60岁）、老年（61岁及以上）群体。

教育程度方面：除杂志外，小学及以下教育程度受众对传统媒介（报纸、广播、电视）的平均使用时间均为最长，而大专以上教育程度受众对网络、手机的平均使用时间则显著高于其他群体。

表2-12 中国受众媒介使用时间的群体差异（每周使用分钟数均值）

群体类型		报纸	杂志	广播	电视	网络	手机
性别	男	309.12*	127.99	305.77*	871.88	1173.29	1105.56*
	女	132.98	132.29	209.48	915.58*	1134.69	990.93
年龄	18—35	118.74	118.83	188.45	559.82	1413.97*	1633.25*
	36—60	158.73	133.11	244.69	906.80	944.01	922.09
	61+	548.25*	183.97	468.52*	1275.46*	695.44	264.58
教育	小学及以下	459.58*	138.31	377.66*	1086.56*	898.78	517.85
	初中及高中	165.15	139.47	242.33	832.68	1106.15	1231.67
	大专及以上	123.55	114.47	192.70	524.95	1487.42*	1684.96*
城乡	城镇	176.60	122.94	266.59	805.14	1172.47	1267.65*
	农村	354.32*	140.91	278.68	945.81*	1139.31	905.77
地区层级	大城市	186.53	97.12	258.43	833.31	1229.46*	1213.39*
	地级市	413.27*	133.54	305.67	835.37	1204.83	1199.94
	县级或以下	141.19	152.65	251.81	928.38*	1105.59	950.29

注：右上角有*的表示经均值比较检验显示群体差异达到统计上显著程度（其中除电视使用的性别差异和网络使用的地区差异外，均在.001的水平上显著）。N=7705。

城乡比较方面：农村受众对报纸和电视的平均使用时间显著高于城镇受众，城镇受众对手机的平均使用时间显著高于农村受众。值得注意的是，城乡受众对网络的平均使用时间相差无几。

地区层级方面：地级市受众对报纸的平均使用时间最长，县或县级以下受众对电视的平均使用时间最长；大城市的受众对网络、手机的平均使用时间则最长。

二、网络生活：移动互联网的使用行为特征

上述数据表明：网络和手机已经在当代中国人的媒介使用版图中扮演日益重要的角色，对某些群体（特别是青年和高等教育群体）而言，无论是手机和网络的普及率还是使用时长，均已经显著超越传统媒介，成为他们所使

用的最主要媒介。在这个意义上，我们将当前的传播环境命名为"移动互联网时代"具有实践基础。本研究对网民的进一步调查也表明：高达98.1%的网民会通过手机上网，远超过台式电脑（24.1%）、笔记本电脑（14.9%）、平板电脑（9.5%）等其他终端，而在回答"最常使用的上网终端"（单选题）时，高达96.81%的网民选择了手机（表2-13）。由此可见，由于手机等移动设备的普及，网络使用与身体互嵌结合呈现高度的移动化，无时不在，无所不在，呈现"永久在线"状态，人们不仅经由网络生活，而且就"生活在网上"。

表2-13 中国网民最常使用的上网终端（单选）

终端	占比（%）
手机	96.81
台式电脑	1.95
笔记本电脑	0.48
平板电脑	0.45
有互联网的电视或电视盒子	0.12
可穿戴设备	0.04
其他	0.16
合计	100.01

（一）永久在线：随时随地的移动互联

移动互联网时代，受众的媒介使用不再拘泥于特定时间、地点和情境，可以随时随地接入网络，呈现"永久在线"状态（Vorderer & Kohring, 2013; Zhou, 2019）。[①]调查询问了被访者在15种情境下上网接触信息内容和与他人联络的情况（采用六级量表测量，0=从不，1=很少，5=经常），首次对中国网民"永久在线"的实际程度进行实证描绘。

---

① Vorderer, P., & Kohring, M. (2013). Permanently online: A challenge for media and communication research. International Journal of Communication, 7, 188–196. Zhou, B. (2019). Fear of missing out, feeling of acceleration, and being permanently.

表2-14 中国网民在不同社会情境中上网接触内容与联系他人的比例（%）

社会情境	上网接触网络内容	上网与其他人联系
一个人吃饭时	89.67	89.59
在等待时(等朋友/等车)	86.56	86.51
在公共交通工具上时	85.24	85.05
和同学/同事/朋友聚餐时	84.46	85.81
和伴侣(配偶/恋人)吃饭时	82.11	82.57
在排队时	80.63	81.36
和父母或家人吃饭时	80.20	82.48
上厕所时	73.32	72.74
上班或上课时	71.27	72.54
走路时	67.60	70.42
上下楼梯/电梯/扶梯时	63.75	65.92
在看现场比赛或表演时	60.26	64.03
在半夜醒来时	59.35	56.59
开车时	43.44	48.41
骑自行车(摩托车/助动车)时	41.57	46.64

注：计算时排除了回答"不适用"的样本。N=5190。

结果显示（表2-14）：在15种不同社会情境中上网接触内容（浏览、阅读、收听、观看或搜索）或与他人联络的比例超过半数的高达13种情境（仅有开车和骑车两种情况下除外，但比例也超过四成）。无论是上网浏览还是联系，比例最高的情境均为"一个人吃饭"（近九成的网民在一个人吃饭时上网查阅信息或与他人联系），其次是"在等待时"（比例超过86%），第三是"在公共交通工具上时"（比例超过85%）。比例在80%以上的上网情境还包括"和同学/同事/朋友聚餐时""和伴侣（配偶/恋人）吃饭时""在排队时"以及"和父母或家人吃饭时"。有趣的是，逾七成网民在"上厕所时"上网浏览信息或与他人联系，近六成网民在"半夜醒来时"上网浏览内容或与他人联系，网络的连接可谓"不懂夜的黑"。

我们将15种情境中上网接触内容或联系他人的测量编码为0（从不）或1（至少有"很少"），然后将之相加构成一个综合指数（α=0.926和0.931），并以排除"不适用"后适合每个被访者的情境总数作分母，求得百分比，再标准化为0—10的"永久在线"指数。结果发现，中国网民"永久在线"接触内容的指数（PO）均值为7.22（标准差=2.92），其中18.4%的网民在所有15种情境下均有上网接触内容行为；"永久在线"联系他人的指数（PC）均值为7.37（标准差=2.95），其中20.7%的网民在所有15种情境下均有上网联系他人行为。配对样本T检验表明，"永久联系"（PC）指数均值显著高于"永久接触"（PO）指数均值（△=.14, t=7.23, p<.001），即网民随时随地上网与他人联系的频率比查阅信息的频率更高。

（二）"生活在网上"：中国网民的数字生活分析

移动互联网时代，受众上网不仅是获取信息，而是本身就在展开生活，随着"互联网+"的兴起，网络为普通百姓的日常生活提供了丰富多彩的平台、入口与渠道。本次调查询问被访者对于14项跟日常生活密切相关的网络服务的使用情况（采用五级量表测量，0=从不，1=每周不到一次，2=每周一或少数几次，3=每周好几次，4=几乎每天）。

结果显示（表2-15）："付款、转账或收款"是中国网民使用普及率最高的网络生活服务，占比87.06%；其次是"上网购买商品或服务"（77.11%）；第三是"上网叫外卖"（61.10%）。使用比例超过半数的网络生活服务还包括"预订交通工具"（53.41%）、"上网销售商品或服务"（51.53%）。此外，"记录跟踪自己的健康、饮食或运动"（47.94%）、"使用共享单车"（47.82%）、"管理时间与日程"（44.22%）、"联系市政或政府办公室"（43.06%）、"寻找住宿的地方"（42.89%）的使用也达到一定规模（四成以上）。互联网已经在公众的衣食住行各个方面扮演重要角色。

表2-15 中国网民使用不同网络生活服务项目的比例与程度

网络生活服务项目	使用比例（%）	用户使用程度均值（1—4）
付款、转账或收款	87.06	2.54
上网购买商品或服务	77.11	1.92

续表

网络生活服务项目	使用比例（%）	用户使用程度均值（1—4）
上网叫外卖	61.10	1.35
预订交通工具	53.41	0.99
上网销售商品或服务	51.53	1.19
记录跟踪自己的健康、饮食或运动	47.94	1.03
使用共享单车	47.82	0.90
管理时间与日程	44.22	0.86
联系市政或政府办公室	43.06	0.77
寻找住宿的地方	42.89	0.72
网络学习	39.19	0.75
联系医生或获得健康服务	36.55	0.61
网络理财	34.95	0.61
寻找潜在约会对象	33.17	0.60

从使用程度来看，均值最高的三项网络生活应用依次是"付款、转账或收款"（均值=2.54，标准差=1.32）、"上网购买商品或服务"（均值=1.92，标准差=1.48）、"上网叫外卖"（均值=1.35，标准差=1.45）。由此可见，无论是使用比例还是频率，支付、购物和外卖都是位列前三的最主要的网络生活服务应用。

我们将14项网络生活服务使用的测量编码为0（从不）或1（至少有用过），然后将之相加构成一个综合指数（α=0.932），并以14项作分母，求得百分比，再标准化为0—10的"数字生活"指数。结果发现，中国网民"数字生活"指数均值为4.86（标准差=3.39），其中91.6%的网民至少使用过一项网络生活服务，15.3%的网民使用过全部14项网络生活服务。

（三）网络评价：中国网民对互联网影响生活的认知与评价

当网络渗透日常生活，人们如何评价互联网对生活的影响？本次调查通过三个问题来测量：一是衡量对一组有关网络如何影响生活的陈述的评价；二是询问网民自开始使用互联网之后，对于互联网总体上多大程度影响生活的主观评价；三是展望未来十年后，互联网可能如何影响生活的评价。

表2-16 中国网民对互联网影响生活的评价

评价内容	选择"比较同意"或"非常同意"的比例（%）	均值（1=非常不同意，5=非常同意）
互联网让我的生活更加便利	64.70	3.75
互联网节约了我的时间	56.03	3.58
互联网拉近了人与人之间的距离	55.60	3.57
我无法想象没有互联网的生活	45.90	3.38
互联网让我的家庭关系更加和睦	40.84	3.31

首先，网民赞同程度最高的是"互联网让我的生活更加便利"，表示"比较赞同"或"非常赞同"的比例达到64.70%，均值达到3.75；排在第二位的是"互联网节约了我的时间"（"比较赞同"或"非常赞同"的比例为56.03%，均值=3.58）；第三是"互联网拉近了人与人之间的距离"（"比较赞同"或"非常赞同"的比例为55.60%，均值=3.57）。随后依次是"我无法想象没有互联网的生活"（均值=3.38）以及"互联网让我的家庭关系更加和睦"（均值=3.31），它们的均值也都显著超过了五级量表的中值3（单样本T检验，$p<.001$）。

其次，对于"总的来说，自您开始使用互联网以后，互联网在多大程度上影响了您的生活？"这一问题，中国网民的态度较为乐观：持"互联网使我的生活变得更好"观点的被访者人数最多，占比87.87%；其次是"有没有互联网，我的生活都一样"，占比10.85%；最后是"互联网使我的生活变得更糟"，仅占1.27%。

当被问及十年后互联网可能对生活的影响，调查结果显示：一方面，整体态度仍然乐观，选择"互联网将使我的生活变得更好"（以下简称"变得更好"）的比例最高（73.56%），其次是"互联网不会让我的生活产生任何变化"（以下简称"不会变化"），最后是"互联网会使我的生活变得更糟"（以下简称"变得更糟"）；另一方面，和前一问题相比，"变得更好"的比例减少了14.31个百分点；"不会变化"的选择比例增至24.43%，持"变得更糟"观点的比例也略有上升。这表明，在大部分网民对互联网未来十年对生活的影响保持乐观的同时，也有少数网民持审慎态度，提醒在新媒体技术迅猛发展的当下，人们需要更好地思索网络的发展，使之如何扬善去恶，增进社会福祉，让生活更美好。

三、移动互联网时代的新闻消费与评价

移动互联网时代的新闻消费会有怎样的前景？在"万物皆媒"、去中心化的媒介格局下，受众主要通过什么渠道获取新闻与公共事务信息？不同媒介渠道的受众可信度评价如何？方兴未艾的算法推荐类新闻资讯APP使用状况又如何？本次调查从几个横断面展现了移动互联网时代的新闻消费情况。

（一）新闻与公共事务信息获取的主要渠道

调查请被访者从15种不同渠道中选择获取新闻和公共事务信息"最主要的渠道"，结果显示（表2-17）："传统电视"以48.25%的比例排在第一位，排在第二位的是"人际渠道（面对面）"，占比17.61%，"移动新闻客户端"（8.59%）和"门户新闻网站"（8.44%）旗鼓相当，分列第三、四位；"微信群"和"微信朋友圈"紧随其后，排在第五、六位，分别占比5.58%和4.28%；后面依次是"新闻媒体的微信公众号"（1.67%）、"新闻媒体的微博账号"（1.58%）、"报纸"（1.56%）等。

如果将微信、微博、QQ各自的具体功能模块合并后，会发现：选择微信作为获取新闻和公共事务信息"最主要渠道"的比例达到11.69%，超越"移动新闻客户端"居于第三位；微博和QQ作为"最主要渠道"的比例也分别达到1.80%和0.88%。

对网民而言，其依赖电视和人际关系作为获取新闻和公共事务信息最主要渠道的选择比例分别下降为37.47%和15.41%；相应地，选择微信（含微信群、朋友圈、公众号等）作为获取新闻和公共事务信息最主要渠道的比例上升为16.17%，超过人际渠道居于第二位；选择"移动新闻客户端"和"门户新闻网站"作为主要信息源的网民比例也分别上升为15.41%和12.56%。

合计来看，网民选择电视、报纸等传统媒介作为获取新闻和公共事务信息最主要渠道的比例为39.37%（其中电视37.47%、报纸1.46%、广播

0.44%），而选择"两微一端"等新媒介作为最主要渠道的比例达到44.92%（其中微信16.17%、新闻客户端12.56%、门户新闻网站12.35%、微博2.58%、QQ1.26%），超过了传统媒体和人际渠道（表2-18）。

表2-17 中国受众获取新闻和公共事务信息最主要的渠道（单选题）

渠道类型	全体受众选择比例（%）	网民选择比例（%）
传统电视	48.25	37.47
人际渠道(面对面)	17.61	15.41
移动新闻客户端	8.59	12.56
门户新闻网站	8.44	12.35
微信群	5.58	7.71
微信朋友圈	4.28	5.80
新闻媒体的微信公众号	1.67	2.43
新闻媒体的微博账号	1.58	2.31
报纸	1.56	1.46
广播	0.46	0.44
QQ弹窗新闻	0.40	0.58
QQ群	0.26	0.37
QQ空间	0.22	0.31
其他个人或机构的微博账号	0.22	0.27
其他个人或机构的微信公众号	0.16	0.23
其他	0.73	0.31

表2-18 中国受众获取新闻和公共事务信息最主要的渠道（合并计算）

渠道类型	全体受众选择比例（%）	网民选择比例（%）
电视报纸广播等传统媒介	50.27	39.37
"两微一端"等新媒介	31.30	44.92
面对面人际渠道	17.61	15.41
其他	0.73	0.31

（二）受众对不同媒介可信度的评价

调查采用1—10分请被访者对不同媒介的可信度进行评价（1分代表非常不可信，10分代表非常可信），从均值来看（表2-19）：可信度最高的媒介是电视，均值=7.33（标准差=1.95），第二是互联网（均值=6.42，标准差=2.12），第三是报纸（均值=6.38，标准差=2.07），第四是广播（均值=6.11，标准差=2.08），第五是杂志（均值=5.87，标准差=2.07）。

与2010年全国受众调查结果相比，电视仍然保持媒介可信度评价的第一位，网络可信度有较大增长，从原来五类媒介中的第四位上升为第二位。

表2-19 中国受众对不同媒介可信度的评价（均值1—10）

年度	报纸	杂志	广播	电视	网络	排序
2010年	6.62	5.39	6.37	7.50	5.47	电>报>广>网>杂
2019年	6.38	5.87	6.11	7.33	6.42	电>网>报>广>杂

（三）算法推荐类新闻资讯APP的使用状况

移动互联网时代新媒介的重要变化之一就是智能与算法的崛起，一批以算法驱动为特色的新闻资讯/短视频类客户端开始扮演越来越重要的角色。本调查询问了手机网民对代表性算法推荐类APP的使用情况（采用五级量表测量，0=从不，1=很少，4=经常）。

结果显示（表2-20），几个代表性算法推荐类APP在手机网民中的使用比例都接近或超过半数，其中抖音、今日头条的使用比例和用户使用程度相对较高，反映出算法推荐类APP的确已经开始在中国网民的新闻资讯接触中扮演重要角色，其影响力不容小觑，值得继续深入探究。

表2-20 中国网民使用算法推荐类新闻资讯APP的比例与程度

APP	手机用户中的使用比例（%）	手机网民中的使用比例（%）	用户使用程度均值（1—4）
今日头条	53.86	73.30	2.72
天天快报	35.63	48.58	2.06
趣头条	36.85	61.10	2.14
抖音	54.00	73.77	2.88
快手	45.24	61.03	2.46

四、小结

本文基于2019年最新完成的全国性随机抽样问卷调查数据，分析移动互联网时代中国受众媒介使用、网络生活与新闻接触的基本特征，主要有如下发现。

第一，移动互联网时代中国受众媒介使用的版图发生重要变化。就普及率整体而言，手机取代电视成为受众规模最大的媒介，网络使用的比例也有较大增长；就特定群体，特别是18—35周岁之间的年轻人，以及大专学历以上教育程度的受众而言，手机和网络的使用比例均已接近100%，成为他们日常使用的最主要媒介；就受众的媒介使用时间而言，网络和手机用户的平均使用时间整体上超过其他大众媒介受众的平均使用时间。从这个意义上说，当下中国的传播环境的确步入了移动互联网时代。

第二，不同社会群体在媒介使用的分布特征上仍然存在显著差异，社会阶层与地区之间在新媒介资源接入、拥有与使用上的"鸿沟"依然存在。这提醒我们需要持续关注不同社会群体之间传播资源的拥有状况，避免因整体层面的"移动互联网"时代特征遮蔽了不同阶层与地区受众传播权力的不平等。

第三，随着手机等移动终端成为上网的主要接口，网络使用呈现无时不在、无所不在的"永久在线"状态。在本调查涉及的15种不同社会情境中，上网接触内容或与他人联络的比例超过半数的高达13种情境，其中18.4%的网民在所有15种情境下均有上网接触内容行为，20.7%的网民在所有15种情境下均有上网联系他人行为。网民随时随地上网与他人联系的平均程度显著高于查阅信息的平均程度。

第四，移动互联网时代，网民不仅通过网络生活，而且就生活在网上，移动互联网在普通公众的衣食住行中正发挥越来越大的作用。针对本调查涉及的14项网络生活服务应用，91.6%的网民至少使用过其中一项，15.3%的网民使用过全部14项网络生活服务。无论是使用比例还是频率，支付、购物和外卖都是位列前三的最主要的网络生活服务应用。

第五，中国网民就网络对生活的影响总体上持乐观正面态度。87.87%的受访者认同自开始上网以后，互联网使自己的生活变得更好，73.56%的网民相信未来十年，互联网将使自己的生活变得更好。

第六，随着媒介技术的日趋多元化，中国受众获取新闻与公共事务信息的渠道也日渐多样化，就受众整体而言，电视仍然是排列第一的最主要渠道，古老的人际渠道位居第二，但微信已经上升为第三位；就网民而言，选择微信作为获取新闻与公共事务信息最主要渠道的比例超过人际渠道，上升为第二位，"两微一端"等新媒介整体上也超过电视报纸广播等传统媒介，成为网民获取新闻与公共事务信息的最主要渠道。在新闻客户端中，算法推荐类APP的使用比例和程度都已相当可观，它们在网民新闻接触与信息获取中的角色值得重视。

第七，中国受众对五大主要媒介可信度的评价中，电视的可信度仍然居于首位，网络的可信度显著上升，超越报纸和广播，成为可信度均值排名第二的媒介。这也是移动互联网日渐渗透日常生活、增进其认知度与接受度的生动体现。

5.3 突发热点舆情中社交用户参与形态与特征研究

叶明睿[①]

摘　要：本报告的研究对象为突发热点舆情事件中的参与主体，着眼于发现并了解在事件发生、发展过程中各个参与主体的参与形态及特征。通过对2018年7月至2019年6月连续12个月内的突发热点舆情事件进行梳理分类，根据"是否突发""舆情热度高""影响规模大"三个基础标准，通过对事件相关的内容数量、参与用户数量、用户覆盖规模以及媒体报道数量四个指标综合计算，最终筛选出了200件突发热点舆情事情，并对其展开分析研究。通过数据分析整理，研究发现并梳理出新闻机构用户、微信公众号自媒体、微博头部用户、普通社交用户这四类用户是目前在突发热点舆情事件中最具特征性、代表性和影响力的参与主体，本报告也循此对其加以考察，并有针对性地提出了各个类型参与主体在突发热点舆情事件中的参与行为及其特征。

关键词：舆情；突发；用户；参与

A Report on Participation of Online Users in Emergent Hot Incidents of Public Opinion

Abstract: The object of this research report is located at the participants in the Emergent Hot Incidents of Public Opinion (EHIPO), aiming at discovering and understanding the participating forms and characteristics of each major participative bodies in the occurrence and development of EHIOP. With the three selecting criteria, which are the Emergency degree, the heat of online public opinion and the scale of impact, this research looked at all the EHIPO from July 2018 to June 2019, and combined the quantity of the event-related content, the number of participants, the size of effected users, and the amount of media reports into the integrated computation. As the result, 200 EHIPO were sifted out for analysis. The researchers found that the four types of users on the internet, including news agencies, owners of public account on WeChat, KOL users on Weibo, and ordinary users of SNS,

---

① 叶明睿，中国传媒大学电视学院副教授。主要从事媒介用户与受众、突发舆情、信息技术与社会发展，以及视频内容生产方面的研究。

are the most representative and influential players with EHIPO. Based on this, their online acts and characteristics of participation into the EHIPO were thereby unfolded.

Keywords: Online public opinion, Emergency, Users, Participation

引言

新兴媒介环境下，信息技术变革加快，传播主体变化多样，信息生成和传播速率极大提升，加之社会结构转型与发展过程中新问题的不断出现，促使现实舆论环境中突发事件层出不穷，热点舆情随时爆发，而且表现日趋复杂。今天，引发热点舆情形成的起因性事件本身的显著性和重要性大小不一，且往往容易出现"小事交叉"或"大小事交叉"从而引发热点舆情的情形。一些情况下，自媒体和网络用户的内容生产和参与，令关联事件相互叠加，再经关键舆论领袖的放大，触发公众痛点和痒点，各种衍生内容在公共信息空间内相互影响，并最终出现剧烈震荡。最初的突发事件伴随着大量的衍生舆论一起，从而形成新的突发热点舆情事件，给社会稳定发展带来风险，同时也对政府的公共管理与社会的平稳运行构成了现实的挑战。

就突发热点舆情事件中的参与主体而言，在当前个体化传播与组织化传播相互交织的信息环境下，多方参与共同构成的信息舆论空间，其复杂性不言而喻；尤其是当热点舆情事件突然爆发时，起因事件信息最初的释放，信息内容的进一步丰富，舆论影响的放大，不同观点和声音的出现，细节与信息的补充等，往往都是多方参与者同时供给，同时相互作用，快速衍生新的内容并同步放大。

基于以上背景，我们将2018年7月至2019年6月的12个月内的突发热点舆情事件进行了梳理分类，根据"是否突发""舆情热度高""影响规模大"三个基础标准，通过对事件相关的内容数量、参与用户数量、用户覆盖规模以及媒体报道数量四个指标综合计算，筛选出了200件突发热点舆情事件，并对其热度做出排序，以便于研究的展开。本报告的主要数据来源为中国传媒大学国家突发事件舆情应对研究中心，中传—京东大数据联合实验室，并参考使用第三方数据平台"知微"所提供的舆情数据。

本报告的研究对象为突发热点舆情事件中的参与主体，着眼于发现并了解在事件发生、发展过程中各个参与主体的参与形态及特征。通过数据分析整理，我们发现并梳理出新闻机构用户、微信公众号自媒体、微博头部用户、普通社交用户这四类用户是目前在突发热点舆情事件中最具特征性、代表性和影响力的参与主体，本报告也循此对其加以考察，并得出如下结论。

一、新闻机构用户

突发舆情事件中，从行为分析及研究的角度出发，在事件影响力扩散方面表现突出的机构用户主要包括新闻媒体、当事机构，以及垂直领域关联机构。相对于后两者而言，新闻媒体作为机构用户，其官方网站、微博账号、公众号以及客户端在突发舆情事件中占据了绝对的影响力。

（一）机构角色：触发器，助燃剂，冷却剂

传统媒体机构依然是构成网络热点舆情事件的主要"触发器"之一，观测周期内，除重大突发灾害及事故类新闻事件外，依然约有39%的突发热点舆情事件是由传统媒体触发生成。传统新闻媒体在当前融合媒介环境中，依然是构成网络议程设置的一类重要参与者。

通过对2018年7月到2019年6月的12个月内发生的网络热点Top100舆情事件的观测发现，主流新闻媒体的网络发布端口对舆情事件的扩散与热点放大依然占据着绝对的影响力，成为相当一部分热点突发舆情的"助燃剂"。在舆情事件发展过程的不同阶段上，传统新闻媒体的影响力发挥呈现出明显的"分量前倾"特征，新闻媒体的网络发布端在舆情事件发展的早期阶段对于舆情的快速放大作用最为显著。通过对突发热点舆情Top20事件的观察发现，超过一半的事件在最初阶段以不同形式发布于网络平台并未获得足够程度的有效关注，在经过《环球时报》《新华视点》《中国经济报》《澎湃新闻》《天天新闻》等新闻媒体的转发或报道后，迅速引发社交网络用户的大规模关注。

相比之下，在舆情事件发展的中后期，主流新闻媒体与大量的自媒体用户和关键意见领袖依然在舆论引导上存在较为激烈的博弈，但伴随网民讨论

整体上理性自觉程度的提升，主流媒体的理性话语和表达所形成的正面引导效果也更为显著。可以肯定的是，传统新闻媒体作为机构用户在其网络发布端提供了大量权威、客观的事实信息，这对于平息舆情，回击谣言与不实信息，提升网民整体理性认知方面依然具有不可替代的作用，在很大程度上对热点舆情起到了"冷却降温"的作用。

（二）内容生产：优势延续，表现多元

传统媒体的内容生产在内容品质、洞察深度，以及观点角度等方面的传统优势通过从业个体得以延续，但这一优势在突发舆情事件中逐步呈现出多元表现。

一方面，大量传统媒体的优质评论内容越来越多获得高转发，发挥良好的正面积极引导作用，比如在"河南高考'调包'事件"中，"中国青年报"的《河南高考调包闹剧终结，说谎者需不需要担责》和"红网"刊发的《"答题卡调包案"启示：诚实做人，不负少年》两篇文章一天之内获得全网极高转发，准确对应公众对于事件发展后期的关注重点，顺势引导，有效淡化舆情。

另一方面，部分职业媒体人凭借长期从业经验与内容生产的专业技能，从传统媒体"出走"或者实现隐性"单飞"，通过自媒体平台生产、发布内容产品并获得高能转发的同时，也刺激了舆情事件的进一步放大。比如在"长春长生生物疫苗造假事件"中，原《南方周末》记者张育群透过微信公众号"兽楼处"以"兽爷"名义发布的文章《疫苗之王》，两天内阅读量突破10万，并被大量转发、转载，将已经被充分曝光的"问题疫苗"事件转而推向全民关注"疫苗安全"的新的舆情发展阶段。

此外，面对网络环境下的激烈竞争，传统媒体既有的线索收集与来源渠道优势使其成功抢到新闻第一落点，成为舆情触发器的同时，也在某些负面舆情事件的爆料与跟踪报道过程中陷入媒介伦理道德争议的漩涡之中。在"汤兰兰性侵案"这一舆情事件中，"澎湃新闻"和"新京报"两家新闻媒体在深入报道这一案件并发布相关评论性文章之后，成功引爆全网关注，同时也快速引起公众对于两家媒体的新闻伦理与职业道德的大规模质疑和批判。

二、微信公众号自媒体

突发舆情事件中，在微信平台的信息传播闭合空间内，相对于个体用户之间"点对点"的传播效果而言，更具影响力的是个体用户在"微信群"和"朋友圈"中对于公号推文、短视频和图文复合型图片等内容制成品的转发与扩散。相对前者而言，后两者的内容主要来源于第三方社交平台，其中视频内容一般多以抖音、秒拍和快手三家平台占比最大，图片内容的来源则更为复杂，其中百度贴吧、B站，以及微博为能见度最高的内容来源平台。

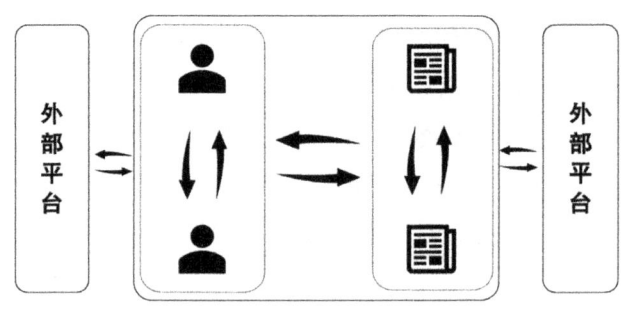

图2-24 微信平台的信息传播方式

闭合传播的特点决定了微信传播在其内部用户关系中呈现出三种类型："公众号—个体用户""公众号—公众号"，以及"个体用户—个体用户"。在这三类信息关联中，刺激舆情发酵进而提升舆情热度的最为重要来源是微信公众号的内容推送。在突发舆情事件发展过程中，转载高流量的原创内容成为公众号之间关联的一个重要表现。公众号内容主要通过订阅用户完成首次传播，个体用户利用朋友圈和微信群对公众号文章的转发，借助私域传播，继而带动和激发起后续大规模扩散。

在突发热点舆情事件中，通过分析热点舆情事件中传播影响力最大的公众号的内容操作，可以看到如下特征。

（一）公众号原创爆款占比较低

在获得"10W+"阅读量的文章中，仅有不到35%被识别为公众号原创，多数爆款文章的首发来源是主流媒体网站、微博长文以及贴吧和论坛。比如在"996工作制"舆情事件中，《中国青年报》的一篇题为《被"996"工作制围困的年轻人：像是定好闹钟的机器》的文章在被主流媒体大量转载的同时，也被大量自媒体公众号快速转发，文章发表后一天之内被90余家自媒体公众号转载。

（二）爆款转载与延伸加工贡献显著

公众号之间的内容转发，以及对原创内容做接续加工，成为众多垂直领域公众号在突发舆情事件中的常规操作。除少量原创内容获得10W+阅读量之外，众多垂直领域内的公众号会对该原创内容进行直接转载、持续关注与延伸报道，或是通过洗稿方式发布，从而对舆情事件的发展贡献了超级流量。比如"长春长生疫苗"事件中，自媒体公众号"兽楼处"发布的10W+文章《疫苗之王》由于内容存在争议被系统屏蔽之后，依然出现了大量与本文相关的衍生内容，被众多新闻媒体和自媒体的公众号中陆续发布。

（三）爆款文章类型以评论最为集中

评论性内容约占爆款文章总量的八成，但在部分信息量大或关系复杂的事件中，简单、集中、清晰地梳理事实，提供大量相关信息的直接输出也构成此类爆款评论文章的一个显著的特点。比如"温州未成年'女德班'夏令营"事件中，公众号"新闻哥"发布的文章《女德班，从娃娃抓起？》里，作者有效关联起大量相关话题性事件，集中释放大量图文信息，成功在发布后迅速达到10W+的阅读量。

（四）参与舆论角度具有明显垂直特征

在生产出爆款文章的公众号中，较为突出的一个生产特征是，定位于某个垂直细分领域内的公众号往往能够成功将热点事件与自身所在的垂直领域有效关联，锁定目标用户，实现传播效果最大化。比如在"重庆公交坠江"事件中，公众号"幼师口袋"发布的原创内容《公交坠江之后，我们必须教会孩子的4件事》，以及公众号"凯叔讲故事"发布的原创内容《重庆公交坠江真相|面对灾难，我们能教会孩子什么？》都是这方面的典型例证。

（五）用户思维凸显，流量导向优先

对于更多在热点舆情事件中制造了爆款文章的公众号而言，他们的成熟运营则体现在对自身定位的突破，转而依靠对网络用户群体的了解来获得高浏览量。在突发舆情事件发生时，他们能够第一时间捕捉热点，会快速精准锁定目标用户，准确找到角度和切口。一个明显的特点是，这些文章指向的目标读者和公号本身的定位并不一致。比如"长春长生疫苗"事件中，"10W+"文章《疫苗事件中我们最应该做什么》来自金融自媒体"秦小明"，其自身定位是"让一部分人先懂金融"。

三、微博头部用户

从突发热点舆情事件在不同渠道与平台上的传播量来看，在Top100热点舆情事件中，微博平台有着平均高达83.9%的绝对优势占比。相对于其他渠道而言，微博平台能够同时容纳舆情事件相关各方，以及大量围观认证用户、达人以及普通用户，提供了开放和相对平等的信息接入与表达途径，因此成为突发舆情发生、发展、转移和平抑消退的重要显性平台。

截至2018年第四季度，新浪微博官方数据显示微博头部用户[1]数量已达70万，占月活跃用户总数的1.5‰。从数据中可以明显看出，包括大量机构用户（蓝V）在内的4.73万大V用户[2]在突发舆情事件发展过程中影响力巨大。作为信息传播关键枢纽，大V用户的传播影响放大功能显著，其内容发布、转发和转评均能激发巨大流量，在极大推升突发舆情热度的同时，也表现出了以下特征。

---

[1] 根据新浪微博数据中心的官方定义，头部用户指的是粉丝规模大于2万，或其发布内容单月总阅读量超过10万的用户。

[2] 根据新浪微博数据中心的官方定义，大V用户指的是粉丝规模大于50万，或其发布内容单月总阅读量超过1000万的用户。

（一）"90-9-1定律"趋势特征相对明显

传统理论社交网络研究中发现的帕累托二八定律认为大约20%的用户在社交网络中做出了80%左右的贡献。[1]然而在突发热点舆情事件中，微博平台上意见领袖的行为影响力分布和表现却没有能够呈现出类似的情形。与微博上一般性话题的参与数据形成较为明显的差异在于，突发舆情事件中认证用户（名人、企业、媒体、政府、团体及其他认证用户）的发布数量平均占比8.3%，其中超过87%为评论转发，但其所发布内容的阅读量累计平均约占事件相关内容总阅读量的92.5%。这一表现更接近于"90-9-1定律"，它强调社群中仅有1%的用户生产内容，有9%的用户参与讨论，其余90%的用户则基本不参与互动。

（二）超级头部用户参与重合度高

超级用户对于突发舆情事件的参与比例整体较高，拥有千万级粉丝规模的超级头部用户（不包括蓝V机构用户）中，以@陈里、@趣闻搞笑、@胡锡进，以及@小奇趣摘等微博大V账号为代表的5.4%的超级头部用户会同时参与40.7%的突发舆情事件的讨论。这在一定程度上成为推热突发舆情事件的重要因素。对重复出现频次最高的前5%超级头部用户账号进行分析后可以发现，超级头部用户参与舆情事件的类型多元，特征边界模糊，部分垂直定位的微博账号也经常突破自身内容设定，参与热点舆情的讨论。对这一现象的出现，可以理解为一方面此类头部大V用户依然需要借助微博自媒体实现"个体表达"和"个性抒发"，从而凸显出作为个人自媒体的天然属性；另一方面，参与热点舆情事件的讨论也有助于带动流量，这也成为维系网络能见度，提升粉丝活跃性的有效手段。

（三）关联地域与行业领域大V用户表现活跃

对于存在明确地域或行业特征的突发舆情事件，本地和垂直行业领域

---

[1] 李良荣、张莹：《新意见领袖论——"新传播革命"研究之四》，《现代传播——中国传媒大学学报》，2012年第6期，第31-33页。

内的大V用户会积极参与其中，多数以转评方式推动事件快速扩散，同时有效实现自我营销。比如"西安奔驰女车主维权"事件中，@汽车营销分析最早将女车主车顶维权视频配合文字在微博上发布，@西安身边事、@西安直播，以及知名汽车博主@变态暴走等大V用户参与转发推动，帮助该话题登上微博热搜，随后@奢车志以及@西安身边事、@西安直播等大V用户对此事件在微博上连续发布、转评相关内容，持续推动舆情事件向前发展。同样在"刘强东涉嫌性侵女留学生"事件中，法律博主@唐有讼、@宇哥说法等都在第一时间发布有关美国法律体系、司法程序等方面的科普内容，获得大量微博用户关注，并进一步引发讨论。

四、个体普通用户

以微博作为观测平台，在突发热点舆情事件发生、发展过程中，相关内容的发博量中有91.7%由普通用户贡献。对比社交平台一般性话题事件，在突发热点舆情事件中，社交平台网络用户更为突出地表现出性别差异大，地域分布集中，讨论内容渐趋理性，以及网络动员效果明显等特征。

（一）参与性别鸿沟显著

观测期内的Top100突发热点舆情事件，参与其中的微博用户中，男性用户数量占据绝对优势，高达78.2%，参与用户的男女比例约为3.6:1。相较于中国网民和微博总体用户两项数据的男女比例而言，在参与突发热点舆情事件上，男性用户比女性用户的活跃度更高，参与热情更大。这也使得一些舆情事件发展过程中容易出现带有明显男性用户兴趣色彩的舆论走向，比如"范冰冰逃税门"事件中对范冰冰私生活的刺探和调侃，在"刘强东涉嫌性侵女留学生"事件中对"奶茶妹妹"章泽天的网络暴力，以及一些公众号围绕"汤兰兰性侵案"发布含有大量色彩性夸张描述的文章，以此吸引流量等。

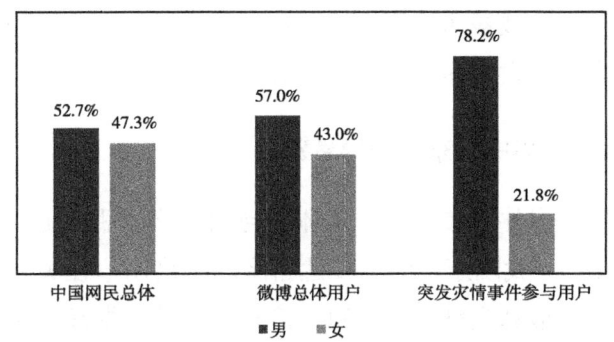

图2-25 突然热点舆情事件中微博参与用户性别结构

资料来源：中国互联网络信息中心，新浪微博数据中心，中国传媒大学国家突发事件舆情应对研究中心。

（二）女性参与类型特征明显

针对不同类型的舆情事件做进一步分析时发现，女性用户在涉及明星、娱乐、文化，以及涉及女性权益的舆情事件中，表现出相对较高的活跃度和参与热情。男性明星负面舆情事件中女性用户的参与度最为显著，比她们在舆情事件中的平均参与度高出52.6%。相对于李胜利、吴秀波、翟天临、李咏等男性明星的负面事件而言，女性用户对范冰冰、张紫妍、咪蒙等女性明星的舆情事件则表现得明显平淡很多。

文化相关舆情事件或许由于话题属性中冲突性因素相对较少，也对女性用户在突发热点舆情事件的参与上构成一定的吸引。在"金庸逝世""《啥是佩奇》意外走红"，以及"巴黎圣母院大火"等文化属性较强的舆情事件中，女性用户参与度相较平均水平高出了近25%。

此外，值得注意的是，很多突发热点舆情事件本身，以及在其发生、发展过程中，容易引发两性对立，或者女性形象和社会地位的争论，这类舆情事件也因此激发大量女性用户参与讨论。比如在"重庆公交车坠江"事件中，发展早期阶段有关"小轿车女司机逆行引发事故"的不实传言引发网上大量关于"女性司机"的争论。此外，诸如"浙江温州现未成年'女德班'""专家建议设置生育基金"，以及"汤兰兰性侵案"等突发舆情事件也都因直接涉及女性权益、地位和社会形象而得到了较多的女性参与。相比之下，"西安奔驰女车主维权""大连女孩深夜遭男子暴打"等热点舆情事件中,尽管核心当事人或被害人为女性,但与"女性权益"的保护和伸张直接关联不大,并未能引发更多女性用户的参与。

(三)地域分布集中,京沪差异悬殊

突发热点舆情事件的参与用户总体上与网民整体活跃地域呈现相对一致的特点(图2-26)。我国东部经济发达省区的网络用户在突发舆情事件中明显具有更高的参与度和活跃性。北京、广东、江苏、浙江、山东五省(直辖市)贡献了超过一半的用户参与热点舆情事件的讨论。这一方面与这些地区社会、文化、经济发展水平程度较高有关;另一方面可能也是由于这些省区均为青壮年劳动力输入地区,自身人口结构也更趋年轻化。

此外,北京和上海两地的数据对比还明显看出,来自上海的用户参与占比仅为北京用户占比规模的40%,两地经济和社会发展都较为接近,但两地用户参与程度悬殊。这一现象或许与两地城市功能与定位、发展方式以及文化传统等方面的差异有关,但依然值得未来做进一步深入研究。

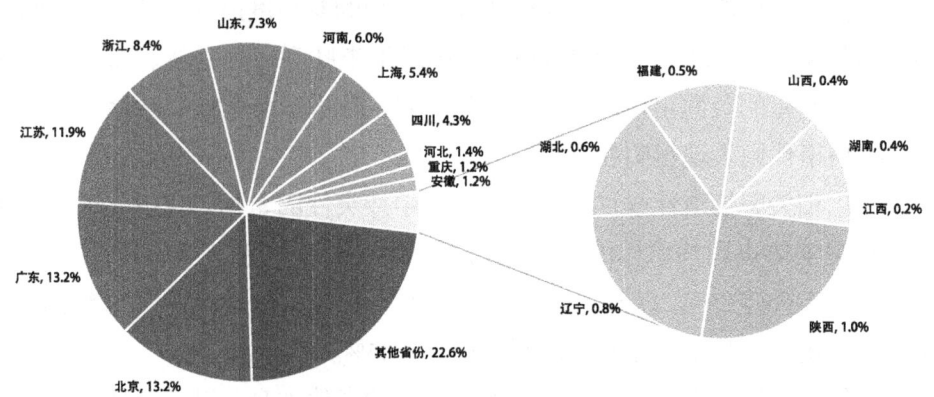

图2-26　2018 Q3至2019 Q2 突发热点舆情事件Top100微博参与用户地域分布

(四)理性趋势渐显,讨论角度多元

突发热点舆情事件中,普通网民的参与仍带有明显的情绪化色彩,但通过2017年7月至2019年6月内的事件加以比对分析可以看到,用户参与事件讨论的话题角度更加多元均衡,理性色彩逐渐凸显。

12个月内Top20突发热点舆情事件中,微博平台上评论、谴责、赞扬等

类型的内容发布占比34.5%，相较上一年度降低了5个百分点，对于核心事件的简单转发内容占比约12%，相较上一年度下降6.7个百分点，而围绕确凿信息和事实，以及相关知识的内容占全部内容的24.7%，相对于上一年度提升了接近10个百分点。这或许可以理解为伴随近几年"反转"频发的后真相情形不断出现，网民对于真相的辨别意识也在不断提升，对于事实的重视程度也在不断加深。

此外，网民在突发热点舆情事件中的话题角度也开始变得更加多元，并未将参与形式停留在传播事实层面，科学常识、法律知识、社会规律，以及国情发展现状等相关内容也逐渐伴随着转评内容一起出现在普通网民的讨论之中。以"专家建议设置生育基金"这一事件为例，除了约三分之一的参与讨论内容为批判这一提法之外，关于"二孩制度保障""生育率降低""政策出台流程与规范""生育意愿低下""养老负担""失独家庭"等话题讨论，在总体内容中也都有着明显占比。

（五）个体触发能力微弱，影响进程概率偶然

传播路径分析显示，个体普通用户在突发热点舆情事件中所产生的影响并不显著，对于事件的发展影响存在较大的偶然性。

由于普通用户与大V用户之间存在着传播势能上的巨大差异，导致两类用户之间存在层级上的巨大分隔。这决定了尽管大V用户如前所述能够对舆情事件的发展产生巨大的推动，但由于两个阶层的传播势能相差悬殊，从草根普通用户向大V用户爆料，继而被转发并有效形成舆情事件的情形并未在现实案例中发现。从监测数据的回溯中发现，虽然部分舆情事件最早出现于个体爆料，但推动形成热点舆情事件的关键节点多数还在于新闻媒体机构的网络发布端，以及有着较为强大的专业内容采集与生成能力的自媒体。比如"河南高考答题卡'调包'事件"中，学生家长最初通过微博爆料，但未能引起有效关注，后经微信公众号"波动财经"发布后，在微信中引发热议，继而通过"凤凰网"发布后引起媒体接续关注，并得以大规模扩散。

五、结语

今天，网络环境下的热点舆情已经显现出其巨大的社会影响力，纵观2018年7月至2019年6月的连续12个月，大大小小的突发热点舆情事件都在极大程度上直接或间接地影响着社会民生、公共安全、国家形象、政治经济、文化教育，乃至司法审判。网络环境下，参与这些舆情事件的每一个参与者都在其中扮演着不同的角色，其各自产生的影响相互作用，共同推动事件向前发展。

在对功能影响最为显著，且群体特征相对集中的四类参与主体加以分析之后，可以看到，新闻机构无论新旧，其网络发布端所具备的影响力依然最为显著，尤其在事件触发和事件冷却消退两个阶段，表现最为突出。微信公众号作为半闭合社交平台下的重要内容生产者与传播者，对爆款内容的有限原创和大量转载，使其在一次次的突发热点舆情事件中收获了巨大的流量和订阅用户。相比之下，成本更加低廉的转评模式则让数量更为集中的超级头部用户成为最具影响的互动主体，能见度与流量的维系使他们在突发热点舆情事件中扮演了重要的推手角色。与微博大V这类超级头部用户在数量上对应的另一个群体是普通网络用户，个体话语权极为有限的他们，成功地用集体参与的力量成就了所有的突发热点舆情事件，不同性别和地域的用户存在各自相对显著的参与特点。在经历越来越多的网络事件之后，他们在整体上的网络媒介素养也不断得以提升，包容、多元、冷静与客观的理性思考也开始在一系列的突发热点舆情事件中被慢慢培养，逐渐放大，而这也正是让互联网更好地服务我们，给国家和人民带来福祉，引领社会走向更加光明未来的希望所在。

第六节 热点问题篇

6.1 人工智能时代算法新闻的伦理问题与治理机制

罗 昕 张 梦[①]

摘 要：随着人工智能技术的发展，算法越来越深入地运用到新闻传播领域，改变了传统新闻业的生产、审核、分发机制。媒体借助算法提升了新闻生产和传播效率，人们通过算法提高了新闻信息的可获得性，但也被迫接受算法的审查和支配，因此在个人、社会、国家和国际层面产生了一系列和算法新闻相关的伦理问题。为了使算法更好地促进新闻产业的发展以及社会的进步，我们需要全面了解算法新闻运作机制，鼓励企业、国家政府、国际组织、技术社群、公民等多行为体共同参与算法新闻治理，从技术、法律、规范、教育等角度建立全面的治理机制。

关键词：人工智能；算法新闻；伦理；全球治理

Ethical Problems and Governance Mechanism of Algorithmic News in the Era of Artificial Intelligence

Abstract: With the development of artificial intelligence technology, algorithms which changes the production, review and distribution mechanism of traditional journalism, are more and more deeply applied in the field of news-making. Due to the algorithms, media improves the efficiency of news production and dissemination. People improve the availability of news information through algorithms, but they are also forced to accept the manipulation and domination of algorithms. Therefore, a series of ethical issues related to algorithmic journalism are generated at the personal, social, national and international levels. In order to make the algorithm to promote the development of news industry and the society, we need

---

[①] 罗昕，暨南大学新闻与传播学院教授，博士生导师；张梦，暨南大学新闻与传播学院博士研究生。

to have a comprehensive understanding about the operation mechanism of algorithm news, encouraging enterprises, national governments, international organizations, technological communities, citizens and other actors to participate in algorithmic news governance, and establish a comprehensive governance mechanism from the perspectives of technology, law, norms and education.

Keywords: Artificial intelligence, Algorithmic journalism, Ethic, Global governance

算法新闻是自动算法内容创建的现象及其在新闻中的应用和使用。[①]算法新闻（algorithmic journalism）又称机器人新闻、数据新闻、自动化新闻、计算新闻，是指"建立在算法、人工智能程序平台以及自然语言衍生技术基础上的新型新闻生产模式，其主要特征是新闻的文字及部分视觉内容可由算法直接自动生成"。[②]算法新闻成为人工智能时代人们获取新闻的重要方式，算法新闻的生产、审核和分发模式给传统新闻业带来了深刻的变革。英国牛津大学和路透社的一项用户调查显示，超过一半（53%）的受访者在获取消息时更倾向于通过搜索引擎、社交媒体或新闻聚合器等使用排名算法选择故事的方式，而不是由人工驱动的传统方式。[③]然而，算法新闻虽然能够提升传统新闻生产传播效率以及人们获取新闻的便捷性，也会引发一系列的伦理问题，给个人、社会、国家，甚至世界造成一定程度的负面影响。

一、算法对传统新闻业带来的变革

人工智能时代，信息传播迎来算法转向，算法新闻应运而生。曾经由人类所主导的策划、采集、生产、分发、反馈等传统新闻生产传播流程逐渐转向基于大数据和自动化的算法主导。相对于以往的信息传播媒介和技术，算

---

① Dörr, Konstantin, "Mapping the field of Algorithmic Journalism," In Digital Journalism 6（2016）: 700-722.

② 常江：《生成新闻，自动化新闻时代编辑群体心态考察》，《编辑之友》，2018年第4期：76-82。

③ Reuters Institute: Digital News Report, https://reutersinstitute.politics.ox.ac.uk/sites/default/files/digital-news-report-2018.pdf, 2019年5月2日。

法已不仅是作为一种传播工具和手段而改变了新闻生产的传播方式，更是作为人工智能时代的新闻生产主体和守门人，在传播观念上掀起范式革命。算法直接影响当代新闻业的价值链，在新闻信息生产、审核和分发等环节带来了颠覆式的改变。

（一）新闻信息生产：由"人工主导"到"自动生产"

传统新闻信息生产包括需求预测、选题策划、信息采集、内容创造等环节。如今，算法参与了新闻信息生产的各个环节，实现了新闻信息生产的自动化。需求预测和选题策划基于对新闻价值的判断。在用户阅读兴趣和信息传播效果无法精确计量的传统媒体时代，媒体在新闻信息生产中形成了"有益的低效率"，即记者的主观性在新闻价值判断中处于核心地位，记者扮演着守门人角色，控制着新闻的价值判断和选择过程。[1]然而，随着人工智能技术的发展，用户阅读兴趣和信息传播效果有了量化可能，传统媒体的有益低效率不复存在，传统新闻生产流程不再完全由人类主导。算法融入从数据收集到新闻写作的每个生产阶段，数据爬取、事件提取、关键事件检测、情绪检测和新闻文章生成五个步骤构成了算法新闻的生产框架。[2]算法抓取海量用户阅读数据，通过用户日常阅读行为来判断其偏好，以此发现选题、收集素材。同时，算法可将海量数据转化为一系列可量化的标签信息，从中提取有价值的事件，通过检测后便可独立完成新闻创作。

如今，自动化新闻写作的应用范围逐渐从体育、娱乐、财经新闻扩展到社会、政治新闻。这一方面提升了新闻生产效率，简化了记者编辑的工作流程，使记者能专注于更有深度的新闻报道，同时也挑战了记者在传统新闻生产中的核心地位。但是，复杂而有深度的新闻叙事始终是人类写作的竞争优势，自动化写作目前无法完全取代人类写作，深度访谈、调查性报道等仍然需要人类的参与。未来，新闻信息生产将从"手工作坊"走向人机协同，记

---

[1] 〔白俄〕叶夫根尼·莫罗佐夫著，张行舟、闫佳译：《技术至死：数字化生存的阴暗面》，电子工业出版社，2014年，第73页。

[2] Gimdonghwan, Ijunhwan, "Robot Journalism: Algorithmic Approach to Automated News Article Generation," Korean Journal of Journalism & Communication Studies 5（2015）: 64-95.

者与算法机器人互通有无、互补共生,在选题策划、信息采集、内容创造等方面更加智能和高效。①

(二)新闻信息审核:由"强把关"变为"弱把关"

新闻信息审核是一种新闻把关过程,主要是对信源可靠性和内容真实性的检验。在这一过程中,虚假错误信息,以及不符合新闻生产者标准的信息将会被删除和过滤。传统媒体时代,媒体是新闻信息把关的主体,信息要经过媒体内部层级式的审核才能被加工成新闻,使之既遵守新闻的客观真实性原则,又符合社会主流价值观。随着自媒体平台的兴起,传统的"验证新闻"及其严格的事实检查正在被非专业化的新闻形式取代②,算法成为具有中介权力的把关人,"把控信息的可见与不可见以及信息的透明度"③,进而控制信息的流动。同时,算法弱化了传统媒体的把关人角色,改变了新闻信息审核的方法和流程。算法通过语义发现和检测功能进行信息的审核和过滤,生成的稿件不需要经过人类编辑的审核就能直接发布。算法的自动审核机制在一定程度上能扩大审核范围、提升审核速度、降低审核成本,打破了传统媒体在信息审核中的垄断地位,但也挑战了传统审核方式一直遵循的伦理价值。

当前,算法的深度学习来源于数据积累,缺乏人类的演绎推理能力,还不完全具备根据语境来判断复杂话语含义、掌握多元人类行为的能力。图片、音视频、直播等内容的出现,使得算法信息审核技术遭受更大的考验,算法可能面临失误,甚至被蓄意利用的风险,导致虚假信息和仇恨言论。因此,算法技术虽然促进了信息审核方式的发展,但仍需要与传统的人工审核方式相结合,以防范单一算法审核带来的伦理问题。目前,兼顾效率与成本的"人工+算法"审核方式,成为新闻信息审核的主流趋势。例如。今日头条在内容涉黄和低俗导致多个频道被暂停更新之后,开始加大人工审核队伍建设,试图纠正算法审核的缺陷。

---

① 张超、钟新:《从比特到人工智能:数字新闻生产的算法转向》,《编辑之友》,2017年第11期:61-66。
② 赵瑜:《人工智能时代的新闻伦理:行动与治理》,《学术前沿》,2018年第12期下:6-15。
③ 罗昕:《算法媒体的生产逻辑与治理机制》,《学术前沿》,2018年第12期下:25-39。

（三）新闻信息分发：由"无差别"转向"个性化"

传统媒体长期以来依靠人工编辑和物流系统进行无差别的内容分发，由于传统媒体的新闻信息传播平台单一，且缺乏用户针对性，分发渠道和效率受到极大限制。传统媒体不得不与社交媒体、聚合APP等类型的平台开展合作，通过在分发环节引入推荐算法，扩大内容生态领域的分发能力。基于用户兴趣的"算法分发"一度成为新闻信息分发的主要方式。算法分发主要通过三种推荐算法得以实现：基于内容的推荐算法，基于协同过滤的推荐算法，以及基于时间序列流行度的推荐算法。[①]推荐算法需要根据用户特征、环境特征和文本特征制定算法推荐模型，建立匹配机制，根据用户既有兴趣、用户群体偏好和新闻热度为用户制定个性化推荐方案，并根据用户的行为轨迹不断更新匹配机制，修正并完善推荐方案。同时，这种推荐算法也对新闻信息营销产生了影响，传统营销工具被以推荐算法为基础的智能营销工具所取代，实现了新闻生产者和接受者的聚合，以及自动化营销。

推荐算法不仅重塑了新闻分发中的个性化和多样性，还代表了前所未有的新闻分发整合与分裂：一方面，科技公司和商业平台控制了绝大多数的新闻信息共享；另一方面，新闻信息跨越了无限数量的设备、应用程序和社会环境。[②]个性化与多样性的矛盾带来了对"信息茧房""过滤气泡"等现象的担忧；整合与分裂的矛盾引发了对新闻信息资源分配和信息自由流动问题的反思。2019年8月，中国互联网络信息中心发布的《第44次中国互联网络发展状况统计报告》显示，内容分发机制正在被重塑，单一基于兴趣的算法推荐机制弊端渐显，部分新闻网站主动求变，采取"算法推荐+人工干预"的新型内容分发机制。[③]

[①] 陈昌凤、师文：《个性化新闻推荐算法的技术解读与价值探讨》，《中国编辑》，2018年第10期：9-14。

[②] Efrat Nechushtaia, Seth C. Lewisb, "What kind of news gatekeepers do we want machines to be? Filter bubbles, fragmentation, and the normative dimensions of algorithmic recommendations," Computers in Human Behavior 90 (2019): 298-307.

[③] 中国互联网络信息中心：《第44次中国互联网络发展状况统计报告》，http://www.cnnic.net.cn/hlwfzyj/hlwxzbg/hlwtjbg/201908/t20190830_70800.htm，2019年8月30日。

二、算法新闻带来的伦理问题

算法技术为传统新闻业带来了巨大改变,然而,由于算法黑箱的存在,算法新闻在生产、审核、推荐和过滤方面的不透明运作机制使伦理问题日益凸显。在个人层面,算法新闻因泄露用户隐私,导致过滤气泡、信息茧房等饱受争议。在社会层面,算法新闻可能导致群体极化和社会分裂,形成根深蒂固的社会偏见。在国家层面,算法新闻设置议程的能力可能威胁国家民主和稳定。在国际层面,随着信息传播的影响范围从本地化扩展到全球化,算法新闻也会加深国际传播不平衡,并引发舆论操纵的风险。

(一)侵犯个人隐私,造成认知发展不平衡

面对海量未知信息,人们往往愿意通过交换个人数据来提高自己获得新闻信息的效率和便利,因此使自己的各种信息完全暴露在算法审查之下,忽略了用户数据安全问题。人工智能时代,数据越来越重要,算法需要基于大量的用户数据来进行反复训练、学习,才能提高准确性和可信性。因此,用户在享受着算法新闻便利性的同时,其阅读信息、身份信息和消费信息等涉及用户隐私的数据也被算法大量采集和使用。个人数据在不被告知的情况下被记录,与公民的隐私诉求相悖,个人隐私数据因算法而泄露的可能性与个人信息隐私权的碰撞不断显现。[①]例如,2019年8月底,一款名为"ZAO"的应用程序爆红网络。该APP利用AI技术实现一键换脸功能,用户可以使用自己的照片替换影视剧或小视频中的人物,生成以自己为主角的视频。然而,一天之后,ZAO被质疑涉嫌过度攫取用户授权,为用户的信息安全带来重大风险。被工信部约谈后,该平台更新协议并道歉。

算法新闻不仅可能造成用户隐私泄露的数据安全问题,还可能导致"过滤气泡""信息茧房"和"回音室"效应,限制人们接触多元信息并发现意外信息的可能。基于用户既有阅读兴趣的算法新闻推荐,会过滤掉与用户兴趣不相符的信息,为用户打造个性化的信息世界。同时,用户会身处与其他

---

① 董天策、何旭:《算法新闻的伦理审视》,《新闻界》,2019年第1期:27-33。

信息相隔离的气泡之中,逐渐丧失对信息的自我选择主动权。长期处于缺乏多样性和多元化信息的气泡环境中,会导致个人既有价值观念不断强化,认知空间不断窄化,被困于"单人单面"的茧房之中。茧房中的观点不断积累,形成回音室效应,继而导致认知观念的封闭和固化。为了打破气泡和茧房对个体认知的负面影响,包括《卫报》、脸书在内的传统媒体和社交媒体开展了"戳泡"运动,试图在进行算法个性化推荐的同时,通过提升信息聚合性和信息偶然性为用户呈现更加多元和平衡的观点。①

(二)影响社会民主,导致社会漏见

"信息茧房"和"过滤气泡"不仅对个人认知以及个人社会化过程产生影响,还有可能损害社会民主。桑斯坦认为,民主之所以为民主,其真谛就在于人们常常无意间在一些没有筛选过的题材中找到观点和话题,人们只有置身于不被筛选的环境下,才能接触多元化的观点,形成共同的经验和社会价值。②算法新闻产生的信息茧房和过滤气泡,会减少社会中不同观点、不同声音的碰撞和交流,形成单一的社会舆论环境。同时,价值取向相同的群体容易彼此认同,传染情绪,形成群体极化;价值取向不同的群体会彼此抵触,引发社会分裂,不利于社会共识的形成。与此同时,社会"公共政策和政治决策要么由于'代表性的断裂'而进入僵局,要么则会导致对某一社会群体的偏好,而形成了社会治理的政策偏向",③对社会民主产生不利影响。

算法新闻导致的社会偏见正成为日益凸显的伦理问题。算法容易给人一种没有偏见的错觉,然而它并非完全客观中立;相反,历史和社会偏见会融入数据驱动的算法之中,对某些性别、种族和弱势群体产生歧视和偏见。例如,我国国产人工智能产品小爱AI音箱存在歧视同性恋言论,谷歌所研制的

---

① 郭小安、甘馨月:《"戳掉你的泡泡"——算法推荐时代"过滤气泡"的形成和消解》,《全球传媒学刊》,2018年第6期:76—90。

② 〔美〕凯斯·桑斯坦著,黄维明译:《网络共和国——网络社会中的民主问题》,上海世纪出版集团,2003年,第5页。

③ 陈昌凤:《未来的智能传播:从"互联网"到"人联网"》,《学术前沿》,2017年第12期上:8—14。

图像标注系统曾错误地将黑人标记为"大猩猩",微软开发的人工智能聊天机器人Tay上线首日发表了种族歧视和性别歧视言论等。算法偏见来源于原始数据集偏见和程序员偏见两个方面,算法所依赖的输入数据往往是有限、有缺陷,或者不正确的,①算法设计者原有的社会偏见也融入算法之中,最终导致算法输出的数据存在偏见。因此,算法新闻在生产和分发的过程中可能存在这种偏见,并将之放大,导致受到歧视的群体和个人社会参与性降低,或社会焦虑感增加。这种"设计上的歧视",有可能损害社会民主、平等、公平和分配正义的关键方面。②

(三)挑战国家民主,威胁国家安全

算法新闻不仅在个人和社会层面引发伦理问题,甚至可能给国家稳定带来负面影响。以科技公司自居的脸书、推特等社交媒体与世界信息传播格局融为一体,这些算法新闻的生产主体在本质上体现为资本权力主导下的商业与政治的共谋行为。③当商业平台生产的算法新闻涉及宣传种族歧视和国家仇恨的政治内容,并通过算法分发在社交媒体上广泛传播,会威胁国家安全和稳定。例如,2018年1月,联合国调查人员指责脸书通过传播针对罗兴亚穆斯林的仇恨言论,在缅甸可能发生的种族灭绝中发挥了主导作用。④脸书也因此类事件不断调整平台算法,加强对算法新闻在生产、审核和分发环节的监督与管理。

当算法成为一个国家的新闻报道最主要的流量来源,算法技术拥有者就

---

① Pew Research Center: Code-Dependent: Pros and Cons of the Algorithm Age ,http://www.elon.edu/docs/e-web/imagining/surveys/2016_survey/Pew%20and%20Elon%20University%20Algorithms%20Report%20Future%20of%20Internet%202.8.17.pdf,2019年4月28日。

② King's College London: Algorithmic Regulation, https://www.kcl.ac.uk/law/research/centres/telos/assets/DP85-Algorithmic-Regulation-Sep-2017.pdf,2019年3月28日。

③ 刘涛:《社会化媒体与空间的社会化生产——列斐伏尔和福柯"空间思想"的批判与对话机制研究》,《新闻与传播研究》,2015年第5期:48-63。

④ The Guardian: Myanmar: UN blames Facebook for spreading hatred of Rohingya, https://www.theguardian.com/technology/2018/mar/13/myanmar-un-blames-Facebook-for-spreading-hatred-of-rohingya,2019年3月27日。

掌握着影响该国议程设置的主动权，算法新闻的传播就可能影响国家的民主进程。2017年10月，脸书在玻利维亚、柬埔寨、危地马拉、塞尔维亚、斯洛伐克和斯里兰卡六个国家进行News Feed新闻算法改革测试，把来自朋友和家人的个人内容，以及发布者和企业主页的公开内容分开放在不同的信息流中。这一举措改变了个人和公共主页在News Feed中的出现方式和曝光率，导致这六个国家的媒体议程设置能力和影响力出现明显下降。塞尔维亚记者史蒂夫·多伊奇诺维奇在《纽约时报》上发表了一篇尖锐的评论文章，抨击脸书把脆弱的民主国家当作自己产品的实验室。[1]脸书选择在远离大多数美国人关注、民主体制不稳固的小国进行算法新闻实验，展现了其利用算法为小国设置新闻议程的强大操控能力，为这些小国的民主自由带来破坏性的影响。

（四）加深数字鸿沟，操纵国际舆论

算法新闻在国际社会的不平衡发展，会进一步加深世界数字鸿沟。莫拉那从技术维度和传播维度构建了国际传播过程的基本模式，揭示了国际传播不平衡及世界鸿沟产生的基本原理。他认为北方富国的信源、内容生产和发布系统与南方穷国的接受消费过程之间存在分割，这导致国际传播从发达国家到不发达国家中常见的多重依赖现象。[2]国际传播中的不平衡已成为不争的事实，且传播不平衡的本质是信息的收集、处理和分配存在明显的不平等。当技术进步成为"少数国家的特权"，将会加深世界数字鸿沟，使信息从处于"中心"的西方发达国家单向地流向处于"边缘"的第三世界国家。在基础设施、技能、数据的可得性方面始终处于下风的第三世界国家，在算法技术普遍获取信息上存在困难，其算法新闻的发展也被边缘化，从而加深既有的信息传播不平衡，即"第三世界新闻报道不足和消极，西方对第三世界新闻的文化偏见，以及信息从北到南的传播与这些发展中国家的文化无关，甚

---

[1] Nytimes: Hey, Mark Zuckerberg: my democracy isn't your laboratory, https://www.nytimes.com/2017/11/15/opinion/serbia-Facebook-explore-feed.html,2019年4月4日。

[2] 〔英〕丹尼斯·麦奎尔、斯文·温德尔著，祝建华译：《大众传播模式论》，上海译文出版社，2008年，第190-191页。

至有害等"。①

近些年来，算法新闻的可见性所引发的舆论操纵成为一种新的国际风险。以算法技术为支撑的"社交媒体操纵""计算宣传"因大量传播具有误导性的新闻信息而引发了国际范围内有关舆论操纵的争议。牛津大学牛津互联网研究所的计算宣传项目组认为社交媒体是算法新闻传播的重要渠道，是算法参与政治的重要平台，算法被积极地用作操纵舆论的工具，而国家在算法导致的虚假新闻治理上举步维艰。②例如，2017年，首个全球网络部队（Global Cyber forces）名单揭示了政府和政党行为者操纵社交媒体的全球组织，宣布在全球48个国家发现了正式组织的社交媒体操纵活动的证据。③一项针对中国的计算宣传调查显示，中国政府目前并没有利用计算宣传来影响推特上的话语，然而旨在传播攻击或对抗中国政府的虚假信息和机器人账户问题在推特上非常突出。这些账户通常用中文发布信息，攻击中国人权，干涉中国内政，从而制造关于我国主权、民主和安全方面的负面舆论。④

三、算法新闻的全球治理

由于算法新闻在个人、社会、国家和国际层面引发的一系列伦理道德风险，算法新闻的全球治理势在必行。全球治理的一个重要特征是治理主体多元化，因此，在算法新闻的全球治理过程中，应鼓励企业、国家政府、国际

---

① Pramiti Roy, "New World Information and Communication Order: An essential remedy towards the 'information imbalances' for the Third world Nations," International Journal of Interdisciplinary and Multidisciplinary Studies 1(2014) :194−201.

② Samuel C. Woolley, Philip N. Howard: Computational Propaganda Worldwide: Executive Summary, http://comprop.oii.ox.ac.uk/wp-content/uploads/sites/89/2017/06/Casestudies-ExecutiveSummary.pdf,2019年4月4日。

③ Samantha Bradshaw, Philip N. Howard：Challenging Truth and Trust: A Global Inventory of Organized Social Media Manipulation,https://comprop.oii.ox.ac.uk/wp-content/uploads/sites/93/2018/07/ct2018.pdf,2019年3月28日。

④ Gillian Bolsover & Philip Howard, Chinese computational propaganda: automation, algorithms and the manipulation of information about Chinese politics on Twitter and Weibo, Information, Communication & Society, 2018.05, 1−19.

组织、技术社群、公民等多行为体共同参与,从国际合作、法律法规、行业规范、公民素养等多个方面开展算法新闻的治理。

(一)发挥联合国力量,开展国际合作

为应对算法新闻带来的各种伦理问题,一些国际组织不断倡导对算法的治理规范,国家之间也就算法新闻的伦理问题开展沟通与合作。联合国教科文组织(UNESCO)始终在指导人工智能技术发展的伦理标准和政策方面发出全球性的倡议。2018年11月,UNESCO与合作伙伴在其总部举行的互联网治理论坛(IGF)上,组织了一场关于"利用人工智能促进知识社会和可持续发展"的公开讨论,重点关注如何跨越人工智能时代的世界数字鸿沟,如何促进媒体生产、传播和评估新闻、数据和信息,如何应对技术发展以打击暴力极端主义和其他不可见的威胁。近些年来,南半球国家开始在国际社会呼吁关注人工智能技术背景下新兴的新闻传播问题。2018年,由中国、俄罗斯、巴西、印度和南非组成的"金砖国家"(BRICS)在南非举办了一场加强媒体国际合作的高端论坛,宣布将"紧跟信息发布最新趋势,最大化地利用新媒体,传播关于金砖国家合作的好故事,创造金砖国家报告的新亮点,构建更加公平公正的国际传播秩序"等。[1]发挥以联合国为主导的国际力量,将有助于促进算法新闻的可持续发展,更好地应对算法新闻可能产生的危害国家民主,威胁国家安全,以及世界传播不平衡等问题。

(二)制定完善的国家法律规范体系

算法新闻引发的伦理问题,引发了世界各地政府的高度重视,越来越多的政府行为者正通过在数据保护、数据公开、算法运动、社交媒体虚假新闻等方面制定强制性的法律法规,进一步加强算法新闻相关的规范和治理。在用户数据方面,用户享有保护个人信息不受算法利用的权利。欧盟早在1995年就在相关数据保护法律中提出了"被遗忘权"概念,任何公民可以在其个人数据不再需要时提出删除要求。欧盟2012年开始建议制定关于"网上被遗

---

[1] 新华社:《金砖国家加强媒体合作行动计划》,新华网,http://www.xinhuanet.com/world/2017-06/08/c_1121111662.htm,2019年3月26日。

忘权利"的法律，提议包括要求搜索引擎修改结果，以符合欧盟保护个人信息的方针。[1]我国于2017年实施的《中华人民共和国网络安全法》在监管网络安全、保护个人隐私和敏感信息方面提出了具体的要求。同时，算法应当在其相应的伦理与法律监管中确立可追溯性，保证算法的运作及决策全程处于监管之下。社交媒体上虚假性的算法新闻也成为大力打击的对象。例如，德国政府从法律层面加强了对社交媒体的管理。2017年3月，德国司法部长海科·马斯（Heiko Maas）提议对社交媒体立法。[2]2018年1月，德国《社交媒体管理法》正式施行，该法案针对网络上的仇恨、煽动性言论、虚假新闻内容，对在德国境内提供内容服务的社交网络平台提出了更为严格的监管要求。[3]2019年2月，德国宣布限制美国社交媒体脸书（Facebook）从第三方服务收集用户数据，脸书（Facebook）收集这些数据必须获得用户的自愿授权。[4]近年来，我国网信办部署了一系列打击网络谣言的行动，完善修订《互联网新闻信息服务管理规定》，同时正在针对社交媒体制定新法律法规。

（三）强化技术规范与行业自律

算法新闻是人工智能技术的产物，因此，要防范和治理算法新闻带来的伦理问题，需要从技术层面入手。在新闻信息生产、审核、分发环节不断完善算法技术使之保障算法的可追溯性、新闻信息的真实性、用户数据的安全性、新闻分发的准确性，避免算法新闻因技术原因产生的伦理问题。2018年1月，中国发布完整版《人工智能标准化白皮书2018》，对人工智能的伦理问题进行了规范，强调人工智能要基于人类利益原则和责任原则保证其技术及

---

[1] Matthew L Williams, Pete Burnap, Luke Sloan, "Towards an Ethical Framework for Publishing Twitter Data in Social Research: Taking into Account Users' Views, Online Context and Algorithmic Estimation," Sociology 6(2017): 1149－1168.

[2] University of Oxford: Computational Propaganda in Germany: A Cautionary Tale, http://blogs.oii.ox.ac.uk/politicalbots/wp-content/uploads/sites/89/2017/06/Comprop-Germany.pdf, 2019年4月5日。

[3] 《德国施行〈社交媒体管理法〉强化社交网络平台管理责任》，中国网信网，http://www.cac.gov.cn/2018-01/28/c_1122329602.htm，2019年4月26日。

[4] 《德国限制社交媒体脸书收集用户数据》，新华网，http://www.xinhuanet.com/world/2019-02/08/c_1124092715.htm，2019年3月30日。

应用均符合伦理要求，保障公共安全。欧盟于今年4月发布人工智能伦理准则，列出了"可信赖人工智能"的7个关键条件，以确保人工智能尊重基本人权、规章制度、核心原则及价值观，同时在技术上安全可靠。[①]此外，算法技术规范要和行业自律等治理理念相结合，提升算法设计者对于算法新闻伦理问题的认识。美国计算机协会（ACM）软件工程道德规范列出了8条职业行为准则。首先也是最重要的是，软件工程师应该为公共利益而行动，对自己的工作负责任，以公共利益调和私人利益，确保安全和隐私，避免欺骗，并考虑弱势群体。ACM的一般道德要求包括避免伤害他人和公平，采取行动不歧视他人，以及尊重他人的隐私。[②]

（四）促进公民算法素养教育

美国媒体素养研究中心将"媒体素养"定义为："人们在面对各式媒体信息时所表现出的选择能力、理解能力、质疑能力、评估能力、创造能力、生产能力及思辨能力。"[③]媒体素养教育能帮助人们了解算法新闻如何进行生产、审核及分发，了解算法新闻产生了哪些伦理问题，并运用批判性思维防范算法新闻给个人和社会带来的伦理风险，同时还能促进公民对国家和全球范围内的算法新闻伦理问题的理解。2015年发布的《中国网民网络媒介素养调查报告》显示，中国网民网络媒介素养整体处于中等水平，新媒体使用能力最强，批判性理解能力最弱。因此，在全社会范围内加强网民媒体素养的培育力度，提升他们的批判性理解力以及对虚假新闻的抵御能力显得尤为重要。近年来，"算法素养"在国外也受到了广泛关注。"算法素养"（Algorithmic Literacy）是指用户能够意识到算法在他们生活中的存在，并且用批判性的思维理解算法带来的影响，包括充分了解算法的生产

---

① 欧盟发布人工智能伦理准则.新华网，http://www.xinhuanet.com/tech/2019-04/11/c_1124350837.htm，2019年5月5日。

② Nicholas Diakopulos, "Accountability in Algorithmic Decision Making," Communications of the ACM 59(2016):56-62.

③ 张开：《媒介素养概论》，中国传媒大学出版社，2006年，第94页。

逻辑、防范算法带来的认知偏见。①德国之声电视台的"DW学院"在优兔网（YouTube）上发布了一则罗德岛大学媒体教育实验室创始人蕾妮·霍布斯（Renee Hobbs）教授关于呼吁"我们需要算法素养"的视频。在霍布斯教授看来：弄清楚我们所使用的媒体背后的算法运作机制，虽然混乱而复杂，但是对每个人来说，我们都迫切地需要去更好地理解它们。②

四、结语

算法新闻一方面能够提高新闻生产和传播效率，使人们更加便捷地获得更广泛的信息；另一方面会引发数据隐私、信息茧房、群体极化、社会偏见等个人和社会层面的伦理问题，还会给国家民主和安全、国际传播秩序造成威胁。算法新闻在个人、社会、国家和国际层面产生的影响是伦理性问题，也是重要的规范性议题。算法新闻对传统新闻的影响如此之深，对公众注意力的塑造如此之强，使我们有必要更加深入地了解算法使用的判断类型和优先级，掌握算法新闻的生产和传播机制，研究新闻推荐算法如何重塑新闻发布中的个性化和多样性。一方面促进算法新闻与传统新闻的协同发展，另一方面从技术、法律、规范、教育等角度系统性建立算法新闻伦理问题的防范和治理机制。

---

① 罗昕：《算法媒体的生产逻辑与治理机制》，《学术前沿》，2018年第12期下：25-39。
② Katharina Zweig: Algorithm Literacy, https://prezi.com/yev4rbaz2cxl/algorithm-literacy/，2019年5月16日。

6.2 网络环境下新闻作品版权保护与发展[①]

刘学义[②]

摘 要：互联网技术改变了媒体产业形态及产业格局，也深刻影响着传统版权管理模式，不断对现行版权制度提出挑战。当前我国网络版权环境明显好转，司法保护、政府监管、行业协调、企业自律的社会共治格局渐具雏形。也应看到，我国网络版权矛盾和纠纷仍处于高发期，新闻版权的新型法律问题不断涌现，对著作权保护不够，著作权授权机制和交易规则不畅等主要矛盾没有得到有效解决。本文从新闻作品版权角度，梳理当前媒体行业面临的版权问题，探讨与新闻作品有关的版权准则，以及新闻作品版权的未来政策与发展趋势等。

关键词：网络版权；版权生态；版权保护；用益平衡

Copyright Protection and Development of News Works under Internet Era

Abstract: Internet technology has changed the form and pattern of media industry, deeply influenced the traditional copyright management mode, and constantly challenged the existing copyright system. At present, China's Internet copyright environment has been improved significantly, and the co-governance of the state and society has gradually taken shape. It should also be noted that the contradictions and disputes related to internet copyright in China are still occurring at a high frequency. New legal problems of news work copyright are emerging constantly, the protection of copyright is insufficient, and the main contradictions such as the poor copyright authorization mechanism and trading rules have not been effectively solved. This paper reviews current copyright problems faced by the media industry, and explores the copyright system rules related to news works, as well as the future policy and development trend of the copyright of news works.

---

① 本文是2019年度教育部人文社会科学研究一般项目"新闻作品的数字版权保护与运营研究"（项目号：19YJA860015）阶段性成果。

② 刘学义，吉林大学新闻与传播学院教授，主要从事网络媒体研究。

Key words: Internet copyright, Copyright ecology, Copyright protection, Balance between copyright and usage

我国《著作权法实施条例》（2013）中没有专门的新闻作品概念。结合新闻行业特性和《著作权法》的作品定义，新闻作品指作者在独立采集客观事实的基础上，融合自身选择、判断、分析后对新闻事实进行的个性化表达，具有一定的独创性，属于《著作权法》意义上的作品，应受《著作权法》保护。网络版权，指信息网络传播权，包含复制权与传播权，调整版权作品通过互联网等信息网络的传播行为。此处信息泛指包含新闻报道的作品总称。

司法实践中许多侵权被告会以文章属时事新闻不受《著作权法》保护，或者属时事性文章的合理使用作为抗辩理由，但事实上这些抗辩理由通常都不成立。《著作权法》第五条所称时事新闻，是指通过报纸、期刊、广播电台、电视台等媒体报道的单纯事实消息，该单纯事实消息不受著作权法保护。而凡包含著作权人独创性劳动的消息、报道、分析、评论等作品均不属于单纯事实消息，互联网媒体进行转载时，必须经过著作权人许可并支付报酬。《著作权法》第二十二条规定了12种合理使用的情形，将报纸、期刊、广播电台、电视台等媒体刊登或者播放其他报纸、期刊、广播电台、电视台等媒体已经发表的关于政治、经济、宗教问题的时事性文章，报纸、期刊、广播电台、电视台等媒体刊登或者播放在公众集会上发表的讲话，属于"合理使用"范畴，但是声明不许刊登、播放的除外。在上述情况下使用作品，可以不经著作权人许可，不向其支付报酬，应当指明作者姓名、作品名称，并且不得侵犯著作权人依照本法享有的其他权利。根据《最高人民法院关于审理著作权民事纠纷案件适用法律若干问题的解释》（2002）第十六条和第十七条的规定，通过大众传播媒介传播的单纯事实消息属于著作权法第五条第（二）项规定的时事新闻，传播报道他人采编的时事新闻，应当注明出处，转载未注明被转载作品的作者和最初登载的报刊出处的，应当承担消除影响、赔礼道歉等民事责任。

版权是媒体的核心资产，在数字媒体迅速发展、产业发展进入深水区的背景下，与之有关的法律关系及纠纷变得更多也更复杂。解决目前新闻媒体危机的任何路径，都必须平衡各方的利益，包括生成内容的媒体机构、网络平台、技术创新的网络应用和消费者，只有在各方之间做好平衡，新闻业才能在未来健康发展。

一、版权制度对网络内容行业影响凸显

版权是调整媒体产业市场关系的重要规范，有效新闻版权制度是纠正媒介市场不正当竞争，保障版权商业经营的前提。互联网技术改变了媒体产业形态及产业格局，也带来版权保护新课题，深刻地影响着传统版权管理模式，不断对现行的版权制度提出挑战。传统的版权规则需要调整，以适应网络传播环境的变化。欧盟2016年通过的《一般数据保护条例》（GDPR）和2019年通过的《数字化单一市场版权指令》都释放了重要信号，发达国家、文化强国、版权强国正在通过制度创新保护自身互联网产业，抢占互联网高地。中国作为互联网产业大国，应在全球版权治理体系当中为世界提供有中国特色的制度产品，以赶上知识产权保护的世界潮流，保护和促进我国网络内容产业繁荣发展，值得深入探讨。

2019年5月国家版权局网络版权产业研究基地发布《中国网络版权产业发展报告（2018）》（以下简称《报告》），[1]《报告》显示，2018年中国网络版权产业市场规模达7423亿元，同比增长16.6%。网络新闻媒体、网络游戏、网络视频依然是产业三大支柱，合计贡献85%的网络版权产业份额，其中网络新闻媒体市场规模2904亿元，规模占比39.12%。与此同时，短视频、直播等新业态发展势头迅猛，赢利模式逐步成型，市场份额占比显著提高，推动网络版权产业结构更为多元化。从2006年至今，中国网络版权产业连续十余年保持高速增长，已经成为推动我国版权产业振兴的核心支柱，以及驱动我国数字经济发展的重要引擎。中国网络版权产业能取得上述成绩，在《报告》看来，得益于国家版权环境的持续改善，以及产业界的持续创新。十余年间，我国网络版权产业由乱而治，企业正版化运营，为正版付费的理念深

---

[1] 张维：《中国网络版权产业高速增长：去年市场规模达7423亿元》，中国版权协会，https://mp.weixin.qq.com/s/Uuz5xbCdUV1_HUtZNMj0pA，2019年5月5日。

入人心，以及用户付费与广告二元驱动的商业模式已经形成。

随着网络版权生态逐步优化，企业版权意识逐渐提升。2008年各家视频网站的版权抢夺大战让版权的重要性初现端倪，目前内容成本成为互联网平台的重要支出项目。以百度为例，营收成本包括：内容成本、流量购买、折旧、其他及带宽费用。其中2018年内容成本支出235亿元，占总营收的四分之一左右，比2017年支出134亿元相比，有大幅增加。同期，带宽费用占营收的比例提高了一个百分点，也与付费会员的增长相关。为拓展付费会员业务需要更高的内容投入和带宽成本，每个月花25亿元已经成为常态。[①]

二、网络版权矛盾和纠纷仍处于高发期

国务院法制办《关于〈中华人民共和国著作权法〉（修订草案送审稿）的说明》（2014）指出，数字和网络技术的快速发展和广泛运用，改变了作品创作和传播方式，现行著作权法"对著作权的保护不够，难以有效遏制侵权行为，不足以激励创作者的积极性；著作权授权机制和交易规则不畅，难以保障使用者合法、便捷、有效地取得授权和传播使用作品"这两大主要矛盾没有得到有效解决。

信息技术给版权保护带来了一系列新挑战，比如：网络作品的使用方式和传播路径发生重大变革，作品创作和传播向大众化方向发展，传统"先授权后使用"的许可付酬模式面临挑战；互联网服务类型与商业模式创新日新月异，明确厘定网络服务商的侵权责任界限，成为困扰立法、司法和行政机关的难题；网络版权领域，版权主体缺乏维权意识，侵权者缺乏法律观念，受众缺乏付费习惯的"三缺乏"问题仍然比较突出；网络媒体版权保护"一高两低"（维权成本高、收益低、积极性低）的现象比较普遍。另外，网络版权的灰色地带也带来版权纠纷的激增。

---

① Eastland：《百度"变天"》，虎嗅，https://www.huxiu.com/article/285658.html?f=chouti，2019年2月23日。

（一）著作权案件数量增长快速

网络技术既为媒体内容提供了传播渠道，又为侵权行为的发生提供了更为便利的条件，导致网络版权侵权纠纷现象激增。以北京互联网法院为例，2019年一季度共计收案10175件，其中互联网著作权权属、侵权纠纷6906件，占比67.9%。2018年，互联网著作权权属、侵权纠纷在该院收案中的占比更高，立案2406件，占比79.2%。[1]

（二）著作权新类型案件增多，法律制度面临新技术挑战

新类型著作权案件相继出现，让现有版权法律制度面临挑战。一是著作权制度滞后于互联网实践，存在法律空白地带或者灰色区域，没有明确法律可以依据的情况较多。例如涉及"短视频"的版权属性、人工智能生成物的作品属性及侵权责任认定等需要通过裁判确立明确规则。传统著作权法依靠作品列举式的表达模式，已不足以应对网络传播急速发展带来的挑战。二是对应用于著作权保护的新型技术的法律地位规范不足。例如，区块链技术已经用来进行著作权保护，但因缺乏明确规范，区块链技术用于著作权司法存证的作用发挥还有很多现实困难。三是关于互联网平台主体责任的立法层级低、责任过轻，实践中存在平台滥用垄断市场地位，挤压著作权利方正当利益，甚至默认或鼓励用户版权侵权，以支撑其商业模式的不正当竞争行为的现象。

（三）网络侵权情况复杂，维权难度大

网络侵权与传统著作权案件差异大，情况更为复杂，媒体维权变得越发困难。网络环境下的新闻版权问题变得日益多样，从作品认定到侵权方式厘清，从保护自身版权到不侵犯他人版权，特别是不断出现的互联网业态和作品传播方式让版权保护不断面临考验。

当前法律环境下，大型平台侵权行为已不多见，侵权人转为小型网站、

---

[1] 张雯、朱阁：《司法需更加适应互联网发展规律和动态》，《中国新闻出版广电报》，2019年5月30日第5版。

自媒体甚至是网民个体，存在侵权主体分散化、侵权行为复杂化、侵权技术多样化、侵权取证困难、维权成本较高等问题。我国《民事诉讼法》第六十三条规定了当事人的陈述、书证、物证、视听资料、电子数据、证人证言、鉴定意见、勘验笔录等八类证据。根据证据法定原则，如果原告方提出的证据不属法定类型，则难以作为认定事实的根据，人民法院不予采纳。维权举证困难、成本高昂、周期较长是网络版权维权的障碍之一。在取证环节，从传统互联网发展到移动互联网，不像传统网站的内容开放，移动互联网APP越来越封闭，传统搜索工具难以检索，权利人发现侵权行为的难度增大。而且，各种新媒体终端的电子取证也较为复杂，要想取得司法认可的有效证据，需要付出较高的公证成本。立案难也是网络版权保护的难题之一。按照现行法律，新媒体侵权案件基本由被告所在地管辖，由于涉案双方大多不在同一个地区，权利人立案的人力、物力成本均会增大。

（四）版权侵权危及媒体机构生存与发展

由于传统媒体相对互联网平台普遍存在议价能力偏弱和版权合同有失公平的问题，传统媒体内容在平台媒体的分发并未给传统媒体的处境带来明显的改善，其经营状况日趋窘迫。对于没有版权授权的网络内容传播，对媒体单位的内容变现更是灭顶之灾，不仅给传统媒体带来巨大经济损失，长此以往，也严重伤害媒体单位的内容创新力。

目前，媒体版权侵权类案件最终判决赔偿金额通常较低。法院判决多数采取填平原则而非惩罚性赔偿的原则。在司法调解中法院也通常秉持促成合作、淡化赔偿金额的原则，鼓励当事双方达成版权许可下的长期合作。关于判赔金额，法院一般要综合考量作品独创程度、侵权使用方式、侵权后果等因素后酌情确定。国家版权局、国家发改委《使用文字作品支付报酬办法》（2014）规定原创作品基本稿酬标准和计算方法为每千字80元至300元，比起《出版文字作品报酬规定》（1999）原创作品每千字30元至100元的标准已有很大提高，但依然低于很多媒体的生产成本。对文字作品非法转载的赔偿标准偏低，与侵权人基于集纳他人版权作品获得的高额侵权收益形成鲜明对比。

版权诉讼的高投入低回报让新闻媒体法律维权的积极性不高，坚持通过法律诉讼积极维权的国内媒体只有南方周末、财新周刊、新京报等少数几家。2019年3月21日,《南方周末》发布反侵权公告称针对新浪网非法转载的文章发起维权,首批起诉的76个案件均获胜诉,76篇稿件每篇字数不等,共判赔365800元,判赔标准为"千字千元"。

很多付诸法律手段的媒体,除了获得赔偿的目的,宣示维护版权的决心,还有促进同网络媒体的规范化合作这一动机。

(五)与网络平台的版权合作收益低,与采编投入不成比例

媒体机构与网络平台合作的尴尬处境,在各国都是普遍现象。有实力的媒体能从大型平台获得部分版权收益,但与内容投入相差甚远,而且渠道失控,与用户数据的隔膜,让商业模式创新举步维艰。更有大量的媒体机构免费让一些平台使用其版权内容,只为获取来自平台的导流。除了版权收益低外,侵犯权利方其他著作权利,不给作者署名、不标明媒体品牌、改编违背作品原意等情况也很常见。

面对网络平台垄断渠道的局面,传统媒体重提合作应对的思路。2018年12月15日,30多家主流财经媒体发起成立"中国财经媒体版权保护联盟",共同抵制未经授权擅自转载新闻作品的行为,提高对作品转载的议价能力。

三、新闻版权的新型法律问题不断涌现

信息技术快速发展,引发以往不曾有过的版权问题,新闻作品的"邻接权"、人工智能作品的著作权地位、网络服务商的版权责任等成为新的热点。

(一)"邻接权"将赋予新闻出版者新型权利

欧盟新的版权改革让"邻接权"进入公众视野。邻接权是指作品传播者对其传播作品过程中所做出的创造性劳动和投资所享有的权利,主要包括出版者的权利、广播电视台许可他人复制其节目并获得报酬的权利等。我国《著作权法》及相关法规没有直接使用邻接权一词,但它是与著作权中的财产权有直接关系的一项权利。

欧洲议会2019年3月通过《数字化单一市场版权指令》,其中第十一条与

邻接权相关，反对者称之为"链接税"。该条规定，新闻出版物的出版者对于数字化使用其新闻出版物享有权利，此权利包括复制权和向公众传播权，即使互联网公司数字化使用新闻出版物的行为构成版权的例外与限制，新闻出版者仍然有要求互联网公司补偿报酬的法律正当性。这意味着，网络服务商如搜索引擎、社交媒体、集纳新闻应用等引用欧洲出版者所有的新闻题目或者部分摘要的行为也可能需要支付费用。

欧盟新版权法案对我国正在进行的版权修法，以及国内互联网公司的国际业务将产生哪些短期和长期影响，国内互联网服务商法务专家、版权学者已经开始研究和讨论对策。

（二）版权制度的进化与国际化

我国一直重视同外国著作权关系的正常化，1979年中央指示尽快草拟版权法，"如何兼顾国际公约原则和中国实际情况，从立法到执法，我们一直在寻找恰当的结合点"。[①]《著作权法》的制定就是借鉴了国际社会的成功经验。1992年，中国成为《保护文学和艺术作品伯尔尼公约》和《世界版权公约》成员国，同年，我国同最重要的对外版权关系国美国签署《中国政府与美国政府关于保护知识产权的谅解备忘录》，作为1980年签署的《中美贸易关系协定》知识产权条款落实文件。此后又加入其他国际条约，加快融入世界版权保护潮流。

2001年12月11日正式加入关税与贸易总协定（WTO）后，我国经济全球化程度进一步深入，包括著作权在内的知识产权已经成为国际贸易的重要载体，我国作为世界贸易组织的成员，在处理国际经贸关系中，已经不能回避著作权保护这个重要问题。我国著作权法自1990年通过以来，经历2001年和2010年两次修改，但都囿于其被动性和局部性，没能完全反映和体现我国经济社会发生的深刻变化。为适应日新月异的新情况和新问题，自2011年7月以来我国著作权法启动第三次修订，至今已超过八年。

---

① 刘杲：《我国加入国际版权公约的前前后后》，载刘春田主编《中国知识产权二十年（1978—1998）》，专利文献出版社，1998年，第54页。

（三）新技术使网络服务商主体责任更重

有意见认为，新技术使网络服务商阻止侵权变得容易，需要重新调整服务商的主体责任，比如在一定条件下采取内容过滤技术以阻止侵权，或者承担更多的注意义务。引起争议的欧盟《数字化单一市场版权指令》第十七条规定，互联网公司要对上传到其网站的内容负责，要使用过滤器对涉嫌侵权的内容进行筛查，如果没有及时制止，就要对侵权行为负责，这被称为"上传过滤器"。欧盟《数字化单一市场版权指令》要求互联网平台承担更多付费和审查监督义务的行为，是欧盟立法者考察本土产业分布及产业优势后做出的必然反应。于我国而言，如何在兼顾产业发展和保障知识产权法律多元目标下，合理设置权利与分配义务，是化解不同产业和不同利益群体利益冲突的关键。

（四）新的作品类型亟待明确著作权属性

1.短视频的著作权地位

2018年短视频继续爆发式发展，与之有关的版权争议也逐渐增多。争议焦点主要围绕短视频是否为著作权意义上的作品，是否满足原创性要求从而应受《著作权法》保护。

短视频按原创与否可分为两类：原创短视频，以及改编自他人影视作品的短视频。前者的作品属性，符合作品构成要件，即具有独创性并能以有形形式复制，理应受到版权保护。2018年9月9日北京互联网法院挂牌成立，"抖音短视频"案成为其受理的第一起案件，也是我国首个短视频平台帮助用户维权的案件。该案中北京互联网法院认定涉案短视频符合著作权法的独创性要求，构成电影作品或以类似摄制电影的方法创作的作品，对于短视频著作权纠纷类案件具有一定的借鉴意义。后者由于其基于已有影视作品截取、改编而成，容易构成版权侵权风险，一旦超出"适当引用"界限将会构成著作权侵权。2018年7月，中央网信办会同工信部、公安部、文旅部、原广电总局、全国"扫黄打非"办公室等五个部门，对网络短视频行业进行集中整治，没有版权的影视剧原片、剪辑cut等相关内容全被下架。

关于短视频分发平台的版权责任，知识产权专家丛立先认为，应基于短视频传播平台的具体传播行为来确定。平台直接提供作品或者帮助提供作品构成侵权的，应该承担直接侵权责任或间接侵权责任，如果仅仅提供技术服务或者网络存储空间，基于"通知—删除"规则，可以参照避风港规则申请责任免除。不过，实践当中，"红旗标准"所昭示的"明知"或"应知"推定，以及短视频分发平台事实上对于用户上传内容的潜在控制能力，以及基于用户上传内容的商业模式性质，让网络平台事实上无法获得绝对豁免权。

2. 人工智能生成物权利归属和法律属性问题

腾讯的辅助创作算法（Dreamwriter）等人工智能，能基于模版的方法来写作短文和长文，自动提取摘要，自动生成短视频（即图文转视频），还可以综合好几篇文章，自动生成一篇综合性的文章。"实际套路是根据原始的数据抓取或者是采买一些实时数据格式化入库，然后进行逻辑的判断，再根据信息的类型、类别选择相应的模版生成稿子去发布。"[①]目前，通过算法模板写作财经报道或者球赛报道，由于模式比较固定，机器人已经可以做得很好。

纯粹由机器人撰写的新闻涉及下列版权问题：一是该新闻是否为版权意义上的作品？二是机器人是否为《著作权法》意义上的适格作者？三是机器人撰写新闻涉及侵权如何处理？北京互联网法院2019年4月审理了一起涉及人工智能生成物的著作权侵权案，为相关探讨提供了参照。该案判决认为，[②]根据现行法律规定，自然人创作完成仍应是著作权法领域文字作品的必要条件。本案中涉案的分析报告生成过程有两个环节有自然人作为主体参与，一是软件开发环节，二是软件使用环节。软件研发者显然与分析报告的创作无关；软件的使用者仅在操作界面提交了关键词进行搜索，这种行为没有传递软件使用者思想、感情的独创性表达，就不宜认定为使用者创作完成。因此，软件研发者和使用者均不应成为涉计算机软件智能生成内容的作者，该内容亦不能构成作品。虽然计算机软件智能生成内容不构成作品，但不意味

---

① 李彪：《内容算法是如何工作的？》，腾讯研究院，https://mp.weixin.qq.com/s/WGiFkbhUUdKe-X2c00-sw，2019年7月2日。
② 《北京互联网法院：首次回应涉计算机软件智能生成内容著作权问题》，腾讯网，https://new.qq.com/omn/20190429/20190429A0JX7Z.html，2019年4月29日。

着公众可以自由使用。法院指出，涉计算机软件智能生成内容凝结了软件研发者和软件使用者的投入，具备传播价值，应当赋予投入者一定的权益保护。

四、强化保护，完善救济措施

2018年，中国政府、媒体行业和互联网产业界就如何在新技术环境下建立起有效的版权保护制度，促进互联网产业的健康发展，做出了积极的努力。

（一）版权保护的基本原则

包括媒体行业在内的互联网文化产业的繁荣发展，离不开版权问题的解决。互联网音乐、影视、综艺、体育直播、电竞、文学、游戏等细分行业的正版化经验，也间接预示了互联网媒体行业的版权发展前景，基于版权的商业模式将成为包括内容生产者、内容分发平台在内的事业开展的基石。政府主管部门的立场也渐趋明朗，在重视传播者与使用者的利益平衡的前提下坚持严格版权保护，成为政府管理的主基调。

中央宣传部版权管理局局长于慈珂在2019年4月26日举办的2019中国网络版权保护与发展大会上发表主旨演讲。[1]他表示，严格保护网络版权，基本原则是依法保护。这既是依法治国的根本要求，也是版权保护的内在逻辑。具体来讲，要在力度、范围、程度、效果上做到"四个保护"：要在力度上加强保护，认清我国仍处在版权矛盾与纠纷高发期，总体表现依然是保护不足的现实；要在范围上全面保护，对所有的版权主体、客体和活动都要依法实施保护，既要保护创作也要保护使用和传播；要在程度上适当保护，我国仍是发展中国家，处于社会主义初级阶段，严格版权保护不能脱离这一基本国情，不能弱化保护，也不能过强保护；要在效果上有效保护，充分发挥版权行政执法监管的优势。

---

[1] 于慈珂：《坚持守正创新　努力推进网络版权严格保护与产业发展》，《中国新闻出版广电报》，2019年4月29日第T01版。

（二）新闻版权保护取得新的进展

1990年9月通过的《著作权法》，"将《宪法》和《民法通则》确定的著作权保护精神和原则具体化"，"基本解决了著作权保护的可操作性问题"。① 此后，我国相继颁布多部条例、部门规章和规范性文件，并先后加入《伯尔尼公约》等国际版权条约，形成较为完备的既符合国情又与国际规则相衔接的版权法律体系，与网络版权纠纷相关的互联网行业竞争规则在实践和司法审判中日渐明晰。行政保护方面，2005年起至今"剑网行动"已连续开展15年，我国网络版权环境明显好转。

2018年，我国版权工作形势持续向好，中宣部统一管理全国版权工作。2018年3月中共中央印发《深化党和国家机构改革方案》，中央宣传部对外加挂国家新闻出版署（国家版权局）牌子。著作权管理工作由中央宣传部负责，充分体现了党中央对宣传思想和知识产权工作的高度重视。

版权立法进入新阶段。《国务院2019年立法工作计划》明确，著作权法修订草案2019年拟提请全国人大常委会审议。2019年5月13日，全国政协召开双周协商座谈会，围绕"著作权法的修订"建言资政。

版权司法审判规则不断完善。2018年4月，北京市高级人民法院颁布《北京市高级人民法院侵害著作权案件审理指南》，12月，最高人民法院发布《最高人民法院关于审查知识产权纠纷行为保全案件适用法律若干问题的规定》，国家和地方版权司法规则密集出台，对于提升版权案件审判质量具有积极意义。

版权行政执法监管力度不断加大，"剑网2018"专项行动集中整治网络转载、短视频等领域版权秩序。第一，重点打击了未经许可转载新闻作品的侵权盗版行为和未经许可摘编整合、歪曲篡改新闻作品的侵权盗版行为。第二，整治自媒体通过"洗稿"方式抄袭剽窃、篡改删减原创作品的侵权行为。第三，集中规范搜索引擎、浏览器、应用商店、微博、微信等涉及的网络转载行为。2019年4月底开始的"剑网2019"专项行动，重点整治之一即深化媒体融合发展版权专题保护，严厉打击未经授权转载主流媒体新闻作品

---

① 王自强：《我国著作权法律制度的建立及其完善》，《知识产权》，2018年第9期：29-35。

的侵权行为，严肃查处自媒体通过"标题党""洗稿"方式剽窃、篡改、删减主流媒体新闻作品的行为。另外，还将规范图片市场版权保护运营秩序。

版权社会保护方面，互联网企业版权意识不断提升，标志性事件提升了公众的版权意识，权利人采用多种方式维护合法权益，行业协会进一步发挥了行业组织作用。版权联盟在行业发展中的重要作用越发凸显，2018年12月15日，由中国行业报协会召集，《经济参考报》《中华工商时报》《中国经营报》《每日经济新闻》《中国新闻出版广电报》《国际金融报》《金融时报》等30余家主流财经媒体共同发起"中国财经媒体版权保护联盟"。2019年1月8日，在2019中国报业版权研讨会上，与会各方发出《2019中国报业版权研讨会倡议书》，呼吁构建更加合理的版权交易环境。

积极的版权保护推动了我国版权产业快速发展，连续数年版权产业对我国经济总体贡献度持续增长，包括网络新闻在内的版权产业的行业增加值连年增长。与此同时，中国与其他国家的版权国际交流合作也不断深入，体现了中国积极参与并推动国际版权合作的良好意愿，也彰显了国际社会对中国近年来版权保护工作的高度认可。

（三）AI与区块链等新型技术进入版权保护视野

版权保护可以通过公力——法律途径，也可以通过私力——版权人和商业网站采取的技术保护措施，进行数字权利管理。常见的技术路径包括控制接触作品、控制使用作品、控制传播作品和识别非授权作品的技术措施等，具体有数字水印、加密、数字指纹、资源标识、密钥管理、硬件绑定、建立禁链等技术。

近年来，一些用于版权保护的新型技术引发关注。比如版权内容识别技术，主要用于"互联网+"著作权保护，被认为是AI和5G时代下的网络版权监测保护重要手段。通过网络搜索技术监测版权内容是否被网站非法上传、分享或下载使用。

区块链技术在版权领域的应用被认为是另外一个值得期待的话题。司法存证是区块链能快速落地并确实解决痛点的领域。2018年6月28日，杭州互联网法院在全国首次确认了采用区块链技术存证电子数据的法律效力，并明确了区块链电子存证的审查判断方法。区块链用于数据确权的技术在2018年

9月获得最高法院认可，目前杭州、北京、广州三家互联网法院相继建立司法区块链，并引导机构与企业加入联盟生态。

五、结语

媒体产业的发展要以尊重他人著作权为前提，作品使用者必须承担相应义务。著作权保护制度要求新闻作品使用者与作品权利人做到用益平衡，禁止或者限制不劳而获、无价而取的揩油行为，以补偿作品版权所有人所投入的价值，使其能以此为动力，去生产提供更多更好的作品。

用益平衡除了一般所说的尊重权利人的精神权利与财产权利以外，还有保证"优先权"，这也是国外媒体转载新闻时的一种做法，在日本、美国、意大利等国家均有体现。意大利规定在注明来源和不违背行业惯例的情况下可以复制新闻报道，但是在通讯社对其新闻注明确切发布日期的情况下，他人必须给原始采编新闻者16小时优先传播权；美国在类似情形下也规定了20小时的优先权。[1] 借鉴国外的有益经验，我国也有必要探索给予独家新闻等特殊资讯生产者"优先权"的做法。

新闻作品版权的保护是一项系统性、综合性的工作，需要立法、司法、行政、媒体行业以及所有民众的共同参与、共同配合，提升版权意识，推动形成各利益相关方参与的社会共治格局。只有这样，新闻作品的版权保护目标才能有望真正实现。当前来说，强化互联网企业主体责任，引导网络内容分发平台企业规范版权授权和传播规则，构建良性发展的商业模式是当务之急。

---

[1] 袁博：《单纯的"时事新闻"也需要赋予"优先权"》，《中国新闻出版广电报》，2018年6月28日第5版。

6.3 网络视听传播的伦理问题及其规范

涂凌波 姜俣[①]

摘 要：网络视听传播领域的急速发展引发了一些值得关注的传播伦理问题。本文分析了网络视听传播的伦理构成，并重点分析了影像的真与假、影像的隐私保护、未成年人保护等主要问题。这些伦理议题，既是传统的媒介伦理问题的延伸，也具有互联网伦理的新特征。本文认为，应当厘清视听传播的内容边界，并结合相关的法律法规进行规范。

关键词：互联网伦理；视听传播；隐私保护；真实性

Ethical Issues and Norms of Network Audio-visual Communication

Abstract: The rapid development of the network audio-visual communication field has caused some communication ethical issues. This article analyzes the ethical composition of network audio-visual communication, and focuses on the analysis of the issues of authenticity of the image, privacy protection of images, and protection of juveniles. These ethical issues are not only the extension of traditional media ethics, but also have new characteristics of Internet ethics. This article argues that the content boundary of audio-visual communication should be clarified and standardized in combination with relevant laws and regulations.

Key words: Internet ethics, Audio-visual communication, Privacy protection, Authenticity of the image

2019年8月CNNIC发布的第44次《中国互联网络发展状况统计报告》显示，截至2019年6月，网络视频用户规模达7.59亿，较2018年底增加3391万，占网民整体的88.8%。网络视听传播正呈现出高歌猛进的成长态势，成为公众信息生活中越来越重要的组成部分，极大影响着内容市场的格局。然而繁荣背后也存在诸多伦理困境，如虚假新闻、未成年人保护、隐私保护等，亟

---

① 涂凌波，中国传媒大学电视学院副教授；姜俣，中国传媒大学电视学院研究生。

待形成一套新的伦理规范路径。随着5G技术的普及，视听传播必将迎来更加广阔的发展空间。探讨网络视听传播的伦理问题，既是对现存问题的反思与回应，也是为未来视听传播的健康发展探索前进的方向。

一、网络视听传播伦理的构成

（一）个体传播层面

视听内容生产技术与传播媒介的快速发展赋予了普通个体在网络视听传播活动中更加主动的位置。这一"主动"既体现在个体性的自我表达层面，也体现在社会性的新闻活动中。在自我表达层面，个体进行视听传播的形式更加丰富。从以实时表演与互动见长的直播，到短小精悍富于创意的短视频，再到风格化的Vlog……用户的个性化表达拥有了更多渠道，也更具自由度。在社会信息层面，个体正越来越深入地参与新闻活动的各个流程中，时刻在场、见证、记录，成为新闻信息的重要来源；普通个体推动新闻内容的传播与扩散，使事件得到广泛关注……在新的传播格局中，传统媒体主导的单一、线性的传播形态被彻底打破，[1]新闻职业的边界在不断模糊，普通用户在网络视听传播格局中逐渐成为越来越具有影响力的参与主体，这也要求其承担更多的责任与义务，将职业伦理转化为自身素养。

（二）机构传播层面

在网络视听环境下，专业媒体机构正在面临更多挑战。第一，"职业社区的专业控制和社会大众的开放参与之间，形成了强大的张力"[2]与用户展开合作的必要性和用户生产内容参差不齐的质量之间存在的矛盾，使专业媒体必须重新思考其在新闻生产中应当扮演的角色，在行使把关人角色时需更加谨慎、更具智慧；第二，专业媒体在面对更为复杂的新媒体环境时需要关注职业伦理的更新，尤其是在隐私保护等领域，专业媒体应思考在工作中如何减少风险与伤害；第三，尽管互联网技术带来了"去中心化"的趋势，但是，专业媒体仍然

---

[1] 年度传媒伦理研究课题组、王侠：《2018年传媒伦理问题研究报告》，《新闻记者》，2019年第1期。

[2] 年度传媒伦理研究课题组、王侠：《2018年传媒伦理问题研究报告》，《新闻记者》，2019年第1期。

是其中具有强社会影响力的节点,这要求专业媒体更加严格地审视其生产的内容,注重内容可能产生的社会影响,发挥积极的引领和示范作用。

二、视听传播伦理的典型问题

(一)影像的真与假

这一部分所谈的影像,主要指在互联网上传播的新闻视频。影像的真与假问题,也就是互联网视听新闻传播的真实性问题。众所周知,视频现如今正在成为新闻报道的重要手段。从视频的生产、再生产、传播的全过程分析影像的真假变幻和背后的原因,对于提高媒体与公众辨别虚假新闻的能力有着重要的意义。在影像生产阶段,虚假新闻影像主要有三种形式:合成,摆拍和导演,移花接木。

一般认为,合成即利用音视频编辑技术,将并不相关的片段连接在一起,使其形成一个完整的事件。如"梨视频"在2018年5月发布的"会玩!高校女生把寝室改装成KTV,同学们串门嗨歌"的视频:一扇宿舍门,推开便是一间被炫酷灯光装饰成KTV的寝室,接下来便是一位学生在一面空白墙前接受采访,讲述改装宿舍的想法。然而事后调查发现,视频中的KTV并不是当事高校女生所住的寝室,视频中出镜接受采访的当事高校女生所叙述的改造寝室的想法也与此无关,而是为了帮助朋友完成视频作业拍摄的。

研究认为,摆拍和导演指的是摄影者为了使视频中的画面形象更具有表现力,对读者更具感染力,而对拍摄对象所做的摆布与指挥。[①]

移花接木则是指用不相关的视频素材来佐证新的事件。如在成都七中实验中学食品发霉事件中传播的"温江市民拉蔬菜到成都七中实验学校支援"的视频,实际发生地为雅安市汉源县,是电视台为某次旅游文化月活动录制的内容。

电视新闻的报道要求新闻真实性与真实感统一,真实性为第一性,真实感为第二性。[②]这一原则在网络视听传播中同样适用。在上述案例中,这些视

[①] 孙福义:《浅析新闻摄影中的抓拍与摆拍》,《新闻战线》,2016年第1期。

[②] 叶子、李艳:《电视新闻》,中国广播影视出版社,2014年。

频都在一定程度上具有真实感。而在真实性方面，这三种形式都属于掺假和说谎的行为。在这种情况下，真实感只会使谎言更具有迷惑性。"新闻工作者首先要对真实负责。"①尽管案例中虚假影像的生产主体都并不是专业的新闻工作者，但无论是向专业新闻机构投稿还是自己发布，他们都在面向全社会发布新闻。"对于民间新闻传播者来说，当你准备向社会大众传播新闻时，你的身份就公共化了，因此你应该对公众负责，你应该遵守公共道德。而诚实是传播新闻中的第一美德，如果不讲诚实，虚假新闻就会成为必然的结果。"②

伴随新兴的信息传播技术，新闻的生产正面临"目击媒体"时代的新流程，即作为目击者的普通人用智能手机拍下新闻性的瞬间，经专业媒体采纳并用作报道或故事陈述后，使内容形成较大的影响力。③专业媒体的再生产是这一流程中的重要一环，其任务不仅是对用户生产内容的加工，更重要的是运用专业素养对内容进行把关。"把关人"角色的缺位，往往会导致虚假新闻更广泛地扩散。在上文"寝室改成KTV"的案例中，"梨视频"在影像再生产阶段，没有对内容进行充分核实，也没有向学校或其他同学进行多方求证，因此造成了这一虚假影像的流出、扩散，甚至使这一"无中生有"的事件登上了当时的微博热搜榜。

互联网时代，新闻发布的时效压力在不断压缩核实的时间，但真实始终是新闻的生命。"技术虽然存在差别，但是背后的原则是相同的。新闻工作者首先要做的是确证事实。"④在泥沙俱下的信息洪流中，专业媒体作为新闻传播中最具影响力的一环，在面临其主体地位受到的挑战时，需要承担起更多的社会责任，它应是专业的"践行者"和"示范者"，在为公众提供真实、准确信息，并以此巩固自身公信力。

---

① 〔美〕比尔·科瓦奇、汤姆·罗森斯蒂尔著，刘海龙、连晓东译：《新闻十大基本原则：新闻从业者须知和公众的期待》，北京大学出版社，2014年，第42页。
② 杨保军：《认清假新闻的真面目》，《新闻记者》，2011年第2期。
③ 黄雅兰、陈昌凤：《"目击媒体"革新新闻生产与把关人角色——以谷歌新闻实验室为例》，《新闻记者》，2016年第1期。
④ 〔美〕比尔·科瓦奇、汤姆·罗森斯蒂尔著，刘海龙、连晓东译：《新闻十大基本原则：新闻从业者须知和公众的期待》，北京大学出版社，2014年，第24页。

在互联网视听传播中，虚假影像的扩散往往是普通用户、自媒体与专业媒体合力的结果。虚假影响为何能够广泛传播？首先是因为视听传播自身的特点。以视频形式出现的信息包含更多能够增强内容真实感的技巧，如画面的组接、采访的呈现、音响的处理、字幕的运用等，这使普通用户难以辨别真相，容易基于强关系和对虚假信息的认同进行转发。其次是虚假影像在社交媒体的传播过程中，往往会因为网络中意见领袖的参与，进一步扩散虚假信息。此外，专业媒体或接到用户的投稿，或在社交媒体中发现线索后，在再生产环节出现失误的情况下发布虚假信息，凭借其平台的影响力，将再次扩大虚假信息的可见范围。

普通用户与专业媒体的深度协作贯穿新闻生产与传播的整个过程。因此，虚假新闻的治理也需要普通用户与专业媒体的共同努力。从用户的角度出发，用户在新闻生产过程中要为自己发布的影像内容负责，在传播扩散过程中要提高辨别能力与核实意识。这一目标的实现有赖于用户媒介素养的提高。"媒介素养教育最有希望解决这一问题，向学生介绍滥用媒介的危害等社会科学发现，有助于提高学生的道德意识，激励社交媒体用户规范自己的媒介行为。"[①]对专业媒体而言，专业媒体在面对花样翻新的虚假新闻影像时，要不断提高核实的能力与警觉性，"核实是转载的前提，最可靠的做法是通过自己的采访来证实事实"[②]；对于网络视频传播平台而言，平台应完善用户和专业媒体之间内容的连接，使信息可溯源，在内容之间实现交互验证的过程。以"自清自证""互清互证"的方式方法修正、确认相关新闻的真实性。[③]

（二）视听传播中的未成年人问题

1. 作为传播者的未成年人群体

近年来，未成年人开始在视听传播中扮演越来越主动的角色，他们已不

---

① 宁丽丽：《新媒体时代的媒介伦理倡导与道德干预：对克利福德·G.克里斯琴斯的访谈》，《国际新闻界》，2017年第10期。

② 陈力丹：《核实事实,不采用无消息源的新闻——克拉运河假新闻形成链条分析》，《新闻与写作》，2015年第7期。

③ 杨保军：《新媒介环境下新闻真实论视野中的几个新问题》，《新闻记者》，2014年第10期。

满足作为互联网文化的围观者,而要作为传播者进行自我表达。但是,一些走向极端的行为也随之出现,2018年4月发生的"杨青柠""王乐乐"等主播因直播未成年人早孕、私奔、求友等相关话题被封禁账号一事,反映出了当下未成年人作为传播者存在的种种问题。

第一,视频平台准入门槛较低。在"杨青柠事件"后,网信办提出禁止未满18岁的未成年人注册网络主播,各视频平台加大了对直播业务的准入的监管力度,用户在开通直播前需要实名认证。然而,视频平台的年龄准入机制在实际运作中的效果还有待进一步观察。

第二,未成年人难以把控发布内容的界限。有的内容已经触犯了法律的底线,如未成年人妈妈已经违反了《中华人民共和国婚姻法》的规定。有的内容虽然不触犯法律,但处于道德的边界。在各类视频中,经常可见未成年人进行成人化的表演,传播成年议题。有的衣着夸张进行粗俗的表演,有的喊麦抒发自己的情感创伤,有的言语挑逗求关注……新华网曾对这类低俗化的视频发表评论:"过度娱乐化的内容扭曲了价值观,甚至触碰了法律道德的底线。一些年轻人沉溺其中,欲罢不能,这绝不是一种正常现象。"①

第三,内容审核的标准模糊。目前,网络视频平台对于未成年人的特殊约束主要集中在直播业务的准入机制,其他则是在打赏、防沉迷以及网络文明方面的提示,而对于其发布内容的审核只有笼统的内容规范。这种模糊折射出现如今针对未成年人发布内容进行监管的困境:一是"精英文化"与"草根文化"的博弈,二者对"低俗化"有不同的理解和界定;②二是对于这些内容的态度摇摆,如果对其进行全面禁止,那么应该如何看待其中有创造力的、积极向上的部分?

目前,对于未成年人发布的内容应鼓励还是限制始终是一个难题,但加强准入与内容监管是普遍的共识。央视在报道"杨青柠事件"时表示:"现在的未成年人是与互联网共同成长的一代,在参与网络方面他们有着更多的

---

① 新华网:《别让"社会摇"等低俗视频晃散了你的"诗和远方"》,https://m.weibo.cn/2810373291/4224813084157752。
② 郑欣:《语境变迁与祛魅解读:青少年视角下的电视节目低俗化》,《现代传播》,2011年第11期。

需求与习惯。"积极引导未成年人能够正确、健康地使用互联网并遵循内容生产的规范，是当务之急。

2. 作为传播内容的未成年人群体

多年来，以未成年人为主体内容的综艺节目始终受到媒体与市场的青睐，在"经济资本与文化资本的双重逻辑下被建构为'媒介奇观式'的电视样本"[①]。情节的设计，呈现的取舍，运营的手段等，在真人秀节目的"真实"外表背后，隐藏着关于未成年人的伦理问题。

一方面，未成年人权益保护有待加强。未成年人在参与视听节目过程中，经常出现隐私、肖像等人格权在影像中未被充分保护的情况。如在《爸爸回来了》第一季中，节目组拍摄了吴尊给女儿neinei洗澡的画面，但后期制作时并未对neinei进行全身遮挡。另外，有视频网站还将这段视频作为节目的官方花絮，并命名为"吴尊给neinei全裸洗澡"来吸引眼球。这一事件引发了众多网友的不满："为什么连洗澡都要录""孩子虽然还小，可是基本的隐私还是要保护啊"等。

另一方面，部分未成年人参与的综艺节目传递的社会价值导向存在争议。首先，为了营造"反差"以增强节目效果，一些节目鼓励未成年人进行成人化的表现或成人化价值观的表达。如2018年1月在一档综艺节目中，一位16岁的"00后CEO"在节目中批评成年人："当我拿着上百万投资的时候，有很多成年人还在打着《王者荣耀》，拿着基本工资，过着十年如一日的生活……"这一言论随即引发了网友对这位女生及其家人的大量指责，女生随后在媒体采访中承认，这些都是节目组的安排。通过这样的方式吸引眼球，不仅会给参与节目的未成年人带来压力与负担，也会向社会传递急功近利的价值观。其次，一些综艺节目易使未成年人产生拜金主义的观念。以《变形计》为例，《变形计》是一档城市与农村青少年角色互换真人秀节目，旨在展现青少年在体验不同的生活环境后获得改变与成长的过程。一项关于183名中学生对于这档节目的态度的问卷调查结果显示，他们更愿意参加节目，体验当"小明星"的感觉，希望通过上节目出名，改变自身生活，也有

---

① 赵红勋：《从"变形计"看青少年的媒介形象及其对价值观的影响》，《中国青年研究》，2018年第4期。

农村学生表示对于节目中消费惊人的富家女的羡慕。①

尼尔·波兹曼曾经在《童年的消逝》一书中指出,当儿童有机会接触到从前密藏的成人信息的果实的时候,他们已经被逐出儿童这个乐园了。②将未成年卷入媒体的商业化、娱乐化运作,将成人世界的价值观与运行规则过早暴露在未成年人面前,这些做法对未成年人的合法权益、精神世界和成长进程产生的影响都值得警惕。"让少年拥有'少年感'不但是少年之幸,也是时代之需。"③2019年4月,国家广播电视总局发布了《未成年人节目管理规定》,这一规定将保护未成年人合法权益作为重点,在创作、制作与传播的各个层面,都对未成年人作为主要参与者或以未成年人为主要接收对象的视听节目进行了规范和约束,包括保护未成年人隐私、不得要求未成年人表达超过其判断能力的观点、不得宣扬童星效应、不得炒作明星子女等详细条款。这一规定是对未成年人节目现存问题的警示和纠偏,意味着在未成年人深度参与视听传播过程的环境下,内容生产者必须更加主动地承担起社会责任,既依法保护未成年人合法权益,又要加强创新,出品符合未成年人身心成长规律的好节目,传播积极向上的价值理念。④

(三)影像中的隐私保护

1.悲剧影像呈现与隐私保护

悲剧事件一直是媒体报道的热点问题。这类事件能够引发公众的情感共鸣,还能起到警示、教训的作用。然而,悲剧事件报道的尺度一直是备受争论的问题。争论的背后,隐藏着新闻价值与个人隐私之间的矛盾。⑤目前,互联网视听领域中对于悲剧事件报道的争论主要集中在以下三个方面。

---

① 赵红勋:《从"变形计"看青少年的媒介形象及其对价值观的影响》,《中国青年研究》,2018年第4期。

② 〔美〕尼尔·波兹曼著,吴燕莛译:《童年的消逝》,广西师范大学出版社,2004年,第139页。

③ 常江:《网综节目不妨多用"少年感"》,http://paper.people.com.cn/rmrbhwb/html/2019-06/10/content_1929563.htm。

④ 涂凌波:《将"未成年人节目"纳入法治轨道》,《人民日报》,2019年4月16日第5版。

⑤ 〔美〕克里斯琴斯著,孙有中译:《媒介伦理:案例与道德推理》,中国人民大学出版社,2014年,第96页。

第一，悲剧的呈现。悲剧事件在视听呈现中主要有两个侧重点，也是最具争议的两类在视觉上易形成强烈刺激的内容：一是悲剧发生的惨烈过程，如2017年极限运动爱好者吴永宁在拍摄自己徒手攀爬高楼的视频时不慎坠亡，有媒体随即公布了其在外墙苦苦挣扎到脱手坠楼的影像；二是家属的悲痛反应，如在留学生章莹颖被谋杀一案的报道中，章莹颖母亲失声痛哭的画面频繁地出现在视频中。

第二，隐私的挖掘。"隐私是一种社会安排，它允许个人控制谁可以在物质上和个人信息层面上与其接近。"①然而在媒体报道中，被报道者对于外来"接近"的"控制力"并不总是被尊重与保障。2019年3月，一架从埃塞俄比亚到肯尼亚的飞机在飞行途中发生坠毁，机上乘客与机组人员全部遇难，包括8名中国公民。其中一位浙江的女大学生引起了广泛关注。视频中还呈现了该女生的微博账号、行程计划、相貌等个人隐私，引发了网友的猎奇和"人肉搜索"。

第三，悲痛的侵扰。"侵扰悲痛"指记者在意外及不幸事故发生后，侵扰一些因该意外或事故而悲伤的人（主要指丧亡者亲友），包括强行打开被访者的痛苦记忆，报道风格冷漠或轻佻等行为。②如在报道埃航坠毁时，有记者采访遇难女大学生的家长并询问孩子是否为独生子女等问题，这一举动引发了众多网友的质疑，如"这种事就别打扰人家父母了""承受这样的悲剧，媒体能不去这样采访人家吗？往人家伤口上撒盐"等。

媒体对于悲剧事件的报道是公众监测社会风险的重要依据。事故的场面、家属的悲痛、遇难者生前的生活……这些内容最能激起公众的情感，警示灾难的危害。然而媒体在考虑这些内容的公共价值时也应考虑被报道者的尊严与隐私，思考其呈现的悲剧画面更多激起的是感官刺激还是理性思考，③对于被报道者隐私的挖掘是为了满足公众必要的信息需求还是其窥视的心理，悲伤者被侵扰后受到的伤害和记者侵扰后获取的信息价值孰轻孰重。无

---

① 〔美〕迈克尔·J. 奎因著，王益民译：《互联网伦理：信息时代的道德重构》，电子工业出版社，2016年，第205页。

② 肖伟：《新闻报道怎样避免侵扰悲痛》，《新闻记者》，2007年第2期。

③ 陈力丹、李跃群：《如何处理新闻中的血腥、灾难、痛苦画面——传媒图像伦理规范初探》，《新闻记者》，2007年第2期。

论作何选择，记者都应具有人文关怀，尊重人的生命、尊严与隐私，尽量减少报道带来的伤害。虽然这一要求在实践中经常存在难度，"记者也许并不能每次都精准地判断如何处理会使报道的伤害最小化，但坦率而真诚地面对采访对象及其亲属（无论是在采访前或采访后），取得他们的理解"[①]，并使公众知晓媒体在呈现内容时的慎重与真诚，是报道悲剧事件时应有的做法。

2. 偷拍曝光与隐私保护

目前，自媒体通过非公开的手段获取信息，暴露社会问题的现象越来越普遍。过去关于偷拍的讨论更多集中在专业媒体的新闻调查类节目，而现在随着智能手机的普及和社交媒体的发展，这一行为的主体不断扩大，越来越多的普通用户也参与了通过偷拍曝光社会不良现象的实践中。比如，"黑导游大骂游客""高档酒店卫生乱象"等事件，都是通过当事人的偷拍手段，才使问题呈现在受众面前。

对于专业媒体来说，在职业伦理层面对于偷拍行为尚有比较严格的约束与内部规定，如"某信息对公众的利益非常重要""用户获取该信息的所有其他手段都已穷尽""要征求制片人的同意"等。然而对于自媒体的影像拍摄来说，如何运用专业媒体的伦理规范进行约束，是一个较重要的问题。

以江苏车主拖狗事件为例。2019年2月19日，一位网友拍下了一只狗被拴在一辆行驶的汽车后面拖行的场景，并在未遮挡车辆车牌的情况下上传到网络。引发网友关注后，车主陈某立刻遭到了人肉搜索，严重影响了其正常生活。事后经调查发现，开车者并非陈某，而狗的状态也不错。借用陈某车的当事人唐先生表示，当时用汽车拖狗是因为狗并不是自己所养，怕狗咬人，所以才采用这种方式，在拖行一公里以后，狗已经平安回家。因遭到网友人肉搜索，陈某已向当地警方报案。

这一案例中存在的争议有三个：第一，从获取手段来看，这段视频拍摄于车主不知情的情况下，车主并不知道自己的行为将会被做何种用途，何种解读；第二，从呈现方式来看，网友并未将车牌进行遮挡处理，将作为车主隐私的车牌号码泄露给公众，其他用户在此基础上通过非法的手段进一步获取其个

---

① 陈力丹：《艰难的新闻自律——我国新闻职业规范的田野观察/深度访谈/理论分析》，人民日报出版社，2010年，第174页。

人隐私，对其生活造成了严重困扰；第三，从内容本身来看，用户没有弄清事件的来龙去脉就发布了视频，视频内容不完整，并不符合事件的整体真实。

在人人皆媒的时代，用户随手拍下身边的事件上传至社交网络引起社会关注，与专业媒体报道的方式几乎相同。但普通用户的这种权力如果不受新闻工作者职业伦理道德的约束与规范（如保护消息来源、讲明真相等），会对他人造成困扰。视听传播环境下，职业道德伦理的边界需要泛化，对于道德的要求也不应仅仅止步于法律，普通个体用户应该遵守同样的要求。

三、视听传播的法律规范与伦理责任

在维护新闻真实方面，针对个别组织和个人在通过新媒体方式提供新闻服务时存在的肆意篡改、嫁接、虚构新闻信息等情况，2017年5月，国家网信办发布了新的《互联网新闻信息服务管理规定》。①根据规定，互联网新闻信息服务提供者在转载新闻信息时，应当转载中央新闻单位或省、自治区、直辖市直属新闻单位等国家规定范围内的单位发布的新闻信息，注明新闻信息来源、原作者、原标题、编辑真实姓名等，不得歪曲、篡改标题原意和新闻信息内容，并保证新闻信息来源可追溯。2018年2月，网信办发布的《微博客信息服务管理规定》也有相应的规定，微博客服务提供者应当建立健全辟谣机制，发现微博客服务使用者发布、传播谣言或不实信息，应当主动采取辟谣措施。在影像的再生产与传播过程中，这些规定的执行将对遏制虚假影像信息扩散起到积极的作用。

在近年来持续火热但问题多发的直播、短视频领域，各管理部门与平台的治理正在形成合力，守卫内容的边界。2018年8月，国家互联网信息办公室联合多个部门下发《关于加强网络直播服务管理工作的通知》。在2016年发布的《互联网直播服务管理规定》等相关规定的基础上，将网络直播治理的工作要求进行更新和细化。在内容生产层面，始终禁止利用直播服务制作、复制、发布、传播法律法规禁止的信息内容；在准入机制层面，要求落

---

① 《新〈互联网新闻信息服务管理规定〉发布 新媒体被纳入管理范畴》，http://politics.people.com.cn/n1/2017/0503/c1001-29249780.html。

实用户实名制度，加强网络主播管理，建立主播黑名单制度；在审查监管层面，通知中明确了网络直播中各主体责任，要求建立内容审核、信息过滤、投诉举报处理等相关制度，建立7×24小时应急响应机制，加强技术管控手段建设，按照要求处置网络直播中的违法违规行为。2019年1月，中国网络视听节目服务协会发布《网络短视频平台管理规范》和《网络短视频内容审核标准细则》，既通过明确的账户、内容与技术管理标准划清了短视频传播的底线，也在社会责任与价值观念层面做出了要求，如网络短视频平台应当合理设计智能推送程序，优先推荐正能量内容。此外，平台自身也在不断加强监管力度，以2019年6月快手对违规用户及内容的处罚情况通报为例，快手平台平均每天清理违规短视频内容约2597条，平均每天处理违规直播间约1139个，平均每天处理有效视频类举报约1483条。

在未成年人保护方面，针对近年来未成年人主播行为失范现象，各直播平台加强了实名制审核，多家平台实行禁止未满18岁的未成年人注册网络主播的措施。2019年4月，国家广播电视总局发布了《未成年人节目管理规定》，对于作为视听传播内容的未成年人权益保护与价值观引领层面均有涉及，如不得泄露或者质问、引诱未成年人泄露个人及其近亲属的隐私信息；不得诱导未成年人谈论名利、情爱等话题；不得宣扬童星效应或者包装、炒作明星子女等；应当以培养能够担当民族复兴大任的时代新人为着眼点，以培育和弘扬社会主义核心价值观为根本任务，弘扬中华优秀传统文化、革命文化和社会主义先进文化；坚持创新发展，增强原创能力，自觉保护未成年人合法权益，尊重未成年人发展和成长规律，促进未成年人健康成长。2019年5月，国家网信办统筹指导21家主要网络视频平台上线了"青少年防沉迷系统"，进一步提升青少年保护力度。这一举措对于引导未成年人健康地参与互联网视听传播，以及提高对视听传播素养等方面都将产生积极的作用。

中国新媒体研究报告

第三章 专研报告

专研报告一

省级融媒体：建设智慧云平台　构建融合新生态

崔　林　孙书礼[①]

摘　要："推动媒体融合发展、建设全媒体成为我们面临的一项紧迫课题"。新媒介技术环境下，传统媒体逐渐式微，影响力日渐衰落。随着大众注意力逐渐转向新兴媒体，传统媒体纷纷转型以求发展，融合新媒体，拥抱新技术成为必然选择。建设媒体融合发展是一条必由之路，也是一条创新之路，媒体深度融合发展必须抓住内容创新内核，创新体制机制和人员考核机制，真正实现从相"加"到相"融"，以新技术为依托，再造生产流程，构建媒体融合新生态。尤其是省级融媒体要在全媒体融合建设过程中发挥区域特色和优势，整合利用优势资源，不断提升传播力、引导力、影响力与公信力，走在我国媒体融合建设前沿。

关键词：省级融媒体；智慧云平台；融合新生态

Provincial Media Integration: Building a Smart Cloud Platform and a New Convergence Ecosystem

Abstract: Promoting the development of media integration and building the omni-media has become an urgent issue for us. Under the new media technology environment, traditional media has gradually declined and its influence has gradually faded away. As the public's attention gradually turns to emerging media, traditional media has transformed into development, integrating new media, and embracing new technologies has become an inevitable choice. The development of media convergence is an inevitable path to innovation. The deep convergence of media must grasp the core of content innovation, innovation system and personnel assessment mechanism, and truly realize the "addition" to the "melting" and the new technology. It will be relying on the re-creation of production processes and building a new ecosystem of media convergence. In particular, provincial-level integrated media should play a regional characteristic and advantage in the process

---

① 崔林，中国传媒大学电视学院教授；孙书礼，中国传媒大学电视学院博士研究生。

of all-media convergence construction, integrate and utilize superior resources, continuously improve communication, guidance, and credibility, and walk in the forefront of media convergence in China.

Keywords: County-level media convergence, Smart cloud platform, New ecology of convergence

一、省级融媒体发展现状

（一）省级融媒体建设的必要性

2014年8月，习近平总书记主持召开中央深化改革小组会议，会议审议通过了《关于推动传统媒体和新兴媒体融合发展的指导意见》，习近平总书记在会议上强调，推动传统媒体和新兴媒体融合发展，要遵循新闻传播规律和新兴媒体发展规律，强化互联网思维，坚持传统媒体和新兴媒体优势互补、一体发展，坚持先进技术为支撑、内容建设为根本，推动传统媒体和新兴媒体在内容、渠道、平台、经营、管理等方面的深度融合，着力打造一批形态多样、手段先进、具有竞争力的新型主流媒体，建成几家拥有强大实力和传播力、公信力、影响力的新型媒体集团，形成立体多样、融合发展的现代传播体系。①这为我们做好新时代的宣传思想工作，推进各级媒体深度融合指明了方向，提供了遵循。

"推动媒体融合发展、建设全媒体成为我们面临的一项紧迫课题。"2019年1月25日，习近平总书记在中共中央政治局第十二次集体学习时发表重要讲话，鲜明指出了我国媒体融合发展的紧迫性和重要性。全媒体不断发展，出现了全程媒体、全息媒体、全员媒体、全效媒体，信息无处不在、无所不及、无人不用，带来舆论生态、媒体格局、传播方式的深刻变化，新闻舆论工作面临新的机遇和挑战。习总书记强调，我们要加快推动媒体融合发展，使主流媒体具有强大传播力、引导力、影响力、公信力，形成网上网下同心圆，使全体人民在理想信念、价值理念、道德观念上紧紧团结在一起，让正能量更强劲、主旋律更高昂。②

---

① 《习近平论新闻舆论工作》，《人民日报海外版》，2018年08月22日05版。

② 习近平：《加快推动媒体融合发展　构建全媒体传播格局》，《求是》，2019年3月16日第6期。

新媒介技术环境下，传统媒体逐渐式微，影响力日渐衰落。随着大众注意力逐渐转向新兴媒体，传统媒体纷纷转型以求发展，融合新媒体，拥抱新技术成为必然选择。建设媒体融合发展是一条必由之路，也是一条创新之路，媒体深度融合发展必须抓住内容创新内核，创新体制机制和人员考核机制，真正实现从相"加"到相"融"，尤其是省级融媒体要在全媒体融合建设过程中不断提升传播力、引导力、公信力，走在我国媒体融合建设前沿。

（二）省级融媒体发展现状概述

2019年1月25日，习近平总书记带领中共中央政治局委员在人民日报社进行了集体学习，围绕的主题就是加快推进媒体融合，加速全媒体建设。此次学习之后，加快推进媒体融合，建设全媒体已经提到了前所未有的高度和紧迫程度。在这样的背景下，课题组于2019年1月份对全国省级融媒体建设情况展开试点调研，深入调研了"长江云"融媒体、长城新媒体集团、"津云"融媒体以及广东省级报业集团等融媒体发展现状。省级融媒体建设必须紧跟时代，大胆运用新技术、新机制、新模式，加快融合发展步伐，实现宣传效果的最大化和最优化。省级融媒体要加强传播手段建设和创新，发展网站、微博、微信、电子阅报栏、手机报、网络电视等各类新媒体，积极发展各种互动式、服务式、体验式新闻信息服务，实现新闻传播的全方位覆盖、全天候延伸、多领域拓展，提高自身传播力和影响力，努力占领新的舆论场。

河北长城新媒体集团是河北省重点打造的第一家以互联网为主体的新型媒体集团，集团依托河北长城传媒集团和河北经济日报社等媒体资源整合组建成立，集团以"权威媒体、政务平台、民生网站"为基本定位，以"深度融合、移动媒体优先"为基本发展战略，通过搭建党委政府与人民群众沟通互动新平台、电子政务新平台、舆论引导和政策解读新平台，打造全国知名新闻门户网站和河北民生服务第一网络窗口。目前，长城新媒体集团的建设目标主要有以下三个方面：第一，以传播力建设为核心，打造创新主流媒体；第二，以智慧生活为引领，建设智慧网络民生服务平台；第三，发展文化创意产业，打造文化创意产业生态链。长城新媒体集团将强化融合发展这一理念，以体制机制创新为助力，逐步探索全媒体建设模式，推动构建完善的现代传播体系。

在媒体融合已出现下沉趋势，以及由中央媒体向地方媒体扩展的背景下，津云新媒体集团整合全市新媒体资源，着力打造国内一流、在全国有影响力的新型主流媒体，做强"津云"品牌，建设拥有强大实力和影响力的新型媒体集团。津云新媒体集团坚持以先进技术为支撑，以内容建设为根本，推动传统媒体和新兴媒体的深度融合。依托津云中央厨房，整合天津市媒体资源，以津云客户端、北方网等网络渠道为发布平台，把天津日报、今晚报、天津广播电视台、津云新媒体的采编力量设计到新闻的策采编发流程当中，建立相应融合保障机制，坚持优势互补，一体发展，组织新的新闻生产方式，构建新的传播关系，在创新中唱响主旋律。

湖北广播电视台发挥广电媒体的公信力、影响力和传播力，积极作为，争取到省委省政府的大力支持，以长江云平台为抓手，汇聚政务服务、民生服务等综合信息文化服务，因地制宜推动媒体融合发展，构建将舆论引导、政务信息公开、社会治理和智慧民生服务融为一体的"新闻+政务+服务"新媒体平台，建设区域性生态级媒体平台。目前，长江云平台在全省的建设工作进展顺利。按照"一地一端"的建设原则，湖北全省17个市州及所辖县（市）117个以"云上"系列命名的官方客户端，2016年8月全部建成上线，实现省市县三级全覆盖。全省各级党政部门正在陆续入驻长江云平台，该平台成为政务信息公开、践行网上群众路线的权威入口。

二、"长江云"融媒体：搭建移动政务融媒体平台

2014年7月，以湖北长江云新媒体集团为建设主体，联合国内顶尖的互联网团队，研发了全国首家省级新媒体云平台，平台的三大创新功能——后台打通、快速复制、一键部署，回应了意识形态领域网络管控面临挑战的难点，引起了湖北省委的高度重视。2016年2月，湖北省委决定，在原有湖北新媒体云平台的基础上，统筹全省政务信息数据资源，加快建设覆盖全省、功能完备、互联互通、运行通畅的"长江云"移动政务新媒体平台，定位由新闻拓展为"新闻+政务+服务"。至此，"长江云"平台升级为省委战略，呈现出全省一体，各级共建共享的全新架构。

2019年，中宣部组织中央网信办、工信部、国家广电总局等多个部门，以"长江云"为蓝本，共同制定全国县级融媒体中心建设的省级平台建设标准，"长江云"受邀参与国家标准的制定和评审。湖北长江云新媒体集团抓住了这一难得的战略机遇，将"长江云"平台建设作为集团转型升级的重中之重，由此迈进了依托"长江云"展开的深度融合之路。

（一）以"长江云"为依托，实现区域平台型媒体融合

"长江云"平台打通了湖北省内部所有传播端口，实现总体策划、一次采集、多种生成，内容生产一体化的基础上，着眼全省各级媒体大融合，全力打造区域性生态级智能化媒体融合平台；将全省媒体"抱成团、连成片、结成网"，打造省、市、县上百家媒体机构共用的"云稿库"；形成三级媒体融合新机制，有效解决了各级基层媒体融合发展存在的缺技术、缺资金、缺人才的短板，为市县级媒体融合转型赋能。

（二）以"长江云"为依托，构建政务融媒生态圈

基于湖北省委对"长江云"平台"新闻+政务+服务"的功能定位，依托平台汇聚了全省政务力量，深化政府数据和社会数据关联分析、融合利用，打通信息孤岛，打造了覆盖全省、功能完备、互联互通、运行顺畅的移动网络公共信息服务体系，构建了三级联动的长江云"政务大厅"和问政投诉平台，实现移动端信息共享，帮助各级党政部门快速打通实时在线的沟通互动渠道，帮助广大网民了解政策、反映诉求、参与社会治理、解决实际问题，形成良性发展的湖北政务融媒体生态圈。

目前，全省已有2220家各级政府部门分别入驻当地政务移动客户端，第一时间发布党务政务信息，履行信息公开义务，其中省直部门74家，累计发布信息15571条。各厅局开设的窗口设计了三级站点，不仅实现了图文信息发布，还可制作专题，链接服务站点，促进治理体系和治理能力现代化水平有效提升。

（三）"云"上办事，汇聚生活服务端口

更好地贴近民生、贴近服务，既是区域性媒体深耕本地、增强用户黏性最有效的方式，也是媒体与群众建立有效连接的重要途径。基于"引导群

众，服务群众"的目标，目前，"长江云"已汇聚了全省约210个厅局、市（州）的移动端产品，打通各级公积金、交管、医疗、户政、打车等垂直领域的58类共152项通用政务和民生服务接口，让数据多跑路，让老百姓少跑腿，在"云"上办事。同时，"长江云"还承建了"省食药安全政民互动平台""云上社科移动平台""省政法网上为民服务平台"等多个"智慧湖北"信息化建设项目，成为网民"口袋里的办事窗口"，将智慧城市建设和移动互联平台融为一体。

（四）聚焦县融，为全省提供建设标准

2019年4月，湖北省两办印发《湖北省县级融媒体中心建设实施方案》，明确"长江云"平台为湖北省县级融媒体中心建设的技术支撑平台，采用"1+N"（"1"是指"长江云"平台，"N"是指"县市区融媒体中心"）模式，推动县级融媒体中心集约化建设。为了服务全省县融建设，"长江云"平台参与湖北省委宣传部县级融媒体中心建设专班，制定全省建设标准，完成包含省级平台架构、县市本地建设方案及标书模板等10多万字的模板化、指导性方案。

目前，"长江云"平台在湖北省17个市（州）及所辖县（市）120个以"云上"系列命名的官方客户端已全部建成运营三年多，实现了省市县三级全覆盖，新闻政务全汇聚、信息传播全媒体、主流声音全覆盖、网络舆情全管控，打造了横向融合、纵向贯通、一网打尽、互联互通的格局，形成了省级区域媒体融合的新生态[①]。"长江云"融媒体平台是面向市（州）县的融媒体交互平台，将形成区域性全媒体内容共享体系，通过省市县三级应用系统的互联互通，初步形成全省全媒体资源共享机制。平台通过整合全省媒体内容提供服务、共性支撑和横向协同，将初步构建适应现代服务产业发展要求的融媒体服务体系，按照融媒体内容提供、集成、分发到消费的产业环节，创新服务模式，大大增加融媒体内容和信息服务能力。

[①] 张建红：《实施平台战略　创新融合路径——长江云平台建设的思与践》，《新闻战线》，2018年第19期：44-46。

三、长城新媒体集团：构建新型智慧网络传播媒体

长城新媒体集团是河北省重点打造的第一家以互联网为主体的新型媒体集团，既是主流媒体平台，又是互联网媒体平台，这两个特点决定长城新媒体集团在舆论引导中的重要作用。作为一家新型主流媒体集团，长城新媒体集团将发挥自身优势，积极推进"新闻+政务+服务"平台建设，在发挥主流媒体作用的同时，着力搭建民生服务平台。这里主要包括网络政务总平台，网上群众路线总平台和智慧民生服务总平台，有效推进公共服务移动化、智能化和便民化。让人民群众在共享互联网发展带来的便利，同时提高河北省公共服务水平，打造新型智慧网络新媒体集团。

（一）增强传播力建设，提高集团影响力

随着融媒体环境的不断发展和变化，全国各主流媒体尤其是省级媒体要积极投身媒体融合发展，"移动优先"成为共识、"用户意识"深入人心、"爆款产品"屡屡刷屏……从"相加"到"相融"，向着"融为一体、合而为一"阔步迈进，一个传播力、引导力、影响力、公信力不断提升的新型主流媒体集团在全媒体时代浪潮中成长壮大。

长城新媒体集团的功能定位十分清晰，即权威媒体、政务平台、民生网站，重点工作包括五个方面：重大主题宣传策划，政务服务，融媒体内容生产能力创新，网络舆情管理，以及网络信息安全。长城新媒体在明确功能定位的基础上，重点围绕京津冀协同发展、雄安新区规划建设、筹办冬奥会、改革开放40周年等重大主题，突出新媒体传播优势，推出一批有河北特色、在全国有影响的报道内容和媒体品牌。

做好策划和创新，坚持内容为王。以中央厨房为枢纽，实行移动优先战略，以用户为中心，开展内容生产供给侧改革，构建组织体系和产品体系，使优质内容资源向移动互联网转移。长城新媒体集团下阶段的着力点是加强新闻整合策划能力，综合运用多种技术手段，提高新闻传播的到达率、阅读率，增加新闻"可视化"效果，增强新闻作品的活力和吸引力；探索项目团队制和工作室的新闻编发制作模式，迅速抓住热点、焦点话题，不断创新内容表达，丰富呈现形式，快速编发新闻作品，抢占先机。

实施品牌提升战略，打造用户口碑和精品栏目。做大做强"长城新媒体"的主品牌，培育一批在省内甚至全国拿得出、叫得响的品牌和栏目。持续打造微博、微信、客户端的知名度，形成"长城系"品牌结构。通过品牌建设促进传播力的提高，从而增强集团的影响力。

（二）以智慧生活为引领，打造移动民生服务平台

长城新媒体集团旨在架起党政部门与百姓的桥梁，进一步拓展入驻单位的数量规模，将党政部门回应百姓诉求的办理工作纳入各级各部门领导干部考核体系，扩大规模、提升效率。定期编发有影响力、有质量的新闻调查，形成内参上报。

打造全省最具影响力的移动政务服务新平台。以"冀云"建设为契机，积极参与河北省政务平台建设工作，研发和推进部门和部门间的网上办事、网上审批等功能，搭建功能完备、互联互通、运行顺畅的移动网络公共信息服务体系。依托"问政河北"网上问政平台，充分发挥各级党委、政府强大的组织优势，以及长城新媒体集团全媒体矩阵传播优势，紧紧围绕"网上晒政、网上问政、网上理政、网上惠政"四项任务，建立完善信息受理、交办、督办、答复等一系列工作机制，听民生、聚民智、解民忧、惠民生，搭建党群干群连心桥，成为全省党政机关和领导干部走网上群众路线的总平台。

打造全省全方位的民生服务网络窗口。在推进"冀云"及县级融媒体中心建设的同时，构建民生综合服务平台，逐步实现全省各级党政机关提供线上服务。以雄安新区建设新型智慧城市、打造城市全覆盖数字化智能设施为契机，与交通、金融、医疗、警务、继续教育等各个民生服务项目进行深度合作。通过不断丰富完备信息服务功能，形成满足用户各种需求的闭环，促使长城新媒体集团在做大朋友圈的同时，不断优化自身的生态系统。充分发挥新媒体优势，推进"互联网+"与教育、医疗、健康、就业、养老、旅游、交通、气象等领域的融合，培育孵化一批新的运营业态，服务广大百姓，让人民群众在共享互联网发展成果上有更多获得感。

（三）以文化产业为方向，形成互联网产业发展新格局

长城新媒体集团将围绕文化产业，突出互联网特色作为产业发展的方

向,将创新互联网业态放在重要位置,并采取切实可行的措施促进文化创意产业的发展。首先,逐步完善产业结构。优化整合为互联网技术服务、互联网政务服务、互联网商务服务、大数据舆情服务、融媒体产品服务、全媒体广告服务和互联网金融服务产业链,形成传媒广告、政务服务、信息服务、电子商务、活动展会等经营模式,逐步建立较为完善的互联网产业发展新格局。其次,与省直及各市相关部门加强对接,整合资源发挥优势,打造传媒、互联网与旅游、健康、养老领域的新型合作运营模式。

四、"津云"新媒体:打造一体多元的传播矩阵

天津"津云"新媒体的建立是响应中央号召,适应新媒体发展格局的重要举措。"津云"新媒体旨在整合天津市的新媒体资源,打造国内一流的新型主流媒体集团。

(一)推进生产流程融合,构建生态型媒体平台

"津云"新媒体积极推进与传统媒体的平台融合、人员融合和流程融合,平台、人员和流程统筹考虑,打造生态型媒体平台,全能型采编队伍,全媒型生产流程。传媒主力军通过各种方式加速投入互联网这个舆论主战场。

第一,平台融合。天津日报天津网、今晚报今晚网以及天津日报微博、微信整体并入津云新媒体集团。撤并天津日报的新闻117、今晚报的问津以及北方网的前沿三个客户端资源,组建津云客户端与北方网、系列双微、头条号等一体运营,形成载体多样、渠道丰富、覆盖广泛的新媒体传播矩阵。"新闻+政务+服务+互动"的多功能设计使生产者、用户、平台结合起来,台前幕后线上线下融为一体,成为轻前端、富生态、大后台的融媒体平台。津云原创新闻、精编新闻,涵盖机构媒体和政务部门的近2000个津云号,170余家政府、职能部门、高校、国企入住的云上系列,30余家海外华文媒体和津云新媒体矩阵覆盖的1400万用户,形成生态型的媒体平台,不仅能够和外界产生全面连接,还能达到系统内信息和需求的充分多向交流。[1]

---

[1] 齐怀文:《津云:新型主流媒体的融合实践》,《新闻与写作》,2018年第10期:91-94。

第二，人员融合。全集团员工身份一致，使用一套薪酬考评体系。传统媒体的专业采编优势和新媒体的技术优势、资金实力充分结合在一起，新闻原创能力和传播力明显提高。传统媒体和新媒体采编人员混编成不同的部门、小组，从图片、文字、视频的采集到新工具、新技术的应用，从前期策划到后期制作，传枪递铜互通有无，教学相长取长补短，培养了一批全媒体记者队伍。

第三，流程融合。津云中央厨房将天津日报、今晚报和天津广播电视台的采编力量统筹设计到生产流程当中，策采编发协同作战，采编资源、新闻产品双向共享已形成常态，媒体间建立了有效的信源补偿和稿费激励机制。传统媒体和新媒体的记者、编辑、融媒体工作室制作人、互动用户等方面的生产要素以津云中央厨房为平台串联整合，形成策采编发统分有序的工作格局。初步实现了大多数传统媒体采编人员都能在津云生产流程中找到战斗位置，每一个重大新闻选题津云都能全流程参与。

（二）创新产品理念，打造多元产品矩阵

天津市委宣传部以建立"津云"中央厨房为契机，整合主流新闻媒体资源，取长补短，形成合力。在天津市第十一次党代会宣传报道中，《天津日报》、天津广播电视台、《今晚报》、北方网等媒体组建"津云"报道团队，统一呼号为"津云"记者，首次亮出新闻报道"组合拳"。《天津日报》发挥权威媒体的优势采写通稿，经"中央厨房"审核签发后共享给各媒体。天津卫视的《天津新闻》主打视频优势直击现场，报道大会进程，捕捉会场内外新闻热点，评说天津发展中的关键词和时代强音[①]。新媒体端全媒体互动、多样化呈现。微视频"津云"连线党代表，H5新闻"津云"的朋友圈，动新闻《党的十八大以来天津这五年》，"津云"VR等多样态的新闻产品纷纷亮相，与传统媒体配合，水波纹式推进大会热点，形成了内容权威、视听体验丰富、互动便捷的立体式报道带。

生产流程的整合也带动了产品样态的创新，无人机采集、直播和H5等

---

① 梁波：《"津云"中央厨房运营探索与实践》，《中国广播电视学刊》，2018年第2期：117-119。

应用技术在采编环节普遍采用。微视频、动新闻、短音频、机器人写稿、虚拟现实等技术从无到有，实现了突破。津云融媒体工作室取各传统媒体采编力量所长，打造个性化栏目，津云提供网络平台和贴身服务。传统媒体编辑记者以个人身份加入津云的生产流程当中，也是主力军投入主战场的一种创新模式。

五、省级融媒体发展困境及发展策略探索

习近平总书记深刻指出，推动媒体融合发展、建设全媒体成为我们面临的一项紧迫课题。[①]坚持一体化发展方向，明确了媒体融合的最终目标和基本要求，就是要加快从相加阶段迈向相融阶段，通过流程优化、平台再造，实现各种媒介资源、生产要素有效整合，实现信息内容、技术应用、平台终端、管理手段共融互通，催化融合质变，放大一体效能，打造一批具有强大影响力、竞争力的新型主流媒体。各省级融媒体要结合自身特点寻找适合当今新媒体环境的发展道路。推进媒体融合工作向纵深发展，加快构建全媒体传播格局的重要性和紧迫性日渐突出，而各省级融媒体在建设过程中依然存在一些问题需要解决。

（一）内容生产：提高优质内容生产能力

以"津云"中央厨房为例，"津云"中央厨房汇集了天津主流新闻媒体、中央驻津媒体和全市各级政府部门、各高校的1752个自媒体入驻，拥有海量信息。用户下载一个"津云"客户端，便可浏览来自上千个新媒体端的信息，还可以收听、收看（回看）天津广播电视台各频道的节目。从运营角度看，其最大限度地实现了一个平台最权威内容资源的汇集与分享，但也为信息庞大、内容同质化以及资源重复建设埋下了隐患。各客户端在新闻内容节目收视、收听功能间过多地交叉重复；同质化的内容在不同媒体端重复出现；各媒体的协同制作在重大选题报道中应用凸显，日常化生产机制的形成有较大难度。分析原因主要有两点：一是日常报道中传

---

① 习近平：《加快推动媒体融合发展　构建全媒体传播格局》，《求是》，2019年3月16日第6期。

统媒体采编思维的惯性。在大量的日常化报道中，栏目依然是新闻选题策划和报道的第一"根据地"；二是各媒体记者报选题时更多依赖微观的节目思维，缺少宏观的媒体和平台思维。从而出现内容生产与平台数量不匹配的局面。

（二）体制机制：深化体制机制改革

推进媒体融合向纵深发展，体制机制是其中的关键环节之一。机制体制问题，也是各省级融媒体建设面临的棘手问题；体制机制改革是推进融媒体建设的基础，能够为媒体融合发展提供支撑。习近平总书记在2019年1月25日中共中央政治局第十二次集体学习指出，党报、党刊、党台、党网等主流媒体必须紧跟时代，大胆运用新技术、新机制、新模式，加快融合发展步伐，实现宣传效果的最大化和最优化。习近平总书记强调，推动媒体融合发展，要坚持一体化发展方向，通过流程优化、平台再造，实现各种媒介资源、生产要素有效整合，实现信息内容、技术应用、平台终端、管理手段共融互通，催化融合质变，放大一体效能，打造一批具有强大影响力、竞争力的新型主流媒体。[①]部分传统媒体已经在机制创新上做了一些尝试，如用工灵活、薪酬多元、激励落地、编制优化等，但是仍然有相当多的传统媒体举步维艰，没能迈出深化机制体制改革的步伐。传统媒体内部的组织重构，不能再按照原有的媒体属性建构，如广播、电视、报纸、出版、新媒体，而应该按照用户或者内容服务项目来设置二级机构，即通常说到项目事业部制，每个事业部覆盖一个领域，到达一个目标用户群，打通内容、服务的线上线下，实现内容和服务的采集、生产、制作、分发、传播与消费的全链条。这不仅需要内容生产部分，还需要技术服务部分和项目运营部分的融合，从而实现习近平总书记要求的"实现信息内容、技术应用、平台终端、管理手段共融互通，催化融合质变"。[②]

[①] 《推动媒体融合向纵深发展　巩固全党全国人民共同思想基础》，《人民日报》2019年01月26日01版。

[②] 习近平：《加快推动媒体融合发展　构建全媒体传播格局》，《求是》，2019年3月16日第6期。

（三）人才培养：培养全媒体记者队伍

目前，媒体融合发展已经上升为国家战略，传统媒体在不断努力地探索内部资源整合，以实现与新媒体的融合发展。模式虽然多种多样，但却拥有一个共同特征：以往条块分割的广播、电视、报纸、网站等媒体都不再仅仅生产一种形态的新闻产品，并依靠单一的传播载体为用户服务，而是以一次采集、多平台发布的方式完成对同一信息的立体化传播。在这种情况下，原先为单一发布平台采写新闻、提供稿件的传统记者，就必须变身为全媒体记者，用有限的人力资源投入获得更多的利益无疑是媒体经营者的第一选择，为"获取更多的经济效益需要投入大量的人力，所以在媒体融合下的全媒体记者就出现了"[①]。全媒体记者能运用全媒体思维和开放性视野，根据传播终端的不同定位和需求，策划采写不同的稿件，综合完成报纸、广播、电视、网络、手机客户端等传播终端的发稿，对同一新闻题材进行差异化层级开发。

目前各省级新媒体建设过程中存在记者队伍专业能力和业务融合能力欠缺的问题。各省级新媒体平台建设需要重视全媒体记者队伍的培养，能够让全媒体记者根据自己传播终端的特点来组织内容生产。总而言之，在新媒体的环境下，如何培养一批优秀的全媒体记者是各媒体单位要考虑的重要问题。在新媒体的发展趋势下，全媒体记者要适应其发展，提升培养自身素质。信息资源规整能力、判断力、随机应变的能力、文字表述能力以及提升自身业务的能力等，这些都是全媒体记者需要具备的能力和素养，也是推进媒体融合建设的重要基础。

---

① 陈建平：《新媒体环境中培养全媒体记者的有效路径》，《传播力研究》，2018年第2期：112-113。

专研报告二

区县级融媒体：发挥区域特色　创新融合模式

赵淑萍　蔡旻俊　李诚贤[①]

摘　要：2018年，我国县级媒体迎来全新发展机遇。在2018年全国宣传思想工作会议上，习近平总书记指出："要扎实抓好县级融媒体中心建设，更好引导群众、服务群众。"[②]县级媒体从行业边缘地带进入政策关注的焦点区域，成为媒体融合建设的"最后一公里"。各地县级融媒体建设已在全国范围迅速铺开。本篇研究报告阐述了县级融媒体的发展现状，并对重点案例进行深入分析，探究县级融媒体中心建设成功模式及其背后独特的运营之道，最后提出县级融媒体未来发展的策略建议。

关键词：县级融媒体；长兴传媒集团；北京市区县政务微信；北京市朝阳区融媒体中心

County-level Convergence Media: Innovating the Model of Media Convergence with Regional Characteristics

Abstract: Chinese county media obtained a new development opportunity in 2018. At the National Conference on Publicity in 2018, Xi Jinping pointed out the significance of the county-level media convergence, and the county media has become the "last mile" of media convergence construction. This report firstly elaborates the current situation of the development of the county-level convergence media center. Secondly, it focuses on the media convergence pattern of important cases and shows the new characteristics of the development from the aspects of development concept, management mode, content production. Thirdly, the development strategy of the county-level media convergence has been discussed and some feasible advices and suggestions will be put forward.

---

① 赵淑萍，中国传媒大学电视学院教授；蔡旻俊，中国传媒大学电视学院博士研究生；李诚贤，中国传媒大学电视学院硕士研究生。
② 《举旗帜聚民心育新人兴文化展形象　更好完成新形势下宣传思想工作使命任务》，《人民日报》，2018年08月23日01版。

Keywords: County converging media, Changxing media group, the Counties government WeChat in Beijing, the Convergence media centre of Chaoyang District Beijing

2018年全国宣传思想工作会议上，习近平总书记指出："要扎实抓好县级融媒体中心建设，更好引导群众、服务群众。"①自此，我国县级媒体迎来全新发展机遇，走进融合发展的新时代。

此项调研基于我国媒体融合发展的全局性思考，以长兴传媒集团、北京市区县级政务微信平台、北京市朝阳区融媒体中心为考察重点，深入实地调研，获取一手资料，采访一线工作人员，并广泛采用数据分析、案例分析、对比研究、实证研究、定量分析等研究方法。在实地考察和文献研究的基础上，组织专家学者对研究中发现的问题进行深入分析，对研究形成的结论进行仔细论证，力求报告科学、严谨。

一、区县级融媒体发展现状

（一）全新发展机遇

2018年，媒体融合进入以"县级融媒体中心"建设为代表的全新发展阶段，我国县级融媒体迎来新的发展机遇。

2014年8月18日，中央全面深化改革领导小组第四次会议通过了《关于推动传统媒体和新兴媒体融合发展的指导意见》，提出"要研究和把握现代新闻传播规律和新兴媒体发展规律，运用互联网思维，推动传统媒体和新兴媒体融合发展，构建立体多样、融合发展的现代传播体系"②。从此，中央和各级地方媒体积极响应，由顶层设计所推动的媒体融合工程全面展开。

经过四年的建设，媒体融合初具规模并逐步迈进重点建设与攻坚克难阶段。2018年8月21日，在全国宣传思想工作会议上，习近平总书记提出要

---

① 《举旗帜聚民心育新人兴文化展形象　更好完成新形势下宣传思想工作使命任务》，《人民日报》，2018年08月23日01版。

② 新华通讯社课题组：《习近平新闻舆论思想要论》，新华出版社，2017年，第233页。

"扎实抓好县级融媒体中心建设",并将"引导群众、服务群众"作为县级融媒体中心建设标准。从此,长期处于业界边缘地带的县级媒体进入国家政策关注的焦点区域,县级融媒体中心建设成为打通媒体融合的"最后一公里",获得政策扶持的发展机遇。2018年9月20日,中宣部召开县级融媒体中心建设现场推进会,并对县级融媒体中心建设进行整体部署,明确要求2020年底基本实现县级融媒体中心的全国覆盖,其中2018年先行启动600个。县级融媒体中心建设进入加速发展阶段。为提高融媒体建设效率,国家对县级融媒体中心建设做出具体规范与要求。2019年1月15日,由国家广播电视总局组织编制并审查的《县级融媒体中心省级技术平台规范要求》(以下简称《要求》)正式发布,《要求》指出:"省级技术平台应覆盖全省,与省域内县级融媒体中心实现互联互通、信息共享、协同互动"。①同时,《县级融媒体中心建设规范》(以下简称《规范》)也在同日由中宣部和国家广电总局联合发布。《规范》基于县级融媒体中心的业务类型,规定了其总体架构、功能要求、基础设施配套要求、关键技术指标及验收要求等内容。②

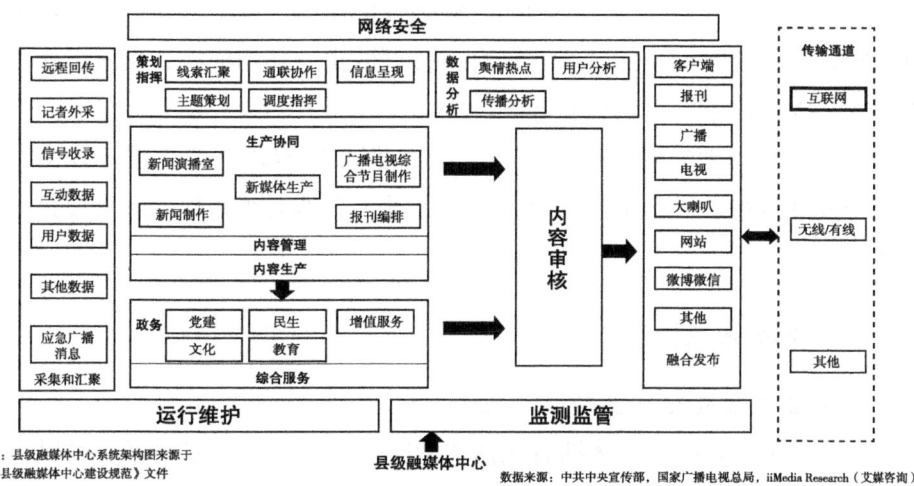

图3-1 县级融媒体中心架构图

---

① 《〈县级融媒体中心省级技术平台规范要求〉〈县级融媒体中心建设规范〉发布实施》,国家广播电视总局,http://www.nrta.gov.cn/art/2019/1/15/art_114_40207.html,2019年3月5日。

② 《〈县级融媒体中心省级技术平台规范要求〉〈县级融媒体中心建设规范〉发布实施》,国家广播电视总局,http://www.nrta.gov.cn/art/2019/1/15/art_114_40207.html,2019年3月5日。

同时，国家给予县级融媒体中心大量财政支持。根据财政部公开的2019年中央对地方转移支付预算表数据显示，2019年中央补助地方公共文化体系建设专项资金预算数额达147.1亿元，比2018年执行数增加了18.1亿元，增长14.0%，而增加的部分主要用于支持县级融媒体中心及深度贫困县应急广播体系建设。

（二）平台建设基本完成

在政策推动下，县级融媒体中心建设收到立竿见影的成效。我国县级融媒体平台基本搭建完成，"1756个县至少拥有一种新媒体平台并开展相关建设工作的县级媒体，占比高达93.90%"[①]。"北京市在短短两个月内先后有15家区级融媒体中心陆续挂牌，加上已经挂牌的昌平区，完成了16区县级融媒体中心的全面布局。地方区县，从河南、湖南、江西、重庆，到吉林、内蒙古、陕西，在宣传部门的直接推动下，县级融媒体中心的挂牌和试点建设形成燎原之势。"[②]2019年初，由中央广播电视总台发起的"全国县级融媒体智慧平台"正式启动。在席卷全国的县级融媒体建设过程中，先行者们贡献大量经验，已有文献提及的"模式"有：长兴模式、邳州模式、项城模式、顺义模式、太仓探索、玉门经验等。

虽然称其为地方融媒体建设"模式"，但我国经济社会发展不均衡，各地经济发展水平、民生情况等存在较大差异，各地县级融媒体建设模式各具特色。

（三）固有挑战仍存

1. 优质内容匮乏，互动性不足

目前，60%的县级媒体拥有包括"两微一端"在内的三种及三种以上的新媒体平台类型。其中，总计1637个县已经开通官方微信公众平台，其覆盖率为87.54%；在内容建设上，平台功能基本健全，内容丰富且具有地方特

---

① 谢新洲、黄杨：《我国县级融媒体建设的现状与问题》，《中国记者》，2018年第10期：53。
② 朱春阳、曾培伦：《"单兵扩散"与"云端共联"：县级融媒体中心建设的基本路径比较分析》，《新闻与写作》，2018年第12期：25。

色，但仍有21.95%的县有超过一个月未更新的网站或栏目。[①]可见，尽管我国县级融媒体平台搭建已初具规模，但优质内容仍然匮乏，新媒体稿件多为传统媒体内容的二次加工，缺乏原创性，对于传统媒体依赖性明显，且与群众互动不足。

2. 经营方式依旧落后

许多县级融媒体经费来源多为财政支持，且经营方式落后，市场化程度不足。在实际的经营中，采用传统的管理运营办法运营融媒体，其收益与融媒体平台的需求难以匹配。[②]"仅17.3%的区县媒体在探索自筹资金的途径与方法，进行市场化运营。"[③]县级融媒体在媒体融合改革大潮中，不仅仅是完成媒体融合平台的建设，更需要以此为契机，实现经营方式、管理方式的彻底革新。

3. 管理模式依然传统

在人员队伍建设方面，"仅20.7%的县级媒体制定面向新媒体平台的人员管理机制"[④]，其余县级单位大多沿袭先前传统媒体人员运营模式，更鲜有以培养新媒体平台运营人才为直接目的的相关机制。

在组织架构方面，66.5%的县级媒体已设立独立新媒体部门或机构[⑤]；资源相对匮乏的县级媒体则采取与邻县媒体共同开发的合办模式；人财物资源严重不足的偏远县级媒体则采用"以强带弱"模式或"托管"模式。

二、长兴传媒集团：内容创新引领县级媒体融合

2011年4月，长兴县原有广播电视台、宣传信息中心、县委报道组和政府新闻网，经过整合组建为长兴传媒集团，这是全国首家县级全媒体传媒集团，也是全国最早进行县级融媒体探索的县级媒体。截至2018年底，长兴传

---

① 谢新洲、黄杨：《我国县级融媒体建设的现状与问题》，《中国记者》，2018年第10期：53。
② 谢新洲、黄杨：《我国县级融媒体建设的现状与问题》，《中国记者》，2018年第10期：53。
③ 谢新洲、黄杨：《我国县级融媒体建设的现状与问题》，《中国记者》，2018年第10期：53。
④ 谢新洲、黄杨：《我国县级融媒体建设的现状与问题》，《中国记者》，2018年第10期：53。
⑤ 谢新洲、黄杨：《我国县级融媒体建设的现状与问题》，《中国记者》，2018年第10期：53。

媒集团旗下有三个电视频道、两个广播频率、一份报纸、两个网站和"两微一端",已建设成为一家融合广播、电视、报纸、杂志等各类媒体平台,以及大数据公司、数字电视网络公司等各类传媒服务公司于一体的县级全媒体传媒集团。集团现有员工500余人,总资产达9亿元,2018年总营收2.26亿元①。

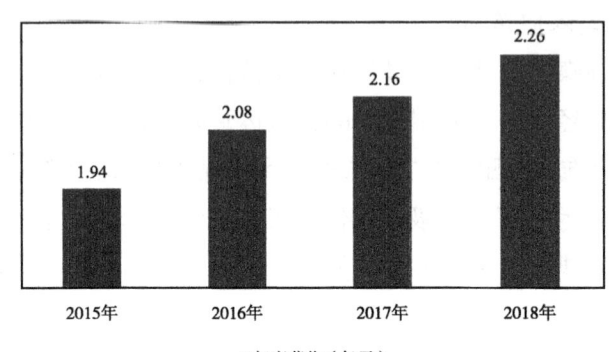

图3-2　长兴传媒集团年度总营收情况(2015—2018年)②

经过多年的改革与探索,长兴传媒集团已走出一条适合区域性传媒集团发展的媒介融合之路,即坚持"内容为王",不断拓展县级媒体新闻信息服务的"深度、广度、锐度、温度、力度",依靠内容优势赢得发展空间。

(一)理念革新:内容立媒,用户中心

第一,从"新闻立媒"到"内容立媒"。长兴传媒集团已逐渐从单纯的新闻内容提供者转型为市民生活服务提供商。一方面,坚持"新闻立媒",以新闻内容为切入口进行深入挖掘;另一方面,不局限于"新闻立媒",不断拓展新闻服务的边界,形成协同发展态势并最终实现"内容立媒"。近年来,集团以"服务提供商+全媒体传播"的模式为合作单位提供信息传播服务,举办年货展、家装展等各类活动。

第二,坚持以用户为中心。媒体融合从"相加"到"相融",必须坚持用户至上。长兴传媒集团全面实行"五个用户"的做法,即"找到用户、受众为王,拉回用户、渠道为王,黏住用户、内容为王,变现用户、产品为

---

① 数据来源:由长兴传媒集团提供。

② 数据来源:由长兴传媒集团提供。

王，服务用户、团队为王"，不断强化用户为本的媒体融合理念。[①]在内容生产中，以用户思维采编每篇新闻，以贴近用户为重要法则；在平台选择中，针对不用用户的信息需求、阅读偏好，选择最匹配的平台与表达方式。

（二）内容生产：实时传播，立足本土，精致包装

第一，实时传播，即运用新媒体直播手段实现全媒体实时传播，并以图文、视频、音频等多种形式丰富直播形态。

长兴传媒将目光聚焦于移动直播，以专业化的报道拍摄团队、高清信号、4G摄像机打造优质直播内容产品，实现台网融合，向主流直播平台推流。2018年9月16日晚，受超强台风"山竹"影响，长兴县普降持续性暴雨。长兴传媒集团编委会在30分钟内完成页面设计与直播内容搭建；开辟"图片+视频+文字"的滚动直播、暴雨来袭预告和网友互动栏目；实现台网同步直播。

第二，立足本土，即立足本土新闻，反映百姓生活，服务百姓需求，以本土化优势打造县级媒体核心竞争力。

长期以来，长兴传媒集团坚持内容生产贴近群众、贴近实际、贴近生活，形成了最强有力的本土化内容优势。2013年4月1日，集团创办了我国首家县域电视新闻频道，播出本土新闻节目，在长兴地区60多个落地频道中，年平均收视率及收视份额均居首位。2015年，该频道发展为国内首例区域24小时电视新闻频道。此外，长兴传媒集团《长兴新闻报》新闻类版面皆为本土时政民生新闻；长兴广播新闻节目中本土新闻占比超过70%；长兴新闻网开辟"全媒体即时报"栏目，实时发布本土新闻，网站日均点击量为15000+；"两微一端"以本土新闻为主，其中"掌心长兴"微信公众号日均阅读量为10000+。[②]

第三，精致包装，即追求最适宜的视听体验美感，运用新技术不断丰富内容的呈现形式，增强传播力和感染力。

长兴传媒集团包装制作团队结合优质内容创作了大量新媒体产品。例

---

① 王文科主编：《中国县域媒体融合发展的先行探索——长兴传媒集团变革启示录》，浙江大学出版社，2017年，第136页。

② 许劲峰：《从"新闻立媒"到"内容立媒"》，《视听纵横》，2016年第1期：30。

如，H5产品《秸杆漫游记》用秸秆的"游历"故事，让用户讨论"环境保护、循环经济"的话题，兼具趣味性和教育性；VR产品《春华秋实看丰收》《空中看长兴》等，呈现360度全景俯瞰视觉观感；由微广播剧改编的短音频产品《狄家斗的故事》上线"掌心长兴"APP点击量超57万。[1]

（三）平台升级：打造强直播、超互动的全媒体联动平台

第一，融合式直播平台。近年来，长兴传媒策划推出了大量全媒体融合式大型直播，形成了融合式的传播矩阵。2018年9月23日是中国首个农民丰收节，长兴新闻网推出《春华秋实——中国农民丰收节》全媒体融合式的直播报道，展现16小时的丰收全景，并依据长兴当地特色设置了融合式直播、短视频、VR看丰收、田园诗会、网上农产品1元抢购、名家经典诵读等多个版块及环节。

第二，全媒体融通互动。全平台融合联动包括"传统媒体与传统媒体，传统媒体与新兴媒体，以及新兴媒体与新兴媒体的融合联动"。[2]长兴传媒在实践中逐渐形成了"新媒体首发、广播电视连线、文字滚动播报"的信息传播模式，各平台互为流量导入口，真正实现资源共享、平台整合、融合联动。2018年1月底，长兴遭遇大暴雪，长兴新闻第一时间推出《抗击冰雪》专题。首先开设"网站专题+手机专题"两种渠道，不间断报道受灾情况，总访问量突破50万人次。[3]同时，长兴电视台新闻频道于2018年1月25日、26日、28日开设电视直播，据尼尔森收视数据分析，移动直播时段电视收视率、收视份额和触达率大幅度提升。

---

[1] 王晓伟、薛雅敏：《"融"出来的长兴模式》，《新闻战线》，2018年第24期：94。

[2] 许劲峰：《从"新闻立媒"到"内容立媒"》，《视听纵横》，2016年第1期：30。

[3] 数据来源：由长兴传媒集团提供。

表3-1 2018年1月25日、26日、28日长兴电视台新闻频道收视数据情况[1]

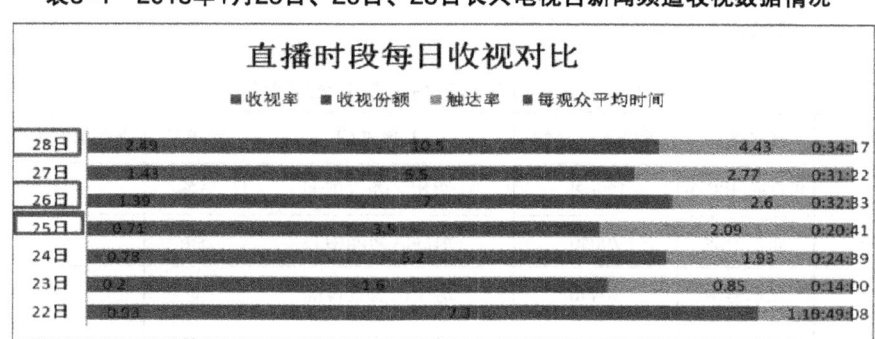

表3-2 2018年1月25日、26日、28日移动直播时段新闻频道每日收视对比数据[2]

日期	收视率	收视份额	触达率	每位观众收视时间	直播时段排名
25日	0.71	3.5	2.09	20分41秒	第9位
26日	1.39	7	2.6	32分33秒	第3位
28日	2.49	10.5	4.43	34分17秒	第2位

三、北京市区县政务微信：打造服务型移动政务平台

大力落实推动媒体融合发展，是贯彻落实习近平新时代中国特色社会主义思想，讲好中国故事，传播正能量的重要举措[3]。习近平总书记多次对如何更好、更深度地推动媒体融合做出重要阐释。截至2018年底，北京市16个区和亦庄开发区已经全部完成融媒体中心的建设，力求提升区域影响力和公信力。

由于北京市大兴区官方政务微信号"北京大兴"自2017年底后暂未更新，主要集中力量发展APP以及政务微博，所以本文将以其他15个区以及亦庄经济开发区的政务微信为研究样本进行量化研究。

---

[1] 数据来源：由长兴传媒集团提供。

[2] 数据来源：由长兴传媒集团提供。

[3] 徐巍：《石景山区融媒体中心成立》，北京·石景山区政府门户网站，http://www.bjsjs.gov.cn/sjsdt/20180607/12788259.shtml。

（一）整体状况基本数据分析

表3-3　北京市区级政务微信基本情况统计

序号	账号名称	活跃粉丝预估	开通部门	菜单数	推送篇数（每日）
1	北京通州发布	109625	通州区委宣传部	3条	4篇
2	北京海淀	70040	海淀区新闻中心	3条	5篇
3	北京房山	30490	房山区委宣传部	无	4篇
4	北京昌平	52160	昌平区委宣传部	3条	3篇
5	北京西城	13990	西城新闻中心	3条	3篇
6	北京东城	19740	东城区委宣传部	3条	1篇
7	北京亦庄	21960	北京经济开发区新闻中心	3条	5篇
8	平谷官话	11040	平谷区人民政府办公室	3条	8篇
9	京西门头沟	16175	门头沟区委宣传部	3条	3篇
10	延天下	11680	延庆区广播电视中心	3条	5篇
11	朝闻道	12370	朝阳传媒中心	3条	3篇
12	北京丰台	6430	丰台区委宣传部	3条	3篇
13	山水怀柔	7785	怀柔区委宣传部	3条	4篇
14	宜居密云	8650	密云区委宣传部	3条	3篇
15	北京石景山	15885	石景山区委宣传部	3条	1篇
16	顺义网城	1195	顺义区信息中心	3条	6篇

数据来源：清博大数据。

据统计，北京市16个区级政务微信中有9个开通部门为宣传部，其他区开通部门主要为信息中心、传媒中心、新闻中心、政府办公室等。

1. 推送数量较好但缺乏规律

从推送篇数来看，区级政务微信账号表现较好，全部达到除节假日、周末外每天推送。每天推送3篇及以上的政务微信平台占87.5%，其中平谷区的"平谷官话"推送量达到8篇。但推送频次并不固定，大部分政务微信每天推送2至3次，每次推送1至2篇，每日推送数量也并不固定，并未形成固定规律。

2. 活跃粉丝数量差距较大

因为微信平台限制，只有运营者可以了解到政务微信公众号的具体粉丝数量，其他人无从得知。笔者通过清博大数据平台查询各个政务微信账号活跃粉丝预估数量，预估数量每天发生变化，但大体上差额不大。根据2019年3月22日数据，16个政务微信公众号活跃粉丝预估数量呈现两极分化趋势，最多的北京通州发布达到109625，是最少的顺义网城（1195）的十倍之多。

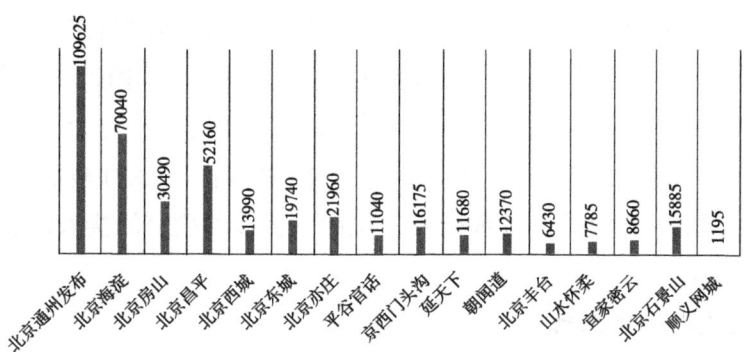

图3-3　北京区级政务微信预估粉丝数量（2019年3月22日）

数据来源：清博大数据。

3. 菜单栏以咨询消息为主

除"北京海淀"外，其他所有政务微信都将咨询消息作为菜单栏设置的必要选择，只在形式上略有不同。比如"北京通州发布"的"通州TV"，链接微通州新闻网；"北京西城"的"西城报"链接为西城报电子版；另有诸如延天下的"融·咨询""融·视频""新时代"链接为延庆新闻推送等。北京通州发布、北京海淀、北京西城、北京东城、宜居密云等5个政务微信均以"微信矩阵""微矩阵"等方式链接至其他新媒体平台，形成合力，扩大宣传力度和范围。

此外，在微信菜单栏中直接设有服务栏目的并不多，只有北京海淀、北京昌平、北京亦庄、平谷官话、朝闻道、北京石景山等6个政务微信公众号，占比31%，具体表现为我要留言、城市服务、便民服务等。

（二）政务微信发挥服务性功能的优势

1. 个性化信息需求

从分析结果来看，每年的全国两会、北京两会以及各区的两会都是各微信公众号报道的重点内容，各主管部门全程以最快的速度、透明的态度报道。另外，各辖区重点工程的进度、市民关心事务的发展进程等都被列为报道之列。准确、生动、形象地发布政府工作内容、会议信息，以及与民众生活息息相关的重大政策能够获得用户的关注，阅读量非常可观，显然已经超出人们对政务信息"枯燥乏味"的刻板印象。

2. 多样化阅读体验

从本质上来说，政务微信还是一种信息发布平台，用户使用黏性很大程度上取决于使用体验。在推送形式上，北京市区级政务微信充分考虑了用户的阅读习惯，并没有使用传统的单条推送形式，而是采用每天多次推送、每次推送条数不定的多样化方式。之所以采用这样的方式，是为了能够让用户不间断地接收服务号的信息，而不至于让重点的内容一次性被翻过，利用各种间隙时间对信息进行阅读和转发，从而凸显政务微信的实效性和伴随性，达到服务的目的。

3. 便捷化交流互动

政民互动是政务微信平台建立的初衷[①]。大多数政务微信会在一级菜单栏设置"联系我们""监督热线""服务热线"等投诉方式，欢迎市民提出自己宝贵的意见，以便进行改正。例如，"平谷官话"在小程序中公开意见处理过程并及时反馈回复，得到了公众的好评。此外，在推送内容上，政务微信逐渐开始注重活动的推广，发布一些抢票、活动介绍等信息，吸引受众参与，强化交流互动功能。

4. 多元化功能服务

政务微信已经不再是单纯的信息发布媒介，而是提供多元一体化服务的在线场所。天气信息查询、交通违章查询、看病挂号、服务流程查询等业务，如今尽数被移至线上，实现一站式解决问题。统一平台一次输入信息的登录也让人们免去了多次重复提交个人信息的烦恼，节省时间且提高效率。但是值得注意的是，并不是所有的政务微信都开通了类似的"网上政务大厅"功能，开通的只是少数，因此要推广开来，更好发挥服务性功能。

---

① 薛张伟：《我国政务微信公共服务研究》，硕士学位论文，安徽大学，2016年。

四、北京市朝阳区融媒体中心：打造区域融媒体传播矩阵

2018年6月19日，朝阳区融媒体中心正式挂牌成立。目前，朝阳区融媒体中心已形成"一报、一台、一网、两微、一端、一抖"融媒体平台矩阵，包含《朝阳报》、朝阳有线电视台、朝阳新闻网、"北京朝阳"APP、"北京朝阳"政务微信平台、"朝闻道"微信公众号、"朝阳群众"抖音号。截至2018年，朝阳区融媒体中心年均出版报纸720万份，年均制作各类型视频1.6万分钟，新媒体发稿量比往年增长700%。朝阳区融媒体中心各类平台覆盖用户近百万，其内容累计阅读量突破1亿。此外，朝阳区融媒体中心已建成54家朝阳区融媒体分中心，实现全区43个街乡全管理、全覆盖，形成"1+43+N"多层次多点布局，打通新闻宣传"最后一公里"。

（一）流程再造：建立健全"1+6+N"工作体系

为适应全新媒体环境和传播模式，朝阳区融媒体中心打造"1+6+N"工作体系，即1个总工作流程、6项具体工作机制、N个分流程。

1个总工作流程，即"策、采、编、发、存、评"全新融媒体工作流程，实现策划、采访、编辑、分布的统一策划、统一指挥、协调发布，达到内容存储、审核、绩效考评的科学一体化管理。

6项具体工作机制，即选题报送机制、每日会商机制、总编辑协调机制、分级审核机制、效果反馈机制、绩效分类管理机制，通过科学的管理机制确保融媒体工作流程高效推进。在具体工作机制的运行下，朝阳区融媒体中心每天通过视频会议开展内部会商、进行选题汇报与选题策划，统一调动各项资源、确定重点选题、安排报道任务。

N个分流程，包括新闻发布、新闻宣传、媒体舆情监测与处置等流程，突发事件新闻应急联动处置，将工作流程细分，确保各项工作顺利推进。

（二）平台融通：构建内外联动的多平台传播矩阵

第一，完善自有发布平台，实现平台资源互融互通。目前，朝阳区融媒体中心已建成"一报一台一网两微一端一抖"7个"朝阳融媒"发布终端。

其中,《朝阳报》及时传送党和政府声音,积极回应朝阳群众关切,目前年均出版报纸已达720万份;朝阳有线电视台,有朝阳新闻、问政、全民健身总动员、话说朝阳群众、安全视界、对话成长等19档栏目和版块,全年自制内容首播累计时长16000分钟,年均制作公益广告、微电影等20余部,协助全区相关单位制作专题片30余部;"北京朝阳"APP,集资讯、服务、活动、直播为一体,共开通46项服务内容,提供全方位、便捷式的政务与生活服务;"北京朝阳"政务微信,以"作品原创、内容为王、创新形式、贴近民生"为宗旨,树立朝阳品牌,提升影响力,弘扬主旋律,激发正能量,截至2018年底,阅读量突破300万;"朝闻道"微信公众号,立足朝阳,注重"新闻+服务",通过民本化、社会化视角呈现朝阳区各项工作成果,突出朝阳群众幸福感、获得感。截至2018年底,"北京朝阳"政务微信推送超过3500篇文章,阅读量破600万人次;"朝阳群众"抖音号,用视频展现"朝阳群众"点滴,上线半年,播放量已超过6400万,点赞量超过56万。

第二,融通多种外部平台,拓展区域信息传播渠道。目前,朝阳区融媒体中心已逐步打通央级媒体、市属媒体以及市场化媒体等多层面传播渠道,借助人民日报、新华社、中央广播电视总台、北京广播电视台、北京青年报等具有广泛社会影响力的媒体,传播区域信息,拓宽辐射范围,增强传播效力。2019年春节期间,朝阳区融媒体中心借助新华社客户端推送的"朝阳夜景"短视频,单条内容点击量超100万,收获社会赞誉。

(三)技术创新:以先进技术创新生产与传播

朝阳区融媒体中心已逐步完善"朝阳融媒"技术系统:优化升级原有演播与直播系统、包装系统、播出系统、媒资系统、绩效考评系统等9个系统;研发融媒体指挥调度系统、稿件编辑系统、新闻大数据云服务系统和舆情大数据等4个系统,实现了选题汇聚、任务分发、内容制作、进度查询、平台发布、媒资管理、信息回传、现场连线、数据分析、舆情监测与预警功能。

(四)产品迭代:打造具有朝阳特色的融媒体产品

第一,创新产品融合模式,推动产品迭代。朝阳区融媒体中心的新闻产品根据平台特点和内容特性,不断创新产品"融合"形式。制作H5、动漫、图说、直播、短视频、动新闻、互动小程序等10余种新闻产品，构建"朝阳融媒"的创新型融合模式。以2018年"北京榜样"宣传为例，朝阳融媒体中心共制作各类新闻产品85个，新媒体阅读量（播放量）超过435.6万次。

第二，深耕朝阳内容，讲好朝阳故事。为进一步贴近群众、提升服务，朝阳区融媒体中心安排记者深入基层一线，拓展"走基层、转作风、改文风"活动，深入挖掘朝阳区基层群众典型事例，用有温度、有思想、高品质的融媒体产品讲好朝阳故事，不断提高新闻舆论的传播力、引导力、影响力、公信力。

（五）区域布局：依据朝阳发展特性，全面布局"朝阳融媒"分中心

朝阳区融媒体中心依托区内各委办局、街乡，建设朝阳区融媒体中心分中心。截至2019年6月，朝阳区融媒体中心共有分中心54家，覆盖全区43个街乡。此外，区发改委、区文旅局、区民政局、文创实验区管委会等委办局也建立了分中心，形成"1+43+N"多层次多点架构。

（六）人才机制：多形式人才聘用，多维度人才考核

人才聘用方面，朝阳区融媒体中心人员采取了编制人员与灵活用工相结合的方式，最大限度激发人员队伍的积极性和创造力。绩效考核方面，采用"基础绩效+优稿优酬"的模式，对稿件、人员、部门等进行量化评分，通过稿件类型、报道内容、发布位置、点击量、转载量、影响力等不同维度的评价标准，细化绩效标准，并鼓励新媒体高质量发稿。

五、区县级融媒体发展策略探索

（一）机制转型，以科学管理提升效率、激发创造力

在管理层面，形成权责清晰的管理体制。在绩效考核层面，建立符合传媒业发展要求的现代企业管理制度，并完善薪酬体系、晋升机制。在组织管理层面，坚持一盘棋作战。对于重大活动，成立活动领导小组，实行领导负责制，董事长任组长，分管领导任副组长，并成立相应的工作小组，确保责任到人，顺利推进各项工作的落实。

（二）流程再造，打造一体化新闻生产模式

融媒体中心建设的关键在于采编流程再造、各媒体平台深度融合。长兴传媒集团于2017年成立融媒体中心，并建设"融媒眼"中央厨房。"融媒眼"是"长兴传媒集团与传媒技术公司合作开发并拥有独立知识产权的融合广播、电视、报纸、网络、移动端'五位一体'的指挥平台系统"[①]。同时，"融媒眼"也是智能化移动办公系统，分为电脑端和手机端，可在线完成编写、传输、审核等工作，极大提高工作效率。此外，以"融媒眼"中央厨房为轴心，融媒体中心下设10个部门，并形成每日召开编前会，统一分工，以及编辑分工负责等工作机制。

（三）技术革新，拓展内容传播边界

以内容建设为根本，以先进技术为支撑。媒体融合须依托大数据和云计算技术，不断优化内容制作、存储、分发流程，为内容生产和传播提供强大支撑。在新闻报道、节目制作、活动服务等方面，广泛运用移动传输、移动直播、无人机拍摄等先进技术，实现内容的多维度、全景式呈现；在传播平台方面，重点打造APP，并找准用户"痛点"形成了"新闻+服务""政务+民生"信息传播和公共服务模式。

（四）智能转型，打造创新型智慧媒体

首先，移动优先是建设智慧媒体的重要突破口。移动优先不是将传统媒体内容机械化复制转移，而是要求创新性的开发。在内容表达上，短小精悍、鲜活快捷，并且直指本质、微言大义、画龙点睛。在呈现方式上，利用前沿科技实现优质内容的立体化呈现。其次，以"AI+媒体"助力智慧媒体建设。目前人工智能作为新兴产业正不断融入各行各业，创造新业态，培育新增长，引领新发展。

---

① 王晓伟：《破壁体制机制 赋能媒体融合——长兴传媒集团媒体融合探索实践》，《中国记者》，2018年第11期：116。

（五）优化服务，以移动服务平台增强用户黏性

在互联网+时代，微信成为人们生活中必不可少的即时交流工具。以政务微信为例，政务微信是国家在社会管理的过程当中发布行政事务，回应民众关心事宜的一种方式，是集图片、文字、语音、视频、网页链接等多种形式为一体的政务服务形式，公民可以通过政务微信获得方便快捷的政务服务，同时也可以利用政务微信参与政府治理，有助于提高政府办公的透明度和民众的参与度。通过优化平台服务性，提升用户黏性。

（六）产业转型，以优质内容推动多渠道发展

媒体产业化转型须建立在充分占有内容优势与用户资源的基础之上。媒体拥有丰富的内容与稳定的用户，才拥有探索经营新模式的资本。以长兴传媒集团为例，在夯实内容根本的同时，集团实行产业化转型，并获佳绩。自2013年以来，长兴传媒集团营收连年增长，累计增长超过70%[1]，2018年营收达到2.26亿元[2]。集团推出系列化、定制化、高端化的活动，通过开展活动、提供服务来拓展创收，实现由原本单一广告经营模式向多种经营模式的转型。集团旗下慧源公司与科技公司负责拓展各类信息化项目，全年创收5000万元。[3]此外，集团探索多种"媒体+"模式，在成功范本如"媒体+会展""媒体+活动"之外，尝试"媒体+少儿"等多种模式。

（七）人才培养，专业化、梯队化续航内容生产

媒体的竞争，归根结底是人才的竞争。区县级融媒体在人才培养方面，实施"引进""培养"并重的人才方略。在人才引进方面，积极引进高端人才、亟须人才。同时，对于特殊引进人才提供创新空间与广阔舞台。在人才培养方面，加大资金投入、鼓励继续教育，打造融合型媒体人才队伍。

---

[1] 光明日报调研组：《县级媒体融合发展的长兴探索，光明日报》，光明日报2018年12月7日，http://epaper.gmw.cn/gmrb/html/2018-12/07/nw.D110000gmrb_20181207_1-07.htm，2019年3月5日。

[2] 数据来源：长兴传媒集团提供。

[3] 数据来源：长兴传媒集团提供。

专研报告三

困知勉行 守正创新
——我国各级党报融合发展年度观察

赵淑萍 吴昊①

摘 要：近年来，由于各级党委政府的大力支持以及"自我革新"，我国党报融合发展初具规模，典型新媒体案例频出。人民日报"中央厨房"继续前进，南方日报以"南方+"为抓手唱响了主流的南方声音，羊城晚报的"媒体+创意园"模式不断深化，广州日报延续其在垂直领域的深耕，太仓日报以用户思维提升县级党报的多元化经营。然而，整个报纸行业仍在爬坡之中，党报集团内部的内生性体制机制仍待培养，人才流失也成为发展掣肘。放眼未来，我国各级党报应理顺内外部体制机制，并在智库化媒体建设、人工智能等新技术应用上持续探索，从而拓宽报纸行业生态圈，为媒体融合的国家战略贡献"党报智慧"。

关键词：党报；媒介融合；困境；对策

Upholding Integrity and Exploring Innovation at the Turning Point
——The Observative Analysis of the Party Newspaper on Media Convergence

Abstract: In recent years, due to the strong support of the party committees and governments at all levels and the "self-innovation", the integration of the party newspapers in China has begun to take shape, and typical new media cases have frequently appeared. The People's Daily's "Central Kitchen" continued to advance; Nanfang Daily sang the mainstream southern voice with "Southern+" as the grip; the "Media+Creative Park" model of Yangcheng Evening News continued to deepen; Guangzhou Daily continued its deep cultivation in the vertical field; Taicang Daily used the user's thinking to enhance the diversified operation of county-level party newspapers. However, the entire newspaper industry is still climbing, and the endogenous institutional mechanisms within the party newspaper group are still to be cultivated. Looking into the future, party newspapers at all levels in China

---

① 赵淑萍，中国传媒大学电视学院教授；吴昊，中国传媒大学电视学院硕士研究生。

should rationalize internal and external institutional mechanisms, and continue to explore new technologies such as artificial intelligence, thereby broadening the newspaper industry ecosystem and contributing to the "party intelligence" of the national strategy of media integration.

Key words: Party newspapers, Media convergence, Predicament, Countermeasures

党报，即马克思主义政党创办的机关报，是宣传政党的纲领、路线和政策的工具，也是沟通政党与民众关系的桥梁。本文所提"党报"，指的是中国共产党创办的各级委员会机关报。

我国媒体融合战略实施以来，传统报业与新兴媒体不断深入融合，从网络媒体时代过渡到多媒体时代，进而发展到当下的以大数据为内核向多产业延伸枢纽式的全媒体时代。伴随着人工智能、大数据等技术在过去一年内愈发快速的落地运用，我国传统报业受其冲击程度也不断加深。但在制度变革、结构调整等内部作用下，党报融合发展正不断向深度与广度迈进。

据人民网发布的《2018中国媒体融合发展指数报告》显示，中央级媒体融合传播力领跑全国。广东省进入前十的报纸有南方日报和广州日报两家，上海有6家报纸进入百强，北上广地区的传播格局和实力基本稳定，继续领跑我国报业的融合发展。此外，部分县级媒体发展特色鲜明，在融合发展中不断探索，初见成效。

课题组选取我国各级党报中的典型代表人民日报社、南方报业传媒集团、广州日报报业集团、羊城晚报报业集团、太仓日报社进行深度调研，试图了解五大党报集团融合发展的内在特色逻辑，为我国各级党报的融合发展提供最新经验。

一、当前我国各级党报融合发展的整体态势

过去一年，课题组通过考察发现，我国各级党报集团的"自我改革"已初具规模，全媒体平台悉数打造完成，典型新媒体案例频出，成为我国媒体融合发展中不可忽视的力量。整体来看，当前我国各级党报融合发展呈现以下主要特征。

(一）各级党委政府大力扶持党报发展

近年来，我国中央及地方各级党委政府出台的政策支持举措为我国各级党报的融合发展注入了极大信心。2017年9月，国家新闻出版广电总局出台的《新闻出版广播影视"十三五"发展规划》提出了扶持重点主流媒体的创新思路，坚持传统媒体与新媒体同频共振，内宣与外宣共同发力，不断提高党报、党刊、电台、电视台等媒体的宣传报道水平，着力提升主流媒体传播力、引导力、影响力与公信力。

在财政支持方面，上海市仅在澎湃新闻上给予上海报业集团的支持三年超过3亿元，澎湃的经营能力不断提升；南方日报2014年获财政支持5000万元，近几年增长到每年1亿元。

在广告投放方面，2018年我国报纸的广告继续下滑，但党报广告稳定增长。根据CTR媒介智讯的数据，2018年上半年我国报纸广告面积下滑严重达33.8%，但《重庆日报》《新华日报》《南方日报》等省级党报，《金华日报》《温州日报》《湖州日报》等地市党报的广告投放仍保持增长。这种增长主要依靠部委办局在专刊专版的广告投放等一些非市场化广告模式运作。

（二）党报主题宣传守正创新，有声有色

党报姓"党"，党报的新媒体发展重点仍然是壮大主流舆论。2018年，智能化技术的深落地不断推动着党报融合产品服务升级。人工智能与媒体的"联姻"，已不再是单纯的新媒体助力传统纸媒进行简单的功能叠加，而是做到了以技术为驱动融合产品的内容与形式。在过去的一年，我国各级党报新媒体在描绘新时代、弘扬主旋律、传播正能量等方面继续发力，优秀作品层出不穷。

2018年全国两会期间，人民日报首次把缩微定格动画引入时政报道，推出动画微视频《政府工作报告怎么读？人民日报为你建了一座城！》。通过制作缩微模型，建造一座叫"种花家"的微城市，在小区、花园、医院等日常生活场景中，以投影字幕特效，展示5年来中国建设发展取得的成就，描绘《政府工作报告》提出的新年度奋斗目标，总播放量超过850万。

南方报业传媒集团继续提升"唱响南方主旋律"的业务能力，在2017至

2018年连续推出的反腐脱口秀视频节目《武松来了》，以广东省反腐办案为题材，以短视频脱口秀的形式，成功吸引了互联网用户，全网点击量突破两亿次。

（三）政务服务成为党报融媒新蓝海

围绕中心，服务大局永远是党媒的重中之重。近年来，政务服务成为各级党报多元化经营的新蓝海。截至2018年底，我国经认证的政务微博已经达到17.6万个，阅读量达3800多亿次。此外，政务微信、政务微头条等也在迅速扩张。我国各级党报承接的政务服务主要包括以下三种。

第一，对接政务服务平台。针对一些地区部门还未有实力完成政务服务的提升，地方党报便主动进行对接。如"南方+"主动响应政务倡导的"数字广东计划"，承接广东省线上交党费、出入境办理等政务服务。第二，政务新媒体代理。许多党报主动运维多家政务新媒体，并通过这些渠道传播新闻，形成良性循环。第三，承接政府的宣传或活动，提升政府形象的同时也增强媒体的影响力。

"新闻+政务+服务"的模式，成为党媒融合的主要通道，也反映了政府部门以购买服务的方式，对媒体融合的发展提供了直接补贴以外的支持。

二、人民日报社：解读"中央厨房"的内在融合逻辑

近年来，人民日报的融合发展在中央媒体中尤为显眼。2012年，以人民日报为代表的主流党媒开始进入社交平台，代表着中国党报传播体系的综合性平台建设水平进一步提升。截至2019年6月，人民日报以人民网、人民日报客户端作为媒体融合的旗舰和突破口，形成了综合覆盖受众超过9亿用户的全媒体矩阵。

回顾人民日报的融合发展之路，可以看到，其在融合2.0阶段建立起来的"中央厨房"是支撑整个报社全媒体矩阵的重要后台节点。然而，学界与业界对"中央厨房"一直褒贬不一，有的人认为采编系统每个媒体都有，"中央厨房"只是一个噱头，还有的人直言"中央厨房"就是"假日厨房"，并没有做到常态化运行。课题组带着这些疑问赴人民日报社调研，人民日报

社媒体技术公司给了以下答案。

（一）人民日报始终坚持业务先导

多年的新闻实践为人民日报积累了过硬的业务能力。无论处于何种媒体环境，业务的突破与创新一直是人民日报的重要坚持。早在1999年，人民网便在两会期间开设了《本报记者网上谈两会》的视频栏目。澳门回归时，人民网派出记者从澳门发回传统的图文报道以及音视频报道，是我国网络媒体首次派记者参加国家重大政治活动的报道。

2015年，人民日报"中央厨房"在全国两会期间开始试运行。比起行业许多提供融媒体平台搭建的技术公司，"中央厨房"最大的优势是多年积累的新闻业务能力。作为一项技术，"中央厨房"服务于整个报社业务流程的创新。2016年两会期间，人民日报客户端用VR作品《VR带你进会场 政协大会这样开幕》，给用户带来了一次360度沉浸式体验，这是人民日报基于"中央厨房"试水新媒体视频直播的一次重要尝试。

2017年，人民日报社开始对外服务输出，支持各级媒体的融合建设。在针对特定媒体的融媒体平台搭建过程中，人民日报坚持围绕特定媒体的基本业务情况进行相应调整，从而贯彻执行"中央厨房"系统服务于业务的理念。

（二）理顺体制机制激活记者创新力

人民日报多年积累的大量新闻人才保证了其在任何媒体时代的转型发展。当媒介融合促使人民日报开始全方位变革，"中央厨房"便用全新的机制、全新的系统激发采编人员的潜能。

2016年，人民日报以"中央厨房"为"孵化器"，正式启动"融媒体工作室"计划。融媒体工作室顺应新媒体生态下信息需求的分众化趋势，以专业化、垂直化原则分类，内容覆盖时政、财经、国际、文化、教育、党建等，从而形成自己的品牌个性。

"中央厨房"为融媒体工作室编辑记者的内容创新提供推广运营、技术实现以及基础资金等支持。融媒体工作室可以使用中央厨房的整套技术体系协助内容生产，如移动助手、H5产品制作工具、新媒体内容发布管理系统等。此外，"中央厨房"还为工作室配备专业的技术开发、视觉设计、推广运营人员，帮助工作室实现内容创意以及内容产品在各个渠道的推广传播。

以"中央厨房"灵活的体制机制为依托，依靠编辑记者在政策解读、文字功底上的优势，融媒体工作室不断创新新闻报道方式，打造出了多款传播效果显著的新媒体产品，进一步提升了报纸和新媒体的报道质量。

三、南方报业传媒集团：以"南方+"为龙头唱响主流"南方声音"

南方报业传媒集团是我国首批将纸媒内容数字化的传统媒体集团之一。2018年，南方报业传媒集团持续向"政务+"领域发力，进一步拓展与广东省政务机构的连接网，有效提升了"唱响南方主旋律"的业务能力。从2018年4月起，南方报业传媒集团相继与广东省教育厅、广东省文化厅、广东省公安厅、广东省社会科学院、广州市黄埔区政府等建立深度合作关系，达成共建全媒体平台，联合开展调研活动等共识。

手机新闻客户端"南方+"是南方报业传媒集团移动新媒体端的拳头产品，是广东权威移动发布平台。从2015年10月上线至今，下载量已突破5600万，在2018年党报APP排行榜里居地方党报首位。以"南方号"和"直播广东"等自建平台为依托，拓展"南方+"的产品生态圈，从而唱响主流党报集团的"南方声音"。

（一）南方号：广东省权威的政务服务平台

政务平台"南方号"是广东省权威的新媒体发布平台。"南方号"邀请广东权威机构自媒体入驻成为"南方+"的内容提供方。同时，南方报业传媒集团通过"南方号"发布集团内容，从而形成良性双向发布机制。截至2018年底，"南方号"入驻单位超过5000家，这些单位涵盖广东省21个地级市以及医疗、教育、政法、公安等垂直领域。

此外，南方号平台已实现内容的双向输出。据"南方+"内容总监介绍，南方号每个月的发稿量已达45000条，即"南方号"的用户生产，每个月就有45000条权威发布信息。"南方+"通过"南方号"渠道也会输送客户端优质内容。如针对港珠澳大桥的短视频等新型产品，通过"广东共青团""暨南大学"等机构自媒体进行推送，最终成为"10万+"的爆款。

（二）直播广东：全方位还原广东经济社会发展最新现场

2016年3月，"直播广东"平台在"南方+"APP上线，以图文和视频实时直播形式，全方位还原广东省经济社会发展的最新现场。"直播广东"上线至今，在突发事件和日常新闻策划中皆表现不俗。

2018年9月台风"山竹"经过期间，"直播广东"发挥了重要的媒介作用。"直播广东"联动全省21个地级市记者站进行了一场60小时的移动直播。该直播成为广东省各地三防办了解一线情况的来源，东莞市三防办更是将"直播广东"作为信源在三防办指挥部滚动播放。在突发事件的直播之外，"直播广东"在日常报道中对各个领域进行新闻策划，包括邀请各个部门的官员担任主播，用直播走访的形式呈现"河长"、海关等部门的政策解读，为观众提供专业领域知识。

2018年，"直播广东"完成了一千五百多场直播，主要依靠的是南方报业传媒集团在"直播广东"平台上的各入驻单位，包括南方日报总部及各地记者站、南方网、南方农村报等。"直播广东"通过在技术支撑、选题策划等方面的平台服务，支持入驻单位进行直播。平台的完善降低了直播的门槛，强化与各部委的联系，提升了直播的质量，最终使得"直播广东"成为公众了解广东经济社会发展的重要窗口。

四、羊城晚报："媒体+创意园"，融合发展的现代文化传播集团

同样作为省级党报，羊城晚报从创刊之初便树立起与南方日报差异化的发展道路。谈起媒介融合，羊城晚报编委孙璇认为"两个再造"不可缺，即流程再造与产品再造。流程再造要解决队伍的思维问题，员工的思维要适配最新的技术。产品再造强调的是用户思维和市场导向，产品的好坏不再仅仅依赖部门主任的拍板，这是媒体融合能否成功的重要指标。在发展模式上，羊城晚报依据自身条件，形成了全国独一无二的媒体融合与文化产业聚集的创新驱动平台。

（一）从"房东"到"股东"的转变

2017年，由羊城晚报首创的"媒体+创意园"的全新融合模式正式落地运营。通过经营羊城创意产业园吸引和服务租客，羊城晚报获得了一定的资金来源，为集团的整体转型提供了物质基础。目前，羊城创意产业园扩展至四大区域，分别为黄埔大道主园区、东风东园区、广州东园区和南沙园区。黄埔大道主园区被文化部授予"国家级音乐产业基地"称号，是广州首批"互联网+"小镇的核心区。2017年黄埔大道主园区入驻企业145家，以文化类创业的互联网音乐类产业为主，主要有滚石音乐、荔枝FM、网易直播、金山游戏等企业，年产值超100亿元。2018年，主园区、东风东园区两个园区的入驻企业已达260多家，产值超280亿元。

以文化创意园为基础，羊城晚报正逐渐实现从"房东"到"股东"的转变。通过开展论坛、培训、音乐节等特色活动，羊城晚报不断深入与园区内外的企业合作。将园区资源与报社的新媒体产品生产、岭南特色文化培养、传媒行业标准制订等方面相互补充；探索与企业形成内容互联互通，线上线下整合的传播连接新路径。多年的园区日常维护与管理经验使得羊城晚报社得到许多园区的认可并开始输出管理模式。

（二）"文化+科技+金融+双创融合"模式

2019年，创意园以文化为核心，以科技为重点，以金融为驱动，大力发展文化创意、移动互联和网络金融三大产业，努力推动创意园进行产业转型升级，助力羊城晚报逐渐形成"文化+科技+金融+双创融合"的发展与赢利模式。

此外，从2015年开始，羊城晚报通过参与广东大学生创新创业基金，着手对特色内容、活力用户等项目进行股权投资，使之逐步形成集团可控、可用的新型传播引导能力的一部分。

2018年，羊城晚报创意产业园企业总产值超270亿元，其特色的"媒体+创意园"的融合发展模式成效显著，新媒体的传播力与影响力在广东甚至全国都走在前列，正大步向独具岭南特色的新型现代文化传播集团迈进。

五、广州日报：立足本地、垂直深耕的地市级党报发展典范

人民网研究院发布的《2018全国党报融合传播指数报告》显示，广州日报融合传播力排名全国第三，报纸传播力排名全国第二，微博传播力排名全国第四，微信传播力排名全国第四，客户端传播力排名全国第五。可见，广州日报近年来的媒介融合实践使其成为全国地市级党报的标杆。

2018年，广州日报继续本着"以传媒为根本，以融合促转型"的基本思路，全面构建一体化融媒生产矩阵；以技术为基础，利用大数据持续推动用户"连接"在纵横双向上的扩张；利用自身与政务部门深度合作的优势关系，不断优化政务服务，同时对基层社区垂直深耕，达成优势关系的价值变现，实现用户量亿级的突破。

（一）广州+：广州市权威政务服务咨询发布平台

"广州+"是一个专业媒体、政务媒体、机构媒体的聚合平台及内容分发平台。入驻"广州+"的新媒体公众号享有传播优先、服务优先、资源优先三大优势。

2018年3月，来自政府机关、医疗、社会团体的160家政务公众号入驻"广州+"，共同打造全新的广州权威全媒体矩阵。2018年10月，广州市165家教育公众号入驻"广州+"，这些教育公众号的入驻促进了广州教育信息的精准传播，提升了教育部门与市民的良性互动，也是携手打造广州教育系统宣传阵地、准确把握教育事业发展面临的新形势新任务的一次有益探索。

此外，依托广州日报"中央厨房"与人民日报、新华社以及腾讯、今日头条、新浪微博等建立的战略合作关系，"广州+"生产推送的内容可通过这些平台融入逾亿级传播生态圈，进一步提升辐射力与影响力。

（二）"健康有约"：华南地区最权威的健康资讯和服务平台

广州日报"健康有约"是广州日报联合广州地区所有三甲医院，与数百名顶级名医合作打造的华南地区最权威的健康资讯和服务平台。"健康有约"自成立以来，在线上线下全面发力。截至2018年10月，该平台推出的"名医

大讲堂"和名医微课直播,已举行近两百场,场均点击量超20万,钟南山、侯凡凡、吴一龙等众多名医先后担任主讲。

此外,"健康有约"举办了多个树立行业标杆的线下活动,其中"广州妙手护士评选"与"广州星级家庭医生评选"两大活动分别创下100多万和60多万的投票量。"健康有约"在与群众互动、健康知识传播、全民医学素养等方面都做了有益的探索,并在2018小蛮腰科技大会上荣获2018年度最具影响力医药健康媒体奖项。

六、太仓日报:以价值导向探索"中央厨房"与商业模式的延展性融合

习近平总书记在2018年8月21日召开的全国宣传思想工作会议上指出,要扎实抓好县级融媒体中心建设,更好引导群众、服务群众。[①]当前,区域传统媒体正受到理念、技术、渠道、内容等诸多限制,融合之路步履蹒跚。对于县级党报来说,新闻是使命责任,多元化经营是生命线。太仓日报以"中央厨房"为阵地,以用户思维为导向,以党媒独特的影响力权威性让多元化经营反哺新闻主业,形成了良性融合发展闭环,也为太仓市的媒介融合探索打下了坚实基础。

课题组通过调研了解到,太仓日报社共60多人,属于差额拨款事业单位。报社一年开支需要2200万元,财政每年拨款431万元,资金缺口近1800万元。得益于报社成功的多元化经营,目前报社一年广告营收将近3000万,盈余资金还能发展事业。

(一)开设多种栏目,承接政务服务

太仓日报社长兼总编辑张忠在与课题组交流时说道:"政府是党媒最重要的用户。围绕中心,服务大局永远是党媒的重中之重。"近年来太仓日报社主动对接政府部门,开设了多项栏目,政务服务水平显著提升,也给报社

---

① 《举旗帜聚民心育新人兴文化展形象 更好完成新形势下宣传思想工作使命任务》,《人民日报》,2018年08月23日01版。

带来可观的经营收入。

太仓日报社承接的太仓市政务服务具有领域广、触角深的特点。在宣传层面，报纸和官网都开设了政府部门专版，承接政务内刊与杂志书籍，承接政务微信代理，开设政务直播，拍摄短视频专题片，以及承办政府活动。此外，太仓日报还开设民生平台、太报智库平台等。

（二）盘活社会资源，提升经营水平

成功的跨界经营管理是县级媒体持续运转的必要保证。区域媒体由于地域限制无法完成流量变现，这使得价值变现成为出路。

在提升政务服务之外，太仓日报将触角延伸至太仓市经济社会的各个方面，如承接当地金融服务，建立"太报智屋房产交易平台"、二手车交易平台、家装服务平台、教育资讯平台等。在经营中重视营利性活动和公益性活动并重，不断扩大太仓日报的媒体影响力和价值变现能力。

太仓日报的案例说明，区域县级媒体的融合建设应立足正确的舆论导向、坚守基层舆论阵地、坚守新闻宣传本职工作。此外，县级媒体应该找准角色和定位，适应地方发展实际，适应群众需求和呼声，适应县级媒体的发展现状，确保融合优势落到实处。

七、我国各级党报融合发展的问题与困境

近年来，党报传播的生态环境面临着从行政主导向专业主导，从单纯价值主导向消费与价值主导交织的转变。新媒体的持续作用下，党报传播生态呈现以下特征：技术重构了信息接收模式，信息的用户需求和消费性特点日益明显，信息传播的多向度和强互动性日益显现。纵观整个报业，在融合进程中的体制机制调整、人才的吸引与培养等问题依旧严峻。

（一）整个报纸行业仍处于爬坡之中

传统报业仅仅依靠纸质端口无法实现增长，媒体融合成为报业的现实选择。但传统报业的融合转型仍然带着巨大的阵痛。2017至2018年，全国超百家报刊关停并向移动端转移，但真正转型成功的报刊仍为少数。陕西华商报

与一百多名记者解除了劳动关系,许多优秀记者离职选择创业;重庆报业集团留住了一批调查记者并推出慢新闻客户端,其传播效果仍需继续观望。

(二)党报融合的内生性机制待培养

我国媒体内部整合不尽到位,没有形成新媒体作品生产方面的内生机制。报刊传统单一的生产格局没有发生根本改变,没有形成新的评价体系下的生产力提升效果。现有的新媒体从业人员的基本结构、基本素质还非常薄弱。传统媒体和新媒体的"两张皮"现象仍然严重,更不足以支撑媒体融合的充分发展。在考核机制上,许多报业集团的新媒体考核占比越来越重,但报业自身的价值似乎并不能体现,这便形成悖论。

此外,生产流程、部门设置、人员组织、制度设计等一系列的转型问题依旧困扰着众多党报集团。放眼未来,党报融合的体制机制仍然需要进一步的探索。

(三)人才流失成党报融合掣肘

报业新媒体人才流动过快,优秀人才队伍建设面临困难。报社新媒体员工的薪酬有限,薪酬标准与市场化媒体相比并无太多竞争力,薪资方面对人才的吸引力不足,人才流失严重。

体制机制对人才资源的流动也有一定的影响。因为关系领导问责问题,党报集团的新媒体不太起用体制外的新媒体人才,但体制内能做好新媒体的人才又时常不足。

此外,传统媒体现有人才与技术基因脱节的现象仍为严峻。新媒体采编制作有自己的规律,传统报业集团对这一套话语方式并不一定有优势。新的媒介环境使得党报的记者必须从"报人"转型成为"融媒体人"。

八、我国各级党报融合发展的对策与建议

(一)管理层加强战略引领,助力党报迈上新台阶

党报管理层的战略目光与决心对党报今后的发展至关重要。依托互联网技术、拓展渠道、重构关系是各大报业集团都能去探索的,但各大集团如何

根据自身特点，进行适合的转型升级，就需要各显神通了。

上海报业集团力推"三二四"战略布局。"三"指的是"解放日报""文汇报""新民晚报"三大传统报纸及其融媒体平台；"二"指的是集团两大现象级新媒体产品"澎湃新闻"与"界面"；"四"是聚焦国际传播媒体领域、财经服务领域、提供个性化、对象化、定制化信息产品领域以及综合信息服务领域四大细分领域，在新媒体端垂直发力。这些产品围绕新技术运用、新语言空间、新商业模式，以特色为支撑，探索市场化发展之路，目前已进入快速发展期。

深圳报业集团狠抓战略先行，在深入调研的基础之上，根据市委要求，制订新一轮深化改革总体方案。这一方案从2018年开始，进一步深化发展战略，构建全媒体传播格局，不断提升"四力"。

（二）着眼绩效考核，调动新媒体发展指挥棒

绩效考核是调动媒体内部成员积极性的指挥棒，绩效考核偏向新媒体，新媒体的供稿积极性就会大涨。

浙报集团对编辑记者的考评考核将报、网、端三个端口的人员集合在一起，根据各自的工作绩效进行分档，实行薪酬和奖金的分级发放；川报集团的人员考核中，30%和新媒体挂钩；贵报集团的记者在纸媒发稿只能拿到一半薪酬；新京报的整个团队目前已做到先端后报，记者采写的稿件先在新京报客户端上发布，而后才见报。南方日报的记者如果先端后报发稿就会有一定的奖励，如果先报后端，就没有额外的奖励，相当于转载，"南方+"客户端主要依靠南方日报的记者队伍，有的记者给客户端提供稿件的收入占到总收入的70%至80%。

此外，在整个绩效考核向新媒体倾斜之外，许多报业集团开始针对业务突出的记者进行机制适配，以激发记者生产出更为优质内容。南方报业传媒集团从2016年底开始推进"南方名记者"项目，通过报社的骨干组建相对超脱于集团的工作室，集中精力去做一些大的项目。在收入上脱离了按单条稿件计算工资的制度，推行一人一策。通过"先锋带动整体"，促进整个集团的绩效考核的完善与创新。

（三）智库化媒体建设，开辟行业新通道

党报开启智库化转向是未来发展方向之一。深度对接政府、企业、社会机构与普通用户，注重学术眼光、专业知识、理性思辨，以人文关怀的视角传递新闻讯息、社会关怀与生活态度是未来党报赋能新媒体健康发展的进路。

2018年7月，南方报业传媒集团十大传媒智库机构正式亮相，在经济、法治、教育、城市、党建五大领域设置了专项智库，此外还成立南方数字政府研究院、广东乡村振兴服务中心、南方周末研究院、南都大数据研究院与南方舆情研究院五大智库机构，对外实现高品质的内容输出，对内实现产品"自我消化"，为自身发展提供决策依据。同时，各智库不断推进为系列产品植入"南方系智慧"的步伐，全面升级内容质量，取得了较为丰硕的成果。

2018年以来，澎湃新闻下属编辑部澎湃研究所进一步向新型媒体智库转型，加强内容生产，策划"山河"系列大型报道《山河1：胡焕庸线上的中国》《山河2：穿越海岸线》《山河3：江南》，出版《中国实验室2》《改革中国》《漫步魔都》《山河1：胡焕庸线上的中国》等系列图书，新设"全球城市观察""街角社会""口述中国""城市与社会""中国家庭"等栏目，力争形成"山河"系列IP和澎湃研究所丛书品牌。

（四）人工智能应用升级，助力产品再造

随着VR（虚拟现实）、AR（增强现实）、大数据、AI（人工智能）技术的快速发展，传统媒体在数字化转型升级中，通过技术赋能、数据赋能，提升新闻报道内容的传播价值，形成新的技术优势。

2017年7月，国务院印发《新一代人工智能发展规划》，提出新一代人工智能发展分三步走的战略目标，到2030年使人工智能理论、技术与应用总体上达到世界领先水平，成为世界主要人工智能创新中心。这是我国首个面向2030年的人工智能发展规划。2018年3月，全国两会再次提及"加强新一代人工智能研发应用，在医疗、养老、教育、文化、体育等多领域推进'互联网+'"，人工智能上升到国家战略层面，成为媒体融合发展的新方向。

依托于人工智能技术，2018年3月，人民网联合人民日报全国党媒信息

公众平台，进行全国两会内容报道，推出直播、微视频、H5专题、日播视频节目等新媒体产品，贯彻移动优先的理论，告别过去以报纸为主的"单兵作战"，同时立足融媒体发展理念，呈现多维度、多层次的新闻报道。

川报集团的封面新闻自主开发的"小封机器人"于2017年问世，成为我国党报集团中首家拥有聊天机器人的APP。同时，封面新闻"因人而异"的算法推荐更为成熟和优化，AI机器人写稿技术不断完善，加速了我国媒体行业的迭代更新。

（五）推进整体解决方案，拓宽产业生态圈

2018年的报业融合中，智能化技术引领产品服务升级，内容迭代升级推动融媒体产品范式更新，平台聚合互动进一步激发了融合活力，县级媒体融合打通"最后一公里"。未来，我国党报应尝试更多跨界合作，消弭产业边界，扩大融合的广度，同时在既有融合模式中全面创新、精耕细作，以提升融合的深度。

南方日报佛山记者站只有不到100人的团队，2017年实现营收1亿元。记者站的营收中，报业收入占不到40%，非报业收入占50%以上。记者站与当地党政部门、公共机构、技术企业等进行合作，以新的传播平台和传播方式为铺垫，编织出了一张"内容+资源+市场"的赢利之网，为报业经营提供了良好的范本。

当广告销售模式令传统报业越来越难以为继之后，为甲方提供整体解决方案的模式成为报业赢利的新模式。通过为甲方提供整体解决方案，将党报集团的所有户外广告、PC端、手机移动端打包成为"套餐"供甲方进行选择，这样的收入模式将比传统媒体时代的单一广告收入有竞争力得多。

专研报告四

资讯类短视频：视觉化报道建构媒介新生态

曹晓红 于丽东[①]

摘　要：短视频作为新兴资讯报道形态，市场整体增速强劲。目前各类短视频平台异彩纷呈，既有立足新闻视觉化、创新内容生产模式的"人民视频"，又有以短视频平台带动传统报业转型的"我们视频"，更有商业化短视频的全新探索"梨视频"。为了研究短视频在各层次信息整合、交流与传播过程中的特点，解析短视频如何整合意见，引导舆论，本次调研专门深入行业内部，深入采访了以上三家短视频平台，并在对各个短视频平台的现状与特点进行详尽分析的基础上，分别探讨官方媒体、主流媒体以及商业媒体如何构建短视频生态圈。由此，针对短视频发展中出现的问题进行总结，进而提出一些发展策略建议。

关键词：短视频、人民视频、我们视频、梨视频、媒体融合

Informative Short Video: Visual Reports Construct the New Media Ecology

Abstract: As an emerging news reporting form, the market of short video grows vigorously. At present, various short video platforms are dominating, including "People's Video", which is based on news visualization and innovative content production mode, "We Video", which drives the transformation of traditional newspapers via short video platform, and "Pear Video", a new exploration of commercial short video. In order to study characteristics of short video at all levels in the process of information convergence, communication and transmission, and parse short videos on how to integrate and guide the public opinion, this special in-depth industry research, interviews with the above three short video platform. On the basis of detailed analysis of the characteristics of each short video platform, this article respectively discusses the official media, the mainstream media and commercial media how to build a short video ecosystem. Aiming at the problems of

---

[①] 曹晓红，中国传媒大学电视学院教授；于丽东，中国传媒大学电视学院硕士研究生。

short video, we offered some suggestions on development strategies.

Keywords: Short video, People's Video, We Video, Pear Video, Media convergence

2016年以来，随着智能手机的普及和移动互联网的快速发展，短视频成为崛起的新型媒介形态，移动化、社交化、生活化、智能化等特性使其迅速成为移动传播时代重要的信息呈现和传播方式。一般而言，短视频指在新媒体上传播的时长在5分钟以内的视频，是继文字、图片、传统视频之后一种新兴互联网内容传播方式。当前，我国移动视频用户数量已经达到6.48亿，抖音、快手等短视频应用的日活量达到2.5亿。移动短视频行业已成为当前最具成长性和竞争力的新业态。

移动短视频作为互联网时代媒体信息传播、网民话语表达、日常社交与沟通的重要方式，既是传播党的声音的重要舆论阵地，也是主流媒体实现融合发展的突破口。因此，急需对其概念、类型、特征、生产与传播机制、媒介功能升级和发展路径等进行系统梳理和学理关照。2019年1月，中国传媒大学媒体融合调研团队先后深入调研了人民日报社"人民视频"、新京报"我们视频"、"梨视频"等在资讯短视频行业中表现亮眼、增长强劲的媒体，通过参观访问、座谈调研等方式深入了解当下资讯短视频平台的发展现状、生产传播机制及发展趋势，感受到传统媒体的融合之路已经从媒体产品内容形态的融合，发展到媒体之间的融合与媒体跨界的融合。短视频作为新兴资讯报道形态，已然成为传统媒体融合转型的新着力点。

在深入调研的基础上，调研团队紧紧围绕"人民视频""我们视频""梨视频"三个资讯类短视频平台不同的发展特征与模式，探讨在当前移动短视频已经成为最具成长性和竞争力的新业务的前提下，官方媒体、主流媒体以及商业媒体分别如何通过加快移动短视频的发展，进一步推动传统媒体融合发展，将移动短视频领域建设成为网络舆论引导的全新制高点和传播党和国家声音的重要阵地。

一、"人民视频":视觉化报道新生态

(一)案例介绍

1. "人民视频"发展之路

为全面落实习总书记关于媒体融合发展的重要讲话精神,人民网始终坚持把推进媒体融合发展作为全局性战略工程,瞄准融媒体视觉化发展新方向,以期实现传统媒体全面转型。2018年人民网推出的"人民视频",是其布局5G时代,打造全新可视化品牌的重要战略步骤,通过与腾讯、歌华有线合作,成立视频合资公司,"人民视频"逐渐成长为技术驱动、自主可控的中央级可视化内容聚合与分发平台,实现产品形态和产业生态的双核驱动。通过构建覆盖内容获取、制作、传播的全流程一体化服务,推动媒体融合向纵深发展。2018年9月,"人民视频"登录人民网、腾讯网及歌华有线三大平台。目前,"人民视频"平台已具备在线直播、短视频智能剪辑、Vlog、VR和AR集成等功能,为"人民拍客"拍摄、剪辑与分发视频内容提供技术支撑。

今年的两会报道中,"人民视频"不仅推出了Vlog短视频与直播内容,也采用AR技术、VR直播、MR视频等多样化的技术与设备,丰富融合媒体报道形态,有效提高时政议题传播力与舆论引导能力。

(二)案例分析

1. 创新内容生产机制

"人民视频"总经理陈星星认为,技术改变了媒介,重新定义了我们获取信息的方式方法,催生了我们对短视频与直播的新需求,同时也将改变媒体组织内容生产的方式,改变生产关系与生产系统。在内容为王的短视频新时代,谁在主导内容生产显得尤为重要。目前,一个多元主体的短视频生态圈正在形成:网信部门深度参与、积极引导,主流媒体加强短视频融媒体生态创新,政务新媒体加快构建短视频传播矩阵,网络原生移动短视频头部机构兴起,UGC内容逐步升级。

"人民视频"的视觉化生产内容形态多样,而且生产机制各不相同。从直播到接力直播的玩法转变,AR、VR、Vlog新技术、新形式的采用,以及

联合中央媒体、地方媒体、拍客等多元主体进行"云策划、云拍摄、云制作"的创新生产新模式,再到"人民拍客"平台的搭建,"人民视频"的视觉化生产有了更多的可能。

2.视觉化产品形态多样化

(1)互联网直播的兴起

近年来,新闻报道已经实现了直播常态化,从两会到奥运会,从国内新闻到国际事件,直播的内容与形式力求满足新时代用户的需求,提高传播效率。2018年,"人民视频"推出直播品牌"人民发布",主推政务发布,聚焦各部委办局和地方政府新闻发布会。此外,"人民视频"联合各政务机构及媒体,打造网络直播矩阵,在突发事件和应急事件中发挥了重要作用。比如台风"山竹"来袭之际,"人民视频"和广东电视台、深圳卫视等地方媒体联合推出7场直播,全方位直击"山竹"登陆。此外,在长宁地震、台风"利奇马"的报道中,联动直播发挥了重要的作用。

2018年,接力直播崭露头角。由中央网信办移动网络管理局指导,人民网"人民视频"派出专业直播队伍,携手一直播、斗鱼、美拍等13家直播平台以及5家短视频资讯平台共同推出"看美丽乡村,庆改革开放"大型主题直播活动,49天接力直播报道49个美丽村落,总观看人数超过6亿人次。这次接力直播持续时间久、覆盖地域广、直播规模大、平台融合深,创新了网络移动直播节目模式,探索了媒体生态融合的新方向。

(2)AR与Vlog等创新内容呈现

"人民视频"作为人民网布局5G时代推出的全新可视化品牌,使用AR、VR与Vlog技术延伸图片信息,赋能纸媒,向全息媒体跃进。"人民视频"客户端首先推出AR扫描功能,在2019年两会期间,联动人民日报进行"AR+"两会全媒体融合报道,扫描相关图片即可获得现场实况、注释信息与可视化数据等实时数据信息,以此更加全面深入地报道两会。为庆祝中国人民解放军海军成立70周年,自4月21日起,"人民视频"联动《人民日报》《广州日报》《陕西日报》等十余家党媒,通过AR识别的方式进行了具有沉浸感的海军建军节主题报道。9月23日中国农民丰收节,"人民视频"联动《人民日报》等18家党媒,推出AR报道。

近期"人民视频"AR又有新突破,除在传统纸媒广泛应用AR技术以外,"人民视频"也在积极探索把文创产品"变形"为新传播载体和AR应用场景。4月15日,人民网与东航二次牵手打造的全新"人民网号"飞机顺利首航。在"人民网号"上,乘客不仅可以通过手机等电子设备浏览人民网及"人民视频",还可以通过"人民视频"客户端AR功能扫描首航纪念行李牌,观看飞机喷绘延时短视频,在万米高空中看"人民网号"的诞生。

"人民视频"AR的场景还延伸到了具有收藏价值的邮票上。2018年"植树节","人民视频"联合国家林业和草原局让首枚"中国植树节"纪念邮票"动"起来。通过"人民视频"客户端AR功能扫描纪念邮票,就可以看到《2018年中国国土绿化状况公报》动态可视化图表,让纪念邮票成为内容传播载体,更具收藏价值。

"人民视频"客户端还开通了Vlog与VR垂直栏目,通过Vlog形式开展《今天,我在岗》与《你好,青年》等多主题短视频征集与展示活动,传递正能量。此外,两会Vlog也收获了不俗的浏览量。"人民视频"的VR技术着重于旅游宣传,在突发事件后也能紧跟热点进行报道。例如在巴黎圣母院大火之后,"人民视频"于4月16日通过全景VR技术推出巴黎圣母院室内360°图像报道,使用户可以获得沉浸式观看体验。

（3）"人民拍客"助力传统媒体转型

人民网自2014年起创立"人民拍客",通过搭建平台、线上线下结合,策划一系列短视频征集活动,深入挖掘广泛的民间拍客为己所用,建立了一批高质量,有影响力的拍客队伍。"人民拍客"聚焦短视频,以"权威性、大众化、公信力"为宗旨,发布的短视频既具有一般商业短视频大众化的特点,还具有权威性与公信力,成功促进了主流媒体的转型。"人民拍客"在突发事件、主题宣传等报道中发挥了重要作用,在记者无法第一时间到达现场时,"人民拍客"及时补位,澄清谣言,引导舆论。陈星星也提到,"人民拍客"的视频题材广泛,人物故事生动活泼,拍摄视角平实可亲,画面元素丰富有趣,是一扇了解中国的独特窗口。此外,"人民视频"广泛合作,扩大短视频多元生产主体,例如,"人民视频"和全国公安新媒体矩阵合作推出的系列视频"我是110",以配合2019年中国110宣传日。视频大部分内容来自执法记录仪里的现场素材,记录了全国各地普通民警执法中的暖心故事和动人瞬间。

二、新京报"我们视频":内容生产新模式带动报纸转型

(一)案例介绍

2016年9月11日,新京报"我们视频"正式上线。截至2019年5月,"我们视频"共有采编人员130人,平均日产短视频及小视频150条,"我们视频"短视频在腾讯、微博、快手等平台日均播放量共计2.3亿次。

"我们视频"几乎涵盖了全部的社会热点新闻,影响力在同类短视频平台中常年处于领先地位。新京报"我们视频"以短视频形式创新了新闻内容生产模式,以此延伸纸媒影响力,带动了传统媒体的转型,并在短时间内成长为一个行业标杆。

1. "我们视频"发展历程

2015年1月,新京报成立"动新闻"团队,以动画的形式还原新闻现场。2016年7月,新京报成立视频报道部。2016年9月,新京报携手腾讯推出的"我们视频"正式上线,并提出了"新闻视频看'我们'"的口号,上线一月内就达到了5000万的播放量。

自身定位为"只做聚焦在突发、社会、时政方面的新闻"的"我们视频",目前已经上线了10个栏目,包括对话热点人物的《紧急呼叫》、人物报道的《面孔》、正能量的《暖心闻》、泛资讯的《有料》、暗访调查的《背面》、视频评论《陈迪说》、国际新闻《世面》以及人物访谈《局面》等。

2. 打造原创资讯类短视频生产平台

在短视频成为风口的当下,"我们视频"并没有盲目追赶社会潮流,而是严把内容关,在创新短视频媒体形态的同时,与国内互联网巨头腾讯、新浪合作,采用"借船出海"的方式,搭建起优质原创内容平台,使新京报的转型成为典范。

新京报的媒体转型开始于一系列重大事件中的融合报道;在2015年天津港爆炸案报道中,新京报的"动新闻"先后制作了47条短视频;在榆林产妇坠楼与泰国足球队救援的报道中,短视频就与直播、动画、微信矩阵等共同丰富了新京报的报道形态。由此,短视频逐渐成为带动报纸转型的一大助力。扎根于传统纸媒新京报的"我们视频",有效利用新京报丰富的媒介资源与成熟的采编体系。秉持新闻专业制作的短视频大多具有独特且准确的

新闻视角，内容专业且有深度。在短视频分发渠道方面，"我们视频"并没有选择单打独斗去搭建自己的分发平台，而是首先选择与腾讯合作，在腾讯的资金、技术与渠道支持下，不断扩大自己的影响力，提高自己的知名度。2017年11月，"我们视频"还与新浪达成合作，其短视频均可在新浪网、新浪视频与微博等渠道分发。优质的内容与强有力的分发平台使"我们视频"逐渐成长为一个新闻内容创新平台。

（二）案例分析

传统报纸的优势在于能够对事件进行深入报道，并提供不同视角来观察社会公共事件。作为都市报的《新京报》也秉持这一原则，因此其生产的短视频内容具有以下四个特征。

1. 严肃社会新闻占比高

短视频的重中之重在于"短"，太长的视频在碎片化时代已无法抓住用户的注意力。短视频领域中的黄金15秒定律也决定了短视频的故事性以及画面设计必须在极短的时间内呈现。因此，画面相对单薄的时政和财经新闻并不是"我们视频"的选题重点，"我们视频"尽可能减少政治味道，内容偏向社会新闻、热点资讯和重大事件的独家报道。

"我们视频"的选题将用户关注度与反馈置于考量之中，因此与用户息息相关的社会案件一直是"我们视频"的主要报道对象之一。其中，全民讨论的热点事件与舆论事件是重点。"我们视频"不仅能在补充事件细节上第一时间跟进热点，还以其独特视角引导舆论。除此之外，交通事故与灾难类选题及其后续深度报道也是能够带来较高的观看量与互动（点赞、转发与评论）的选题。在"我们视频"短视频中，最先设立的专注于国际资讯领域的板块为"我们国际"，后来改版为《世面》，它的短视频生产量一直处于所有板块的首位，且选题主要为用户最为关心的海外华人的亲身经历或国外的奇人异事等社会话题。

秉承新闻专业主义的新京报，并没有完全局限于严肃的社会新闻和深度调查报道，也没有将用户的选择作为选题的唯一导向。它也对一些没有引起社会舆论，但仍具有新闻价值的社会事件进行报道，比如折射人性与反映社会精神的"软新闻"等，起到了媒体对社会的引领与监督作用。

2. 强调真实性与现场感

传统媒体报道的局限在于，记者到达现场报道后，向观众还原的均为后续现场，且无法拍摄事发瞬间的情况。"我们视频"的短视频则弥补了这一空白，通过整合社交媒体上的事发视频、监控录像、行车记录仪、执法记录仪、当地媒体新闻报道视频等资源，力求多层次地还原新闻现场，还原新闻故事原委。短视频注重事发瞬间和第一现场的视频画面，而交通事故、意外事故和社会热点案件等现场画面最具有冲击力，这也是这类选题用户关注度较高的原因。

无论是监控录像、行车记录仪还是拍客拍摄的现场视频，视频画面与现场声音都使事件更具有真实感与现场感。事件当事人、目击者和警方等相关人员的采访是"我们视频"短视频的重要叙述者，也是事件讲述的重要补充，可以引导用户了解事件的真相和新闻故事的原委。

3. 将用户以第一视角带入事件

在重大突发事件报道中，短视频是新闻事件或社会事件的视频记录，其中有丰富的图画信息、声音信息，后期还可能会加上简洁明了的标题、字幕或背景音乐等，以起到更好的传播效果。它省略了传统媒体的记者与主播叙事环节，将故事直接呈现给用户。新闻叙述者的缺失，营造了用户亲身经历或亲眼观看事件的想象，起辅助作用的解释性字幕与数据，现场声音的插入都加强了这种参与感。而对于其他较为轻松的题材，如社会正能量与搞笑娱乐视频等，背景音乐和字幕往往成为视频效果的点睛之笔。

4. 创新生产模式

传统媒体的新闻制作流程包括选派记者、了解现场、采集信息、采访拍摄和节目播出等环节，新闻制作周期长，技术成本高。不同于传统媒体，"我们视频"在获知突发新闻或热点新闻后，广泛借助自有拍客资源与其他视频资源，选派专业记者核实信息，最后画面编辑对原有素材进行剪辑与包装，创新了整个内容生产模式，并缩短了内容制作周期。与腾讯的合作，也使短视频的上传与分发更加及时便捷。"我们视频"除对重大突发事件报道外，将新闻选题权力下放于记者，媒体把关人除了把控报社的统一口径和提供对画面编辑的建议，并不会过多限制和干涉记者讲什么故事或怎样讲故事。把关环节在整个过程中减少，且把关人对视频报道内容的影响较小，这也是短视频生产效率高、周期短的原因之一。

三、"梨视频"：商业媒体的资讯类短视频探索路径

（一）案例介绍

"梨视频"是目前行业领先的资讯短视频平台，它由具有媒体背景的专业团队和遍布全球的拍客网络共同创造，专注为年轻一代提供适合移动终端观看和分享的短视频产品。2016年11月3日，"梨视频"上线，定位为主打资讯阅读的短视频产品。"梨视频"大部分视频时长在30秒到3分钟之间，偶尔有一些纪录片也多在10分钟的篇幅内。其内容涵盖商业、社会、科技、娱乐、生活、美食、音乐与直播等领域，经过深度编辑的聚合内容和独家的原创报道，应用创新技术和工具，为移动互联网时代的资讯类短视频的生产和消费过程提供了新标准。

作为跨平台的、开放的新媒体公司，"梨视频"通过灵活而广泛的合作与收益分享体系，使越来越多的优质短视频内容经由"梨视频"的渠道获得更大影响力；同时，"梨视频"每日更新的短视频内容不仅在其自有的移动APP应用和网站上呈现，更以多样化格式在中国及全球的社交网络和视频平台上有效分发，以抵达更多用户。

"梨视频"总编辑李鑫认为，国内资讯短视频市场是个远未被充分开发的垂直领域。这个领域中，缺少专业机构生产的具有职业素养的优质内容，也缺少高质量可快速传播的焦点性话题。在看似种类繁多的中国短视频领域，资讯视频实际上处于相对空白的位置，相对应的，生活、娱乐、垂直兴趣类短视频占了绝大多数。从近两年的节目看，"梨视频"坚持专业的视角，讲究纪实风格，的确填补了资讯类视频的空白。

（二）案例分析

如今，优质短视频制作和播出平台已成为移动端主要的收视渠道，也成为吸金之地。"梨视频"既是视频生产者又是视频销售平台，它已颠覆短视频的生产模式和商业模式，定义了资讯短视频行业标准，确立资讯短视频的表达方式，成为全球最大的短视频、资讯内容提供者。

"梨视频"的核心拍客群是国际化的内容提供者，覆盖525个国际城市

和国内2000多个区县。除此之外，"梨视频"也从2017年开始与全球顶尖的短视频公司Zoomin.TV开展战略合作，联手打造史上最大规模的全球拍客联盟，实现资源共享和优势互补，培养商业拍客，用以生产商业原生内容，致力打破短视频原生广告的内容天花板。

1. PUGC生产模式

北京时间副总裁王星在接受媒体采访时表示："UGC是线索，PUGC是素材，PGC是标准。"普通用户在事发第一时间提供线索，专业编辑完成后期编辑和审核的工作，此时是可供传播的视频片段，而专业的媒体工作者提供新闻报道的标尺，合力促成专业的新闻网。"拍客网络"与"专业制作"是"梨视频"内容生产的两大基石，也是其竞争核心所在。

专业编辑团队与日常拍客培训弥补了拍客视频质量的不足。经过一段时间探索，"梨视频"在日常运营中，对拍客进行专业性指导，并建立拍客认证管理、分级管理、拍客信誉体系，帮助拍客提升事件敏感性，提高应急反应速度和拍摄质量，最后对核心拍客的重点素材做到最及时处理。

与此同时，"梨视频"还建立了素材筛选、求证、编辑、审核、签发内容核心团队，从选题筛选到生产编辑再到审核发布，除了自动化系统之外，由专业媒体人组成的团队也强化了门槛，使"梨视频"在资讯短视频领域中保持领先地位。此外，"梨视频"是第一家将传统媒体三审制引入移动短视频生产全流程的市场化平台。拍客视频通过拍客主管、视频编辑、总监和副总编审核后才能发布。拍客主管负责事实审核，视频编辑负责质量审核，总监和副总编负责事实及导向审核。后台发布系统实行实名制管理，配置明晰的管理权限，细化审核和编辑权限。

2. 角度独特，迎合碎片化观看

拍客网络为"梨视频"的内容生产提供源源不断的一手资料，一方面降低了内容生产的成本，另一方面提高了信息获取的速度，同时促使平台内容更加丰富和多元化。"梨视频"拍客以有别于专业新闻工作者的视角捕捉生活画面，独特的角度使短视频用户能够在碎片化时间内以更有趣的方式获取资讯，因此与传统媒体及其他短视频平台拉开差距，类型丰富且垂直化趋势显著。"梨视频"拍客网络中，既有专业拍客，也有草根拍客，他们背景各异，取材角度与拍摄手法多元。在现在同质化内容泛滥的短视频领域中，"梨视频"的拍客实现了个性化与多样化传播，抓牢用户的注意力，满足用户的多元信息消费需求。

3. 社交化的新闻短视频

将资讯以短视频方式传递给用户，并在微博等多平台分发，给予用户观看、点赞、评论与转发的权利。虽然传统媒体在新媒体刚刚开始发展之际也纷纷发力，报纸电子化，新闻网络化等也给予了用户相同的互动权利，但是究其根本，传统媒体的改革并不彻底，新媒体上的新闻仍然不能达到彻底的新闻社交化的目的。"梨视频"作为资讯类短视频平台，打造了一个全民讨论话题，全民参与活动，全民分享、参与与互动的社交平台。正是因为与微博等其他社交平台的密切合作，资讯短视频搭乘社交的顺风车扶摇直上，也为"梨视频"打开了知名度。

四、短视频平台发展困境

上文对不同类型的资讯类短视频平台进行了具体的分析，"人民视频"立足新闻视觉化、创新内容生产模式，"我们视频"则以短视频平台带动传统报业转型，"梨视频"则在商业化短视频的全新探索中建构了行业生态。

随着我国移动视频行业的飞速发展，学界和业界对其关注度都不断攀升，短视频行业在野蛮生长阶段累积的一些问题也期待解决。例如，资讯类短视频平台如何生产出符合其自身艺术特征的优质内容，如何通过网络治理营造清朗的网络舆论氛围等问题，在当前媒体实践和社会现实中日趋突出。

（一）缺乏专业短视频人才

短视频行业发展最大的挑战就是缺乏专业人才。新闻短视频作为新型媒体报道形态，不仅要求制作者具有新闻素养，还需对视频技术有所了解，并能洞察互联网用户的需求。专业的制作团队与互联网技术型复合人才的缺失是目前整个短视频行业发展的共同瓶颈。专业的新闻记者往往都具有过硬的媒体素养与新闻意识，但视频拍摄与编辑能力还有待加强，从文字生产者转为视频生产者的专业障碍较大，记者的转型迫在眉睫。而且，视频编辑、动画师与画面设计等人员在短视频报道中同样至关重要。

其次，UGC从业者资质参差不齐，新闻真实性、时效性与视频质量难以兼顾。大量资讯类短视频基于"拍客"的前期拍摄和内容编辑的二次加工，视频的真实性和客观性是短视频平台面临的共同问题。技术平权下资讯从业者的门槛下放，使新闻更易获取，但质量难以保证。受网络事件传播速度的影响，传统媒体与资讯平台都无法兼顾资讯短视频的时效性和真实性。总而言之，UGC海量但专业度有待提升，PGC生产能力与效率有限。

（二）传播渠道与传播效力无法完美契合

各视频平台与网站关注度并不明显，目前主要依靠其他渠道分流才能达到传播效果。以"梨视频"为例："梨视频"通过微博作为其主要发布平台，自身网站与APP的关注度并不高，同样的视频内容，通过"梨视频"网站发布的关注度远远不如微博平台上的关注度，社交微博对"梨视频"分流造成了严重影响。

根据"艾瑞数据"网站"艾瑞移动APP指数"显示，2017年11月"梨视频"APP的月度独立设备（万台）为28，同为短视频应用的快手为15308，约是"梨视频"APP月度独立设备数的546倍，抖音为6049，连比较冷门的波波视频都达到了2239。在新浪微博中，"梨视频"的官方微博关注量为387万，而秒拍和快手则分别有655万和635万的关注量。同时，"梨视频"所发布的视频内容，在其他平台往往能获得远超自身平台的评论量以及转发量。用户对"梨视频"的关注主要来自如人民网、《人民日报》等主流媒体微博平台的转发，往往一个视频在"梨视频"应用上点赞数只是过百或上千，而在《人民日报》官方微博上却能获得千万点赞数。由此可见，"梨视频"内容实力强，但平台的吸引力还不够，无法将内容优势良好地转换为平台影响力。

（三）对移动短视频行业的监管亟须加强

移动短视频的异军突起伴随着乱象丛生，在野蛮生长时期，短视频平台出现了一大批低俗、涉黄、暴力等违规内容，甚至宣扬封建迷信、传播虚假信息，对社会舆论造成误导。此外，目前的短视频平台存在雷同化、垄断化和低门槛等趋势，部分移动短视频平台过度依赖算法推荐。因此，必须通过法治的刚性手段加强对移动短视频的监督管理，发动社会力量加强对短视频平台的监督，使其成为一个风清气正的社交媒体和文化空间。

只有建立移动短视频行业治理的有效模式，维护社会稳定，营造良好的网络舆论氛围，才能促进短视频行业规范有序地长效发展，营造风清气正的网络空间，保障短视频行业迎来了深耕细作的下半场竞争。

五、短视频发展策略探析

（一）创新短视频互动新模式，培养可视化新思维

可视化新闻作为数据新闻的一种新型表现形式，跳脱了传统呆板的枯燥数字，以可视化、交互式、动静结合的多样式形式，提升专业新闻的"阐释"效果，增强用户交互式阅读理解体验。目前，短视频发展的最大障碍在于，大部分可视化新闻工作人员来自传统媒体，普遍缺乏数字思维，可视化停留在浅层面，新思维的培养迫在眉睫。可视化新闻报道是媒体融合的产物，因此，培养可视化思维，将其贯穿于整个新闻生产流程的方方面面，使可视化不再流于表面，真正使传播效果达到最大。

（二）树立品牌形象，打造新闻风格

虽然目前众多传统媒体都开始在短视频领域布局发力，但目前能够成功做出自己短视频新闻风格，塑造出自身短视频形象的寥寥无几。新京报近年来一直走在媒体转型与媒体融合的前列，对移动端内容的创新，对深度原创内容理念的强调，都在一定程度上增加了新京报品牌的辨识度。在多次突破核心事实的短视频报道后，"我们视频"的品牌形象也逐渐被塑造、被传播。"我们视频"转换自身观念，脱离"短视频制作者"的窠臼，以"短视频品牌"的产品运营者视角看待未来的品牌形象问题，打造出自己的专属新闻风格。这样的策略值得其他行业媒体借鉴。

（三）深化PGC与UGC合作

在手机普及的当下，用视频记录生活成为人们的日常。在媒体记者缺席的情况下，每个人都可能成为新闻事件的记录者与报道者，这也成为大量突发事件的视频来源。虽然UGC的新闻线索丰富且多元，但质量参差不齐。

尤其是对突出现场感的新闻短视频来说，专业媒体无法保证所有新闻素材皆来自本媒体在第一现场的抓取。因此充分利用UGC资源，找准专业媒体定位与视角，将短视频进行专业化处理，进行高质量深度化的报道成为短视频特色。在此基础上，各平台仍需加强与媒体外资源合作，多方运用相关资源，深化PGC与UGC的合作才是发展之路。

（四）布局MCN平台

除去网罗全球专业和草根拍客外，短视频平台还应收纳各领域专业人才。具有专业知识与专业技能的拍客，例如财经拍客、文化拍客、娱乐拍客等在各领域报幕有所建树的人才加盟，通过在多专业领域深耕，生产具有深度的专业性内容，打造专业且目光独到的栏目与品牌。

MCN（Multi-Channel-Network，多频道网络播放平台）模式源于国外的网红经济运作模式，近年来众多超级网红、内容创作团队在资本大量涌入的情况下，都逐渐从单一的内容生产者转向MCN模式，在内容生产和运营推广方面取得了质的飞跃。这种机构化生产已经成为短视频行业发展的重要一环，国内MCN产业源源不断出现新入局者，洋葱视频与Papitube就是其中的佼佼者。布局MCN，联合或自主扶持培养知名MCN个体和团队，可以解决短视频内容生产、运营推广、品牌建设等问题。此外，从商业化的角度来看，目前短视频的商业价值仍然是广告与电商，其次才是内容直接付费。MCN可以将个体聚合成群体，有助于实现规模效益，增加广告效益。

中国新媒体研究报告

第四章 融合精品分析

作品一：《两会进行时》

赵淑萍　张晓明[①]

作品信息

主创：人民网法人微博

首发时间：2017年3月15日

传播平台：新浪微博、腾讯微信

传播效果：《两会进行时》于2017年3月15日当日直播时长超5小时。截至节目直播结束，《两会进行时》累计直播时长超120小时，累计观看达1.38亿余人次，其时间之长、规模之大、成果之突出，开创了新闻网站的直播历史。

参考网址：http://tv.people.com.cn/GB/411068/index.html

所获荣誉：第28届中国新闻奖媒体融合类移动直播特别奖

作品简介

《两会进行时》是人民网移动直播的大胆尝试，是人民系媒体融合的一次成功探索，是报网融合的良好展示平台。2017年3月15日是2017年两会胜利闭幕的日子。在这一天的直播节目中，既有部长通道、人大闭幕式、总理记者等"核心现场"的同步呈现，又有以人民日报记者"最前方"的独家点评；既有前方记者的一线报道，又有后方演播室的高端访谈，还有精心编辑的会场花絮及创意微视频，充分展现出"人民系"的"融力量"，高度契合报网融合的时代号召。同时，这种超长时间的视频直播也是一次技术大比拼。如何在直播的过程中保障信号稳定传输、如何打造可靠的网络环境，是这场直播面临的最大挑战。基于2016年人民网研发的移动直播平台这一技

---

① 赵淑萍，中国传媒大学电视学院教授；张晓明，中国传媒大学电视学院硕士研究生。

储备，节目团队在极短的时间里，搭建了一站式移动直播解决方案，包括内容采集、实时转码、分发加速、网络优化等核心功能。在输出端口方面，除PC端、手机客户端口外，网络电视部为《两会进行时》制作了微信小程序，通过小程序的"两会"和"推荐"两个版块，实现微信实时观看及分享。

评述及分析

重大主题的时政新闻历来是主流媒体的重要报道领域，也是媒体之间展开新闻竞争的制高点。中国的时政报道从一个侧面折射出了国家发展的动向，成为世界了解中国局势动态敏锐的观察点。两会作为中国时政新闻的重要报道领域，在一定程度上反映了中国时政新闻流变的走向。2017年两会报道的重要新闻产品《两会进行时》，在传播过程中折射出的时代特征、发出的时代声音非常值得思考和研究。

一、报网融合，共建媒介传播矩阵

人民网《两会进行时》于2017年3月2日下午试播，3月3日首播，到3月15日累计直播时长达120小时，累计观看达1.38亿余人次。直播首日观看人数就逾200万，创下中央重点新闻网站两会直播时长和规模的新纪录。此次人民系媒体融合的成功探索，一改往日传统媒体、新媒体各自为政的局面，高度契合了报网融合的时代号召。

（一）充分利用"中央厨房"采编系统

两会期间，人民网充分利用中央厨房运行机制，统筹时政报道的采编资源，通过"一次采集、多种生成、多元传播"，深入构建了报、网、端、微多平台联动的传播矩阵，真正实现了全方位报道两会。《两会进行时》直播报道从每天上午9点开始，到晚上6点结束，将PC端、移动端、客户端全部打通，实现了所有内容实时共享，并同步为用户推送。

人民网首次在直播中开设"部长通道"，通过实时连线同步更新记者与部长的对话。增加了直播的仪式感和现场感，搭建起记者与部长之间的沟通桥梁。采集的数据通过实时传输汇聚到融媒体平台，这一创新之举极大提高了沟通效率,成为人民网融媒报道中的亮点。前方记者实时连线,反馈部长针对时政热点的专业解读,后方记者根据内容及时调整报道侧重点。前后方配合形成联动传播,促进专业记者多角度、多层次挖掘两会内容,让重大主题的时政报道更加全面深入。

相对传统媒体过去的单线报道,《两会进行时》报网融合的尝试体现了移动优先在时政报道中的重要性。"遵循新闻传播规律和新兴媒体发展规律,强化互联网思维,是媒体融合发展成功的关键。必须从新媒体的传播模式、话语体系等规律中汲取养分,'反哺'传统媒体并推动其改革创新,巩固和壮大主流媒体的话语权和影响力,这是不可回避的重大课题。"①

(二)加快优质内容的深度融合

两会开幕前夕,两分钟动画短剧《"剧透"2017年全国两会》成为2017年全国两会报道的第一个"爆款"产品。人民网利用AR技术,向网友呈现《民法总则》草案审议、脱贫攻坚等两会热点,多元化的技术手段引来众多关注,优质内容层出不穷。从前期的预热到两会期间的报道,人民网不同样态的融媒体新闻产品展现出媒体人才源源不断的创造力。

两会期间,除了前线记者常规的实时报道外,《两会进行时》还邀请15位人民日报编辑记者作为评论嘉宾做客演播厅,与主持人共同对话完成直播和点评。与传统纸媒报道方式不同,记者编辑通过演播厅内的高端访谈对时政热点进行权威解读,及时传达精彩观点,深化新闻报道。从文字到视频的形态转变,是人民网视频优先、直播优先的重要体现。

为了全面、系统且生动地报道两会,人民网还将《两会进行时》打造成集直播和短视频于一体的融合型新闻产品,发挥出长直播和短视频的不同优势。其中,"两会分会场"整合诸多素材,力图用短小生动的微视频方式,从会场揭秘、知识普及、精彩花絮等角度,提供稿件70余条。此外,多项栏目还融合了人民日报社30多个工作室生产的优质微视频,保证了栏目内容的多元化,聚合了中央媒体的优质人才,推进了栏目内容的及时更新。

---

① 慎海雄:《遵循新闻传播规律 抢占媒体融合制高点》,《新闻与写作》,2014年第11期:50-53。

（三）品牌直播栏目的持续创新

作为人民网的品牌直播栏目，《两会进行时》在新闻报道实践中体现着媒介融合的不断深化和与时俱进。基于2017年的成功实践，人民网在2018年两会融媒体报道中进行了新的突破和创新。

2018年两会期间，人民网联手人民日报全国党媒信息公共平台，共同推出"全国党媒报两会"，打通地方党媒传播渠道，在全国56家党媒客户端、18家党媒PC端落地，最终参与联动的媒体及渠道超过100家。在内容的制作与生产上，《两会进行时》融合了人民日报及所属报网端微的《融两会》《我是代表委员》《两会夜归人》《两会同期声》《澳洲老外侃中国》等多个两会栏目。

其中，以《两会同期声》栏目为代表做了内容上的创新。栏目将当天直播中的全体会议、记者会、代表通道、委员通道、部长通道等重要内容重新精编，制作成为"短、频、快"的短视频产品，满足了用户快餐化、碎片化、移动化的新闻消费需求，多次被腾讯新闻客户端要闻焦点图、要闻热点精选专题、两会专题等重点栏目推荐，视频播放量超过1105万次。

从人民网的创新可以看出，《两会进行时》不仅是2017年的两会报道作品，还是人民网探索媒介融合之道的重点实践，持续的创新已经将两会重大主题报道打造成具有时代意义的品牌直播栏目。

二、深化主题，丰富多维视域

围绕两会进行的融媒体报道，呈现出异常活跃的媒介氛围。人民网融媒直播《两会进行时》中的多重视角，引发了用户对两会的广泛关注。围绕两会报道形成的媒体力量促成了社会行为，使参与两会成为一种全国性的意识，对于冲破时政报道概念化的惯性思维具有深层的意义。

（一）多维视角，深入新闻主题

从人民网的报道选题来看，《两会进行时》主要呈现出与国计民生、社会进步息息相关的社会变革；从报道结构来看，在典型的现场环境中，以记者的采访活动为主线，揭示报道选题的起点和落点；在表现手法上，运用纪实叙事的手法，以表现人物活动、事件过程为主体，捕捉现场细节、高潮画面，达到故事化的效果，丰富报道的信息量，增强报道的可视性。

"随着新科技革命浪潮的迅猛冲击，新闻信息产品的内容和结构、传播终端的形态和功能、受众的心理和习惯，都在发生革命性的变化。"①在互联网技术迅猛发展的背景下，预知性重大会议前期报道新闻十分关键。《两会同期声》《两会热点调查》等多个特色栏目，从多角度深入挖掘、传播两会内容。在政策解读、舆论引领上发挥出积极作用，是人民网在两会融媒体报道中实现内容定制、深化主题的重要举措。

（二）技术支撑，推动全景直播

由于信号传输完全依靠移动网络，所以视频直播对网络环境有极高的要求。如何在直播的过程中保障信号稳定传输、如何打造可靠的网络环境，是两会直播面临的最大挑战。为此，人民网为前方记者配备了确保4G传输专业设备，保障信号的安全和质量。从前期信号的采集，到视频播放内核，人民网的技术投入在《两会进行时》中实现了全面提升。

依靠稳定的直播信号，《两会进行时》运用VR等先进技术全景展示两会现场，力求从技术到内容给大众传递最全面的信息、最透明的两会。最终凭借累计超120小时的直播时长，开创了新闻网站的大规模直播历史。

除了直播技术的升级外，人民网还通过精心策划的融媒体专题栏目，多样化展现两会现场。《两会进行时》成为集视频直播、H5交互内容、数据新闻、音视频、动画于一体的融媒体报道。多样态的内容、多渠道的分发最终形成新闻报道合力，迸发出强大的传播效力。

（三）全民参与，强化互动分享

《两会进行时》由人民网、腾讯网联合打造，人民网负责内容生产，腾讯网提供技术与平台支持。通过整合人民网的权威品牌、新闻生产资源优势和腾讯网的渠道、技术优势，为用户提供全视角、多层次、移动化的两会直播体验。人民网基于研发的移动直播平台，在极短的时间里制定了一站式移

---

① 慎海雄：《遵循新闻传播规律 抢占媒体融合制高点》，《新闻与写作》，2014年第11期：50-53。

动直播解决方案，包括内容采集、实时转码、分发加速、网络优化等核心功能。在输出端口方面，除PC端、手机客户端口外，网络电视部为《两会进行时》制作了微信小程序，通过小程序的"两会"和"推荐"两个版块，实现微信实时观看及分享，为融媒体直播的双向互动提供了技术保障。

以移动端为优先的多端平台，利用直播与短视频形态呈现出的生动内容，吸引了大量用户，提高了时政信息的到达率。同时，网站、手机客户端、微博微信等多个网络平台，迎合了不同用户的使用习惯，让大众更便捷地参与两会议题的讨论，及时发表看法和评论。数据双向传输除了确保基层声音得到及时反馈外，甚至可能反哺新闻内容，为选题报道增添新的维度，让网民在其中获得更多的参与感。同时，双向互动能够真正将两会带到人民生活中去，让越来越多的年轻群体关注两会。

可以看到，《两会进行时》的新闻传播带动了全民关注政治的热情，随着用户范围和信息传播范围的扩大，全民讨论、全民参与已然形成了全国性的意识。

三、融媒精准发力，建构多重意义

中国新闻奖作为全国性年度优秀新闻作品最高奖项，本身具有促进新闻宣传创新，提高舆论引导水平的作用，成为展示全国新闻工作者与时代同行，与人民同步的重要平台。荣获第28届中国新闻奖特别奖项的《两会进行时》，在融媒时代发挥出优秀新闻作品和优秀新闻工作者示范价值，强化了我国整体新闻队伍建设。

（一）时政报道的时代变革

回溯人民网融媒体报道的发展，人民网副总裁唐维红讲道："从整个传媒行业来看，得益于移动互联网技术尤其是视频直播技术的成熟。在'直播元年'2016年之后，看视频、看直播逐渐成为公众尤其是青年群体喜闻乐见的资讯获取方式。可以预见，2017年全国两会报道，视频直播领域的角逐必然会成为各路媒体的主战场。"①于是人民网及时调整战略,在2016年底发出"融发展,再出征"的倡议与口号,这也为2017年融媒直播报道策划指明了方向。

从2017年至今,视频直播已成为两会报道中不可或缺的组成部分,其产生的影响是多方面的。对于人民网来说,新闻报道本身在记录事实的同时,也记录着媒体发展的历史。两会报道不只是一次信息的采集,更承担着记录重大时政报道变革的使命。

从过去依靠电视直播的形态到多屏直播的发展,从单一的直播内容到优质短视频的产出,人民网在两会报道的改革中发挥着不可替代的作用。自2017年起,《两会进行时》凭借成功的融媒体新闻实践,成为人民网旗下一档全面传播两会信息的品牌栏目,通过专业、权威的新闻报道,成为人民网多年融合发展实践的见证者,对中国新闻传播的融合发展具有里程碑式的意义。

(二)重大国策的对外展现

两会的召开给予了中国人民新的期待和信心,同时也带给世界诸多新的信息和影响。由于中国的前景和发展方向同两会的召开密不可分,中国的国策对世界的影响也越来越大,所以两会凭借其独一无二的重要性,决定了全媒体新闻传播的独特性。

作为国家主流媒体,人民网在重大时政报道中始终牢记站好立场、发好声音、讲好故事,成为与时代同步的重要发声平台。2017年人民网《两会进行时》是人民网进一步贯彻习近平总书记"2·19"重要讲话精神,积极实践"用好创新引擎"、深入推进媒体融合发展的重要举措,在不断创新主旋律宣传形式的实践中发挥了引领作用,展现了中央级媒体在重大主题报道中的担当。不仅展现了我国两会的开放姿态,更折射出中国领导人物的开放态度。

两会既是社情民意上传下达的聚焦点,也是代表委员履职尽责的大平台。关注民生,弘扬社会价值,对外传播重大国策,是我国媒体在新时代的重大使命。《两会进行时》通过系列直播报道,聚焦"一带一路"、医疗教育、外交军事等热点话题,答疑解惑,让民众真正了解到政府针对民生问题提出了哪些解决措施,也让国际社会了解到新时代中国的发展进程。

---

① 唐维红、丁涛:《〈两会进行时〉,深度整合聚合融合》,《新闻战线》,2018年第21期:44-46。

（三）融媒体报道的多重意义

两会既是中国国计民生的晴雨表，也是一个时代符号的最强音。从传播学视角透析，《两会进行时》融媒直播产生的影响和作用，不仅影响了新闻业的整体进程，也渗透到政治、社会、公众、媒介等多个层面。

第一，两会的直播内容为世界所关注，这在一定程度上促进了大会对外开放的姿态和透明程度；第二，直播的真实客观性符合新闻传播规律，促进了两会建立新闻发布会制度并走向常态化；第三，直播的形式吸引着用户的眼球，引发了公众的关注、热议、参与、互动；第四，直播两会所透露的新信息、新观点，构成新的新闻报道内容，往往立即引发社会的普遍关注，甚至成为两会的焦点；第五，直播的内容成为媒体进一步解读两会的切入点，开启了对大会报道的新思路；第六，直播给媒体自身带来较高的收视率，成为融媒体对大会报道的固定节目形态。

人民网《两会进行时》所产生的多重意义和时代影响，体现了我国新闻媒体报道的水平，推进中国新闻事业更好地为社会主义服务。同时人民系媒体在融媒发展中的精准发力，使我国主流媒体的融媒体报道成为国内外传播的重要窗口和展示平台。

作品二：《公仆之路》

曾祥敏　王俐然[①]

作品信息

主创：央视影音

首发时间：2017年11月23日

传播平台：央视影音客户端等

传播效果：《公仆之路》作品一经播发，全网播放量达到2.5亿。在微信公众号、朋友圈累计发布、分享超过43万条次，引发了各界的广泛关注与讨论，成为党的十九大后第一部爆款时政短视频。

参考网址：http://news.cctv.com/2017/11/23/ARTI5KWewqrJv0Nv472GqHTV171123.shtml

所获荣誉：第28届中国新闻奖媒体融合类短视频新闻一等奖

作品简介

2017年11月23日，央视推出时政微视频《公仆之路》，以一镜到底的方式，带领观众在5分26秒内完成48年的时空漫游，再现了习近平同志从黄土地到中南海，初心不变、始终如一、为民服务的公仆历程。《公仆之路》的创作打磨总共历时半年多，2017年初开始构思策划，3月确立选题，8月形成雏形，10月中旬形成作品，11月下旬正式上线。

主创团队综合多种方案，反复推敲论证，从16集的微纪录片，不断压缩凝练，到5集，再到上下两集，最终决定为一集的微视频。确定创作理念和表现形态后，团队收集了习总书记几乎所有的视频、音频和文字采访资料，

[①] 曾祥敏，中国传媒大学电视学院教授，博士生导师；王俐然，中国传媒大学电视学院硕士研究生。

还动用了外围团队的成员进行筛选整理,每个人都是几十页、上百页的采访报道内容,然后根据作品主线进行串联浓缩,最终按照习近平总书记任职的时间节点确立了陕北插队、正定起步、治理福建、主政浙沪、领航中国等多个阶段。通过一镜到底和三维投射的表现形式,《公仆之路》实现了内容与创新形式的完美结合,在5分26秒的时长里浓缩了总书记48年的公仆历程,呈现了习近平总书记的人民情怀与公仆本色。

评述及分析

一、宏大主题 价值引领

(一)主题精准,与时代发展同频共振

时政短视频想要成为爆款,必须做到主题精准,与时代发展同频共振。主流媒体只有与党和人民同呼吸,与时代共进步,唱响主旋律,传播正能量,才能在信息爆炸的互联网时代独占鳌头。作品要抓住人或物的精髓,体现其核心的价值观或精神层面的诉求[①]。

《公仆之路》将"公仆"作为表达的核心命题,完整讲述了习近平总书记48年的公仆历程,以总书记的所思、所想、所言、所行贯穿全篇,为"公仆"这个词语做了最佳注解,更为全体党员做出了公仆表率。作品通过总书记的话语,清楚而有力地阐释了什么是公仆——公仆是"清清白白做人,干干净净做事,坦坦荡荡为官";公仆是"当县委书记一定要跑遍所有的村,当地市委书记一定要跑遍所有的乡镇,当省委书记一定要跑遍所有的县市区";公仆是"永远把人民对美好生活的向往作为奋斗目标"。

《公仆之路》选择在党的十九大召开后的一个月之内推出,与党和国家的精神信念一脉相承。在党的十九大报告中,"人民"被提到了203次,"为中国人民谋幸福,为中华民族谋复兴"更是所有中国共产党员需要时刻铭记的初心和使命。作品以总书记的亲身经历为广大人民公仆树立榜样,告诫全体共产党人"不忘初心、牢记使命,不忘初心、方得始终"。326秒,一言一语都是人民公仆的行动指南。《公仆之路》凭借着鲜明的主题和精准的定位,

---

① 曾祥敏、王孜:《微视频创作与创新策略》,《电视研究》,2018年第6期:4-7。

有效地输出了社会主义核心价值观，达成了政治传播的目的与效果。

（二）关照历史，微体量蕴含大内涵

时政微视频微言大义，要在有限的篇幅里发挥其感染力和说服力，其精悍的体量里一定蕴含着深刻的内涵。面对相对抽象宏大的政治传播主题，微视频想在有限的篇幅里实现传播目标，就需要选取具有代表性的事实[①]，以小的切口辐射大的主题，以微体量蕴含大内涵。

《公仆之路》把习近平总书记48年的公仆历程浓缩为5分26秒的微视频，篇幅短小，但信息量极大。央视网微视频工作室总监、《公仆之路》导演唐晓艳说："我们推崇一个公式，画面信息÷时长=信息密度。我们认为有了信息密度才会更加可视，才会更加有质量。"作品选取了一张张总书记为人民服务的照片，一幅幅历史性的画面，加上同期声中总书记真实可感的讲述，成功展现了一个扎根基层、关心人民的公仆形象。作品成功再现了总书记陕北插队、正定起步、治理福建、主政浙沪、领航中国的履职经历，岁月的厚重感扑面而来。典型性的内容既展现出了时空的纵深感，又使观众可以更好地了解总书记的信念初心和所知所获。

《公仆之路》讲述了习近平总书记的奋斗足迹，可以说是一个人的史诗，但作品更有着对历史和时代的关照。从20世纪六七十年代的插队锻炼，到80年代的奋斗拼搏，再到千禧年后的创新发展，一路走来的酸甜苦辣是每一个中国人民的共同记忆。作品通过讲述总书记的故事，折射出了时代大潮中千千万万普通中国人的奋斗历程。作品通过对时代的关照，将国家命运与个人发展相结合，激发了用户的情感共鸣，增强了作品的感染力。

"微体量大内涵、小切口大主题"的背后，是主创团队从"做加法"到"做减法"的精心打磨。创作团队在央视的音像资料馆查阅了关于习近平总书记的所有资料，又在网上找了所有公开刊发的相关报道，囊括了几乎所有关于总书记的视频、音频、文字采访资料，不断地"做加法"。然后，团队人员将所有素材按照时间节点进行整理，筛选合适的内容并按照逻辑和语境进行串联，再根据典型性、连贯性、技术标准等多项要求进行取舍，从最全

[①] 李舒、孙小咪：《时政微视频:媒体政治传播的新探索》，《电视研究》，2017年第10期：54-56。

面、最完整的素材中凝练出最精华、最核心的内容，创作人员用严谨专业的工作态度，保证了作品内容的精益求精。

（三）话语平实，实现有温度的传播

时政报道的话语方式一直是我国媒体面临的难点和重点，在"走转改"思路的指导下，我国的时政报道逐渐从官媒政论、口号式的政治传达转变为带有人文关怀的贴近报道[1]。在新媒体传播环境下，相较于单一刻板、风格严肃的"硬性传达"，"以故事吸引人，用情感打动人"的"软性传播"更容易达成良好的传播效果。以朴素故事替代宏大叙事，以平民视角替代精英话语，才能实现有温度的传播。

《公仆之路》以习近平总书记第一人称的同期声贯穿全篇，平易近人的态度以及平实通俗的话语充满了人情味。例如，在讲述总书记在梁家河插队的经历时，开篇用"去延安的专列上，我记得很清楚，那是1969年的1月份"，犹如朋友在讲故事一般娓娓道来，亲口讲述自己的信念初心和所知所获，朴素的话语让人充满亲切感。讲到在福建任职的经历时，他说："这里人常爱讲一句话，'爱拼才会赢'，这其中蕴含着一种锐意进取的精神。"画面采用福建特色民居的风土人情、总书记与人民在一起的画面，与同期声高度契合，通过宏大命题的场景化处理，结合极具沉浸感的动画效果，让人充满代入感。

《公仆之路》将宏大的政治话语转变为平民化的叙事方式，有效拉近了作品与观众之间的距离，是贴合社交媒体传播环境的创新表达。在当下的互联网时代，政治传播需要洞察用户心理需求，转变传播语态，积极适应互联网传播逻辑，实现有温度、有情怀的传播。

二、技术赋能　重构历史叙事

（一）创新叙事，一镜到底的流畅表达

随着技术手段的创新发展，叙事形态创新成为融合产品内容表达创新的重要途径。不论是动漫、动画、民谣、Rap、快闪还是H5，形态上的创新不

---

[1] 曾祥敏、刘海洋：《时政微视频的国际传播创新》，《对外传播》，2017年第6期：50–53+1。

是为了炫技或创造噱头，而是为了更好地服务内容。《公仆之路》的成功之处正是在于它成功将一镜到底的表现形态和习近平48年的思想境界完美结合在一起。

一镜到底是指运用一定技巧将作品一次性拍摄完成，或者是通过后期剪辑让人感觉整部影片是一个镜头的拍摄手法。由于一镜到底要求在一个长镜头内完成所有的叙事，对镜头的连续性要求很高，因此对创作者有一定的束缚和制约。但这种形式能够带给观众一种新鲜独特的视听体验，在叙事的连贯性和流畅性，感受的代入感和沉浸感上颇有优势。

《公仆之路》之所以选择一镜到底的表现形式，是因为主创团队深挖主题，提炼出了习近平总书记48年公仆历程中的"变"与"不变"。"变"的是周遭的环境，48年里，习近平总书记工作的地方既有贫穷的村县，也有富裕的省市，工作的岗位从村、县、市、省到中央，每一个层级都历练过，从一个少年逐渐成长为一个大国领袖，周围的环境发生了天翻地覆的变化。但是有一点始终"不变"，那就是他不忘初心、牢记使命的坚定信仰，为人民做好事的信念。因此，一镜到底是最好的呈现手段。

一方面，通过连贯的画面和叙事，《公仆之路》让用户产生一种时空穿越的感觉。从梁家河窑洞里的烛火，到人民大会堂的中外记者见面会，一镜到底通过推、拉、摇、移等运动镜头，串联起了多个维度的不同时空，增添了观赏性和可看性，营造出大片即视感。例如，从正定时期的办公桌上的照片，直接转场到福建的自然风貌，从浙江水乡的桥洞转换到总书记在井下视察时的工作环境。另一方面，通过巧妙的场景转换和变化，作品清晰地呈现了总书记的人生轨迹。虽涉及多段时期，但风格统一，立意明确，传递了习近平总书记朴实、纯洁、高尚的价值追求。用精练的语言和紧凑的结构，实现了表达形式与内容的完美契合。

（二）增强沉浸，三维投射助力穿越时空

融合产品的创新也体现在不同元素、不同表现方式的融合上。近年来，融合产品不断创新，通过AR、VR、Flash动画、三维投射等技术手段，将纪实的段落与动画、图片、动图、数据图表、音乐、文字等内容糅在一起，各类信息互为补充，共同完成叙事，用虚实结合的方式增强表现力和沉浸感。

《公仆之路》采用三维投射的技术手段，浓缩经典历史性画面，巧妙地以镜头运动的方式实现画面转场，实现场景沉浸、触动人心的目的。三维投射是指通过3D动画技术，将画面分层投射到三维空间中，再现和修复现场环境与空间，使原本平面化的照片有了时空凝固的艺术效果。《公仆之路》涉及48年的时间跨度，经过特效处理，二维的照片被投射为三维的动画，每一张照片都让人仿佛置身于历史的时空，既承载历史，又饱含情怀。在画面的色彩处理上，凸显沧桑感的色彩增强了时代感。新技术使历史场景在微视频中重新活起来，增强了内容的可视化与沉浸感，实现了时政内容的立体表达。

为了给用户打造真实的沉浸体验，作品还通过精心设置的细节增强沉浸感。一方面是画面具体内容的匠心处理，《公仆之路》在很多场景里着力刻画了非常多的细节，力图复原当时的历史背景与场景。在陕北插队部分，无论是开场那列1969年冬天开往陕北的知青专列，还是梁家河时他工作生活的窑洞场景，主创人员都参考了当时大量的采访报道与后来的实景照片；在正定的画面部分，桌上摊着的报纸是《正定翻身记》，这是习近平的名字第一次刊发在《人民日报》的通讯上，他在田间地头察看棉花生长情况的照片、在正定街头办公的照片等，都尽量还原那个阶段的历史场景；浙江的部分，里面打开的《之江新语》是总书记创作的一部政治理论著作，收录了他担任浙江省委书记期间在《浙江日报》"之江新语"专栏发表的232篇短论；上海的部分，中间桌面上有一架飞机，主创人员是想反映他主政上海期间，对国产大飞机研制的重视与调研工作。

另一方面是背景音效的使用，为了将观众带入场景，除了习近平总书记的同期声，作品精心选取了符合画面场景的音效。在讲述陕北插队时期的故事时，开往梁家河的火车的汽笛声先于画面出现，配合火车站的三维动画场景，共同完成叙事；还有配合福建民居画面响起的自行车铃声，习近平同志和群众在一起时的人群背景音，浙江水乡环境中水流声……精心设置的细节音效提升人们的观赏体验，在沉浸式的场景中，感知总书记一心为民的光辉形象。这些匠心独运的细节处理，共同打造兼具美感和动感的沉浸体验，让习近平总书记为人民服务的公仆形象更加可触可及，使受众获取生动的感观印象，从而实现情感上的触动，实现传播目的。

（三）碎片裂变，多平台的传播再分发

在互联网时代，移动化和碎片化已成为媒体传播和人们消费信息的主流。中国商业智能服务商QuestMobile发布的《中国移动互联网2018年度大报告》显示，我国移动互联网用户人均单日使用时长达4.8小时，其中短视频用户使用时长持续增长，占比达到11.4%。用户消费视频内容场景更加碎片化，短视频超越在线视频成为仅次于即时通信的第二大行业。[①]时政微视频正是主流媒体顺应时代潮流，创新传播形态的新思路和新路径。

《公仆之路》微视频于2017年11月23日在央视网PC端、央视影音客户端、手机央视网、央视网官方微博微信等渠道同步上线，进行多平台的全面分发。人民日报新媒体、新华社新媒体、央视新媒体、中国政府网、共青团中央等主流媒体在官方微博、微信和客户端上进行转发推送，腾讯、新浪、搜狐、网易、凤凰、百度、秒拍、今日头条、一点资讯、乐视、爱奇艺、暴风影音等全网头条置顶转发，基本实现了线上各渠道的全面覆盖。同时，用户的积极评论转发使该作品在新浪微博、微信朋友圈等社交平台广泛传播，《公仆之路》的微信指数从11月22日的0激增为11月23日的3423284。数据统计显示，《公仆之路》全网播放量2.5亿次，在微信公众号、朋友圈累计发布分享超过43万条次，成为党的十九大后第一部爆款时政微视频。优质的内容、创新的形式加上多平台的分发，最终实现了内容的裂变传播。

《公仆之路》的良好传播效果，得益于其运用互联网思维生产内容，也离不开其创新的分发模式。该产品以短小精悍的体量进行分发，在多平台实现全面覆盖，拓展了政治传播的渠道。其碎片化的形态符合用户使用习惯，优质的内容易于引发用户共鸣。同时，互联网平台所具有的互动性和社交性使用户可以与作品进行交互和互动，改变了以往单向度的传受关系，用户可以在观看的同时表达自己的意见和看法。与传统的自上而下的单向传播不同，《公仆之路》聚焦传者与受者之间的共同意义空间。通过引导用户进行评论、转发等行为，实现裂变传播，完成政治信息与主张的宣传。

---

① QuestMobile：《中国移动互联网2018年度大报告》，http://www.questmobile.com.cn/research/report-new/30，2019年1月22日。

三、结语

在移动优先、碎片传播的互联网时代,时政微视频日益成为主流媒体宣传主流价值观,传播时代正能量的重要路径。微视频篇幅虽短,却能传达好故事、好信念;容量虽微,却蕴含大内涵,大情怀;形态虽小,却能化零为整,形成矩阵分发[1]。

《公仆之路》的成功得益于其在内容上的多重创新——高度聚焦的主题,高密度的信息量,有温度的软性传播,以及形式上的完美契合——一镜到底的流畅叙事,三维投射的沉浸体验和碎片裂变的分发模式。随着时代的创新发展,AR、VR、MR、AI等新兴技术的推广普及,未来的时政短视频一定会有更加丰富的形态和更炫酷的呈现形式,社交性、交互性、体验感和沉浸感都将得到更好的呈现。但不论形态如何变化,正如《公仆之路》导演唐晓艳所说,未来时政短视频最核心的竞争力还是内容和灵魂。好的故事才能吸引用户,有温度的传播才能打动用户,《公仆之路》的成功就是最生动的例证。

---

[1] 曾祥敏、王孜:《微视频创作与创新策略》,《电视研究》,2018年第6期:4-7。

作品三：《"点赞十九大，中国强起来"互动报道产品》

曹晓红　牛文杰[①]

作品信息

主创：新华社

首发时间：2017年10月12日

传播平台：新华社客户端

传播效果：该产品在近20天的传播周期中，参与人次累计超过5.121亿，总页面浏览量达到31.74亿，总点赞数达1.241亿，刷新中国互联网H5轻应用传播极值，也超过吉尼斯世界纪录同类最高值。

参考网址：http://newdata.news.cn/dzsjd/#0

所获荣誉：第28届中国新闻奖媒体融合类新媒体创意互动一等奖

作品简介

2017年10月12日起，新华社客户端推出"点赞十九大，中国强起来"系列融媒体互动报道产品，将优质创意、权威内容、先进技术深度融合，集用户体验、互动、分享等多重功能于一体，紧扣党的十九大议程和关键节点，邀请党的十九大代表和百余名各行业知名人士为党的十九大录制祝福音频并引领诵读党的十九大报告。该产品第一次以音频互动为主的形态进行大型主题报道，并首次使用互联网技术推出党代会个性化纪念首日封，辅以H5轻应用传播，在互联网上有效设置"点赞十九大""进入新时代"等议题，形

---

① 曹晓红，中国传媒大学电视学院教授；牛文杰，中国传媒大学电视学院硕士研究生。

成强大而持续的网络正能量。

评述及分析

　　新媒体时代，主流媒体也需要在激烈竞争中争夺用户有限的注意力，因此必须竭尽全力打磨创意，创造出新的传播形式和传播语态。党的十九大报道题材重大，相关报道必须在创新与安全之间寻找平衡点。基于此，该系列融媒体互动报道产品能刷新纪录，在网络上持续弘扬正能量，掀起"全民点赞十九大"的热潮，对以后重大报道题材创意互动产品的开发有很大借鉴意义。

一、"音频+点赞"创意互动

　　"点赞十九大，中国强起来"系列产品首次以"音频+点赞"创意互动开启重大题材报道新玩法。媒体融合背景下，用户注意力稀缺，谁能抓住用户的注意力，谁就拥有了话语权，因此主流媒体在重大主题的报道上更要大力创新，以新颖的传播形式搭载重要内容，这样才能在注意力稀缺的时代抓住用户的眼球，达到高效传播的目的。

　　党的十九大报道题材重大，因此既要保证内容的传播效力，又要创新报道形式，以期达到以新的报道形式承载重要内容，又以新的报道形式吸引更多用户的目标。以图片、文字、视频为主，以声音为辅是以往重大主题报道H5轻应用传播的主要思路。而在本次报道中，新华社多部门、各分社合力研发创新，打破固有思路，以音频为主，以图片、文字、视频为辅，邀请党的十九大代表和百余名各行业知名人士为党的十九大录制祝福音频并引领诵读党的十九大报告。用户点开产品的H5页面即可听到名人和人大代表诵读的报告和祝福，并能为之点赞、分享，这个操作就像听微信语音、浏览微信朋友圈一样简单，充分挖掘了党的十九大和新媒体读者之间的联结因素，符合移动端受众信息收发习惯，促使用户主动点赞分享。

　　此外，在该系列产品迭代的第三阶段，用户还可以上传自己读报告的音频，并有机会被选中在新华社的平台上播放。从音频到点赞再到用户自发上传音频，整个流程清晰简单，不设门槛，每个人都可以参与，符合"低门槛、强议程、广覆盖"的新媒体互动传播规律，为之后新媒体创意互动产品的研发提供了可借鉴之处。

二、甄选内容，善用明星，保证传播效率与报道安全

对于重大题材的报道，优质的创意形式必须传递出权威的内容，以此来保证报道的可信度与公信力。新华社在本系列融媒体互动产品中严格把控内容输出质量，在《我是报告诵读者》阶段，甄选了党的十九大报告内容和读报告的各行业名人，并由和内容息息相关的名人或人大代表诵读报告。如：王源作为新生代偶像，朗读的是"青年一代有理想、有本领、有担当，国家就有前途，民族就有希望……"这段话既符合王源作为青年人的身份，又使王源以"爱豆"的影响力去影响更多的青年人，使其关注党的十九大，为实现中华民族伟大复兴的中国梦而努力奋斗。甄选优质"爱豆"诵读党的十九大报告一方面将篇幅较长的党的十九大报告变得简洁、通俗易懂且有感染力；另一方面也极大地拉近了普通民众与党的十九大报告的距离，给用户一种"十九大就在我身边，我应关注十九大，关心国计民生"的传播氛围，以此带给用户沉浸感，激发用户的参与欲、分享欲。在网友点赞党的十九大阶段，新华社在全国各地网友上传的音频中，悉心挑选出具有各方面代表性的内容播放，用户受到音频朗读者地域、朗读内容和风格的影响，会再次产生心理上的接近性和沉浸感。一方面为之分享，另一方面参与诵读报告，由此引发下一轮传播风潮。

另外，新华社在公众人物选择上也做出了大胆的尝试，不仅选择了各个行业领军人物及人大代表，还选择了娱乐明星。娱乐明星等公众人物的影响力是把双刃剑，用得好即形成强大正能量，用不好就会带偏报道方向。在如此严肃的题材下引入娱乐明星参与，是对报道团队的重大考验。[1]因此新华社严选公众人物，选择的公众人物形象积极向上，弘扬正能量，并严格控制了娱乐明星在整体人数中的占比和发布分组，实现了党代表、科学家、企业

---

[1] 腾讯传媒：《互动报道高级玩法：新华社创30亿浏览新纪录，"点赞十九大"》，全媒派，https://mp.weixin.qq.com/s/poRJDV01jeLUptJ6uzgKcw，2017年10月25日。

家、明星和谐一致地邀请网友点赞党的十九大的画面。

此外，新华社深谙粉丝经济，将各路大咖称为"爱豆"，为用户邀请的"爱豆"覆盖面广，既有最受年轻人喜爱的企业家"爱豆"马化腾、董明珠等，也有从小学就出现在大家教材里的"杂交水稻之父"袁隆平，还有娱乐圈形象积极的明星胡歌、王源等，并设计了"我接受某某某的邀请，为十九大点赞"的互动元素，切实增强了网友与明星大咖一起点赞党的十九大的真实感，激发网友主动进行互动分享的欲望，使产品传播总调性符合预期效果。

三、跨界传播开创了重大题材报道场景化传播的先河

该产品采用跨界传播思路突破传统传播渠道，形成线上线下联动闭环。在本系列融媒体互动报道产品中，新华社首次与共享单车ofo合作，用户线上分享这条H5即有机会领取ofo月卡，线下将3000万辆共享单车打造成3000万台党的十九大音频播放器，扫码骑车即可听党的十九大音频，开创了重大题材报道现实生活场景化传播的先河。同时，新华社还与中国邮政共同推出"十九大首日封"，用户打开H5点赞并手写签收《来自人民大会堂的一封信》，即可获得线上个性化首日封，如果分享给朋友就有机会获得中国邮政准备的近万封加盖人民大会堂邮戳的"十九大首日封"。本次跨界传播使线上线下紧密承接，有效形成联动闭环，促使产品覆盖更多的受众，取得更好的传播效果。

四、一流平台主推，多平台宣发，形成强有力的传播矩阵

除此之外，产品一经推出就由一流平台主推，多平台宣发，形成了强有力的传播矩阵。本系列融媒体互动报道产品由新华社微信公众号、新华社客户端、新华网官方微博作为主平台发布，并与腾讯、新浪、蜻蜓FM、一点资讯等平台展开推广合作。由重磅级权威媒体组成的传播矩阵持续发力，在20多天的传播周期里，吸引海量用户点赞、分享、上传音频，高潮迭起。参与者年龄最小的有来自吉林长春的五岁孩童，年龄最大的有年近九旬的老人。强有力的传播矩阵使本系列融媒体互动报道产品达到了广覆盖、浅互

动、高传播的效果。当然，新华社针对微信、微博、客户端和其他平台的用户特点也设计了差异化的互动策略，并根据会议议程，四次迭代传播内容，积极探索"可互动、可体验、可分享"的互联网与社交媒体传播规律。

五、持续发力，节奏感强，实现进阶式传播效果

重大题材的连续性报道，持续周期长，要十分注重发布的节奏感，持续发力。节奏不对，容易使用户产生阅读疲劳感，弱化传播效果。"点赞十九大，中国强起来"系列融媒体互动产品紧扣党的十九大会议重要时间节点，根据会议内容及时调整侧重点、迭代内容，取得了非常好的传播效果。10月13日，新华社客户端首日上线"点赞十九大，中国强起来"H5专题，同时，数位各行业领军人物的党的十九大祝福语音登陆ofo小黄车解锁音，线上线下同时为党的十九大胜利召开预热，营造了良好舆论氛围；10月18日党的十九大开幕当天，新华社新媒体平台率先在网上设置"新时代"议题，发起了"进入新时代，点赞好声音"专题以及"点赞赢取十九大首日封"活动，为"点赞十九大，中国强起来"带来了一波流量峰值；10月20日，党的十九大会期过半，又启动"用声音致敬新时代，我是报告诵读者"第三阶段话题，邀请公众人物诵读党的十九大报告，吸引大量网友参与互动，上传自己的音频，成功利用UGC（用户生成内容）唱响主旋律，弘扬正能量，掀起又一关注高潮，实现进阶式传播效果，形成UGC反哺报道产品的闭合链条。

六、产品贯穿用户思维

对于新媒体创意互动产品的创新来说，最重要的一点是研究新媒体用户，熟知用户需求，深谙新媒体传播规律。新媒体时代，人人都有麦克风，新媒体的媒介属性为广大用户提供了相对广阔而又自由的发言空间，每个人都可以在这个虚拟空间里匿名发言。所以当前新媒体互动创意产品的创新需要做的就是怎样才能引起用户关注，激起用户的参与欲和分享欲，思考用什么样的形式和内容让他们加入进来，自发传播，形成强大的舆论合力。党的十九大是关系国计民生的重大会议，本身就有极高的国民关注度，各家媒

体更是争相报道，想方设法以新形式、新内容抢夺用户稀缺的注意力。新华社在本系列新媒体互动创意产品的设计中聚焦民众的利益交汇点、情感共鸣点、价值共生点，有效探索主流媒体社交互动模式，在新媒体平台设置"进入新时代""点赞十九大"等议题，利用名人音频，极大地激发了人们心中的爱国情，让人们愿意为之点赞、分享。

七、结语

1.2亿点赞，2亿人次扫码，5亿人次接力，30亿页面浏览量，刷新互联网H5传播极值。"点赞十九大，中国强起来"系列融媒体互动产品是党的十九大期间传播覆盖面最广，影响力最大的主流互动产品。它不仅在新时代的开始创造了新纪录，也从内容到形式创造了很多第一次。它首次采用"音频+点赞"的互动形式宣传党代会，第一次用音频作为主要形态开展重大主题报道，第一次邀请党代表、公众人物和网友在线诵读党的十九大报告，积极探索、实践"低门槛、强议程、广覆盖"的新媒体互动传播规律，为重大题材融媒体创意互动报道提供新的、可借鉴的报道思路；它第一次将互联网与现实生活场景打通，开创重大主题场景化传播的先河；并首次全流程、全平台设计党代会互动模式，针对微博、微信、客户端、"二次元"平台设计差异化互动形式，针对党代会议程产品四次迭代，形成滚雪球效应，充分探索"可互动、可体验、可分享"的互联网与社交媒体传播规律，成为主流媒体网络正面宣传的一次重大创新探索。

作品四：《柳州融水突围记》

翁旭东[①]

作品信息

主创：广西日报

首发时间：2017年8月14日

传播平台：广西日报微信、广西日报客户端（现更名为广西云客户端）

传播效果：该篇报道覆盖微博、微信和客户端等平台数百万网友，成为新华网等央媒及柳州日报等地方媒体对暴雨灾情的权威来源，获大量转载。

参考网址：https://mp.weixin.qq.com/s/5SOEG-Ammhy2M1o_kdkDiQ

所获荣誉：第28届中国新闻奖媒体融合类短视频新闻一等奖

作品简介

2017年8月，广西北部迎局地强降雨过程，柳州融水县杆洞乡突发两次山洪，全乡群众被困多日，成为通信、水、电中断的"孤岛"。广西日报记者第一时间赶赴灾区一线，因灾情恶化一度"失联"数十小时，在风雨中用手机记录下了当地乡镇干部组织营救、自救的珍贵视频画面。记者不惜冒生命危险穿越40处塌方，经历两次突围送出用生命拍摄的新闻视频，第一时间让外界知晓灾区情况。广西日报紧急成立融媒体专项报道组，通过综合相关事件背景信息，融合图文音视等素材，运用网络语言将短视频精心编排成为一篇记者突围险境的冒险新闻故事。

该融合新闻作品由三段短视频报道构成。《苗山村民勇救15名被洪水围困的外地游客，场面惊险感人！》系前方记者发回的第一篇报道，记录了杆

---

① 翁旭东，中国传媒大学电视学院博士研究生。

洞乡内洪水的灾情，以及党员干部和退伍士兵积极抢救外地游客脱险的生动段落；《照哥灾区行：杆洞突围》为第二篇报道，报道了记者在突围过程中目睹的道路受灾状况以及相关的抢修情况；《广西新闻动车》则按照时间顺序对杆洞乡的灾情进展进行了全面的梳理和总结。

评述及分析

作品《柳州融水突围记》在山洪灾难暴发的第一时间有力发声，让外界了解到了重灾区杆洞乡的真实情况，及时搭建起灾区与外界沟通的桥梁，为抢险救灾工作提供了重要的信息参考，以权威的现场报道有力回击了网上流传的部分不实言论，起到了有力的舆论引导作用。

一、移动优先，内容为王

（一）内容解渴，第一时间直击受灾最前线

从本质来讲，媒体所存在的合理性来源于信息的传递，利用全新的工具技术完成自身生产组织的融合与升级也是为了不断提升信息传播的质量与效率。因此无论融合报道作品的形态如何变化，"内容为王"依旧是考量新闻报道的重要坐标。特别是"后真相时代"降临的今天，快速发展的移动网络技术与社交媒体平台极大地拓展了内容生产的主体，专业生产向用户参与的显著转变极大解放了信息生产力。与此同时，未经证实的报道与言论铺天盖地，自说自话的海量信息更使人们不知所措。选择过多等于没有选择，内容的海洋实则无异于信息的荒漠，这种情况下更需要主流媒体充分发挥主心骨的作用，积极发声，加强传播主导权，帮助用户在海量信息与选择中形成正确认知与行为，做到正视听，明事理。特别是在重大自然灾害的报道中，网络舆论纷繁复杂，用户无法通过先天缺乏专业化、组织化的自媒体信息形成对灾情现场的系统认知，这种情境更有赖于主流媒体的权威发布与精确信息。

《柳州融水突围记》做到了两个"第一"与三个"突出"。两个"第一"，即第一时间、第一现场直击灾情；三个突出，即报道内容过程完整、信息量大、过程感强。在融水杆洞乡山洪灾害的报道中，广西日报依托新闻专业优

势，迅速反应，主动出击。记者谌贻照冒着生命危险在洪灾暴发当天急行军进入灾区中心进行报道，以真实的新闻现场与丰富的报道内容，让焦急等待的民众在最短时间内了解失联中的杆洞乡的真实情况。记者的报道与事件发展同步。从党员干部蹚水组织避难，到洪水淹没整个街道，从村民游泳划船救人，到记者的两次跨越道路塌方突围，记者将整个救灾过程完整记录了下来，使报道具有强烈的动态性与过程感。尽管有的镜头画面受现场条件影响出现晃动、模糊等问题，但是更突出了报道的现场感与冲击力。而《柳州融水突围记》对于灾情中各个重要节点的有序梳理与盘点，也使民众能够清晰、快捷地了解灾情整体的前后发展。除了现场直击与全程跟进，《柳州融水突围记》在现场也抓取到了一些具体、细腻且生动的细节，如记录退伍士兵坚守在湍急的洪流中解救被困游客的场景扣人心弦，画面中山洪的水流声与抢险指挥的呼喊声穿插其中，共同为用户营造出一种强烈的在场感与代入感。《柳州融水突围记》以第一手鲜活的事实素材以及专业、权威、理性的报道，牢牢把握真实、真理与真相，在有限的时间和恶劣的条件下率先发声，实现杆洞山洪灾情报道的优质内容输出，有效回应了社会关注焦点。

（二）守正创新，突发报道中强化导向引领

当下传媒生态、传播技术已经发生了巨大变化，舆论引导主体客观上呈现多元化发展局面，且不同话语之间的竞争与博弈日渐复杂，主流媒体更是面临着被"边缘化"的危险。在媒体融合平台化、一体化的发展背景下，主流媒体不仅要克服"本领恐慌"，成为运用现代传媒新手段新方法的行家里手，更要依托丰富多元的新型媒介产品形式和优质内容报道，坚定媒体立场，坚守社会责任，努力实现以正确导向引领公众舆论的重任。主流媒体要在讲述好故事的过程中潜移默化，润物无声地传递好主流声音，弘扬正能量，强化新闻舆论的传播力、引导力、影响力与公信力。

在重大突发性自然灾害的报道中，《柳州融水突围记》忠实记录了基层党员干部在暴雨洪水一线组织村民积极开展抢险自救的鲜活身影。在记者镜头的记录下，在更大规模山洪到来前，杆洞乡干部身披雨衣，撑着竹竿，冒着风雨在满是泥水的街道上艰难前进，呼喊着让乡民前往高处避险；在对15名被困游客的营救中，退伍军人吴利铁在齐腰深的水流中往返多次进行抢

救,乡长杨志新在最前线高声喊话进行现场组织与指挥;副乡长阳宗议在大雨中坚守在杆洞乡通往外界道路的抢修现场,全力推进道路塌方路段尽快恢复通车。这些人物形象的选取,使这一融媒体作品报道不仅仅是在讲述当地村民积极自救的故事,也是以杆洞乡干部为代表的广西基层干部坚守在灾情一线的故事。该报道生动展现了基层干部心系人民群众的优良品质与坚守工作岗位的责任担当,在桂北暴雨洪灾的舆论引导中切实起到了稳军心、消疑心、增信心、献爱心的重要作用。

此外,《柳州融水突围记》所发挥的正面引领作用并不仅仅来源于对灾害现场的伴随式记录,也源于通过第一人称的突围报道主动设置报道议程。记者谌贻照在《柳州融水突围记》实战心得中坦言,他曾经在1996年柳州特大洪灾一线做抗洪报道,因此在相似的报道中,对灾区现场的情况以及受灾群众的情绪有着更为清楚的了解和判断。灾难来临时,党和政府的关怀以及外界的驰援,对稳定民心、提振士气极其重要。因此在首次突围失败后,谌贻照决定再次突围,并用手机记录下整个突围过程,以Vlog的形式与语态完成整个突围过程中的报道。凭借主流媒体记者的职业敏感与采访经验,《柳州融水突围记》灵活、有效地进行议程设置,精准地把握用户的关注点、传播点与共鸣点,在灾难报道中很好地发挥凝心聚力、振奋精神的作用。

(三)扎根基层,在一线报道中淬炼"四力"

报道接地气,作品才能有生气。《柳州融水突围记》以记者的体验调查为手段,以灾区干部群众的真实生活为题材,以故事化叙事为载体,在新闻报道中体现出"在路上、在底层、在现场"的宝贵精神。《柳州融水突围记》报道给用户所带来的震撼与感动,来源于记者多年来坚持践行群众路线、扎根基层报道的深厚积淀。媒体融合不仅是技术的融通、形态的演变,更是在所有社会主体之间构建连接的新一轮社会革新。而无论媒体技术形态如何变革,人类本身的真挚朴实的情感永远是最能打动用户的。主流媒体要在新时代下继续发挥好中继器的作用,有效增进信息、政策、舆论与社会公众间的联系与互动,应回归到富有浓厚烟火气与人情味的基层群众日常生活中汲取源头活水,在报道与社会大众之间寻找意见的平衡点,情感的共鸣点和信息的传播点,促进大众对于人世与人心的理解与认识。这就要求主流媒体记者俯下身，沉下心，深入基层，走进群众的日常生活之中，在基层报道中淬炼"脚力、眼力、脑力、笔力"，在群众的生产生活中挖掘打动人心的角度与细节。这样的报道才能做到接地气、抚人心，真实反映基层群众的声音与诉求，有效设置议题，彰显世道人心。而这也是主流媒体记者在任何时代不应轻易放弃的宝贵品质。

《柳州融水突围记》的现场报道记者谌贻照常年坚持在桂北基层进行采访报道，靠着一个双肩包、一辆越野车几乎跑遍了柳州的所有村庄，被当地干部群众亲切地称为"照哥"。作为广西日报柳州站站长、主任记者，谌贻照给自己的定位是一名"泥腿记者"，认为新闻应该多聚焦基层，因此他的采访报道中更多是田间农民与车间工人的身影。长期在农村、山区、少数民族地区的采访报道，使谌贻照对各地自然地理、风土民情有着深入的认识。从2015年起，谌贻照开设了"山水柳州"个人微信公众号，记录自己在基层采访的见闻，成为柳州市各级领导干部和部门公务员了解县域信息的重要窗口。融水是谌贻照经常蹲点报道的地方，他和当地群众有着深厚的感情，当获悉杆洞突发暴雨洪水灾害后，谌贻照连续八小时驱车，第一时间进入山区，沉着冷静地在极端环境中坚持报道，以文字+视频打动了无数用户的心。在访谈中，谌贻照告诉笔者，尽管自己已经年过半百，但他总是怀着本领恐慌告诫自己，必须在践行四力的一线实战中，学习新媒体表达技能，学会创新表达方式。《柳州融水突围记》报道在扎根基层的长期实践中获得报道的源头活水，尽管现场镜头和记录有些粗糙，但却是对灾情一线的真实记录，报道是有温度的，也是有质感的，有生命力的，因为报道里始终关注的是灾区的群众。只有扎根基层，密切联系群众，做到以人民为中心，心系人民，讴歌人民，才能把握住时代的主旋律，让新闻报道真正做到见天地、见人心。

二、融媒报道，跨界呈现

（一）短视频助力，自媒体发声

这是一个终端随人走，信息围人转的时代，信息的传播越发呈现出传播碎片化、碎片视频化、视频移动化的鲜明趋向，基于手机移动终端的短视频已成为信息消费的重要载体。[①]第44次《中国互联网络发展状况统计报告》数据显示,截至2019年6月,中国短视频用户规模达到6.48亿,占整体网民规模的75.8%。[②]可见,短视频成为当下主流融媒体创新突围的重要着力点。短视频在制作上技术门槛较低,依托智能手机平台即可完成拍摄、剪辑以及传输,从而将记者从沉重的专业设备中解放出来。记者在"抢新闻"的过程中能够实现轻装上阵、及时捕捉。此外,短视频先天所具有的移动阅读特性也赋予其在内容上呈现叙事平直、短小精悍、形式灵活的特征。因此在突发性事件的报道中,短视频也更能够聚焦主题,凸显报道张力。

《柳州融水突围记》报道轻量化,信息重磅化。在对融水杆洞乡洪灾的报道中,记者凭借随身携带的两台智能手机,"抢"到了现场灾情报道的首发。记者在洪灾发生的第一时间进入现场,杆洞一线仍处于抗洪抢险的危急关头之中,灾情瞬息万变,现场局面紧张复杂,再加上通信信号的中断,相对重量大、体积大的专业设备很难得到有效使用。在这样的情况下,记者谌贻照转而使用轻便、小巧的手机进行视频与图片的拍摄,以短视频的形式完成多元素材获取以及现场迅速呈现,并通过手机内置的编辑软件完成视频报道的后期制作。在突围至滚贝乡后,记者通过手机信号及时向后方传输报道成品,使《融水突围记》成为主流媒体对于杆洞一线情况的首份权威发布,及时抢占该项突发灾害报道的信息高地。谌贻照在其实战心得中开玩笑道,是自己携带的两块大容量充电宝成就了这条报道。[③]《柳州融水突围记》以"大屏转小屏、小屏牵大屏"的融媒报道实践,在传播效果与影响力上起到了四两拨千斤的作用。

(二)前后联动,形成一体化采编机制

除了前方素材的第一时间抓取,后方在协调采编团队、整合各方资源基础上的统一调度与集约化生产亦是《柳州融水突围记》成功的重要原因。依

---

① 曾祥敏、王孜:《微视频创作与创新策略》,《电视研究》,2018年第6期:4-7。
② 中国互联网络信息中心:《第44次中国互联网络发展状况统计报告》,http://www.cnnic.net.cn/hlwfzyj/hlwxzbg/hlwtjbg/201908/t20190830_70800.htm,2019年8月30日。
③ 谌贻照:《一台手机的突围:中国新闻奖一等奖作品〈柳州融水突围记〉实战心得》,《中国记者》,2018年第12期:34-36。

托"广西云"融媒体生态系统统一技术平台支撑,《广西日报》在融水洪灾报道中将传统报纸业务部门与新媒体团队混编,将整个报道活动置于大媒体编辑部的统一指挥调度与垂直扁平管理中,集中整合各平台、各栏目的生产能力,以融媒体的思路对新闻生产进行全面规划。在接收前方传回的信息后,大编辑部结合不同介质特点进行多层级、多层次开发。在这种新旧融合、统一采制、多样加工、多元呈现的一体化采编机制中,《广西日报》最终形成丰富立体的新媒体报道产品矩阵,从而在融水灾情报道中迅速抢占传播制高点,强化主流声音舆论引导。

在桂北暴雨洪水灾害的报道中,广西日报各部门快速响应,第一时间形成分工明确、默契有序的融媒报道团队,派出多路记者进行新闻素材采集。其中广西云客户端组同各地记者站一线记者对接,收集最新的现场灾情信息,统筹各方新闻素材,及时在专题报道中进行滚动发布。广西日报微博负责追踪桂林、柳州、河池、来宾等各地市和有关部门发布的权威雨情灾情信息,对网友上传到网络的相关图片、视频进行查证核实。在成功接到谌贻照突围后发回的前方报道后,各部门团队迅速将其同天气预报、抢险救灾、民政管理等各方信息进行梳理整合,当天在广西日报微信公众号发布融媒体报道《柳州融水突围记》。除谌贻照的3件视频报道外,整条新闻共采用了照片20张、微信朋友圈截屏4个、表情包2个、动图2个,通过多种媒介进行立体报道。[①]凭借前后有机联动,多元一体化的采编机制,《柳州融水突围记》成为广西日报的爆款融媒产品。

(三)融合有方,量体裁衣打造"拳头"产品

融媒体报道是技术与形态的融合,更应是思想观念的融合。对于融合新闻报道的创新实践,主流媒体不能简单停留在技术崇拜之中,被层出不穷的媒介技术、产品形态牵着鼻子走,否则可能会"乱花渐欲迷人眼",陷入盲目建设之中。主流媒体必须对此有深入的认识,从自身实际出发精准定位,量体裁衣打造符合本身发展实际与特色的融合采编报道解决方案,从而做到

---

① 何继权:《横向融合是肉,纵向融合是骨——中国新闻奖一等奖作品〈柳州融水突围记〉分析》,《青年记者》,2019年第3期:57-58。

思路清晰、方向明确、为我所用。地方主流媒体对于所覆盖的域内有着天然的接近性，对于深耕多年的本地市场有着深入的了解，同时其本身所具有的权威性、专业性以及资源的独特性能够使其深入挖掘本地信息，用丰富多元的媒介产品形式以及生动鲜活的叙事语态，进一步放大传统主流媒体的优势，形成在融媒体报道中的有力聚焦。因此，激烈的融媒报道竞争中，主流新型媒体则能从实际出发，集中有限力量，推出域内标志性媒体品牌，形成拳头产品。

从桂北暴雨洪水灾害报道活动来看，广西日报在媒体融合报道策略上有着较为独特的模式与风格，思路理念清晰鲜明。其在深挖自身特色的基础上创新组织生产方式，深度聚焦广西本土，以新形态、新语态、新姿态拉近了传统主流媒体与用户之间的信息、情感联系，集中自身传统优势，借力新型技术形态，在融合报道中切实做到了"好钢用在刀刃上"。在《融水突围记》的报道中，广西日报并没有直接采用网络上用户上传的图片视频素材进行PUGC式的生产与发布，以实现信息服务的最快到场，而是坚持派经验丰富的资深记者亲临一线，深入灾区进行实地独家采访。在接到前线素材回传后报网微端联动，在其客户端、微信公众号以用户喜闻乐见的语态进行呈现，使报道具有突出的故事感、真实感和厚重感，并以此相应提供了降水、出行、民政、救灾等方面的信息服务，凸显了媒体融合语境下主流媒体报道的深度与高度。

在笔者的访谈中，谌贻照认为，对于快速发展的融合新闻报道，记者自己内心首先要把牢定盘星。新闻记者必须坚持做有深度、有声色、有故事、有细节、有"在场感"的融媒体报道，传播中国好声音。在《柳州融水突围记》的报道中，广西日报集中自身优势形成一整套完整的一体化报道机制，在报道中以移动化新媒体报道手段为依托，第一时间深入基层一线报道，内容丰富、细节生动、引领强力，同时依托云平台形成前后联动，整合报网微端优势集中发力，强化主流媒体在重大事件中的权威发声，彰显了新型主流媒体的魅力与品位。广西日报在融水洪灾中的报道中走出了一条量体裁衣、因地制宜的独特发展模式，对于地方新型主流媒体在突发性灾难的融媒体报道实践有着宝贵的借鉴意义。

作品五：《"天舟一号"发射任务VR全景直播》

吴炜华　张守信[①]

作品信息

主创：央视影音、腾讯视频

首发时间：2017年4月20日

传播平台：央视影音、腾讯视频

传播效果：此次全景VR直播创造了史上最近距离（100米）全程直播火箭发射的记录。通过电视、PC端和移动社交媒体的多屏互动模式，无缝覆盖直播前后72小时，实现良好的传播效应。

参考网址：http://app.cctv.com/special/cbox/subscribe/index.html?mid=183iaaMj0518&from=singlemessage&isappinstalled=0

所获荣誉：第28届中国新闻奖媒体融合类移动直播一等奖

作品简介

"天舟一号"是我国首个货运飞船，此次发射任务是我国空间实验室任务的收官之战，因此引起社会广泛关注。"天舟一号"计划于2017年4月20日19时41分，在海南文昌航天发射中心由长征七号遥二运载火箭发射，中央电视台新闻频道、中文国际频道及五个外语频道进行了同步的现场直播。同时，央视网、央视新闻移动网等平台也进行了全程的新媒体信息发布。除传统的演播室播报、采访、动画演示外，本次报道中，最具吸引力的是央视网对"天舟一号"发射任务进行的VR全景直播。此次VR直播通过新型数字技术，更新了重大新闻事件的直播采集、实时生产、传播与接收的方式，用户也获得了前所未有的观看视角、视听感受等沉浸式体验。

---

① 吴炜华，中国传媒大学电视学院教授；张守信，中国传媒大学电视学院博士研究生。

评述及分析

一、VR新闻的政策背景及国内应用实践

近年来，随着数字视听生产、传播、终端及设备等技术的高速发展与普及，我国传统媒体也加快了推进媒体融合、内容与传播思维观念创新的步伐。2016年，国家广电总局发布《关于进一步加快广播电视媒体与新兴媒体融合发展的意见》，其中指出要"积极利用互动、虚拟现实（VR）等新技术创新节目形态，激发用户参与节目创作热情，增强节目吸引力"，[①]这为VR在节目生产中的具体应用及其合法性提供了基础的政策支持。

全球第一个正式将VR应用于新闻生产的传统媒体机构是美国广播公司（American Broadcasting Corporation，ABC），它于2015年9月推出了一期使用VR技术制作的新闻。[②]同时期，人民日报首次使用全景视频，展现大阅兵现场效果，2016年央视网利用10个高清全景摄像头，通过后台画面拼合技术实现了VR新闻直播。[③]早期的VR内容生产均处于探索与试验阶段，经过实际的生产与传播实践，我国媒体在VR内容生产流程、技术与设备配置、参数调适、拍摄与合成、传播与交互等方面积累了诸多经验，也不断突破了许多技术与现实瓶颈，"使VR直播变得具有可操作性"[④]。

虚拟现实（Virtual Reality，VR）是建立在计算机模拟和沉浸式多媒体技术基础之上的新型科技，其主要特点在于对于现实的高度仿真，用户使用时的深度沉浸，以及突破二维平面的三维时空视觉体验与界面交互。"理想的VR技术可以对情境进行全方位的'重现'乃至'创造'"。[⑤]VR新闻是VR

---

① 国家广电总局：《关于进一步加快广播电视媒体与新兴媒体融合发展的意见》，http://www.nrta.gov.cn/art/2016/7/18/art_113_31297.html，2016年7月18日。

② 常江：《虚拟现实新闻:范式革命与观念困境》，《中国出版》，2016年第10期：8-11。

③ 李川、牛洋洋：《VR技术在新闻实践中的应用路径与现实困境》，《中国广播电视学刊》，2017年第11期：54-56。

④ 王宏达：《VR新闻发展趋势浅析》，《中国传媒科技》，2017年第9期：101-102。

⑤ 常江：《虚拟现实新闻:范式革命与观念困境》，《中国出版》，2016年第10期：8-11。

技术在新闻生产与传播中的实际应用,使新闻的呈现突破传统的视野范围、感官体验并增强参与感和深度的情感体验,使用户对新闻现场产生一种"身临其境"的"真实"感受。由此可见,"VR新闻不仅是对原始新闻素材加以采集和呈现的方法,更是一种新的新闻叙事模式"①。从全球VR在新闻中的具体应用来看,战争与科技等普通用户无法接近的新闻现场是VR新闻的常设场景和题材,这也体现了VR技术在新闻报道中的独特优势,本次"天舟一号"发射任务的VR全景直播即属于科技题材,当然其中也融合了时政、爱国主义、航天梦、中国梦等现实的主题关照和情感连接。

有学者将VR新闻实践的应用形式概括为图片式场景展现、视频展演式深度报道、现场式直播报道三种类型。②此次"天舟一号"发射任务VR全景直播属于"现场式直播报道"这一类别,主要采用VR全景视频技术将几个摄像头从不同角度拍摄的画面在后期进行拼合,最终呈现出一个360度全方位的"天舟一号"发射现场。区别于VR视频影片,通过VR进行全景直播的主要流程有全景采集、视频拼接、传输、导播切换处理、分发推送、终端收看,其关键技术点在于对于现场信息的实时采集、画面的实时拼合以及实时传播。③这种"实时"的特性,也要求来自不同摄像头的画面,在拼合过程中保持色彩、亮度、白平衡等画面参数一致,另外,VR信息的实时传输也需要足够的传输速率的支撑,这对采集设备、拼合技术、网络带宽提出了现实挑战。④

二、"天舟一号"发射任务VR直播的创新分析

表4-1对"天舟一号"发射任务VR直播的基本信息做了整理汇总,官方确定的发射时间为19时41分,VR直播时间为19:15—19:45,持续30分钟,

---

① 常江:《虚拟现实新闻:范式革命与观念困境》,《中国出版》,2016年第10期:8-11。

② 李川、牛洋洋:《VR技术在新闻实践中的应用路径与现实困境》,《中国广播电视学刊》,2017年第11期:54-56。

③ 王宏达:《VR新闻发展趋势浅析》,《中国传媒科技》,2017年第9期:101-102。

④ 王宏达:《VR新闻发展趋势浅析》,《中国传媒科技》,2017年第9期:101-102。

给用户预留的时间比较充裕，便于用户通过VR捕获、阅读和理解信息。在具体看点上主要有两方面：第一是由"天舟一号"和长征七号运载火箭组成的空间站货物运输系统首次亮相；第二是以当前规定的最近距离观看火箭发射。在本次具体的VR新闻直播过程中，实现的重要创新突破如下。

表4-1 "天舟一号"发射任务VR直播的基本信息

直播日期	2017年4月20日19:15—19:45
平台	央视影音、腾讯视频
直播内容	"天舟一号"发射任务
基本看点	·"天舟一号"货运飞船和长征七号运载火箭组成的空间站货物运输系统首次实用性亮相 ·近距离观看发射火箭点火及升空的瞬间
创新点	·开创国内航天科技领域VR直播的先河 ·首次最近距离（小于100米）全程直播火箭发射 ·首次在VR直播中引入专业讲解员

（一）创新点1：通过VR进行火箭发射的近距离直播

本次VR全景直播的两个创举：一是开创国内航天科技领域VR直播的先河，二是对火箭发射进行近距离直播。"天舟一号"发射特别节目的直播中，央视前方记者金佳博也详细地介绍了现场情况：在发射前5分钟，第三批场内人员已经撤离，在3公里范围内保持无人员状态。而VR直播中最近的一组摄影设备距离实际发射地点不足100米，这是以往的电视直播中前所未有的观看距离和视角。所以，通过VR技术，实现了最近距离观看火箭发射瞬间的全新视听觉体验。

在整个30分钟的VR直播过程中，用户通过转动身体，实现了对现场360度的全景观察，仿佛置身于火箭发射现场，拥有了以"第一人称"为主的观看视角，使新闻的接收更具选择性与灵活度。

此外，除上文提到的因"实时"特性对VR技术的应用提出挑战外，本次的近距离直播，也为设备的稳定性、突发状况的备选方案、设备的保护、画面呈现效果、设备操纵等环节提出了技术性挑战，从最终呈现效果看，制作团队完美地实现了技术突破，首次成功地完成近距离火箭发射VR直播探索。

（二）创新点2：视听奇观的直播与沉浸式的视听体验

如果将本次"天舟一号"发射任务描述为一种人造景观，那么它带来的感官冲击不亚于任何自然景观，通过VR直播的全景展现，形成影像化的"视听奇观"。这种奇观的观赏与体验，也是此次进行VR直播的根本动力和现实价值所在。以2016年长征七号火箭首飞的数据为例，"发射平台在20秒内喷出400吨水降温和降噪。火箭点火时，尾焰直冲发射平台，让其瞬间接近3000摄氏度，大量的水会气化，并高速喷出"，[①]足见这种奇观所带来的视听震撼。火箭发射的巨响，天舟一号升空的轰鸣，迎面飞来的沙石，蒸汽般滚滚而来的水蒸气，以及耀眼的火焰，形成了"奇观化的视觉效果"。

沉浸式体验方面，用户通过与媒介发生的交互实现了对信息内容流动的控制，其参与的维度从心理层面扩展到了身体行动层面[②]，从而将不自觉地产生认知参与和情感反应[③]。丰富的全景式环境信息、灵活自如的观看视角挪移，表面是用户与手机间的人机交互，更深层次的是用户与发射现场的环境、在场信息的深度交互，更是一次天舟一号发射现场全息式的信息探寻、使用与满足的过程。VR直播打开了全新的新闻"阅读"方式，为用户带来感觉、知觉的全新体验和延伸。用户可根据技术配备情况，摇动手机屏幕来观看全方位信息，也可以使用VR眼镜进行更深度的沉浸式观看体验。内部与外部、场内与场外的信息交融，用户在评论区称之为"美丽的震撼"。

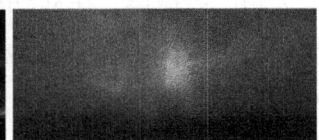

图4-1　"天舟一号"发射任务VR全景直播画面

---

① 《央视网将VR直播"天舟一号"飞船发射》，央视网，http://news.cctv.com/2017/04/20/ARTIQTp6ukpGUMKwT23miLG8170420.shtml,2017年4月20日。

② 常江、杨奇光：《重构叙事？虚拟现实技术对传统新闻生产的影响》，《新闻记者》，2016年第9期：29-38。

③ 李川、牛洋洋：《VR技术在新闻实践中的应用路径与现实困境》，《中国广播电视学刊》，2017年第11期：54-56。

（三）创新点3：使用专业解说，弥补用户信息不足

作为科技题材，仅有沉浸式的体验还远远不够，更重要的是知识的传播，情感的交流，以及意义的获得。货运飞船、火箭发射均属于高精尖领域，普通用户在相关的知识构成方面必然存在不足和欠缺。此次VR直播区别于以往实践案例的另一个亮点就是设置专业解说。

相比VR现场全景的一种宏大叙事，解说的话题设置更多地体现了"小切口、小视角"，对场景的宏大叙事做到了细致和有效的补充，通过对解说内容的文本分析（表4-2），可以发现其主要话题有：火箭主体构成，发射场的基本情况与名称命名由来，本次发射任务的难点和创新点，解说者的过往经验与现场感受，以及相关现象的科普（如火箭底部周边的云雾现象、火箭的燃料等）。相关知识的介绍循序渐进、由浅入深，使本次VR直播不仅是一次视听觉的全新体验，更是一次知识的补充与更新。

表4-2 "天舟一号"发射任务VR直播解说词文本分析

"天舟一号"以及长征七号运载火箭整体介绍
↓
火箭周围四个建筑体的功能（照明、避雷）介绍，并结合海南地理、气候特征阐述避雷塔搭建过程中遇到的难题及解决办法
↓
文昌航天发射场基本情况介绍以及与其他发射场的优势比较（纬度优势、运输优势、安全优势）并提及世界相关类型的航天发射场
↓
"天舟一号"发射任务基本情况（创新点：零窗口发射、任务难度、任务目标）
↓
文昌发射场的命名及名称上与其他发射中心的区别
↓
解说者个人体验（长征五号、长征七号运载火箭首飞的历史情况回顾以及个人感受的比对）
↓
科普（火箭底部周边的云雾现象以及火箭燃料）
↓
火箭点火发射的时刻（视听体验的高峰时刻）

三、"天舟一号"发射任务VR直播的意义与启示

从本次VR直播的特殊性来看,首先是向观众提供了前所未有的奇观化体验,近距离观看火箭点火及发射的瞬间,为用户提供了新视角,甚至是新参与方式的技术接口;其次是360度的全景画面打破了传统视界的取景边框,使新闻信息的传递更加真实客观,更多的在场信息可以被用户自主地发掘、感知和理解;最后是沉浸式的直播体验,使新闻内容立体可感,配合专业解说,增强了VR新闻传播中的互动性和知识性,成为传统电视报道的有力补充,"其效应在于扩大新闻作品叙事的能量和受众对信息加以感知的效度"[①]。

当然,本次"天舟一号"发射任务的VR直播也有一定的局限和不足。在叙事模式方面,托多罗夫将叙事中的"时空序列"划分为"连接式""嵌入式""交替式"三种[②],天舟一号的VR直播属于典型的连接式叙事。连接式叙事具有线性结构特点,从而保证了信息客观、自然地呈现出来。但本次直播持续30分钟,在用户长时间佩戴观看设备,或沉浸于毫无变化的新闻场景中时,这种连接式的叙事给予用户视听上的刺激较少,仍然存在着用户感官与心理不适,极易产生情绪上的烦闷与无聊,甚至是直接选择身体退场。在这一方面,"嵌入式"这种层层嵌套的方式更容易引发了叙事的多元线索和趣味性,在用户接受的心理感知和内容消费的动机上会呈现一种悬念感和期待感。"交替式"的叙事模式虽然有所差别,但在体验上亦是如此。这两种叙事的时空序列技巧,可以在今后的VR新闻直播中进一步开展尝试。

2019年1月25日,习近平总书记在中共中央政治局第十二次集体学习时,针对新技术在新闻生产中的运用强调:"从全球范围看,媒体智能化进入快速发展阶段。我们要增强紧迫感和使命感,推动关键核心技术自主创新不断实现突破,探索将人工智能运用在新闻采集、生产、分发、接收、反馈中,

---

① 常江、杨奇光:《重构叙事?虚拟现实技术对传统新闻生产的影响》,《新闻记者》,2016年第9期:29-38。

② 常江、杨奇光:《重构叙事?虚拟现实技术对传统新闻生产的影响》,《新闻记者》,2016年第9期:29-38。

用主流价值导向驾驭"算法",全面提高舆论引导能力。"习总书记还指出:"在信息生产领域,也要进行供给侧结构性改革,通过理念、内容、形式、方法、手段等创新,使正面宣传质量和水平有一个明显提高。"①此次"天舟一号"发射任务的VR直播正是主流媒体运用新技术,在新闻直播的理念、内容、形式等方面进行的创新与突破,也是探索更高质量的正面宣传的技术尝试。国家加速推进媒体融合纵深发展的时代大环境中,VR新闻的探索与尝试将拥有更加广阔的发展空间,也有潜力成为未来新型主流媒体结构中重要的技术配置和内容模块。

---

① 习近平:《加快推动媒体融合发展 构建全媒体传播格局》,《求是》,2019年3月16日第6期。

作品六：《"央广主播的朋友圈"系列H5报道》

曾祥敏　唐雯[①]

作品信息

主创：中央人民广播电台

首发时间：2017年3月2日

传播平台："中国之声"微信公众号

传播效果："央广主播的朋友圈"系列作品第一期上线，发布24小时内点击量超过一百万。独特的形式和创意不仅得到无数网友的点赞，也在业界收获了专家学者的好评。根据后台数据统计，97.3%的点击来自微信朋友圈、微信群及好友转发，充分说明该作品的火爆是因受众主动传播而形成的。

参考网址：http://m.creatby.com/v2/manage/book/kgyvab/

所获荣誉：第28届中国新闻奖媒体融合类融合创新一等奖

作品简介

《"央广主播的朋友圈"系列H5报道》是中央人民广播电台"中国之声"于2017年推出的两会报道产品，该产品创造性地运用"朋友圈+主播"的呈现方式，采用"H5+视频抠像+虚拟朋友圈"的技术手段宣传和报道两会议题。该产品总共包括四期，首期产品发布后24小时内，点击量便超过一百万，其中97.3%的点击量来源于用户分享，新颖独特的创意与两会内容相结合，使产品极具社交动力，引发公众广泛的关注和讨论，成为2017年两会报道的刷屏之作。

[①] 曾祥敏，中国传媒大学电视学院教授，博士生导师；唐雯，中国传媒大学电视学院硕士研究生。

评述及分析

《"央广主播的朋友圈"系列H5报道》在形态和内容上的融合创新试验为主流媒体探索新媒体传播的新形式、新思路提供了借鉴,是主流媒体在媒体融合深入发展下内容与新技术创新结合的有益尝试。

一、立意民生,语态创新

(一)以小见大,宏观议题向民生话题转换

以小见大,将两会的宏大主题聚焦在"朋友圈"中的身边事。普通人关注的身边事,实际上就是国家大事、民生问题。《"央广主播的朋友圈"系列H5报道》在构想之初便从小切口入手,将两会报道涉及的宏大议题转换为公众能够理解和接受的民生话题。因此,在具体议题的呈现上,通常从日常生活中人们常见的交流话题和熟悉的人两方面入手,从而提升与用户之间的亲近感。首先,在朋友圈呈现的话题选择上,主要选择了育儿、教育、学区房等私人朋友圈经常会出现和讨论的话题。如在第一期朋友圈的内容呈现中,便选择了育儿达人晒孩子照片的一条朋友圈为切口,通过下方评论的留言互动以及主播的讲解介绍,进一步关照到两会中的生育政策、教育等民生问题。其次,在人物的选择上也是选择主播日常生活中的同事、朋友,因此在运用朋友圈的内容进行两会报道时,就更像是主播自己叙述身边朋友的故事。亲近的朋友圈内容加上主播对话式的交流,使整个话题的呈现如同用户在和亲近的朋友聊天,用户与两会议题的距离一下被拉近了。

宏观议题向民生话题的转化,使两会议题与公众之间的联系变得更加具体可感,增强亲近感的同时也具有宏观层面的关照,从而使两会议题能够真正抵达公众的日常生活。

(二)点面结合,议题呈现重点突出

《"央广主播的朋友圈"系列H5报道》的四期作品在报道的主题上具有阶段性,与两会议程紧密配合,在两会整体宣传与重点议题报道两个层面共同发力,有力助推了主流媒体占据网络宣传主导地位。

首先,朋友圈的呈现方式为不同议题的呈现提供了空间,多个两会议题在朋友圈中得到同屏呈现。伴随两会的会议议程,朋友圈分别涵盖节目预热、两会重点议题呈现、政府工作报告、节目制作花絮等多个话题,内容包括二孩、教育、环境、蓝天保卫战、饮食用药安全等多个公众关心的问题,对两会报道的整体内容有一个全面的关照。

其次,作品还运用不同的呈现方式,在整体、全面报道两会的同时,突出重要内容,如主持人运用串场和对话的形式,将两会相关节目的朋友圈以及与民生问题相关的朋友圈内容进行详细阐释,从而达到了节目预热和报道重要议题的效果。此外,还通过新颖的形式突出呈现重点内容,如通过短视频的方式呈现了"双随机、一公开"的监管模式,运用抢红包的方式呈现"移动资费"相关政策等,充分回应了老百姓关注的话题。

产品由面到点,点面结合,既让用户对两会议题有了整体的把握,又对重要议题进行了集中呈现,提升了其在两会议题报道的传播力和影响力。

(三)话语亲近,场景构建提升用户接受度

场景化的传播思维不仅体现在技术层面,也体现在内容层面。从内容上来说,文字、语态等变化为用户创造出"共时""在场""面对面"的体验,通过话语的亲近呈现实现了对人的互动模式的虚拟呈现,从而使用户对于传播内容更具亲近感、更易接受。

团队在策划之初,便想着力打造主流媒体"生动、拟人、贴近真实的形象"。在《"央广主播的朋友圈"系列H5报道》中,充分采用了亲近的话语形态和方式,尽可能地贴近用户的日常对话,从而提升用户的接受度。首先,在朋友圈的内容呈现上,主动将网络文化元素的使用纳入考量,融合晒娃、晒自拍、晒美食等典型的社交平台内容,自然地拉近与用户的距离。同时,使用表情包这样一个明显带有网络气质的亚文化呈现形态,将硬核的时政话题转换为人们日常交流中经常使用的表情包,激发了作品的社交动力。其次,在呈现的语态上,主播采用日常交流的口吻,直接与屏幕外的用户对话,增强了用户的在场感和参与感,在对话中自然传达了两会议题的主要内容。最后,主播与"朋友圈"中的朋友之间的互动也带有明显的生活化的特征。在引出两会相关节目预告以及两会具体内容时,并没有采用传统的播

报方式，而是在闲聊中用口语化的方式自然引出；朋友圈中的回复也各有特点，极具个人气质，真实还原了朋友圈中的社交模式，使得用户感受更加真实，进而提升了用户的接受度。

二、移动场景重构，技术加权传播

（一）重视细节，熟悉场景的创新性运用

《"央广主播的朋友圈"系列H5报道》这一作品最突出的亮点便是"朋友圈+主播"的呈现方式，将虚拟的朋友圈与运用抠像技术呈现的真实主播相结合，构建了真人主播"融入"朋友圈的体验。

在朋友圈场景的呈现上，着力还原最真实的朋友圈界面，从而使用户直接对接实际使用的朋友圈，增加用户天然的亲近感和熟悉感。在具体操作层面，朋友圈的界面严格遵照真实朋友圈的界面设计，在字体字号、配色、评论点赞模式、图标等方面都尽力做到一一对应，着力呈现人们日常生活中使用的朋友圈原貌，为用户搭建起熟悉的场景，使其更加熟悉信息的接收模式；在熟悉的基础上，该作品创新性地让主播走进朋友圈，真人与朋友圈虚拟界面结合，给予受众新颖的阅读体验，主播在与身后的朋友圈互动的滑动、点击、切换的手势，配合以相应的音效，给用户立体直观的感受。此外，朋友圈的呈现不仅仅局限于朋友圈界面本身。在第二期的作品中，还加入了群聊和私聊界面，将朋友圈的呈现范围延伸至聊天界面，呈现空间扩大，主播从朋友圈的讲解者到聊天的参与者的身份不断转变，对话的方式和人称也不断发生变化，从而更全面地模拟了公众在日常生活中的微信互动情况，在熟悉的日常社交行为中获得创新体验。最后，朋友圈的最终呈现通过细节的完善变得更加真实可感。在朋友圈的部分内容设计上，并没有只呈现两会相关内容，而是增加了一些"调味品"，如朋友圈在线求助、微信群催交作业等形式，这些内容虽与两会报道关联不大，但是更真实地模拟了人们日常中可能出现的情况，使得朋友圈的搭建更加真实。

（二）人格化传播，虚实结合增强沉浸体验

互联网的传播中，人格化的传播成为目前行业中不少主流媒体探索和尝

试的一种形式。通过拟人化的方式与用户建立直接联系,从而获得更好的传播效果和转发分享红利,提升主流媒体在网络中的传播优势。《"央广主播的朋友圈"系列H5报道》将主播个人的虚拟朋友圈与主播自身的解说相结合,在扩展朋友圈内容的同时,也给这一两会报道的作品赋予人格化的意义,通过"王小艺"的朋友圈,整个两会报道便化为"王小艺"朋友圈中的身边事,用户以关注的视角进入朋友圈,配合主播以"讲故事"形式呈现的背景介绍,用户能够产生自身与朋友圈中的"人"和"事"有所关联的感觉,从而沉浸其中。

此外,主播不仅是朋友圈的讲述者,还是代替用户浏览朋友圈的体验者,主播在作品中与朋友圈界面交互的行为实际上成为用户体验的延伸,因此,作品中主播在虚实场景中不断切换,也给用户带来了虚实交替的感受,提升了其沉浸体验。如在第二期作品中,主播先从朋友圈背景图片中的人民大会堂的直播现场走出,再进入自己的朋友圈,形成了朋友圈与现实生活的场景关联。同时,作品还以20世纪八九十年代的共同童年记忆《超级玛丽》游戏中的"顶箱子"为灵感设计了发红包环节,从虚拟朋友圈界面到真实主播跳跃顶箱子,从满屏幕飘散虚拟红包再到真人主播拿到实体红包发朋友圈呈现在虚拟朋友圈界面中,整个过程中,虚实场景不断切换甚至同屏呈现,虚实之间深度融合,带给用户更加深入的沉浸式体验。

(三)竖视频呈现,交互设计提升用户参与度

从呈现形式上来看,朋友圈的内容呈现样态决定了整个作品的竖屏呈现。竖视频更加贴近用户日常的移动端使用习惯,增加了用户在操作层面的熟悉感;同时竖视频给用户提供了一个面对面的观感,使用户与作品之间的对话感更加强烈,用户的临场感、亲近感和参与度得到提升。

同时,交互设计是提升用户参与度,增强用户沉浸和体验的有利形式。在四期作品的呈现中,其交互设计是不断递进的,从中可以看到《"央广主播的朋友圈"系列H5报道》的团队在实际策划中对于作品传播效果以及与用户互动上的考量。《"央广主播的朋友圈"系列H5》作品在逐期的呈现中,交互形式不断创新,交互程度不断深化,尽力挖掘用户在使用朋友圈时的交互状态,从而尽可能地提升用户的沉浸体验。如在第二期中,运用发送语音

的形式，与朋友圈中的记者同事直接对话，既呈现了两会期间记者跑两会的采访实况，又巧妙地引出两会重要议题，通过短视频的形式进一步呈现，信息传达在对话中完成；同时还采用多人视频聊天的方式，远程呈现了人民大会堂直播间的现场工作画面，朋友圈的呈现空间扩大，充分体现了社交平台"异地共时"的特点，增加了用户的真实感。第三期，交互形式创新将用户选择纳入考量，设计了"加好友"的方式。无论用户选择"通过验证"还是"拒绝"，均有相应内容呈现，给予用户充分的选择权，提升了用户的参与程度。最后一期，交互设计层次更加深入，朋友圈的内容呈现和阅读的控制权交还给用户，主播不再干预用户看什么、看多久、怎么看，经过简短的朋友圈介绍之后直接将自己的朋友圈开放给用户。用户的自主选择性得到极大的提升，更加乐于参与其中。同时，朋友圈的内容呈现容量也因为交互时间的自主掌控得到扩充。

三、融合创新的借鉴思路

总体而言，《"央广主播的朋友圈"系列H5报道》这一作品，在两会报道中以话题的贴近性，语态的亲近性以及形式的创新性，获得了很好的传播效果。伴随两会进程，起到了节目预热、两会宣传以及总结盘点的作用，对主流媒体的融合创新传播具有很好的借鉴意义和指导意义。主流媒体如何运用新技术与内容融合创新，从而提升自身传播影响力，可以从以下四个方面得到启发。

（一）神形兼备，寻求形式与内容的契合

在主流媒体的传播过程中，如何把报道的内容精准地传达给更广泛的用户是其最终目的，报道形态的选择也是为内容的传达服务的。因此，在寻求新颖形式的同时，更要注意与内容本身的契合，从而能够以形式服务内容，获得最大的传播效益。

从微观层面上看，"朋友圈"充分考虑了内容本身和呈现形态的适配度，在每一条朋友圈、群聊、私聊所要呈现的内容上，都认真考虑适合呈现这一内容的形态，使其获得最好的传播效果。如在引出李克强总理对于"两随

机、一公开"管理模式的讲话时,便采用记者同事在私聊对话框中发送视频的方式,在短视频的剪辑和呈现上也符合互联网碎片化的传播逻辑,重点呈现李克强总理讲话的"金句"。此外,在展现政府工作报告时,则选取报告中的重点,以漫画的形式在朋友圈中呈现,以简单易懂的漫画配合报告解读的核心关键字,化宏观的报告文本为简洁明晰的亲近表达,促进用户对于政府工作报告的理解。而在第四期用户自主浏览朋友圈的设计中,便充分考虑开放朋友圈的信息交代是否充分的问题,其每一条朋友圈的文案都比前几期更详细,对每一条朋友圈的主要内容都进行了凝练的概括,便于用户理解和把握。从中可以看到,团队在整个作品策划中对于内容和形式融合的理解,以及其在实际操作上做出的努力。

(二)思维转变,从用户逻辑出发

形式创新是表层的,思维的转变才是其作品真正具有传播动力的根本原因。严肃的时政报道内容如何能够更易被用户接受,是《"央广主播的朋友圈"系列H5报道》团队在前期策划中始终思考的问题,形态创新的背后更多的是对于用户的理解,以及对于如何做出吸引用户内容的探索。

在前期策划的讨论过程中,团队的思考逻辑始终是从内容到形式的逻辑。在对内容的把控上,首先考虑的是与用户密切相关的两会内容,转换思考视角,从用户逻辑出发,真正考虑用户想要看什么,用户真正关切的问题有哪些。从收集公众身边的关注点入手,再结合两会的宏观议题,由此最终确定朋友圈的呈现形式。从内容逻辑出发,使形式与内容能够做到真正意义的融合,避免了形式与内容"两层皮"的情况。朋友圈的形态选择充分体现了用户的社交化、互动性需求。在朋友圈内容的选择上,从用户的日常生活出发,寻求公众关心的民生问题以及公众易于接受的信息呈现形式,从而使内容更具贴近性,更好满足用户的信息需求。

(三)立体呈现,重视声音的引导作用

在媒体融合创新中,多种媒体形式的运用使报道全方位立体地呈现给用户,而其中声音的引导作用被大大低估。《"央广主播的朋友圈"系列H5报道》作品是一个综合运用文字、图片、视频、音频的多媒体作品,充分发挥

了不同媒体形式的作用，立体呈现出两会中的各个侧面。其中，声音在整个朋友圈的内容呈现以及主线把握上起到了重要的作用。首先，主播运用声音的解说，对朋友圈的信息进行了背景介绍和补充说明，在阐述中将其与两会议题的关联呈现出来，从而使得报道的主题得到深化，如在介绍记者同事朋友圈中的图片时，主播的解说便为图片增添了大量的背景信息，使其构成一个完整的两会报道内容。同时，朋友圈的内容是一个并列性的呈现，朋友圈中的重点内容不够突出，而配合声音的解说，不仅说明了内容之间的联系，而且间接证明其内容的重要程度，从而突出朋友圈中的重点内容。整个朋友圈的两会内容呈现，是通过朋友圈的界面内容和主播的解说共同完成的，因此在一些内容关联性不强、重点不够突出的综合性内容呈现上，应当重视声音补充信息以及串联内容的作用，从而使作品更完整。

（四）增强交互，提升用户注意力

移动互联网时代下，用户的注意力不断被分散，因此如何吸引用户注意力是提升作品传播效益急需思考的问题。报道中的交互设计，使用户在参与式的沉浸体验中，自然获取报道内容，从而获得更好的传播效果。

在《"央广主播的朋友圈"系列H5报道》四期作品中，不断设计惊喜框架，从虚拟抢红包、添加微信好友到加入群聊、自主浏览朋友圈，其交互性在不断提升，但总体来说，交互形式还相对简单，用户的参与程度有限，交互的形式创新和节奏把握还需要更进一步的调整和改善。在2018年的两会报道作品《王小艺跑两会，一切听你的》中，便从更高的层次提升交互体验。首先设置了人脸识别自拍进行观看内容的选择，让用户能够"指挥"主播，观看其想看的两会内容；并且在不同场景中设置不同的选项，每一个选项都对应一个实景拍摄的视频，让用户在虚实之间来回切换，运用游戏选择的方式，使用户了解两会采访背后的方方面面。

四、总结

《"央广主播的朋友圈"系列H5报道》借助新技术的创造性使用，使严肃的时政议题获得了互联网的传播动力，取得了良好的传播效果。在媒体融合创新中，形态的创新可以是多种多样的，但报道的最终目的是将内容传达给公众。主流媒体要真正做好内容传播，提升自身的传播影响力，最终还是要转变思维。形态创新只是外在的，只有思维真正契合了互联网时代下的传播逻辑，从内容出发，从用户出发，主流媒体的报道才能贴近用户，获得社交动力，真正成为用户愿意讨论和分享的社交话题。

作品七：《"军装照"H5》

吴炜华　王　念[①]

作品信息

主创：人民日报社

首发时间：2017年7月29日

传播平台：人民日报客户端

传播效果："军装照"H5于2017年7月29日晚发布后，立即呈现"裂变式"传播，不同年龄、区域、行业的网友都踊跃生成、分享自己的"军装照"。截至2017年8月7日，H5的浏览次数（PV）超过10亿，独立访客（UV）累计1.55亿。其中，仅8月1日建军节当天的浏览次数（PV）就达到3.94亿，独立访客（UV）超过5700万。

参考网址：https://www.html5case.com.cn/case/people-cn/81/index2.html

所获荣誉：第28届中国新闻奖媒体融合类新媒体创意互动项目一等奖

作品简介

为纪念中国人民解放军建军90周年，人民日报客户端借助人脸识别、融合成像等技术，制作互动H5《快看呐！这是我的军装照》（以下简称"军装照"H5），帮助网友生成自己的虚拟"军装照"，共同表达对人民军队的喜爱之情。该作品一时间疯狂刷屏朋友圈，真正成为一款"现象级新媒体产品"[②]。亿万网友纷纷通过这个新媒体产品，生产、展示自己的虚拟"军装照"，表达对人民解放军的向往、崇敬与热爱。情感的传递与军装照游戏的合理设计，突破以往重大节日点宣传工作的窠臼，创新互联网时代新媒体产

[①] 吴炜华，中国传媒大学电视学院教授；王念，中国传媒大学电视学院博士研究生。

[②] 余荣华：《"军装照"H5为何能刷屏朋友圈》，《新闻与写作》，2017年第9期：78—80。

品的传播思路。这一H5作品既是把爱国主义植入现象级融媒体产品的创新力作，也是融合报道的经典成功案例。

评述及分析

一、用户思维重塑传统媒体运营逻辑

人民日报作为中国传统媒体融合发展的排头兵、领头羊，积极改变传统报纸的采编流程，重塑互联网融合状态下的采编机制。传统报纸与读者之间单向、间接、延迟的关系，正向融合媒体与用户多元、直接、即时的连接转换。人民日报客户端的诞生突破了人民日报作为一份报纸的历史意味，客户端的传播逻辑也融入了互联网时代的用户运营思维。

（一）人民群众抒发拥军情感

人民军队来自人民、人民军队为了人民。中共中央总书记、国家主席、中央军委主席习近平在庆祝中国人民解放军建军90周年大会上的讲话中指出："历史告诉我们，有了民心所向、民意所归、民力所聚，人民军队就能无往而不胜、无敌于天下。只要始终站在人民立场上，赢得最广大人民衷心拥护，就能构筑起众志成城的铜墙铁壁。"[①]

军民一家亲，军民鱼水情——人民群众的拥军、爱军情感已经融入了基因血脉中。

（二）用户传播的主体地位

建立在如此深厚情感基础之上的建军宣传工作，人民日报客户端突破多年以来的工作窠臼，转身从人民群众的情感诉求出发，主动将人民群众纳入自身的传播链条中。从被动的接受者转变为主动的传播者，彰显的是互联网传播时代的用户主体地位。

根据人民日报客户端的后台数据统计，截至2017年8月12日，网友将

---

① 习近平：《在庆祝中国人民解放军建军90周年大会上的讲话》，《人民日报海外版》，2017年08月02日02版。

"军装照"H5的链接分享给好友或微信群的次数超过4800万次,分享到朋友圈的次数超过1100万次,分享带二维码的个人"军装照"的次数更多。由此可见,在新媒体时代,新闻信息向用户的传播才刚刚开始。一个真正成功的新闻信息产品,会在用户之间不断扩散,形成"裂变式"的传播链条。

"军装照"所展现的强社交属性,助推该款产品的参与感、互动性。首先,用户上传照片到H5后端平台;然后,分享生成的军装照到社交平台;最后,形成情感互惠的驱动力。社会学家基斯乐曾提出人性互补性理论,即"每一个行动都能激发一个反应,每一个反应都适应了之前的行动。也就是说,在社交媒体中,一个节点的情感能够激发另一个节点产生相同的情感态度。同时,对于社会消息来说,积极情感能够促进转发分享。"[1]这就解释了,为何充满了情感正能量的"军装照"能够迅速获得10亿级浏览量。

同时,用户乐于在社交媒体上管理自我形象。用户在社交媒体上展现的东西代表并定义了自身,因此会比较倾向于分享一些使自己形象看起来更为"正面"的东西。在"军装照"转发传播的过程中,用户看到自己帅气的军装照后,不但会在朋友圈转发,而且会情不自禁地对军装照进行评价,其内在逻辑正是塑造自己的品牌和形象。

二、游戏化传播弱化宣教意味

游戏化指的是在数字、网络、移动传播环境中,通过对人机交互模拟、行为奖励、关卡与成就感体验等轻娱乐、轻互动模式的嵌入式设计,实现非游戏内容的"游戏场景"模拟,"类游戏式"交互,以及"游戏式人机体验"的获得。

"军装照"H5的设计,一定程度上受到了游戏化趋势的影响。人民日报客户端作为人民日报进行媒介融合的拳头产品,在建军90周年的特殊节点,试图通过新奇,充满趣味,网友易于接受、乐于分享的方式,拉近普通人与解放军的距离,增进网友对解放军发展历史的了解。

---

[1] 聂书江:《H5产品的情感传播及其路径选择——以人民日报客户端创意产品"军装照"为例》,《新闻战线》,2017年第20期:37-40。

（一）易于操作的上传设置

对于普通用户而言，简明扼要的操作规则会降低进入游戏的时间成本，拉近与游戏本身的好感。在"军装照"的设计过程中，用户只需要上传一张自己的照片，无须进行过多的其他无关操作，便可以进入军装照的变装体验中。

对于人民日报而言，简易的操作规则可以最大范围地吸引最多的人群参与其中。因此，可以看到"军装照"在全国范围的不同网络社交圈内不断扩散、激荡，突破了性别、年龄、地域、行业等社群壁垒，引发了一股军装照风潮。

（二）可视化的感官体验

"军装照"H5强大的可视化效果可充分调动受众的感官体验，通过情感的交互，无须复杂的思考即可理解其内涵。"军装照"H5利用阅兵场景与翻阅相册的动态视频，产生了文字不可企及的传播效果。同时，用户并非简单被动地接收信息，而是全身心体验其中，直接了解"军装照"H5传达的内容，完成对信息的认知。再加之这一主题会激发用户对强国梦、强军梦的情感渴望，更能激发用户深层次的情感体验。

（三）场景化的沉浸设计

"军装照"H5以历史为线索，将用户带入各个时期的虚拟场景中，使H5使用者沉浸其中，切身体验不同时期的军装风貌。场景化的交互体验，利用情感性、需求性、参与性，有效促进用户对信息的自发关注、主动参与和乐于分享。同时，整个H5页面的情感性可从设计的故事化和场景化得以印证，一定程度上加快了信息传播的速度，拓宽了信息传播的广度。H5的参与性体现在传播过程中，作为媒介的受众，集信息接收者、使用者、制作者、传播者于一身，通过"亲自参与，置身其中"，进行圈层的交流互动，分享从中获得的参与感和美感。

因此，人民日报客户端的"军装照"H5摆脱了传统意义上的宣传报道的思路，以游戏化、轻娱乐的方式展示了新传播环境下宣传思路的转型。受众变身用户，单向传递转向多元参与，人民日报也从单纯的宣传报道化身提供用户价值认同的平台。

三、增添知识传播的趣味性

人民解放军成立90周年，从名字到服装都有非常长的历史。如何有效地传播展示相关的知识，自然也成为人民日报客户端重要的节日报道工作。然而，如果按照传统的图片展示方式，其收获的传播效果也将大打折扣。H5这种互动、有趣的新媒体呈现方式，在增强受众参与性的同时，将军史、军装知识潜移默化地传递给用户。

（一）强大的采编团队

"军装照"H5作为一次现象级的新媒体产品，其出色的创意使这一产品从一开始就拥有了爆红的潜质。作为一次大型的新闻宣传报道，产品应保证知识信息的准确性。对于人民日报而言，其强大的采访力量保障了"军装照"原始素材的准确无误。人民日报社政治文化部军事采访室共同参与制作，同时联系国防大学联合勤务学院相关专家，提供军史知识指导与审核照片素材。最后，依托人民日报的强大号召力，吸引更多外部团队加入其中。其中，腾讯公司的天天P图团队弥补了人民日报客户端在图像处理技术上的不足。天天P图团队使用人脸融合技术进行脸部层次融合，生成的图片效果既有用户的五官特点，也呈现出对应形象的外貌特征。同时，天天P图团队还为海量的图片上传下载提供服务器的保障。最高峰时段，部署了4000台腾讯云服务器。

（二）多渠道传播

"军装照"H5除了在人民日报客户端进行传播以外，还在创作团队成员的个人朋友圈进行分享。这一私人空间的分享，削弱了知识传播的严肃性，增添了社交空间传播的趣味性。这无疑也是传统媒体在进行新媒体产品探索过程中，为了获取更多关注度积极向各类新渠道靠拢的一种方式。

最后的数据显示，"军装照"上线10天，浏览量突破10亿。按天计算，浏览量最高峰是8月1日建军节，当天浏览次数达3.94亿，独立访客超过5700

万。按小时计算，7月31日建军节前夜的22时至23时，小时浏览次数突破3000万。即使到了H5发布两周之后的8月12日，日浏览次数仍超过400万次。这种火爆程度，使得人民日报在媒介融合的道路上探索出一条新路径。

四、结语

"军装照"H5作为2017年人民日报社出品的一款现象级新媒体产品，一方面在面向市场时收获了极好的传播效应，另一方面也满足了广大人民群众拥军爱军的情感诉求，在庆祝人民解放军建军90周年的重大节日时刻，达成了价值观的认同。同时，为重大节日的庆祝报道，开辟了一条崭新的路径，是"看不见的宣传"的另一种思路创新。这样一个现象级的产品能否成为其他传统媒体复刻的模板？

首先，创意出彩。复盘人民日报客户端"军装照"H5，不禁会发现，其独特、出彩的创意让这个产品从诞生之初起，便拥有了爆红的气质。那么，能否让这样的创意更多，创造创意实现的条件，也将成为传统媒体在转型过程中面临的问题。

其次，技术支撑。人民日报联合多家外部团队，团结协作，为一个现象级的新媒体产品提供了优质的P图技术和服务器支持。那么，能否让这样的合作成为常态，或是传统媒体培养自身的技术人才体系，为将来更多的现象级新媒体产品提供条件。

最后，人才优秀。对于传统媒体而言，采编人才是其优势资源之一，发挥好人才的作用，才能在与其他各类媒体竞争时找准自己的位置、发挥自身优势；也不会盲目陷入渠道优先、忽视内容的尴尬境地。

第四章 融合精品分析

作品八:《天渠:遵义老村支书黄大发36年引水修渠记》

吴炜华 高胤丰[①]

作品信息

主创:澎湃新闻

首发时间:2017年4月23日

传播平台:澎湃新闻

传播效果:作品刊发后仅一天时间,黄大发系列作品的全网总点击阅读量便超过300万次,获得广大网友的好评。此外,《天渠》的英文报道被世界经济论坛官网、法国国家电视台二台转载,积极推动主旋律报道的国际传播。

参考网址:http://image.thepaper.cn/html/zt/2017/04/tianqu/index.html

所获荣誉:第28届中国新闻奖媒体融合类新媒体报道界面一等奖

作品简介

澎湃新闻推出的H5作品《天渠:遵义老村支书黄大发36年引水修渠记》(本文以下简称《天渠》),生动讲述了贵州省遵义市播州区(原遵义县)平正仡佬族乡草王坝村党支部原书记黄大发历经三十六载,凭着百折不挠的愚公移山精神,带领群众绝壁凿天渠,解决当地缺水问题,走上脱贫致富道路的故事。

该作品兼具丰富的故事性、思想性与艺术性。开篇"天渠"二字,浮衬

---

① 吴炜华,中国传媒大学电视学院教授;高胤丰,中国传媒大学电视学院博士研究生。

于千米绝壁之上，磅礴画面烘托出报道氛围；而后伴随着恢宏壮阔的背景音乐，用69个文字简明扼要概述报道内容，其中"过三个村子，绕三重大山，穿三处绝壁，越三道险崖"等排比叩击人心。《天渠》以"渠水"为主线，以下拉式长幅连环画、渐进式动画为主要表现形式，在自上而下的流水式的阅读体验中，将这一感人至深的时代故事娓娓道来。故事内容节奏紧凑却不失细节，嵌入可交互的360度全景照片、图集、音频、视频，立体化、全方位地展现黄大发之坚定及天渠修建之艰难。

评述及分析

《天渠》H5作品通过融合新闻的理念，创新新闻表达，充分发挥新闻媒体的社会责任感，用人文关怀浓墨绘就当地发展历程的时代长卷，大大提升了新闻报道的传播力、引导力、影响力与公信力。该作品是在融合环境下加强话语权、传播主旋律的有益启示，为媒介融合创新表达提供了新的思路。

一、创新叙事，讲好新时代典型故事

典型人物报道是具有中国特色的新闻报道体裁。通过对一个时期内代表时代精神、凝聚社会主义核心价值观的典型人物进行重点报道，宣传先进人物，反映时代特征，弘扬正确价值观念。"今天，中国正在发生日新月异的变化，我们比历史上任何时期都更加接近实现中华民族伟大复兴的目标。实现我们的目标，需要英雄，需要英雄精神。"①习近平总书记一直高度重视先进典型人物的遴选、宣传、学习。英雄是人民的优秀代表，是推动社会进步的强大精神力量。因此，媒体如何充分发挥媒介技术优势，讲好新时代典型故事，温情书写专业文章，发挥典型示范作用，加强对社会精神与时代价值的引领，成为业界与学界积极探讨的重要话题。

然而在一段时间内，我国媒体部分典型人物报道陷入了八股文风与形式主义的窠臼之中，出现了"人物形象平面化、人物选择片面化、人物报道程

---

① 习近平：《在颁发"中国人民抗日战争胜利70周年"纪念章仪式上的讲话》，《人民日报》，2015年09月03日02版。

式化"[①]等问题，塑造了过于完美的"高大全"典型人物形象，过分强调宏观价值品质，缺乏生活气息，不够"接地气"，使典型人物报道的效果不尽如人意，传播力与影响力受到严峻挑战。澎湃新闻的《天渠》H5作品基于团队深入基层、深入群众的采访调研，创新叙事内容与形式，"真实记录，真情撰写，真挚讲述，真诚传播"[②]，将典型形象"立"起来，典型事迹深入人心，为新时代典型人物报道提供了新的思路。

（一）线性叙事书写新媒体深度题材

网络媒体非线性、碎片化的传播特性打破了时间与空间的界限，移动网络的广泛应用更加强了传播的流动性。用户穿梭于层次丰富的信息段之中，解构了传统媒体的线性叙事逻辑。我国现有的融媒体作品多采用"游戏化"设计，迎合了用户非线性点阅的使用习惯，依托于社交网络进行"病毒式"传播，取得了极好的成绩，但却依然未能解决严肃报道、深度报道面对的困境。《天渠》H5作品则重新回归线性叙事，以时间为主、空间为辅的叙事逻辑重构融媒体叙事模式。

1. 线性叙事铺开历时故事

《天渠》讲述的故事始于数十年前，历时较长，而网络传播环境的属性又要求融媒体作品在最短时间抓住用户的注意力。因此，叙事策略既要在有限的时间内最大限度还原事件真实度，又要避免受众阅读过程中产生的时空混乱感。最终，《天渠》选择以时间轴递进呈现信息的叙事结构，通过天渠与黄大发鲜明的时间线索，将叙事的时间跨度联结起来，突出强化时间节点和关键信息，为用户带来强逻辑性与强连贯性的阅读体验，更好地还原了事件的真实度。在线性阅读中，用户看到了修渠路上的点点滴滴：为险峻自然环境而惊呼，为修渠频频失败而失落，为黄大发不忘初心而感动，为主渠终于修通而欣喜。黄大发的典型形象在一个个事件中累积叠加，人物形象渐渐

[①] 张艳芳：《新的媒介环境下纸媒如何做好典型人物报道》，《新媒体研究》，2018年第13期：99-100。

[②] 殷陆君：《让中国故事讲得更精彩些——写在"好记者讲故事"巡讲活动落幕之际》，《传媒》，2015年第1期：12-13。

丰满立体，唤起用户的情感认同。

2. 竖屏阅读符合移动传播

H5作品的竖屏滚动技术符合了当代人使用手机的阅读习惯，给用户带来了视觉上与心理上的自上而下、方向性的使用体验。《天渠》充分利用了这一新媒体特性，将信息的呈现与过渡充分融入线性叙事中。创作团队以"渠水"作为主线，以下拉式长幅连环画、向下渲染的渐进式动画加强视觉连贯性。渠水、裂纹、树枝、河流、落石等图形线条皆是纵向延展，也与竖屏纵向阅读相得益彰。通过视差滚动保证信息的自然流畅，保持了观众的线性阅读体验。场景的动态变化，突破了许多H5作品幻灯片式的呈现，在二维平面作品塑造三维立体形象，更容易激发用户的阅读兴趣，起到更好的传播效果。

（二）"章节+细节"结构叙事内容

移动用户碎片化、快节奏的阅读习惯，在拇指滑动间扫描式地完成信息的快速浏览。而《天渠》所要引导的，则是以"慢阅读"的形式为用户带来更全面立体、更轻松，却更震撼的阅读体验。

制作团队根据采访素材及采访对象的意见，最终决定将该H5作品划分为7个章节，平均每个章节用两页的长度来描述一个主题，通过层层递进，最终构成一个完整的故事。[①]清晰有致的主题分布构成了故事的起承转合，弥补了因事件时间跨度大而资料缺失的状况。详略有当的叙事布局一方面确保了叙事内在的张力，另一方面避免因冗长拖沓而造成的用户流失。

除了对于主线故事的宏观呈现，《天渠》也十分善于选用有视觉冲击力的细节，放大用户的体验。干涸的大地，枯死的禾苗，展现了当地常年缺水的恶劣自然状况；干枯的河口，掉落的碎石，指的是人心的散落及修渠的失败；错杂的长串脚步，紧闭的门户，流露出黄大发坚定不移的信念；斜落的光线照出黄大发伟岸的身影，暗喻着其终将带领群众成功修渠，打开脱贫致富的大门。通过这些符号化的视觉文本，诗性地建构出传播者想要表达的主旋律意义，便于用户接受，并使其留下深刻的印象。多种细节营造出浸润式

---

① 李媛：《如何以H5形式报道典型人物——澎湃〈长幅互动连环画|天渠:遵义老村支书黄大发36年引水修渠记〉策划笔记》，《传媒评论》，2018年第12期：22-24。

的精神感受，让主旋律新闻产品更符合用户的审美旨趣。

（三）视觉形式记录生命真实

《天渠》采用的传统连环画形式，兴起于20世纪初期。连环画是文学与绘画相结合的综合性艺术，具有鲜明的艺术特点与繁盛的艺术生命力。连环画内容通俗易懂，在新中国成立初期成为文化普及的重要传播载体，顺应了大众强烈的文化需求，是大众喜闻乐见的艺术表现形式。在典型形象的塑造与传播方面，连环画有着其不可取代的优势。从抗战英雄到劳动模范，从知识分子到普通百姓，连环画通过典型形象反映社会生活，用真实情感打动人心。20世纪80年代后，连环画这一艺术形式日渐式微。

近年来，随着信息技术的快速发展，当代文化开始向视觉文化转变。图像的直观性、时效性在"读图时代"被发挥得淋漓尽致。具有连续性、通俗性、娱乐性、故事性的连环画形式，也借助微信公众号平台重新回归大众的视线。

《天渠》H5作品沿用传统连环画的艺术风格，以黑白色调为主，配以金色点缀；画面背景与人物主体关系黑白布局得体，风格大气稳重又极具视觉张力，将社会主义核心价值观转变为人性化的视觉符号，用纪实性的艺术语言实现历史与现实的深度交织。

二、融合赋能，助力主旋律传播

澎湃新闻在新一轮的媒体融合中，加强传播手段建设和创新，通过融合赋能，让主旋律题材"飞入寻常百姓家"。

（一）内容融合

在媒体融合的大时代里，传统媒体保持自身的专业优势，深谙用户消费心理，充分把握数字技术、互联网技术，为产品内容注入新元素、新创意、新玩法。通过对文字、音频、视频等媒介形态的有机重组，加强作品的可看性，赋予受众全新的视听体验。

《天渠》H5作品的出彩之处，除了创新叙事，采用适合竖屏线性观看的长连环画外，还在作品中融合了其他视听元素，帮助实现人物形象的可视化呈现和艺术化展示，让用户获得更加立体化、沉浸化的体验效果。民谣、山洪、炸药等音效，360度全景悬崖图等，大大加强了报道的接近性与受众的"在场感"，全面立体地激活读者观感；采访录音与历史影像资料，则增强了报道的真实性。在作品最后，青年人的采访与黄大发的自白，更体现了时代精神在两代人之间的传承，令读者感动。

更为可贵的是，该H5作品并不只是简单的炫技式的相"加"，而是走向了技术与内涵并重的相"融"阶段。在媒介形态的选择与使用上，皆为点睛之笔。避免了用户在阅读过程中出现感官与情绪的割裂，恰到好处地烘托氛围，传递信息，传达高尚精神品质。

（二）团队融合

移动化是当下媒介生态的重要特征。媒介融合的移动优先战略，需要正确把握移动传播的规律，注重即时、随时、轻量、互动等特性，准确掌握用户的个性化需求，实施更精准的用户管理。因此，媒体机构必须对工作流程、组织架构、管理习惯做出调整，将新媒体生产与媒介融合嵌入组织架构。[1]

澎湃新闻通过插画形式完成的典型人物报道H5作品已有三部，在实践中形成了一套驾轻就熟的团队协作方式。澎湃新闻此次成立的报道项目组中，包含了政治新闻部、视频新闻部、视觉设计部、交互设计部等部门成员。在创作过程中，前方拍摄、采访与后方编辑、设计同步进行，紧密协作，在最短时间内完成作品。

从《天渠》H5作品的插画编辑李媛的策划笔记可以看出，总监、文字编辑、插画编辑、交互技术人员、摄像记者与编导共同完成创作选题，明确主题报道与分工。而后的每一步，也都需要大量的沟通协调，而非埋头苦干。[2]这种小组化、扁平化的集群操作模式，促进了组织运作效率，大大激发

---

[1] 吴炜华、高胤丰：《"电视+新媒体"深度融合的模式、趋势与思考——2017年广电融媒体发展年度盘点》，《电视研究》，2018年第3期：31-34。

[2] 李媛：《如何以H5形式报道典型人物——澎湃〈长幅互动连环画|天渠:遵义老村支书黄大发36年引水修渠记〉策划笔记》，《传媒评论》，2018年第12期：22-24。

（三）矩阵融合

习近平总书记强调，推动传统媒体和新兴媒体融合发展，要遵循新闻传播规律和新兴媒体发展规律，强化互联网思维，坚持传统媒体和新兴媒体优势互补、一体发展，坚持先进技术为支撑、内容建设为根本，推动传统媒体和新兴媒体在内容、渠道、平台、经营、管理等方面的深度融合，着力打造一批形态多样、手段先进、具有竞争力的新型主流媒体，建成几家拥有强大实力和传播力、公信力、影响力的新型媒体集团，形成立体多样、融合发展的现代传播体系。①

随着信息技术的飞速发展，媒体格局、舆论环境、传播方式正在发生深刻变化。全媒体时代"一次创作、多种生成、立体传播、持续发酵"的传播格局，要求媒体拓宽固有的传播渠道，积极构建全媒体矩阵，增强传播的可持续发力。全媒体平台的相互借势，共同打造融媒体作品的影响力与传播力。

澎湃新闻在刊发了《天渠》H5作品后，还相继推出了文字特稿《遵义老支书黄大发36年"拿命修渠"，激励年轻村民返乡创业》、视频《创业记：遵义年轻村民续写"天渠精神"》、360度VR视频《全景视频 | 行走千米高"天渠"，感受老村支书绝壁凿渠天险》，与H5作品相辅相成。在横向上补充了翔实的资料，视角多元；在纵向上穿越时间维度，回归当下。跨平台、跨形式的组合作品，获得了读者的肯定，呼唤受众对典型人物的价值认同与情感共鸣，②增强了传播效果。

三、结语

澎湃新闻的《天渠》H5作品，专注新闻严谨和专业表达，技术与艺术共同为作品服务，创新表达讲好新时代中国典型人物的故事。《天渠》创新

---

① 《习近平论新闻舆论工作》，《人民日报海外版》，2018年08月22日05版。
② 黄杨、李媛：《典型人物报道的融媒体探索——以澎湃新闻"天渠"报道为例》，《青年记者》，2018年第32期：44-46。

叙事内容与形式，用适当的线性叙事逻辑，适应竖屏时代用户的使用习惯，并"复古"地选择了连环画这一视觉形式，强化用户阅读体验。澎湃新闻从融合转型转向融合赋能，利用内容、团队与传播矩阵上的深度相融，建构立体化的传播框架，全方位传播主旋律题材的内涵，打造高质量的头部内容。《天渠》的英文报道也被世界经济官网转载，被法国国家电视二台购买落地播放，在世界舞台展现民族精神，传播中国声音。

《天渠》H5作品的成功是在融合环境下加强话语权、传播主旋律的有益启示，为媒体融合创新表达提供了新的思路。未来，媒体机构还应继续肩负社会责任，坚持正确的政治方向、舆论导向与价值取向，推陈出新，回归专业化与主流化，生产出更多符合用户多元化需求的优质产品，在媒体融合深度发展中守正创新，引领媒介生态的可持续健康发展。

作品九:"侠客岛"

丰 瑞[①]

作品信息

主创:人民日报海外版编辑部

首发时间:2014年2月18日

传播平台:微信公众号

传播效果:通过电视、PC端和移动社交媒体的多屏互动模式,无缝覆盖直播前后72小时,实现良好的传播效应。

参考网址:微信号xiake_island

所获荣誉:第28届中国新闻奖媒体融合类新媒体品牌栏目一等奖

作品简介

"侠客岛"是《人民日报海外版》旗下的一个新媒体品牌。2014年2月18日,微信公众号"侠客岛"正式上线,随后入驻微博、头条号、门户网站等媒体平台。微信第三方数据显示,截至2019年2月25日,"侠客岛"累计发文1972篇,学习小组累计发文2154篇,全网粉丝量逾1000万,舆论影响力超过了99.96%的新媒体账号。[②]

"每有大事看侠客岛"是"侠客岛"的一句宣传语。正是因为"侠客岛"能够紧追国内外时政热点、剖析社会民生领域痛点、解读国家大政方针,所以能在成立后短短五年的时间里,拥有千万级的粉丝群体,一跃成为我国舆论场中极具影响力的"轻骑兵"。

---

① 丰瑞,中国传媒大学电视学院讲师。

② 人民日报海外版:《打造主流新媒体 勇当舆论轻骑兵——侠客岛、学习小组五年来创新融合发展的探索和实践》,《新闻战线》,2019年第5期:38-40。

评述及分析

一、主流媒体的新媒体窗口

"侠客岛"的运作依托于《人民日报海外版》，自其成立之日起，便成为主流媒体在新媒体平台发声的重要窗口，也成为国际传播的重要窗口。

当前，随着互联网、移动互联网的快速发展，现代人面临的信息环境变得更加复杂，不同的声音充斥在人们耳畔，影响着人们的认知、态度，甚至行动。此时，主流媒体应该肩负起舆论引导的职责，为公众提供更多真实客观、观点鲜明的信息内容，牢牢把握舆论引导的主动权。"侠客岛"的选题范围十分广泛，涉及政治、经济、军事、社会、民生等诸多领域，对国内、国际事务都有关切。无论是哪类选题，"侠客岛"都是直面当下热点，积极、主动地引导社会舆论。

传统媒体和新兴媒体不是取代关系，而是迭代关系；不是谁主谁次，而是此长彼长；不是谁强谁弱，而是优势互补。[1]在媒体融合背景下，为了使党的声音传得更开、传得更广、传得更深入，我国主流媒体纷纷进行探索和尝试。作为党报新媒体，"侠客岛"的建立依托于《人民日报海外版》，充分发挥权威、丰富的信息源优势。"侠客岛"的编辑为海外版优秀、年轻的记者，他们以新颖的视角、独特的观点、优质的内容，不仅树立起"侠客岛"的品牌，而且扩大了《人民日报海外版》的传播力、引导力、影响力、公信力，吸引了数量可观的用户。作为主流媒体"报网融合"的成功尝试，"侠客岛"和《人民日报海外版》在发展上呈现相辅相成之势。

2018年8月，习近平总书记在全国宣传思想工作会议上发表重要讲话，他说："做好新形势下宣传思想工作，必须自觉承担起举旗帜、聚民心、育新人、兴文化、展形象的使命任务。"[2]其中，"展形象"便是要加强我国媒体的国际传播能力建设，讲好中国故事，传播中国声音，在世界上展示一个

---

[1] 习近平：《加快推动媒体融合发展　构建全媒体传播格局》，《求是》，2019年3月16日第6期。
[2] 《举旗帜聚民心育新人兴文化展形象　更好完成新形势下宣传思想工作使命任务》，《人民日报》，2018年08月23日01版。

真实、全面、立体的中国形象。据第三方数据统计，五年来，"侠客岛"文章被西方媒体（不含华文媒体）转引1.8万余篇次，年均3000多篇次，共计600余家外媒转引过"侠客岛"文章。①"侠客岛"已经成为外媒了解中国的重要途径之一，它在国际舞台上传播中国声音方面产生的影响越发明显。

二、深耕优质内容

科学技术的创新带来传播领域的变革。伴随人工智能、5G通信、AR、VR等技术的推广应用，传播门槛、传播成本大大降低，一批商业媒体、自媒体如雨后春笋般涌现，传媒环境发生巨变。在"人人都有麦克风"的今天，主流媒体的渠道优势逐渐丧失，曾经"我说你听"的传播时代一去不复返。但是，这并不意味着主流媒体的发展会停滞不前，甚至发生倒退。根据清博大数据监测，2018年，"侠客岛"微信文章阅读总量达到5300多万，篇均阅读量8万以上，影响力超过99.99%的公众号，每周保持4—5篇阅读量10万+的"爆款文"，用户信任指数高达98.5%。②优质内容是稀缺资源，同时也是媒体的核心竞争力。"侠客岛"能够在全国数千万个微信公众号中脱颖而出，根本原因就是深耕内容，做出自己的品牌特色。

"侠客岛"的定位是解读时政新闻。通过聚焦国内外的热点事件，主动介入话题，在舆论场上发出主流声音，引导社会舆论。比如，对于山西长治、大同、临汾等地政府提交给中央的环保督察整改文件中，出现照搬照抄整改方案的现象，"侠客岛"以文章《【解局】山西，再一次被中央点名批评》锐评我国地方政府在工作中形式主义屡见不鲜的问题，发挥新闻媒体舆论监督的作用。再如，近期中美贸易摩擦不断，"侠客岛"持续关注中美双方最新动态，发表《【解局】"中国偷美国的钱"？什么鬼逻辑！》《【解局】美国打压华为史》《【解局】5G时代，美国到底在焦虑什么？》等多篇文章，

---

① 人民日报海外版：《打造主流新媒体 勇当舆论轻骑兵——侠客岛、学习小组五年来创新融合发展的探索和实践》，《新闻战线》，2019年第5期：38-40。
② 阳美燕、田淼：《党媒微信公众号的运营策略探析——以人民日报海外版微信公众号"侠客岛"为例》，《新闻战线》，2019年第7期：108-110。

就中美贸易摩擦问题第一时间为公众提供权威解读。

内容原创是"侠客岛"的一大特色。2013年微信推出公众号的功能，发展到今天，我国微信公众号数量激增，同类公众号之间内容同质化的问题日趋严重。在此背景之下，精品原创内容成为助力公众号"杀出重围"的一大法宝。截至2019年6月6日，"侠客岛"微信公众号上线1934天，发布原创文章1508篇。通常情况下，"侠客岛"微信公众号每天推送一次，每次发送一篇文章，如果遇到重大、突发事件，编辑部则依据实情做出相应调整。与其他时政类公众号相比，"侠客岛"日推文的数量不多，不过"少而精"是编辑部追求的目标。与商业媒体相比，"侠客岛"的文章具有难以匹敌的权威性、公信力、广度与深度，"侠客岛"凭借优质的内容产出得以在民间舆论场产生更加广泛的影响。

在新媒体传播环境下，时政新闻的语态也发生了变化，传统新闻中宣传、说教口吻在时下的传播环境中已经不再适用，"侠客岛"在传播语态方面同样进行了积极探索。2019年4月26日，"侠客岛"发表《【解局】当东北人穿不起貂儿，这事老严重了》，分析我国目前南北经济发展差距越来越大的现象。从文章的标题来看，"貂儿""老"的使用显示出明显的东北特色，具有口语化、形象化、幽默化的特点。从文章内容来看，"侠客岛"采用第一人称"岛叔"，以楼市为切点，带领用户在"岛叔"与朋友的故事中感受我国南北发展差异并展开相关思考。除了"岛叔"，"侠客岛"还塑造了"岛妹"等形象。通过人格化形象的塑造和更加接地气的表达方式，"侠客岛"在一步一步打破官方话语和民间话语之间的界限，降低了用户对时政新闻的理解难度，提高了信息传播效率，并且拉近了"侠客岛"与用户之间的距离。

三、用户思维

目前，全球互联网的发展已经进入下半场，传统的受众理念已经远远落后于现实情况，并且正在被用户观念逐步取代。与受众相比，用户的能动性更强、态度更鲜明、自主选择权更大。为了在用户市场占得一席之地，媒体需要在自身发展中强化用户思维，增强产品意识。2016年，"侠客岛"发起一项用户调查。调查结果显示，"侠客岛"的用户群体具有年轻、高学历、理性等特点，且具有一定的消费能力和欲望。①由此，"侠客岛"根据本产品的用户画像，从选题、语态、呈现等方面下功夫，为用户量身定制新闻产品，其内容的传播效果得到显著提升，品牌形象得以进一步树立。

基于媒介技术的驱动，用户已经从传播过程中被动的接收角色更多地向信息生产、传播等环节介入，用户生产内容（UGC）已经成为互联网3.0时代的特点之一。UGC充分调动了用户的主动性、参与性、创造性，使信息传播的主体更加多元，信息环境变得越发丰富。对于媒体来说，将UGC纳入自身传播过程，既可以增强与用户之间的关联，也不失为一种获取优质内容的捷径。在内容生产中，"侠客岛"除了坚持原创以外，也重视用户生产的优质内容。在《别点了，肯定没有你》中，"岛妹"带领用户回顾了近期举办的《美国陷阱》读书打卡活动，精选的数位"岛友"的读书笔记，占据文章三分之二左右的篇幅。将用户生产的内容"为己所用"，不仅强化了"侠客岛"与用户间的黏性，且能够进一步提升用户的活跃程度。

身处信息爆炸的时代，人们不再面临信息资源不足的窘境，与之相反的是要处理信息冗杂、甄别难度倍增的问题。除此之外，信息的传播方式由以往的单向传播转变为现在的双向互动式传播，用户选择权增加，用户的自主性发挥着前所未有的作用。因此，媒体必须把握互联网的传播规律，提供即时、碎片、简洁、明了的内容，满足用户在移动端快速阅读的需要。"侠客岛"通过设置"解局""岛读""经济Ke""岛叔说"等栏目，帮助用户快速识别文章类型，方便用户按需阅读。作为时政新闻类微信公众号，"侠客岛"排版设计十分简洁，对于重点内容采取加粗、使用下划线或者用不同颜色标注等方式以示强调，在内容呈现上力求让用户一目了然，优化用户的阅读体验。

现今，信息到达用户端并非传播过程的完结，新媒体账号（平台）若想获得长远发展，还需通过其他方式维持与用户的"亲密关系"。根据马斯洛需求层次理论，社交需求是人们在实现生理需求、安全需求之后的较高层次需求。"侠客岛"通过创立用户微信群、举办"快闪沙龙"等方式与"岛

---

① "侠客岛"：《"侠客岛"：中国权威时政新媒体的探索》，《新闻战线》，2016年第9期：14-16。

友"交流，使用户更加有归属感、参与感。2019年5月14日，"侠客岛"推出《【快闪沙龙】和非洲酋长聊天，第一次吧？》，预告当天邀请刚刚获封部落酋长的孔涛到"快闪沙龙"，通过微信群分享他在非洲当酋长的故事。5月23日，《【实录】我在非洲当酋长的那些趣事儿》是对当天现场的精彩问答的二次创作，阅读量超过十万，进一步扩大快闪活动的影响。

四、结语

作为人民日报主账号之外的二级账号，"侠客岛"的话语空间比主账号大得多，选题范围也更加广泛。"侠客岛"第一时间关注国内外的热点、焦点，并做出独家深度解读，积极回应社会关切，有力地发出主流声音，不仅扩大主流媒体在我国舆论场的影响，而且为国外媒体了解我国国情打开了一扇窗口。"侠客岛"已经成为媒体融合背景下《人民日报》矩阵式传播的关键一环。

"侠客岛"以其严肃有深度的选题、轻松活泼的表达、人格化形象的塑造，让用户对《人民日报》和《人民日报海外版》有了新的认识，以往党媒居于庙堂的"高高在上"的形象被打破，给用户留下一种平易近人、风趣幽默、理性客观的印象，大量"圈粉"。

对于未来发展，"侠客岛"作为党报新媒体，将持续坚持为党发声的立场，内容原创的特色，用户至上的本色。通过总结过去几年实践过程中的经验，以及对其他媒体平台运营的经验借鉴，积极探索创新，为用户生产更多有趣、有用、有料的时政新闻产品，争取早日打造成为我国主流媒体媒体融合发展的典范。

第四章 融合精品分析

作品十：《老外看中国：英国小哥细数"两会"关键词》

夏丽丽[①]

作品信息

主创：中国日报社

首发时间：2017年3月3日

传播平台：China Daily中国日报网、China Daily中国日报客户端、China Daily中国日报官方微博、中国日报双语新闻微信公众号、中国日报微信公众号、China Daily微信公众号、中国日报腾讯视频、China Daily脸书、China Daily推特、China Daily Youtube

传播效果：《老外看中国：英国小哥细数"两会"关键词》于2017年全国两会召开前夕在各大社交媒体平台中国日报账号同步播发，取得了突出效果。据不完全统计，视频经过二次传播，有效传播量超过5600万次，是2017年两会期间单集传播量最高的视频作品，在海内外引起广泛关注。

参考网址：https://v.qq.com/x/cover/5eqmbob5bfk50ia/q0380ij4kp5.html?

所获荣誉：第28届中国新闻奖媒体融合类短视频新闻二等奖

作品简介

《老外看中国：英国小哥细数"两会"关键词》是《中国日报》短视频项目《好运中国》的延续。《好运中国》是《中国日报》新媒体中心推出的

---

① 夏丽丽，中国传媒大学电视学院副研究员。

系列短视频节目之一，通过外国人的视角看中国变化，从中透视出我国社会经济、文化等宏观层面发展趋势，表达形式富有创意。2016年3月，采用当下流行的手机自拍形式制作的《好运中国：英国小哥侃两会》，迅速引爆了网络空间，随后引发全国各地媒体的报道；2017年全国两会期间，《中国日报》再次推出《老外看中国：英国小哥细数"两会"关键词》短视频，英国小哥方丹再次出镜，以生动趣味的方式侃两会，通过回顾过去几十年来全国两会的热词，简洁凝练地梳理中国社会经济发展的脉络。

评述及分析

党的十八大以来，习近平总书记多次强调国际传播能力建设和话语体系的建构，强调增强对外传播话语的创造力、感召力、公信力。以《老外看中国：英国小哥细数"两会"关键词》为代表的《好运中国》系列节目的成功，充分体现了在对外传播中，媒体为讲好中国故事所做的努力和尝试。广泛的影响力来自适应了移动互联网时代传播方式的变化，《好运中国》系列短视频在叙述方式、影像语言、品牌化传播等方面，都有可圈可点之处，可以看出主流媒体在国际传播的理念与传播方式等方面的创新发展趋势。

一、外国人讲中国故事：转变的视角与语态

过去我们的新闻媒体在对外传播中常常照搬内宣的一般做法，忽视外宣与内宣的内在差别，针对性不强，话语表述不够生动，传播方法缺乏互动性，导致有些对外传播常常是自说自话，没有说服力，传播效果自然大打折扣。美国传播学者霍夫兰的说服研究表明，权威信源对说服效果有重要影响，并呈现正相关的关系。因此，选择对受众而言可信、权威的信源非常重要。媒体对外传播讲好中国故事，要从受众角度思考，选择最贴近外国受众的切入点和讲述方式，从外国受众的角度讲述他们眼中的中国和中国故事。

《好运中国》系列节目的视频中，讲述主体是外国人。在《老外看中国：英国小哥细数"两会"关键词》中，"英国小哥"讲述他眼中的中国两会和中国的发展。作为西方受众的信源，他比一位中国主播更具说服力。西方受众更容易认同方丹这位传播者，更不易产生"他者"的排斥感。传播者的贴

近性更容易产生令人信服的修辞力量。

除了信源的贴近增强传播效果之外，叙述视角的转变，也会产生叙述方式的变化。在《老外看中国：英国小哥细数"两会"关键词》的视频开头，英国小哥方丹提出了自己的好奇：中国在短短的几十年里取得巨大成就的秘密是什么？对于身处其中的国人来说，因为经历着国家的迅速发展和变化，反倒不会产生"巨大成就的秘密是什么"的疑问，但是对于其他不熟悉中国的受众来说，他们印象里的中国和现在的中国有着翻天覆地的变化，自然会想到探寻背后的原因或者说"秘密"。回顾近些年来国外制作的关于中国的节目，例如韩国KBS、日本NHK、英国BBS等关于中国的纪录片，都有类似主题的报道。而方丹的这个疑问，抓住了很多外国人的共同心理，这种讲述方式能在思维和表达方式上贴近国外用户。带着这个问题，探寻中国变化的社会深层原因，自然容易吸引国外用户，从而达到理想的传播效果。从这个层面讲，对外传播，选材角度一定要抓住用户的需求，真正选用海外用户想要了解的内容，找准共鸣点，才能提高传播效果。

通过外国人看中国，还存着另外一个叙述视角的转变，就是从机构的报道转换为个体视角的观看，而这一视角恰好内化于这一系列短视频制作方式中。两会的报道，即使对于国人来说，都属于国家政治层面的大话题，对外国人来说，更属于遥远的不在自己关注范围的事情。但是，《老外看中国：英国小哥细数"两会"关键词》之所以能在社交媒体引起广泛的关注，是因为这个视频通过英国小哥方丹的视角，把这个政治的大话题，变成了个人的小话题。循着视频开头提出的疑问，方丹选择从两会的"热词"中寻找答案，他发现，从1978年开始，两会的热词就一直与改革开放紧紧联系在一起。比如，"个体""特区""外资"反映出20世纪80年代中国经济发展的特征；"全球化"和"入世"则准确捕捉了90年代中国社会的变化；"中国梦""一带一路""精准扶贫"更是党的十八大以来中国社会发展的突出特色，透过一个个热词可以看到中国变化发展的侧影。

叙述视角的转变，带来的也是叙述语态的转变，通过小故事讲述大主题也正是这一系列短视频的重要特点。由于中西文化的差异，方丹没有讲宏图伟略的"大道理"，只从寻常小事中悟出感受，杜绝了一切空话、套话。正如一些研究者提出的，利用短视频对外传播，在传播内容上，理念结合故事,让故事有"理"可依,让理念有"事"可讲,进行深度的融合才能有深层的创新和深入的发展,只有在用户感性接受的基础上,才能进一步引导用户进行理性思考。当话语方式转变后,大道理融入了短小的视频,而微视频则诠释了国家形象的大故事。立意的高度与贴近的表达获得统一,正是这部片子获得好评的重要原因。

从《中国日报》"好运中国"系列的尝试,可以看到,利用短视频进行对外传播,在传播内容上更多注重理念与故事的结合,在传播技巧上注重陈情与说理融通,在制作理念上要以用户为中心,挖掘出中外受众需求的共振点,才能取得良好的传播效果。

二、寻求价值观共诉:从中国故事到世界故事

长期以来,我国媒体在国际传播中的传播观念相对滞后,传媒产品宣传色彩浓厚,导致传播效果不佳,甚至引起国外用户的抵触心理。"好运中国"英国小哥方丹系列"短视频",能在社交媒体上获得用户青睐,另一个值得借鉴和思考的原因是其中的价值观的国际化。

在《老外看中国:英国小哥细数"两会"关键词》四分多钟的视频中,英国小哥方丹一直在讲中国的发展和变化,但是他并没有以宣教的方式表达中国取得的成就,而是把"发展""前进"融入中国几十年的历史进程中,探寻出中国社会变化的根由,源于20世纪80年代以来中国社会上下一体的开放的态度,从他提的热词里,可以让用户感受到每一个普通中国民众都参与到改革的发展和变化中。同时,中国的改革开放带来的社会发展繁荣,不仅仅是中国的成就,更是世界上其他国家和地域值得思考和借鉴的模式。从这个层面上看,英国小哥方丹关于中国的叙述,就不仅仅是关于中国的故事,而是关于世界故事一部分的中国故事。这不仅符合我国媒体传播的价值观,更是与整个国际社会的价值观相吻合。这样的叙述方式和内容架构,才能淡化中西方的意识形态鸿沟,来自不同文化背景中的用户,才能达成意义空间的同构。

2015年,习近平总书记再次强调:"用海外读者乐于接受的方式、易于理解的语言,讲述好中国故事,传播好中国声音,努力成为增信释疑、凝心

聚力的桥梁纽带。"①《老外看中国：英国小哥细数"两会"关键词》中有价值的尝试，也给其他媒体的国际传播带来启发，只有从跨文化视角提炼中国故事中的共同精神价值，才能把"中国故事"转化为"世界故事"，增强国际传播的有效性。

三、短视频影像语言创新：发挥自身优势

"好运中国"系列短视频的成功，另外一个很重要的原因在于《中国日报》新媒体中心在短视频的影像表达和专业内容制作等方面做出的创新。

（一）利用影像技术表达生动趣味的内容

2016年的《好运中国：英国小哥侃两会》，方丹一镜到底的自拍形式，吸引众多用户。在《老外看中国：英国小哥细数"两会"关键词》中，《中国日报》又做出了新的尝试，利用现代的影像技术制作生动趣味的优质内容。在形式上，这一短视频利用影视抠像技术，将方丹缩小后置于办公桌上，让方丹与办公桌上物品互动，在自己的办公桌上闪转腾挪，并利用日历、手机、电脑等物品，或者作为画中画增加画面信息，或者作为段落之间转场的手法，或者作为视频中重要信息的强化手段，四分多种的视频，视觉丰富，叙述生动灵活。失衡的大小空间也使画面十分诙谐，成为吸引社交媒体用户的兴趣点。利用日常办公用品、办公环境，也营造出一个特殊的话语空间，紧凑的情节安排中，采用幽默的形式，将相对晦涩的政治概念与政治论述以易于接受的方式传达出来。幽默的表达容易让用户产生对传播者的喜爱心情，并把这种喜爱转移到传播者所传播的内容上，进而接受传播者所传播的内容或观念，达到说服目的。

《老外看中国：英国小哥细数"两会"关键词》的趣味表达模式，不仅引发其他媒体的关注，也成为他们模仿的对象，之后很多媒体也尝试使用这种抠像技术，将出镜记者和主持人微缩后置于某个场景中的手法，《中国日报》的尝试，带动了媒体对外传播报道手段的创新。

---

① 《习近平论新闻舆论工作》，《人民日报海外版》，2018年08月22日05版。

（二）OGC的微视频内容：短小凝练

移动媒体时代的短视频生产以几何级数增长，质量良莠不齐。新媒体短视频的形式，似乎更青睐轻松的个人化特色，但是，这并不意味着传播内容的松散、无序。网络上的个体可以因为一个短视频成为爆款，但持续的影响力需要更专业化的品质制作。专业、优质的内容永远会有市场需求，而有目的的内容传播需要有计划的营造内容，这也正是媒介机构擅长的。短视频的制作，从最初的用户生产内容（UGC，User-generated Content），到专业生产内容（PGC，Professional-generated Content），直至职业生产内容（OGC，Occupationally-generated Content），实际上专业化和职业化的程度越来越高。

《老外看中国：英国小哥细数"两会"关键词》虽然只有4分钟的时间，但是在这4分钟的内容里，立意凝练，思考深入。中国改革开放四十多年的变化，从政策的变化到经济的发展，从政府的引导到个体的参与，大的历史节点、关键事件，基本都在这几分钟里出现。这种专业的内容生产，需要团队的合作。对中国改革开放的深层理解和梳理，单靠草根用户自制内容，很难达到同样的思考深度。

另外，专业的效果需要专业化的制作，影像制作新技术的尝试，需要技术团队的合作，这些不是个人化的媒体能够达到的水平。在《老外看中国：英国小哥细数"两会"关键词》视频里，方丹的抠像与办公桌场景的配合流畅自然，镜头的衔接也丝毫没有生硬的感受，优秀的视觉效果是集体智慧的结晶。2017年全国两会开始前几个月，《中国日报》新媒体中心就开始了这个视频的前期策划，从脚本撰写、创意呈现、技术支撑等各个方面，拟定工作方案，拍摄过程也进行了多次尝试。利用新媒体短视频形式，发挥媒体机构的专业优势，也是这个短视频成功的原因之一。

四、利用社交媒体传播：打造品牌短视频

短视频在社交媒体上的传播，实质上是借助人与人之间的关系网络，短时间内实现信息传播的几何级数增长，用户在其中既是接受者也是传播者，在用户升级为自媒体的情况下，短视频能满足新时代人们对于传播的多层次

需求。同时，社交媒体平台的转发分享功能实现了短视频快速、广泛地传播，也形成了社交媒体时代短视频的去中心化传播过程。在这一过程中，每个用户都是节点，"转发分享"这一动作将不同节点连接在一起，构成了开放式、扁平化、平等性的网状传播结构。《老外看中国：英国小哥细数"两会"关键词》的成功，还在于利用了社交媒体的传播特征，并借助过往的视频《好运中国：英国小哥侃两会》在用户中的影响的积累，进一步形成放大效应，形成品牌短视频。

《中国日报》新媒体中心原创的移动短视频，从最初的单集制作发展为系列制作，到现在为止，已经形成了三个不同的系列，分别是"解码中国""艾瑞克报道中国"和"好运中国"。"解码中国"是2016年底新媒体中心与《中国日报》国内部合作推出的系列移动短视频报道，是同一选题合作生产的模式，两个部门分别派出记者和编导，共同采访，同时产出文字报道、视频节目、新媒体端产品等；而"艾瑞克报道中国"则是跟随《中国日报》美籍记者艾瑞克（Erik Nilsson）采访和报道发生在中国的新闻事件；《好运中国》则是选择英国小哥格雷格·方丹（Gregory Fountain）作为主持人，从他的视角，以趣味化的方式盘点中国历史巨变，解读大政方针政策。

《好运中国》通过系列播出打造短视频品牌，这些视频在中外网友中引发了热烈反响及频繁互动。《老外看中国：英国小哥细数"两会"关键词》的视频传播后，微信网友"哈勒"评论："英国约克郡小伙找中国几十年发生巨变的原因，他从两会热词中去找，从一个侧面可以看出中国变化的过程与连贯性。实际上中国的变化是找到了一条正确的道路，找到了正确的中国共产党领导。"脸书上也有网友评论："大爱这个视频！中国看起来发展成就很显著！"

品牌效应在业界也引发了关注和探讨，而且获得广泛认可。作品播发后，包括《中国记者》《党报》在内的传统专业学术期刊，以及"对外传播""知著网"等新媒体平台行业公众号，都有文章分析《中国日报》融合报道创新的举措。该作品也在2017年第27届人大新闻奖评选中获得评委会的高度认可，荣获人大新闻奖一等奖。

五、结论

长久以来,国外受众对中国形象的认知,很多停留在传统文化的层面。而中国的发展变化,关于中国的政治、经济、文化、教育方面的新面貌,关于现代的中国,却是大多数外国人不了解的。短视频通过社交媒体的广泛传播,有助于外国人了解现代化的中国。视觉符号较文字而言属于"低语境"话语体系,视听语言的生动性和真实性有利于直观展示国家形象,便于不同文化背景的用户达成共识,《中国日报》制作的《老外看中国:英国小哥细数"两会"关键词》等一系列新媒体短视频的成功,顺应了世界传播社交化、视频化这一趋势,是整合国内主流媒体微传播资源,积极进行国家层面的微视频国际传播的有益尝试。从他们的经验中可以看出,在对外传播中,短视频对议题的设置要从中外用户共通的文化需求和意义空间出发;用时长短、人性化、有趣味的视听语言包装议题,才能提升中国文化在世界范围内的认知度和接纳度,扭转国际传播中的文化逆差,才能呈现正面的国家形象,讲好中国故事。